敏捷高等工程教育理论与方法：
提升工程教育效率的路径与实践

卢锡雷 著

中国建筑工业出版社

图书在版编目（CIP）数据

敏捷高等工程教育理论与方法：提升工程教育效率的路径与实践/卢锡雷著. —北京：中国建筑工业出版社，2023.5

ISBN 978-7-112-28773-4

Ⅰ.①敏… Ⅱ.①卢… Ⅲ.①高等教育—工科（教育）—研究—中国 Ⅳ.① G649.21

中国国家版本馆CIP数据核字（2023）第097219号

本书首次提出"敏捷高等工程教育"理论与方法，旨在提供工程教育的底层逻辑和终极性追求探索，填补了工程教育领域核心关切的提高"教育效率"的研究空白。

本书由4篇15章构成。以环境与需求、工程知识内容、敏捷理论、实验方法为逻辑轴线，分别阐述工程主题、教育主体、内容对象、实现技术、过程管控、评价服务等内容。在全流程、全主体、全要素的系统思想指导下，讨论了诸多因研究者视野局限而被忽视的环节。全书提供了诸多原创性观点与成果。

本书可供从事工程教育的学校、管理者、老师及工程类本硕博学生，工程产业界的工程师，特别是工程教育研究者参考。

责任编辑：朱晓瑜　张智芊
文字编辑：李闻智
书籍设计：锋尚设计
责任校对：党　蕾

敏捷高等工程教育理论与方法：提升工程教育效率的路径与实践
卢锡雷　著

*

中国建筑工业出版社出版、发行（北京海淀三里河路9号）
各地新华书店、建筑书店经销
北京锋尚制版有限公司制版
建工社（河北）印刷有限公司印刷

*

开本：787毫米×1092毫米　1/16　印张：27½　字数：650千字
2023年9月第一版　　2023年9月第一次印刷
定价：**99.00元**
ISBN 978-7-112-28773-4
（41203）

版权所有　翻印必究
如有内容及印装质量问题，请联系本社读者服务中心退换
电话：（010）58337283　　QQ：2885381756
（地址：北京海淀三里河路9号中国建筑工业出版社604室　邮政编码：100037）

序

锡雷嘱我给他的新作写个序言,说即使体谅我时间紧张,但实在没有可推脱得了的理由。我即刻欣然应承下来。

1984年我从南京坐船来到武汉,师从沈照理教授攻读研究生,其时标志"武汉地质学院"的地勘楼刚刚启用。1983年锡雷到武汉就读本科,沈老师也给他们教授"水文地球化学"课程,他渊博的知识、宽阔的视野,尤其"天马行空"的讲课风格,打开了同学们的眼界;同时得益于张人权教授传授的"科学方法论",这门课程成为全校研究生的公选课,由我和多位教师接棒授课至今。张老师是锡雷的毕业实习和设计指导老师,情谊深厚。1985年夏日,我被临时派往周口店地质实习站,指导锡雷他们年级一个班的野外实习,与这些同龄的同学们结下终生的友谊。因此严格说,锡雷首先是我的学弟,勉强算也可以说是学生。他的这部专著是关于工程教育的,我在大学求学并从事教学、科研、学校管理40多年,谈点读后感,请读者们批评指正。

全书构思,从严密的逻辑来看,是下功夫"推敲"过的。4篇15章,布局合理,分别以"工程知识与教育环境、工程教育需求与存在问题、敏捷工程教育理论构建与变革实践、工程教育师资与教务管理"分篇,以"环境与需求、工程知识内容、敏捷理论、实验方法"为逻辑轴线,分别阐述"工程主题、教育主体、内容对象、实现技术、过程管控、评价服务"等内容。给我耳目一新的感受在于:作者在全流程、全主体、全要素的系统思想指导下,讨论了诸多因研究者视野局限而被忽视的环节,提供了诸多原创性观点与成果。与既往工程教育研究成果不同,本书着力于战略、环境、复杂需求、系统内容和教务管理的全方位视角,论述更为全面、完整,也更符合教育是一个复杂系统工程的现实。

这是一本对工程教育深入思考的专著，既有对理论方法的探讨，也有具体解决路径和工具的呈现，特别是书中提出的"敏捷高等工程教育"理论方法，基于知识发展的分化与工程应用的集成特点以及新技术发展与产业革命导致的新需求的时代趋势，使得建立与"敏捷"对应的教育体系的思想方法变得十分迫切。更进一步，本书合乎逻辑地解释了当前工程教育问题产生的结构必然性与管理或然性交叉的复杂度，或可为理清当前教育研究中的一些"混沌"、解决工程教育中存在的误区与问题提供参考。

本书还体现了以下三个特点：一是"系统思维"。时间空间、知识内容、责任主体、资源条件等多维度构成的研究范围里，体现了系统思维的特点。二是"反映前沿"。工程哲学、工程伦理、工程社会学、工程学等新近兴起的学科，有的还在创建与发展中，有的也正逐步扩展领域、加大影响中，然而敏捷工程教育研究所持有特殊的视角和现实意义，揭示了其未来发展的活力，也在一定程度上提出了解决当前存在的学科过于分化、知识碎片化、思维方法欠缺等问题的途径。借鉴前沿学科知识，有助于理解和解决工程教育问题。三是"可行操作"。尤为难能可贵的是：作者从长期的工程实践中成长起来，对建设工程本身了然于胸，后又从事企业管理工作，看问题的角度和视野都更为全面，以构想与设计"敏捷工程教育"为切入点，能够切实从实际场景出发，"构建、集成、创新"地解决工程过程问题，实现建设工程的目标。这在根本上与"科学范式"寻求发现真理不同，工程和工程教育更关注可行的操作性。全书还有不少创新性的视角和观点，不一一列举。

作为最后一届持有"武汉地质学院"毕业证的中国地质大学本科毕业生，锡雷毫无疑问接受过"地大是一所底气十足的巍巍学府"的熏陶，著作中字里行间透着他深刻的自信。而母校老师们读书时要求对书中概念、所存疑问好好"琢磨琢磨"，要求看一物处一事当"远看近瞧"，这些方法和态度上的细节，也随处可以感受得到。同吃、同住、同行、同学习的地质实习传统，构成了特殊的"地大师生情谊"，也成为传承"教书育人"文化的最佳纽带。

"胸中存山河，笔下有乾坤。"相信从事工程教育、研究工程教育的学者和其他读者，都定能开卷有益。最后以CUGers（"地大人"）共有的精神财富——"艰苦朴素，求真务实"校训，与锡雷和读者们共勉之，同时我在想：从事工程教育的教师及其培养的未来工程师们，应当是立在精神之高位、永葆赤子之心的，应当是行万里路、读万卷书，理性判断、独立思考的，更应当是对世界充满好奇心、勇于创新的。

是为序。

中国科学院院士、国务院学位委员会委员、
中国地质大学（武汉）校长、教授、博导

2022.12.12

自序

"人生最大幸运,莫过于在年富力强时发现了自己的使命。"[1]尽管自嘲走着"跌跌撞撞"的人生,但我是幸运的!立了"致广大而精细微"的宏愿,"聚焦使命,做首创者、深耕人",要带领学生们做成"流程牵引、精准管控、工程认知"和这一部"敏捷教育"的"大作",留于世人。这是我的使命。

然而,"在第四次工业革命背景下,社会走在了大学的前面,需求走在了我们的前面。我们的知识供给没有满足社会的需求,甚至我们的思想和知识,都落后于社会的发展"(王树国),四大问题真是振聋发聩!不仅如此,"这个时代是个多维不确定的时代,是个科技创新、业务模式创新,能够颠覆一个产业,甚至颠覆社会习惯的时代,是一个群雄崛起的时代"(柳传志),是面临"百年未有之大变局"的时代,这不是渲染的,是切切实实感受到的,身处高校,在不确定、大变局之下,是时候对大学(工程)教育进行不留情面而深刻的反思了!

敏捷工程教育的方法研究和实践探索,是十分必要的。从农业型社会转向工业化社会,从私塾、科举到大规模现代课堂教育,变革是极为剧烈的,身心震撼都是巨大的。

生存角度:沿索文明长河,宇宙周期起伏,人类生存方式改变,知识创生规律变化;

竞争角度:放在国际激烈竞争的视野内,我们有较大差距,我们有独特特征;

发展角度:跟跑中从传统科举转型到现代教育,我们需要发展,需要改善;

---

[1] 斯蒂芬·茨威格. 人类群星闪耀时[M]. 高中甫,潘子立,译. 北京:北京理工大学出版社,2015:9.

问题角度：存在环境激烈变化而应当适应这种变化的需要，存在弥补种种准备不足的需要；

实践角度：如何改变缓慢的长周期培养，提高人才育成效率和适用性？

从各种角度，追问"何谓工程教育？何谓敏捷？何谓敏捷高等工程教育？"从而揭示敏捷高等工程教育的内涵和规律、目标与路径、方法及工具，这些问题的解决具有十分迫切的必要性、紧迫性，也具有充分的可能性。

我们很久的思考：如何将自己历练成、将下属培养成、将学生教育成"合格的工程师"，进而提携或成为"卓越工程师"，是一个目标相同，视角和阶段不同的思考。见到的问题，遭遇的困惑，所做的探索，感知的实践，所思所想，应当进行归纳总结。

我们曾经的经历：作为技术员，从入行到初成，历经工程央企16年，参与国家、省市等重点工程10余项；作为工程企业高管，由技术转管理，两家总承包一级、一家总承包特级及同济大学某咨询公司，工作时间合计11年；作为高校工程教育老师，8年整，教授本科、研究生课程以及培养研究生等。所见所闻，跨越工程产品、岗位职能、角色职权，比较丰富、相对长期。建设工程所属建造业虽不能等同于制造业，但是其开放性、动态性、复杂性，不在任何行业之下，实质上建设工程是离散性制造业。将三段经历总结为"三员"：技术员、管理员、教练员。技术员是个人努力成就自己、管理员是率众努力成就大家、教练员是教人努力成就学生，加上所参与的各种产品生产和担任各种岗位职位的"繁杂"体验，促使我常常能够跨视野、多角度地思考工程人才的教育问题。

我们所处的氛围：生存方式改变、国际竞争加剧、新技术发展迅猛、知识形态变革快速、变革迭代速度加快、"高精新特"量大质高的工程需要等等，迫使任何一个试图在未来的版图中占得一席之地的组织，必须面对和适应这些新生存环境的特征。"站在未来办教育"既是教育本质所在，也是氛围所迫使的。

我们面临的困境：工程细分，繁复芜杂，难以把握；循环往复，周当复始，难以复制；实在虚拟，仿生仿真，难以穿越；传承开拓，承继创新，难以授受；一本万殊，万法归一，难以归总；时间有限，事情无限，难以完成；实践理论，理法器物，难以深融；扩招扩建，师生比例，难以匹配；我要要我，主动被动，难以激励；"找不到工作和找不到人并存"……

"第四次工业革命背景下，知识不再垄断，产业结构变化催生新的学科组织方式,知识更新的高频节奏催生新的培养模式,市场对新技术的高度敏感性催生科研方式的转变",强烈而现实地给大学(工程)教育提出了近乎苛责的要求。

全面地反思和检省,迫在眉睫:

从生存方式到时代特征;从国际竞争到塑造新价值观;从断裂的片段到全过程;从单纯的学校到全主体;从零碎的知识到全知能;从割裂的内容到链生态;从单纯的教育到交叉融合的前沿思辨、政策,科技探索纾解困境的路径和捷途,是艰巨而必需的任务。

随着问题研究的深入和综合集成反思,对工程教育的问题,充满了忧虑,甚至惶恐之情与日俱增。累积多年下来,特别是由此起意研究"敏捷工程教育"之后,加快了有意识地收集、整理相关资料的准备,目的就是试图为当代环境激变、技术飞升、需求复杂下的工程人才培育,寻求解决方案,探索解困之道。

工程、工程教育、工程教育研究,既有递进的逻辑关系,也有交叠的促进关系。应当从工程本体出发,站在国际竞争的现实立场,充分吸收"工程哲学"的最前沿研究成果,吸收"管理科学"的最前沿发展,消化行业对人才发展的迫切需求,跟进"心智和认知软硬科学"的进程,尤其需要吸收"新兴IT"的发展成就。当前,对工程的认知,我们认为还十分肤浅,非常不全面。工程教育的内容也因此不够全面、系统,针对工程教育的研究常常是流于"高大上"层面的话术,以及不接地气的自言自语,脱离实际的现象十分普遍。然而,很难揭开这口锅,"五唯"(唯论文、唯帽子、唯职称、唯学历、唯奖项)已经成为习惯,简单粗暴实施"量化管理"。科研和教学的关系处理构成积重难返的惯性;超标准博士师资,难以协调严重远离实践的倾向;分类教育的划分过早固化了职业能力及升迁渠道;研究者参与领域极度受限。

工程是实践的学问,是以造物为根本方式的学科,不能与实践紧密融合的工程教育毫无生命力,培养出来的工程师无法胜任"营建"对人才"构建、集成、创新"知能结构的要求。从"科学范式"到"工程范式"转变,何其难!所谓"审辩式思考","项目式""任务式""情景式"教学,"学生中心"等等,都因为过于细节而没有根本落地的成效。甚至什么是"工程范式",也需要进行深入探讨,以获得相对稳定的内涵解读,指导实际的工程教育实施。

工程能力是国家核心能力,工程化能力是核心竞争力。一切理念、方法和共识,都必须转化为工程之"物",才能产生生产力,成为斗争武器,构成生存条件。而高等工程教育无疑是工程知识(无论是显化的、物化的，还是隐性的）体系化的、零散的经验和教训，传授、承继和发扬创新的最重要渠道。

全书分为4篇15章。4篇为：工程知识与教育环境、工程教育需求与存在问题、敏捷工程教育理论构建与变革实践、工程教育师资与教务管理。涉及的关键主题有：敏捷、工程、教育、认知、知识、环境、主体、需求、问题、目标、耦合、内容、方案、条件、师资、实践、教授、过程、精准、效果、质量、教务、术语、后服务、后评价，以及卓越工程师培养专题讨论。

对于这些主题，我们已经有了多方面的思考成果：聚焦过程运营方式的"流程管理思想"，聚焦提升管理效率的"精准管控工具"和跨视野、多角度的"工程系统认知"，为复杂的敏捷工程教育研究提供了较好的思想基础、方法和工具条件，三个方面已经形成专著分别出版。对于敏捷工程教育的研究主要集中在以下几个方面：竞争环境、工程概念、工程认知与工程教育；科教战略与操作融合；复杂综合需求；教育政策重心的多变游移；国际竞争力与工程化能力教育；工程认知水平对工程教育的影响；环境敏感性和环境适应性；师资缺陷、压力及提升途径；教育新兴技术与教育氛围；教务标准化与效率策略；工程教育内容和表达方式；工程实践体系建立；实践案例、评价方法。这可能是唯一一部全面系统思考工程教育的专门著作，我们期待这些思考，能更直接有效地影响教育效果。

参加研究的团队主要成员有：李泽靖、吴秀枝、王越、王立、吴高贤、杨志元、潘瑞耀、朱夏毅、包敏霞、刘艳红、石晨曦、郭桢溪等。

但是由于水平有限以及掌握的信息不足，囿于学术和交叉学科的模糊界线与研究难度，因此，也极大地限制了敏捷工程教育话题的更加深入，只能说既遗憾也不遗憾。

特别得到师兄、老师和母校［中国地质大学（武汉）］校长王焰新教授的热情鼓励和支持，并作序推荐，在此由衷感激！

感谢老朋友中国建筑工业出版社的朱晓瑜副编审，她所付出的辛苦努力，尤其在疫情肆虐的艰苦条件下，坚持工作，按规划执行流程，认真、严肃、负责的态度，也是传播工程知识的担当作为，深切致谢！编辑李闻智的认真负责，留给我深刻印象。所在学校科研处叶芳芳老师付出了很多，表示感谢！

出版得到绍兴文理学院"优秀学术著作出版基金"资助，得到杭州熙域科技有限公司的赞助，深表谢意！

前言

人类文明发展史物质和精神的承载核心就是工程演化史，文明积淀的普遍和实效形式是工程知识。工程教育的根本任务，是传承工程知识。发展就意味着变革，我国当前工程教育面临激烈挑战：根源于文明史中"知识更新速度加快，更新迭代加快、幅度加大"和"学科细分与集成应用之间"的矛盾，表现为知识原创、体系化、传播能力、转化成工程的能力不够，体现在工程物的规划、设计、建造、运维方式落伍，衔接产业的生存发展竞争能力不足。可以说，变革的根本需求来自结构性矛盾和适应性之间的耦合关系，解决的根本性路径和方法，就是构建工程教育的敏捷性，也即高度灵活的快速适应性。

所谓敏捷：除了快捷之外还有如"适应性"等多方面的内涵，本研究将对此进行详细探究。所有组织的变革、人员的调整、路径改变的目标追求，都是为了构建组织的敏捷性。一切教育的变革，都是塑造敏捷性的问题。变革的理论、方法、目的，以及手段、工具，无非围绕敏捷性而评估环境条件、探究问题及根源、构想方案、举凡探索案例、评价效果和影响。工程教育及工程教育目的的出发和归属总逻辑在于工程教育组织、卓越工程师培养的敏捷与敏捷性，在于提升工程教育的广义效率。

一、工程教育研究方法论

正在发生剧烈变化的国际局势引发了教育面对的环境、教育的目的以及研究方式如何更有效等问题。

1. 认知环境

"世界正经历百年未有之大变局"，究竟有哪些变局？是渐变还是突变？有何规律可循？又为何之"大"，大到什么程度？是全世界均等面临，还是各国、各阶层不对称面临？变局引起的挑战，有哪些？挑战对于各方，导致的是危机或机遇，所表现的现象如何？表象延展出来的难题、重点在哪里？能够较充分界定的主题有哪些？这些主题可以项目化和任务化的程度，可规划在短中长期内解决的紧迫性和可能性又如何？以及如何组织攻关、评估效果等等实施性的问题。

这些问题都是在战略层面应当认真思考研究的，同时也是"科教战略规划的制定者和决策者""国内外从事教育管理、科技管理的政府部门负责人、高校/科研院所/企业管理者""国内外从事科技管理、工程教育、高教政策、K12（基础教育）、职业教育等相关领域的研究者""从事科教管理工作的实践者"等"战略科学家、管理实践者、学术研究者、一线教师"四位一体的学术共同体，所应当承担的共同责任[①]。

大变革的重大特征，或许就在于没有经验可以依靠，探索性大增，风险性大增，犯错概率大增，错误成本大增，这些要求对犯错的包容态度也有大变革。"所有已知的经验或者理论，如果未经重新审视与验证，已经无法默认能够作为现在的行事指南，这大概就是人们所说的百年一遇，甚至千年一遇的大变革吧。"（韦青）

2. 认清目的

教育是事关民族存亡的大事，必须将其放在一个更长的时间和更广的空间去考察，尤其需要同具体的文化氛围、历史阶段相结合。教育的目的有多种表述，如："提升能力"和"胜出竞争"（罗振宇）；"教育的目的是使之成为完善的人"（南怀瑾）；"具有生存能力""传承经过检验的优秀文化"（卢锡雷）。

3. 寻求方法

工程具有自己独特的方法，为什么我们要强调工程方法？正如微软（中国）首席技术官韦青所言："科学讲究的是探索，技术讲究的是创新，但真正落到工程实践上……最难的是以最高的效率、成本优势以及可使用性、可重复性、可维护性、可升级性和可持续性的工程方法实现。"对于如此讲究方法的工程实践来说，重视工程教育以及工程教育研究方法，将其提高到相应匹配的高度，也是理所应当的。

鉴于中国教育无与伦比的独特性，任何借鉴、模仿、照搬都需要考虑其成活的土壤，犹如南橘北枳的道理一样，是需要慎重、谨慎的。"00后"追求自主管理、自我激励、自我驱动的时代特征，无法沿用既往任何时代的方法。因此，讨论宏观的、战略的工程教育得

[①] 叶民. 新时代科教战略的理论与现实议题暨《科教发展研究》发刊词[J]. 科教发展研究，2021，1（1）：1-10.

失,我们限于视界无法从历史沿革和全球流派着手,更多的可能不过是微观的、操作的甚至感受性的视角。

就当前而言,对于生存和发展的工程教育需要,似乎并没有竞争、征战的要求来得强烈,这大大削弱了人类理性应当发挥的作用,直截了当地说,人类在面对气候恶化、环境污染、疾病瘟疫、消除贫困和饥饿的粮食短缺问题上花费的时间、精力和经费,远低于觊觎霸权、抢夺资源而挑起战争等活动。这也更加应当增进工程师培养中的伦理教育强度且值得深思深究。

二、工程教育知能的蝶形翼展规律

知识追求主要体现在科技的发展上,能力的展现则以工程方式承担,如图1所示。

图1从知识与工程发展的角度,阐述了知识能力越来越细分,而应用要求越来越集成的文明发展规律。以1687年牛顿力学奠立现代科学及相关学科,以及1824年混凝土材料的发明为基础,人类开启了知识快速增量、工程跨越高大长深的加速度发展阶段,与此匹配的农业文明转向工业文明,并由人力(畜力)进入水力、蒸汽、电力、核力、算力的机械化、电气化、信息化和智能化发展阶段。科技知识上专业、学科、系统成体系,交叉融合;工程上复杂管理理论发展、管理信息集成系统得到推广。这是一个文明史的知能蝶形翼展规律。工程教育无疑必须遵照这个规律。

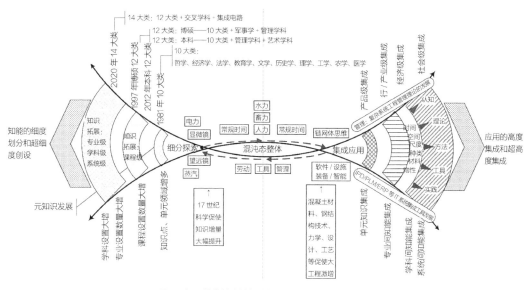

图 1 知识能力结构的细分与集成应用的蝶形翼展规律

三、工程教育敏捷性追求

1. 工程教育敏捷性逻辑总图（图2）

人类文明的进展和生存模式的演变，是工程这一活动形态越来越活跃、越来越重要、越来越具有影响力的原因。相较于科学发现、技术发明，工程活动是建器造物的物质性活动，是直接而现实的生产力[①]，不仅如此，工程作为一个概括性概念所具有的丰富内涵，还具有诸多的独特性。

随着工程品类的增多、知识的累积，其复杂的工程教育的内涵、质量管理方法、效果评价等得到了一定程度的研究。然而与工程的错综复杂性、综合交叉性、过程权变性、目标动态性、主体多元性相对应，工程教育呈现同样的复杂、交叉、权变、动态与多元。因此，与之相关的研究，显然还呈现出多维度的欠缺与不足。

一切的总体逻辑，可以归结为工程教育的"敏捷性"问题。图2指出当前工程教育面临的紧迫性和包括内容构成的基本框架。框架包

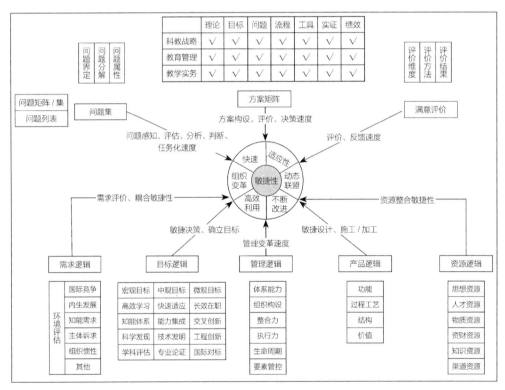

图2 工程教育敏捷性逻辑总图

---

① 殷瑞钰，汪应洛，李伯聪，等. 工程哲学（第三版）[M]. 北京：高等教育出版社，2017.

含"需求逻辑、目标逻辑、管理逻辑、产品逻辑、资源逻辑"以及敏捷性管理所需要的"问题集、方案矩阵、满意评价"逻辑，这些错综复杂的逻辑，构成了一幅工程教育特有的壮丽网络，交错纵横的画面，也是整个研究涉及的方方面面，在后文的工程教育总逻辑等多个章节中，关于"敏捷性内涵""各逻辑内涵的敏捷性任务""各逻辑的敏捷性内容"等将加以详细阐述。

2. 敏捷性总逻辑图的具体框架

1）问题集、方案矩阵与满意评价逻辑

（1）问题集。能否取得切实的培养效果，针对问题的深切、精准程度，是十分关键的。目前针对工程教育的问题讨论，并没有像样的、深刻的研究成果，也无法揭示和解释问题的来龙去脉、深刻背景和真实原因。因此，需要站在较大尺度、较宽视野，进行系统梳理、分类，对问题本身进行可解性、时效性评估，以帮助寻求解决方案找到切入口。问题矩阵/集方法，可以较好地帮助理清问题的脉络。问题的感知、评估、判断、分析以及任务化速度，是敏捷性建设的起点。由于问题的开放性、发散性、多源性、多路径性，"问题导向"的提法将偏离目标的信度。因此，工程教育不能简单地使用"问题导向"的观念。

（2）方案矩阵。工程教育问题的复杂性要求，诊断存在的问题，提出解决方案，不能局限于单环节、单因素、单主体，"不进行根本性的、系统性的、全面整体的"反思，不足以解决经年累月积累的矛盾、疑惑与困难。本书第5章给出了方案矩阵，实质是针对问题矩阵/集的方案集合，进行整体反思。如图5-4所示，矩阵行主要围绕七个方面：理论引领、目标导向、问题启程、流程牵引、工具支撑、实践验证和绩效评价，矩阵列包括三个方面：宏观要务、中观事务、微观实务，或者全流程的各个环节内容。详细内容在本书第5.2节中展开。

（3）满意评价。没有评价就没有管理效率。工程教育的评价指标，要针对需求、目标、资源消耗和工程产品逻辑。鉴于教育本身的复杂度和评价方法的成熟度，不宜统而一致地制定标准。应当基于刚柔相济、定性定量结合、全过程、全主体，突出使用单位、自我感受。应当注重成本（时间和资金）、效率、能力的综合。

应当用机制来保证"问题诊断、方案设计、满意评价"的敏捷性，从组织建设、制度规章、流程体系和经费、人员上，确保该重要任务的执行频度、强度和深度。

2）需求逻辑

现在的高校体制，正在通过加强产学研等途径，逐步向紧密联系需求的方向变革。但这还远远不够，以需求为培养目标，用需求耦合内容，让需求直接快速进入课堂、项目和实训，应当成为敏捷工程教育系统管理机制的一部分。探知需求、糅合需求、耦合知识内容，将成为高密度开展的常规工作，这大大不同于既往的"指导书、四年轮次培养方案、教学大纲和授课计划"的惯例。甚至，面对激烈的知识更新、生产方式进步、管理模式创新，需要更短周期的工程教育组织管理模式，才能适应新需求的要求。忽视和不及时响应需求的人才培养模式，必将遭到无情的淘汰，不适应知能需要的人才，就等同于不合格的工业产品。

需求基于环境评估，包括"国际竞争、内生发展、知能要求、主体诉求、组织惯性"等方面，构成"复杂需求"的内容将在后文中详细阐述。

3）目标逻辑

关于目标的研究方法和结论有很多，但触及核心的不多，尤其未能进行详尽区分，如图8-2所示。笼统地论述，目标有五个层次或者方面："宏观目标、中观目标、微观目标"，未能就宏观叙述与落地效果进行无缝融合；"高效学习、快速适应、长效在职"，是人才成长的三个时序、不同阶段的目的和一致目标；"知能体系、能力集成、交叉创新"，则要求知识学习的体系化、能力的集约融合以及具有的交叉、复合型创新发挥；"科学发现、技术发明、工程创新"，工程并非只有造物，其是科技发现和发明的问题来源、工具支持和验证场景；"学科评估、专业论证、国际对标"，是管理主体面对的"政策性""强制性"和"资源性"的目标。一些人热衷于后者，大有过火的倾向。

当前的现状是：理念相对混乱，误区误解也仍存在。

例如：

（1）在培养目标方面，借鉴了《华盛顿协议》（下文简称"WA"）中所提出的四年在学校，加上毕业五年后才能达成目标，这根本就是一个空中楼阁：在校责任主体是学校，在职责任主体是谁？社会、企业主还是自己？培养内容已经完全不同，培养的纪律和要求也完全不同，培养目的更是全然相异。由此看来，对WA等的盲从，未必值得。倘若后续五年是综合应用的培养，从时长和能力重要性的角度来看，岂不是说学校培养就是为之做好打基础的工作？实质上，也许这样的定位才是正确的、可行的、可控的。

（2）工程教育能够传递知识、训练思维、培养综合解决问题的能力。动静态结合，特别是工程功能展现场景、工程设计建造场景与课堂知识场景之间的差异，是目前工程教育亟需进行研究与弥合的。

（3）过早地、严格地分类管理，隐含着区别了人才的研究、应用、操作的等级差异,与"培养完善的整体人"的观念不符,过于严格地限定了人的成长路径和成才出口,这是极其错误的,将导致诸多新的问题。比如:"高智商"的设计并不符合实情,"低智商"的操作者实际上是真正的建设者——技术工人的水平代表制造业水平,务工人员的水平代表建筑工程质量水平,这已经是足够惊心动魄的怪现象了!技校、职高、职院、本科及型制(研究型/应用型,985/211/双一流)高校的划分方法,值得深刻探讨,检验的标准只有一个:是否符合中国特色社会主义建设的工程需求。

(4) WA:①起点的区别。应有区别性,起点是不同的。②过程的控制。难以掌握性,教育培养过程是十分复杂多变的。③目标的等齐。标准统一,却有不可衡量性,同时等齐的目标考核,是不科学的。

起点分类、过程管控、目标设置构成一个受教育者接受教育之后的整体效果,如图3所示。切合实际的工程教育目标与触及本质的存在问题(脱离实践、远离人文、师资不符、方向多变)之间,存在交互、动态等复杂机制问题。细节的改进不足以改变工程教育的面貌,需要彻底的、全面的、快速的系统思考和改进,并建立长期的保障机制,这样才能满足后工业时代工程教育的需要:创造性、交叉融合性、敏捷性。

4) 管理逻辑

高等教育管理者,大多数来自教育学等偏文科背景的教育经历者,或者"技术专家"型管理者,这本身就是对管理科学的独特性不够了解和人才浪费。而对于以工程为管理对象的交叉学科,无论工程教育本身、工程教育研究和工程教育政策制定者,存在了解工程的深入程度并非足够的现象,也就不足为怪。这也显示人才知能交叉融合的要求。教育管理建设除常规之外值得强调的内容包括"体系能力、组织构设、整合力、执行力、生命周期管理、要素管控"等。在本书

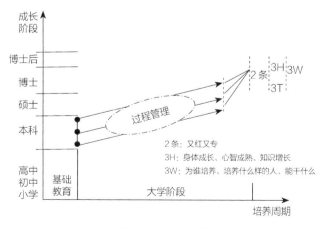

图3 工程教育目标考核分析图

行文中，各有展现。

5）产品逻辑

从工程传授专业知识内容的角度来看，产品指工程产品。从工程教育对象——学生角度来看，产品也指接受教育者本身。工程产品门类繁多、品种复杂，但是其本质离不开"功能、流程、结构、价值"四个要素，它们构成了工程本体。从本体出发，能够抓住工程、工程教育的本质。该部分的思想资源，采撷于工程哲学、工程管理、工程教育等领域的前沿研究成果。

6）资源逻辑

资源过于限于物质资源的倾向，需要改变。资源包括"思想、人才、物质、资财、知识、渠道"等。强调思想资源，需要学习世界上先进的工程教育经验，进行本地化消化、吸收，切戒教条主义，特别是崇洋媚外的思想。我国工程教育从理念到做法，都与国际有相当大的差异，"原材料"不同，气候条件不同，方法必须有所不同。敏捷工程教育研究，需要均衡所有资源。高校整体忽视效益、不重视成本、浪费严重等现象，应当得到有效改变。

总之，敏捷性强调了一个快速、适应性强、可高效利用、可动态持续改进的组织变革模式，以满足国际、国内工程教育环境的激烈变化。在"问题集、方案矩阵、满意评价"以及"需求逻辑、目标逻辑、管理逻辑、产品逻辑、资源逻辑"上，体现出敏捷性。

四、敏捷性维度（图4）

工程教育管理，需要整体筹划，包括以行为主体为核心的，在全过程中体现管理优化和责任明确的内容传播，进而达成各方满意的培养目标。由于整体的规划，促使高等工程教育能够实现第一方面："身体成长""心智成熟""知识增长"，以及第二方面："在校学习高效""适岗就业快捷""在职应用长效"的目的。在我们看来，"谁培养人"和"培养什么样的人"的问题的重要性，是不言而喻的，在此

图4 多维度工程教育管理

基础上，需要着重解决的就是路径、方向和具体实施方案的问题。同样，据我们的考察研究，现状是：一方面，缺乏总体逻辑；另一方面，总体逻辑的建立，不是各说各话，就是难以贯彻，执行性相当差，因而导致诸多误区和多变多改，影响工程教育的效率、效益。这些工作就是顶层设计需要解决的。

进行系统性重构，达到敏捷性构设，是当前工程教育迫切紧要的工作重心。敏捷性构造、设计包含下列维度：①政策空间尺度；②教育体系内容；③全周期统筹；④七阶职能思维；⑤全主体行动；⑥实践执行体系、新技术赋能、组织适应、耦合机制等。择要叙述如下。

1. 政策空间尺度

从管理上看，纵向到底是基本原则。我国的教育政策，纵向来自教育部、省市区县的教育厅局等，主要包括科教战略、教育政策、管理策略和规章、教学过程实施等内容。存在良好衔接的逻辑关系。

1）战略尺度问题

一直以来，过于宏观叙述、可领会性差、可操作性差、可管控性差，是实施科教战略方面遇到的不小的问题。我国取得了举世瞩目的工程成就，这是毫无疑问的。不过存在问题仍然不小，其中在战略尺度上，存在"敏捷性"不足的特点，这也是被"卡脖子"的原因之一。

2）管理尺度问题

仅仅从管理学角度考察工程教育当然是不够的，但目前，重点从管理学角度入手和深究，是十分必要的。管理的任务是帮助实现目标，甚至首先包括制定目标，管理能够帮助提高效率，"更好地"实现目标，也就是高效率、低成本、快适应地实现工程教育的目标。这是管理学的初衷，也是管理的追求本意。更多地输入基于管理原理的工程教育管理，形成系统管理逻辑，实现教育成本、闭环持续、完善模型，十分必要。

3）操作尺度问题

一切都必须付之有效的行动，才能取得政策实效，操作尺度上的流程体系呈现顺畅、低成本、高效率是追求敏捷性的直接目标。图5-4是关于宏观、中观、微观关系的综合思考模型。

"宏中微"三观在"事务、方式、职责"三个要素上相互关联又互有区别，如表5-1所示。在内容上细化甄别。必须强调，教育改革就当前状况而言，细分微观的努力，未必能够取得成效。

2. 教育体系内容

工程教育研究，包含静态内容和动态内容。

静态内容主要为：工程内涵的主题，也可以是与工程本体相关的主题，工程是工程师工作的对象；作为工程主体的工程师；工程知能，是教授和培育的内容；工程教育的目的、组织、方案、方法和措施，构成工程教育行为，教育行为的主体不同于工程主体的工程师，呈现一定的责任主体随培养阶段漂移的特点。这些内容共同构成了工程教育管理的静态内容，也自然成为工程教育研究的核心内容。

但是，工程教育是一个需要实施的、包含复杂行动过程的过程总和，其动态特点包含：动态地创造工程教育的环境、条件；工程教育实施路径、全过程执行和偏差纠正；工程教育的阶段结果和最终成果；工程教育价值的体现与及时精准评估。之所以动态特点比较强烈，是因为有效的工程教育不仅应当根据个人特征来设计和实施教育过程，还应当根据进程中取得的进展（阶段，小节、一节课、一个作业）结果，实施及时反馈，调整所设计的教育内容结构和固定教学模式，以取得更好的教学最终效果。反馈和调整的频度，成为动态强度的标志，也是教育艺术性"经权"特点的体现。教育是"以过往经验（一切教材、师资经验）应对未来的不确定性"，要想获得更大的胜算，就必须最大限度地逼近前沿和未来特征，这是教育动态的必然要求。

静态内容和动态内容，共同构成完整的工程教育内容。工程教育研究应当包括和围绕静态内容与动态内容，缺失任何一方或环节都不完整。

总之，工程教育研究仅仅限于静态内容是不够的。工程教育行为获得的效果应当能够经得起检验，也即"判断工程教育合格的标准是：通过教育，所培养的工程师，能够很好地获得工程知能，设计和建造出合格的工程"。这里包含了对象、受教主体、内容和行为。但这是静态的内容。行为过程设计和结果评判，以及环境创构与价值预设（即功能）等动态的方式、路径，也是工程教育研究必不可少的，如图5所示。

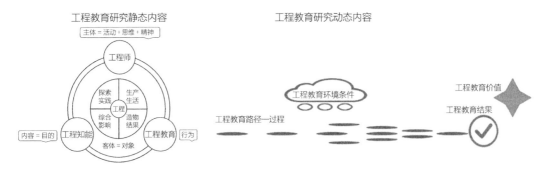

图5 完整的工程教育研究内容

在工程知识与教育环境等章节中，将以建设工程管理为例，详细阐述完整的知识体系内容，以完整破解"认知不完整，体系不完备，逻辑不顺畅"的难题。关于工程教育路径—过程的内容详见后文。

3. 全周期统筹

系统观下很容易绘制人才培养的全周期：主体、责任、内容，也很容易发现环节之间的衔接、错误、疏漏，流程图工具等可以很好地帮助可视化表达全周期进程。下面是对过程和存在问题的简单描述。

目标—环境综合评价：前瞻性不足、不够全面、不够敏捷、响应速度慢；知识管理评估：碎片化、体系性差、不精准；复杂需求（构成与整合）：未均衡、整合慢；内容耦合：不成体系、交叉、能力重视不到位；教学环境建设：实践性、沉浸式、前沿性、可视化；知识资源库建设：重复建设、库源不足；课程教学规划，子流程：教育方针规划—专业指导书—各校培养方案—教学大纲—授课计划—自助自动评价；教学实施：科学化、规范化不足；教学绩效评价未及本质（指标体系：时序—在校"高效"，适岗"快捷"，在职"长效"；内容—知识、能力、综合）；持续改进：连续性差、新概念不断。可用总流程逻辑查询每个环节的问题，设计系统性改进方案，构建敏捷工程教育理论方法工具和实践。

4. 七阶职能思维

在管理实践中，我们形成了七步思考模型或称七阶处理事务方法论、七阶职能思维，可用于规划、评价、策划、实施各类型方案、报告、组织，经检验是非常有效的。也即"理论引领→目标导向→问题启程→流程牵引→工具支撑→实践验证→绩效评价"。

理论引领：倡导理性的有理论指导的变革实践，从实践检验中获得理论的深化和完善。

目标导向：应用管理学目标管理原理，构建"基于现实的理想主义追求"目标体系，切实提高每一个任务的目标关联度，也即信度，以最大程度达成既定目标。

问题启程：要针对问题、切中痛点，界定问题性质、分析问题特征，聚焦问题的重点、难点，以目标为方向，逐步逐阶解决问题，推进进程。

流程牵引：流程是行动的指针，将目标、问题结构化、任务化，用流程体系作为行动指南，发挥内控动力作用，指导日、周、月、季、年的组织行动，获得节点、阶段、里程碑和关键线路的重要成果，直至最终目标。

工具支撑：工具是人类生产活动中产生，极大地推动生产活动的物质器具和精神产品，装备与软件、工艺等已经成为任何活动必不可少的依靠。要提高效率，必然要有工具支撑。

实践验证：任何设计、规划，都要进行尝试、实践，并开展检验。从检验中获得持续的改进和提高，帮助修改方案、完善流程、目标。

绩效评价：过程的小成果和最终的大成果，评价一样重要。没有过程的评价，就可能导致路径偏差，以致"谬以千里"，同时必须及时反馈，评价与反馈是孪生动作，配对进行才能有成效。

这是一条向前的链，也是一条形成闭环的链。循环不断，PDCA不停，才能持续改进、提高。

5. 全主体行动

工程教育的主体，并非简单的、机械的主体，是活生生地接受教育的对象和活生生传授知能的对象，有在环境中主导政策的强势组织，也有隐形的利益攸关的人，还有叠加在对象身上的环境对象因素。有工具、器具的装备、软件、场所，也有管理制度和惯性。文化建立主体的复杂观、有机观、动态观、系统观，对搞好工程教育而言实在不可或缺。那些过于简单的、中心论的讨论，是有害的。目的中心论、目标中心论、学生中心论、教师中心论等等，需要进行认真仔细甄别、均衡、协调的生命有机成长论，才是更科学的"中心论"。

6. 实践执行体系、新技术赋能、组织适应、耦合机制

工程是实践学科，一切应当围绕"实践"这个主题，思辨和活动是围绕改造世界的哲学命题展开的。这既可以作为工程教育和工程教育研究的最高准则，也可以作为检验所有活动是否切合实际的重要标准。工程教育，有必要防止理想主义甚至空想主义的倾向，需要基于现实的理想主义，或者说需要现实的理想主义追求。如果培养不出具备设计、制造出合格的具有竞争力的工程产品的能力的工程师，谈成功的工程教育，就显得苍白无力，所谓培养卓越工程师也将是空话。

新技术赋能、组织适应、耦合机制等维度的内容将在后文详细展开。

实际上，需要讨论的问题，远不止这些。因为工程太复杂了，工程知识太复杂了，工程教育太复杂了，工程教育研究太复杂了，作为卓越工程师，太复杂了。

在复杂中探求敏捷性，是个永恒的、有价值的课题。全书以上述基本逻辑为中心思想展开。

目录

第1篇 工程知识与教育环境

第1章 工程教育前沿与底层 2
本章逻辑图 2
1.1 工程前沿学科 3
1.2 工程 13
1.3 工程师 20
1.4 工程知识 25
1.5 工程教育 29
1.6 工程教育研究 36

第2章 知识爆炸与知识环境 47
本章逻辑图 47
2.1 知识爆炸时代 48
2.2 知识更新速度 56
2.3 知识发展趋势 63
2.4 全球知识环境 68

第3章 工程知识类型与传承 75
本章逻辑图 75
3.1 工程认知：工程知识论 76
3.2 工程知识地图 86
3.3 工程知识逻辑与教育总流程 94
3.4 工程知识新环境 98
3.5 工程教育新环境 106

第2篇 工程教育需求与存在问题

第4章 工程教育的复杂需求 114
本章逻辑图 114
4.1 工程教育主体全景图 115
4.2 工程教育需求构成 119
4.3 工程教育需求耦合机制 126

		4.4 卓越工程师的工程观 131
	第5章	工程教育目标与差距 137
		本章逻辑图 137
		5.1 工程教育目标 138
		5.2 工程教育存在的问题 141
		5.3 深刻理解工程——范式转换 150

第3篇 敏捷工程教育理论构建与变革实践

	第6章	工程教育理论探究 158
		本章逻辑图 158
		6.1 工程语言：教育基础 159
		6.2 工程教育特性 163
		6.3 工程教育理论 168
		6.4 工程教育敏捷化追求 176
	第7章	敏捷高等工程教育理论 186
		本章逻辑图 186
		7.1 敏捷思想概念讨论 187
		7.2 敏捷高等工程教育思想体系 190
	第8章	工程敏捷教育方法及工具 201
		本章逻辑图 201
		8.1 工程敏捷教育 202
		8.2 方法与工具 209
		8.3 教育质量评价理论与体系 227
	第9章	敏捷工程教育实践体系 235
		本章逻辑图 235
		9.1 工程教育实践理论体系 236
		9.2 "六实"体系阐述 242
	第10章	敏捷工程教育探索试验 252
		本章逻辑图 252
		10.1 实践化呼吁 253
		10.2 产品工艺逻辑下的敏捷高等工程教育方法 260
		10.3 体系化应用——ERP 277
		10.4 知识结构化和显化隐性知识——BAVS 283
		10.5 流程化表达 292
		10.6 智能化开发——"晓筑"系列 298

第11章　工程教育成效与绩效 303
　　　　本章逻辑图 303
　　　　11.1　应用型地方高校实践 304
　　　　11.2　卓越工程师在校阶段的教育核心 309
　　　　11.3　卓越工程师实业阶段接续培养 315

第4篇　工程教育师资与教务管理

第12章　工程教育师资 324
　　　　本章逻辑图 324
　　　　12.1　工程教育师资的结构 325
　　　　12.2　工程师资的困难与培养 331
　　　　12.3　工程师的安身立命之本 345

第13章　教学过程精准管控 353
　　　　本章逻辑图 353
　　　　13.1　教与学的智能化过程 354
　　　　13.2　工程教育从娃娃抓起 357

第14章　教务管理敏捷化 360
　　　　本章逻辑图 360
　　　　14.1　教务规范化流程与敏捷教育 361
　　　　14.2　教学环境建设 370
　　　　14.3　教务管理人员培养 374

第15章　工程教育后服务与后评价 381
　　　　本章逻辑图 381
　　　　15.1　工程教育的后服务 382
　　　　15.2　工程教育的后评价 388

术语（词汇含义解释）.. 399
结束语 409
致谢：致敬生活，感谢教诲！.. 413

全书逻辑图

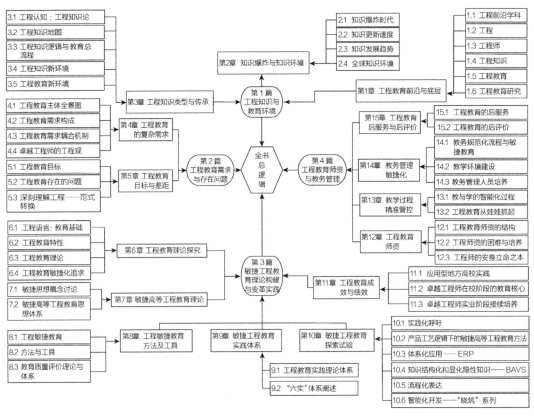

图 1 全书逻辑图

全书分为 4 篇 15 章，全书逻辑图如图 1 所示。

应当指出，工程教育内容繁多，涉及广泛，非常复杂。工科、工程、建筑工程、土木工程等，从不同角度和管理政策条线来看，其知识门类、学科级别、专业目录都有所不同。

"建筑悠久的历史，建制化管理，生存发展的基础，无数的实践，充分的社会渗透"等，对社会、经济发展均极具影响力。与工业产品相比，建筑在时间维度、空间维度、规模数量等方面的影响力都十分巨大。因此，虽然诸多处行文，常以建筑工程为例，但也是理有所依，本书所讨论的工程，是指"大工程观"下的工程，是广义工程，工程教育也必然是"大工程观"下的工程教育。

第 1 篇

工程知识与教育环境

第1章
工程教育前沿与底层

本章逻辑图

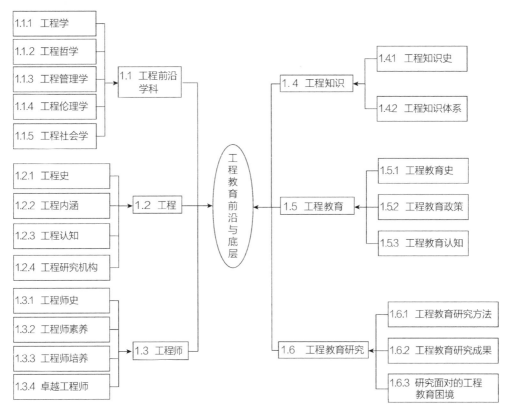

图 1-1　第 1 章逻辑图

工程学、工程哲学、工程管理学、工程伦理学、工程社会学、工程法学，是新近才形成较为完整的知识体系，反映了不同学科学者对工程学科的前沿思考。而工程教育不仅应该吸收前沿的思想成果，更需要沉入底层，掌握"工程、工程师、工程知识、工程教育和工程教育研究"等概念的本质内涵、核心内容、演变发展、基本方法和趋势标准。

1.1 工程前沿学科

1.1.1 工程学

"工程学涵盖了一系列涉及范围极其广泛的活动""工程学无处不在",给工程学下一个严谨的定义相当困难,但工程学从根本上讲是一种解决技术问题的系统方法,从基础教育的视角来看,工程学是指通过迭代设计对材料和技术进行优化,以满足在给定约束条件下的某些需求[①]。美国工程师专业发展委员会(Engineers' Council for Professional Development,ECPD)将工程学定义为:利用有创意的应用科学定律来设计或发展结构物、机器、装置、制造程序,或是利用这些定律而产生的作品,或是在完整了解其设计的情况下建构或设计上述物品,或是在特定的运作条件下预测其行为,所有所做的都是为了其预期的机能、运作的经济性或人员及财产的安全[②]。牛连强等[③]认为,工程学是通过研究与实践,应用数学、自然科学、社会学等基础学科的知识,以达到改良各行业中现有材料、建筑、机械、电机电子、仪器、系统、化学和加工步骤的设计和应用方式的一门学科。

无可厚非的是,随着全球经济竞争力与创新的联系越来越紧密,以及工程学固有的学科属性及其在基础教育中特有的教育价值,特别是将工程学的专业知识和途径频繁地用来解决如气候变化、人口增长、能源短缺、清洁饮用水的获得等问题,导致工程学成为现今世界非常重要的学科[①]。

工程学的范围很广,一般分为数个子学科,这些子学科涉及工程中的不同领域。我国现行高等院校将工(程)学本科专业划分为32类,这32类又细分出不同的专业,如表1-1所示。

工(程)学本科专业划分 表1-1

类别	专业名称	类别	专业名称
力学类	理论与应用力学、工程力学	测绘类	测绘工程、遥感科学与技术等
机械类	机械设计制造及其自动化、材料成型及控制工程、工业设计、过程装备与控制工程、车辆工程等	化工与制药类	化学工程与工艺、制药工程等
仪器类	测控技术与仪器、精密仪器等	地质类	地下水科学与工程、智能地球探测等
材料类	材料科学与工程、材料物理、材料化学、冶金工程等	矿业类	采矿工程、石油工程等

---

① 刘恩山. 工程学在基础教育中的地位和作用[J]. 科普研究, 2017, 12(4): 5-10, 103.

② 王轶辰, 雷海申. 融合任务与案例的翻转课堂教学模式在本科工程教育中的应用探索[J]. 教育教学论坛, 2017(14): 169-174.

③ 牛连强, 张胜男, 杨德国. 本硕一体化联合培养基地建设与高端应用型人才培养[J]. 计算机教育, 2019(6): 13-16.

续表

类别	专业名称	类别	专业名称
能源动力类	能源与动力工程、能源与环境系统工程等	纺织类	服装设计与工程、服装设计与工艺教育等
电气类	电气工程及其自动化、智能电网信息工程等	轻工类	轻化工程、印刷工程等
电子信息类	电子信息工程、电子科学与技术等	交通运输类	交通运输、交通工程等
自动化类	自动化、轨道交通信号与控制等	海洋工程类	船舶与海洋工程、海洋工程与技术等
计算机类	计算机科学与技术、软件工程、网络工程等	航空航天类	飞行器设计与工程、飞行器制造工程等
土木类	土木工程、建筑环境与能源应用工程等	兵器类	武器系统与工程、武器发射工程等
水利类	水利水电工程、水文与水资源工程等	核工程类	核工程与核技术、工程物理等
农业工程类	农业工程、农业电气化等	林业工程类	森林工程、木材科学与工程等
环境科学与工程类	环境科学与工程、环境生态工程等	生物医学工程类	生物医学工程、康复工程等
食品科学与工程类	食品科学与工程、粮食工程等	建筑类	建筑学、城乡规划等
安全科学与工程类	安全工程、应急技术与管理等	生物工程类	生物工程、生物制药等
公安技术类	刑事科学技、消防工程等	交叉工程类	未来机器人

上述当前发挥巨大影响力的"土木工程、农业工程、测绘工程、交通工程、生物医学工程"等专业，在建筑、交通、工业、通信、邮政、医疗保健、净水、食品、制药、化工、石化行业、人造材料等领域，塑造着城市面貌，改变着人们的生活。"每个单独的工程学科只能产生有限的影响，各种专业之间的界限很模糊，最重要的工程项目通常需要多个学科之间的合作。"[①]工程学发挥作用的方式呈现交叉特点。

工程学科"知识体系"包罗万象，涉及数学、物理学、化学、力学、地质学、经济学、管理学、组织学等一系列基础学科。随着其他技术与管理类学科的发展进步，工程学囊括的知识面越来越广，涉及的技术、机械等方面也越来越趋向于智能化、精细化、精准化。工程学的知识体系进一步扩大，学科间的交叉也会更密切，跨学科交流也可能成为常态。新颖的现代工程学科也无疑会成为与现代科学技术结合更紧密的交叉学科[②]。工程学知识还包含丰富的非技术知识，其与社会学关系密切，"每一项工程成就都是由其所处的文化、政治和时

---

① 娜塔莎·麦卡锡. 人人都该懂的工程学[M]. 张焕香，宁博，徐一丹，译. 杭州：浙江人民出版社，2020：53，74，109.
② 邵华. 工程学导论[M]. 北京：机械工业出版社，2016：27.

代塑造的，工程成就反过来也塑造了这些文化、政治和时代。"

"工程学本质上是实践性的，而不是理论性的，它重点关注以可靠的系统、产品和过程的形式呈现的事物的发展，而不是事实。工程师运用自己的能力，设计、测试并制造所需的产品，从而实现这个目标。这里的关键概念是能力或技能，这是工程学领域的精髓。"[①] 由此看来，除掌握知识以外，对工程师的要求似乎更高，因为"工程师在掌握大量数学和科学知识的同时，也应有能力解决他们遇到的问题。"[①]

工程学揭示了工程师的独特思维方法。概括起来，表1-2中的概念组成为工程学的核心要素，也是工程师思维方法的核心[①]。

工程学的核心要素　　　　　　　　　　表1-2

概念组	内涵
发明、创新、制造	发明是新产品或新工艺想法的第一次出现，创新是通过商业或其他方式把想法变为现实。工程学的核心是创新，通过创新制造出可生产、分配、出口、销售和使用的实用产品
科学、数学、计算	工程师利用数学方法描述工程系统、预测系统行为、证明预测结果
工程设计	工程设计的过程包括确定需求、进行概念设计、进行可行性测试，并在测试过程中和产出成品后不断改进。工程设计受到各种因素的制约，还涉及多个学科和团队的沟通和合作
系统和复杂性	工程系统具有复杂性，涉及不同的部件、分支学科、知识、相关团队、诸多人为因素等。复杂系统的各部分相互作用使整个系统的行为大于其各个部分行为的总和，因此，工程系统具有涌现性。系统工程专门从事复杂系统的设计和管理，系统工程师必须从整体角度看待所开发的技术，也必须考虑系统从出现到消亡的整个生命周期
风险、不确定性、失败	工程师的工作常常带有很大的不确定性，工程实践中总包含着一些不可避免的风险因素。工程的关键在于评估和管理工程产品、流程或系统中固有风险的能力

1.1.2　工程哲学

谈及工程，为何要谈哲学？工程是社会存在与发展的物质基础，辩证法贯穿于设计与实践当中，许多哲学问题也需要研究和思考。学者们认为：哲学源于对自然、对社会现象以及对人认识的刨根问底、反复追问、追求理想的过程中。因而对工程哲学的研究，一方面，可以使人们对工程中问题的刨根问底形成哲学性思考；另一方面，已形成的工程哲学可以指导工程实践等活动的开展，使工程哲学解释世界、改造世界、塑造未来的潜能得到充分发挥。

工程的发展历史源远流长，工程哲学虽稍有落后但正在蓬勃发展，大致可以分为三个阶段，如表1-3所示。

---

① 娜塔莎·麦卡锡. 人人都该懂的工程学 [M]. 张焕香，宁博，徐一丹，译. 杭州：浙江人民出版社，2020：53, 74, 109.

工程哲学的发展阶段　　　　　　　　　　　　　表1-3

阶段	特征	人物及著作
酝酿期（1990年前）	研究者基本以"工程师"为主，内容主体相对片面，未将工程与技术分类	罗杰斯，《工程的本性——一种技术哲学》 考恩，《工程方法的定义》 邹珊刚，《工程技术科学的若干辩证内容》 李伯聪，《人工论提纲——创造的哲学》 ……
胚胎期（1990~2000年）	哲学家介入工程领域，研究内容呈现复杂多样性	杜尔宾，《非学术科学和工程的批判观察》 米切姆，《作为生产活动的工程：哲学评论》 李伯聪，《我造物，故我在——简论工程实在论》 陈昌曙，《技术哲学引论》 ……
开创成长期（2000年后）	工程哲学专著出现，工程哲学中的一些问题得到系统论述，工程哲学研究体制化	李伯聪，《工程哲学引论——我造物故我在》 徐长福，《理论思维与工程思维》 布希亚瑞利，《工程哲学》 考恩，《对方法的探讨》 ……

从表1-3中可以看出，随着工程哲学的不断发展，知识内容体系不断丰富与完善，并贯穿于众多工程学科之中。

李伯聪教授在《工程哲学》中提出了五论：三元论、工程本体论、工程方法论、工程知识论、工程演化论。但作者认为"科学—技术—工程"三元论是最基础的理论，只有将工程独立于科学、技术之外形成一门独立学科，才可以将其他理论发展起来。

1. 三元论

三元论由李伯聪[①]教授提出，其在"科学、技术"二元论的基础上，认为"工程"应区别于技术和科学，若有"科学—发现""技术—发明"的对应关系，则"工程—建造"应当成为独立的存在。当"科学—技术—工程"三元论成立后，相较于前两者，工程也应有独立的哲学体系。如果说科学哲学是关于人类认识自然本质和规律的哲学，则工程哲学应是关于人类认识世界并合理改造世界的哲学。工程哲学以工程为主体，通过对与工程活动相关的目的、计划、时机、组织、制度等范畴进行研究来探究工程的本质。

虽然工程和科学、技术两者特性和本质上有着区别，但是又不应该将其割裂来谈。因此，需要高度重视三者之间的相互关系与相互转化的逻辑。在哲学上，对工程哲学展开研究不但不会淡化对其他两者问题的认识与研究，反而会促进对其更加深入的认识与探讨；在现实生活中，三者更是相辅相成，共同创造更加美好的世界。

2. 六论

工程哲学虽是现今哲学界中刚刚兴起的哲学分支，但具体的工程活动却是早已存在。通过研究，工程哲学可大致分为六类，如图1-2所示。

---

① 李伯聪. 工程哲学引论——我造物故我在［M］. 郑州：大象出版社，2002：1-452.

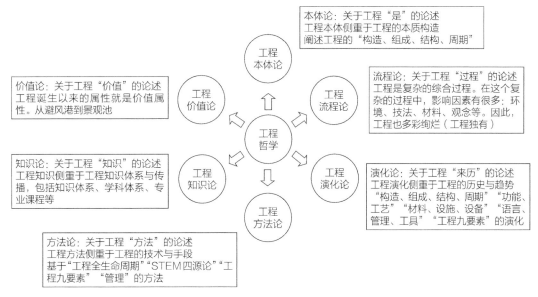

图 1-2 工程哲学"六论"的构成

1) 工程本体论①

工程本体论是指对工程含义、本质和特点,工程分类、工程划界,工程与科学、技术的关系,工程结构与功能,工程要素和工程系统,工程的地位与作用等方面进行讨论。工程本体论强调工程作为现实生产力而具有的本体地位,其现实地塑造了自然的面貌、人和自然的关系,现实地塑造了人类的生活世界和人本身,塑造了社会的物质面貌,并且具体体现了人与人之间的社会联系。

2) 工程演化论②

先来解读"演化"与"论":从"演化"来看,工程演化论是分析与研究工程史的一种指导思想和理论历史;从"论"来看,工程演化论则是认识工程性质的一种基本观点或框架理论。其通过对理论与实际的研究,明确"工程一般发展史和演化进程研究""专业工程演化史和演化规律研究""工程演化历史进程与演化逻辑的综合研究"等内容;明确工程演化逻辑、要素与机制;明确其一般规律。工程演化论旨在为社会经济结构调整、产业升级和转变经济发展方式提供合理判断,有助于对现实的工程活动提供判断依据;有助于对工程活动、工程评价及其相关政策提供建议;可以为工程决策、工程构建、工程运行等工程管理提供导向对策。而对工程教育来说,则可为培养高级工程师和工程管理人才提供在校学习或继续教育的思想指导。

---

① 殷瑞钰,汪应洛,李伯聪. 工程哲学 [M]. 北京:高等教育出版社,2007:1-501.

② 殷瑞钰,李伯聪,汪应洛. 工程演化论 [M]. 北京:高等教育出版社,2007:1-341.

3）工程方法论[①]

工程方法论反映的是各种具体工程方法的一般性质，是从科学抽象的高度进一步综合、提炼、概括、抽象和升华出的普遍存在于各种具体工程方法之中的共同本质与规律性的内容。其来源于工程方法，但又高于工程方法。具有实践性、系统性、异质性、开放性、情景变化性、综合集成性、价值导向性等特点。

4）工程知识论[②]

工程知识论是以工程知识为研究对象的"二阶性研究"和"多视野研究"。对于工程知识论的研究就是将对工程知识的朴素认识提高到哲学认识的水平，把不自觉或半自觉的认识提高到自觉的认识水平。通过对工程知识本质、特征、要素、结构以及其他知识类型的项目联系等核心内容的研究，不仅要突破传统知识论藩篱的理论意义，更旨在将工程知识跨学科复杂交错性、创造性与工程创新联系起来，加强工程科技、管理等方面的创新；旨在认清工程教育改革发展的核心关键，进一步加深工程教育的改革探讨；旨在增强公众参与工程决策、工程设计、工程评价等阶段的意识。

5）工程流程论

工程作为实践性强、过程性强的活动，是构建、集成和创新的集合过程，最重要的成果是"造物""用物"，必然不能缺少对如何实现工程目标过程性动作的研究，即对流程的研究。从工程哲学维度来看，工程体均有结构与功能的属性，而流程是将设计构想好的结构，通过集成、创新实现出来，完整呈现出功能的全部过程，在这个过程中，完成多结构与多功能复杂耦合的可行选择、资源消耗、风险回避及实施建造，"流程是结构与功能的耦合机制"。将工程流程形成"论"，一方面，其首要目标在于提高工程管理者、工程实践者对于工程流程的重视，以"流程"为主线牵引联系其他要素，进行全面、逻辑性强的管理；另一方面，旨在根据工程特性推演出适合多数工程的流程，例如："9阶12段"、流程牵引、"L模式"等思想、工具，为追求管理行为完善、寻求行动效率、联系系统要素、速达管理目标提供较为有效的"论"。

6）工程价值论

从哲学的角度来看，"价值论"主要从主体的需要和客体能否满足主体的需要以及如何满足主体需要的角度，考察和评价各种物质的、精神的现象及主体的行为对个人、阶级、社会的意义。对于"工程"亦是如此，除了满足主体的基本价值外，也应考虑其他影响。总结来说，工程价值包括经济价值、消费价值、潜在价值、政治价值、文化价值、社会价值等。因此，对于工程价值论的研究应以哲学思辨的思维，在追求心目中首要价值的同时，中和其他价值，切莫造成"追求欣赏价值而忽略经济价值"等现象。

其实，从上文三元论与六论的介绍中可知，虽然哲学站在"务虚"角度对工程进行分析，力求提出哲学层面的思想，但对工程哲学的研究对象依然是"务实"的，终也逃不

[①] 殷瑞钰，李伯聪，汪应洛. 工程方法论［M］. 北京：高等教育出版社，2017：1-525.
[②] 殷瑞钰，李伯聪，栾恩杰. 工程知识论［M］. 北京：高等教育出版社，2022：1-563.

开"工程学""工程伦理学""工程管理学""工程材料学"等内容。工程学等学科为工程哲学打下坚实基础，从工程实践中总结出工程经验形成体系、形成学科，从工程学科中提取普适性、根本性思考进行归纳总结形成工程哲学；而工程哲学反过来也可以指导工程各学科的实践与思考，站在哲学角度思考工程问题，究其问题本质，对于工程实践活动大有裨益。

2007年，时任中国工程院院长的徐匡迪院士在为李伯聪教授的《工程哲学》（第一版）撰写的序言中提到：工程师要有哲学思维。这句话的分量是极重的，工程绝不是单一学科理论和知识的运用，而是一项具有可复制性的综合实践工程。当工程师学习工程哲学、拥有哲学思维后，通过运用哲学思维对工程知识进行深入的理论分析、理论研究、理论概括与理论升华，才能形成工程知识论层次上的认识。工程哲学所在的高度，上可从宏观角度让工程师拥有大工程观，工程师通过对工程哲学的学习与感悟，意识到工程不应拘泥于工程建造中的细枝末节，而是需要认识到应在工程实践中梳理、权衡生态文明的现代工程意识、与社会文化和谐的范围等；下可从工程的根本进行探究，例如优秀的工程设计，应拥有哲学上辩证统一的思想：机械运动中的动力与摩擦力，土木建筑物、构筑物的动与静，各种工程构件所承受的荷载与应力之间的关系等。可以说，若没有工程哲学、大工程思维的加持，在开展工程活动时往往会存在与生态文明、社会、人文传统背道而驰的情况，造成资源与社会财富的浪费，迟早会成为被历史抛弃的"败笔"。

1.1.3　工程管理学

20世纪初，人类工业规模空前壮大，经验已无法应对管理需要，于是世界开始进入"科学管理时代"。美国工程师泰勒（Taylor）所著《科学管理的原理》，成为这一时代的代表作和工业工程的经典著作。而工程管理学，正是在适应现代工业发展时孕育而生的。

工程管理学是工程科学和管理科学融合的结晶，是一种面向工程的管理科学[①]，即研究工程科学方法和管理科学方法如何有效结合以实现工程效益最大化的一门学科。或者说，工程管理学是一个以工程分析或技术分析为基础的管理学科，是工程科学和管理科学相互融合而形成的一种复合性学科。

国外对于工程管理学的重视较早。工程管理学的新思想和新方法开始在国外出现，工程管理学的理论体系自1960年开始形成，到1999年，国际工程与技术科学院理事会（CAETS）中的大部分正式成员，如瑞典、美国、俄罗斯等，均设置了与工程管理相关的部门。从国外工程院院士的专业背景和学术成就标准来看，工程管理学相关学部的工程院院士涉及非常广泛的学科领域，几乎囊括了经济学和管理学领域。在美国国家工程院中，与工程管理相关的两个学部共有252名院士；在瑞典皇家工程学院中，与工程管理相关的三个学部共有221名院士，约占院士总数的30%[①]。从国内来看，我国从20世纪60年代初，就有部分具有远大抱负且留学于外国的工程经济学家，回国后开办工程管理学科。2000年9月25日，中国工程院

[①] 何继善，陈晓红，洪开荣. 论工程管理［J］. 中国工程科学，2005（10）：5-10.

正式设立新学部——工程管理学部,标志着我国对工程管理学研究初具规模。2012年11月12日,"工程管理理论体系研究"项目被列为中国工程院的重点项目。截至2018年,工程管理学部中共有58名院士,其中跨学部院士25名。可以看出,我国对于工程管理学研究正逐步走向成熟。

综上所述,工程管理学作为由多种知识交叉融合形成的学科,拥有良好的发展态势和广阔的发展空间。工程管理是当代社会技术与管理协同发展、有机结合的产物,技术、经济、管理、法律等学科在工程管理内部交错组合,可以产生新的交叉学科和专业[①]。从技术来看,由于工程学本身就是一个庞大的泛学科群,包含土木工程、航天工程、生物工程等32个一级学科,所以工程管理学的内容极其丰富。因此,不能狭隘地认为"工程"即是"土木工程","对于"工程管理学"应该要有宏大的工程观,才能系统地学习工程管理知识,灵活变通地使用;另外,不应该只学习"工程管理学"的理论内容,工程管理学中的方法、工具等也丰富多彩,值得深入学习。

为了加强国内工程管理学的普及与发展,全国多数院校已经开设了"工程管理"专业。其中,管理学是高校工程管理专业学科的专业基础课,通过对管理学课程的学习,学生能够系统地掌握管理工作的理论、技术和方法,拥有管理学思维,以及提高发现问题、分析问题、解决问题的能力。工程管理达到的目标,即通过运用工程学、管理学和经济学理论融合的知识,自工程项目开始至项目结束,根据项目策划和项目控制,以实现项目的费用目标、进展目标和质量目标。如今,我国已有近百所高校开办工程管理本科专业。各高校形成了各自的办学规模,有着各自的办学理念。有的大学由自己的管理学院承担教育教学建设任务;有的就是由建筑类单位承担,如清华大学的土木水利学院、重庆大学管理科学与房地产学院等,各高校开创特色教学与独特的培养方式,丰富了管理界的人才储备,也为中国管理界输送了大批人才。

1.1.4 工程伦理学

工程直接关乎人们的福利和安全,在古代,工匠的活动受到伦理和法律的约束。中国古代的匠人们把道德良心作为发挥工艺技能的基础或前提。著名的巴比伦法典详尽地记载了对造成房屋倒塌事故的工匠的严厉处罚规定。这就是工程伦理的最早起源。直到20世纪70~80年代,工程伦理学才作为一个学科或跨学科研究领域蓬勃发展起来。1980年,在美国伦斯勒(Rensselaer)理工学院首次召开了关于工程伦理学的跨学科会议。会议主要从职业伦理学的学科范式入手,结合案例分析,探讨工程师在工程实践中可能面对的道德问题和如何做出选择[②]。

总的来看,对工程伦理的理解有两种路径:一是从科学和技术的角度看工程,二是从职业和职业活动的角度看工程。第一种视角容易导致还原论,将工程作为技术的一个应用部

---

① 汪应洛. 工程管理概论 [M]. 西安:西安交通大学出版社,2013:1-469.
② 张恒力. 工程伦理读本(国内篇)[M]. 北京:中国社会科学出版社,2013:12.

分，而不是作为一种有其自身特征的相对独立的社会实践行为。第二种视角又容易将工程伦理与其他职业伦理混为一谈，从而抹杀了科学技术在工程职业中的特殊地位。这种视角容易将工程伦理仅仅归结为工程师的职业伦理，从而忽略了工程活动的伦理维度。

戴维斯认为，"伦理"至少有三种含义："第一种是通常所说的道德的同义词。第二种指的是一个哲学的领域（道德理论，试图把道德理解成一种理性的事业）。第三种是那些仅适用于组织成员的特殊行为的标准。"他认为，当谈及工程伦理时，这里的"伦理"属于第二种和第三种含义。马丁（M. W. Martin）和欣津格（R. Schinzinger）[①]则区分了工程伦理的两种用法：规范用法与描述用法。在规范用法下，伦理指称获得辩护的价值和选择，指称悦人心意的（不仅是所希望的）事。规范用法有两种含义：第一，伦理是道德的同义词。其指称合理的道德价值，道德上所必需的（或正当的）或道德上所允许（良好）的行为，所期待的政策和法律。相应地，工程伦理由责任和权力构成，这些责任和权力为那些从事工程的人所认可，同时工程伦理也由在工程中人们期待的理想和个体承诺构成。第二，伦理是对道德的研究，是对第一种含义的伦理的探究。其研究什么样的行为、目标、原则和法律是获得道德辩护的。在这种含义下，工程伦理是对决策、政策和价值的研究，在工程实践和研究中，这些决策、政策和价值在道德上是人们所期待的。而在描述用法下，人们只是描述和解释特殊的个体或群体相信什么和他们如何行为，而不去考察他们的信念或行为是否获得了辩护。马丁等人认为，描述型研究为舆论调查、描述行为、考察职业社团的文献、揭示构成工程伦理的社会力量提供了可能。

撇开对工程伦理的定义，从研究内容上看，本书主张从下述两个领域来理解工程伦理：①作为一种社会实践活动，工程必然具有其内在的伦理维度。对工程的伦理维度的研究（实践伦理）构成了工程伦理学的主要内容，即"工程伦理是对在工程实践中涉及的道德价值、问题和决策的研究"。②作为一种职业，工程师应当具有其自身独特的职业伦理。这种与众不同的职业伦理也应当成为工程伦理学的主要研究内容之一。这两个方面又是一致的，这就表现在工程师的职业活动本身就是一种社会实践活动。从研究范围上看，无论作为实践伦理，还是作为职业伦理，工程伦理均包含规范性维度和描述性维度。

综上所述，本书认为工程伦理学是以工程活动中的社会伦理关系为对象，讨论的主要问题是工程活动中关于工程与社会、工程与人、工程与环境的关系合乎一定社会伦理价值的思考和处理。

"伦理"是处理人与人关系的准则，而用来指导工程技术与社会之间关系的准则是工程伦理准则。工程伦理学的基础是工程以及工程师对于人类进步的追求，对于提高人类福祉的保障，规范和规则用以约束工程从业者的处事及决策方式。工程伦理的主要责任体就是工程负责人与从业者。在工程伦理的相关研究中，工程师作为工程从业领域的主体人员，拥有着专业的技术能力并且直接管理工程一线的活动开展，因此，工程师伦理问题一直受到社会的广泛关注。

---

① Mike W Martin, Roland Schinzinger. Ethics in Engineering [M]. Boston：McGGraw-Hill, 2005：8-9.

综上所述，工程伦理学起源于对技术的批判，对工程师的质疑。工程师在工程活动中对于技术设计、改进等方面起到重要作用，同时也面临着利益冲突，以及忠诚于雇主还是公众的冲突等道德困境。结合工程伦理学的发展经验，首先，要加强工程师的职业化进程，制定现实合理的伦理规范，促进工程师伦理制度化发展。其次，要加速工程伦理教育的发展，在工程类院校开设工程伦理相关课程，开展工程伦理培训，提高工科类学生的道德敏感性。最后，由于工程的境域性特征，在我国的工程活动中，不仅工程师面临着道德困境，其他工程共同体如管理者共同体、工人共同体、企业家共同体、公众共同体等都要面对多种的道德选择，与工程师的处境有一定相似性。所以在工程伦理学发展过程中，还需要关注其他工程共同体的道德困境。

1.1.5 工程社会学

自从奥古斯特·孔德开创社会学这门学科以来，在100多年的进程中，社会学已经发展成为一门理论内容广博、学术流派纷呈、分支学科众多、研究方法多样、经验研究丰富、社会影响巨大的学科[①]。近年来，随着技术经济难题相继被攻克，本处在边缘位置的"社会"问题日益凸显。将社会学引入工程研究逐渐被学界认可[②]。

由于工程社会学在国内尚处于起步阶段，各学者对学科的认识还未取得统一，因此，目前存在四种不同主流的看法，如表1-4所示。

工程社会学元问题分析表 表1-4

代表人物	核心观点	内容概括
李伯聪	"工程共同体"是工程社会学的核心概念[①]	是指集结在特定工程活动下，为实现同一工程目标而组成的有层次、多角色、分工协作、利益多元的复杂工程活动主题的系统
赵文龙	"社会工程"范式论[③]	侧重强调工程的社会性，把工程置于社会结构和社会关系之中，分析工程活动与社会的关系
毛如麟	"建设工程系统"论[④]	运用社会学视角研究建设工程社会中的社会现象，以揭示建设工程社会的结构和运作机制
陈绍军	"社会评价"论[⑤]	以项目区人口及相关人群的社会发展为基本出发点，综合应用社会学、人类学及其他社会科学的理论与方法，通过系统地实地调查，分析项目中的重大社会事项，从社会的角度给出项目是否能够成立的基本判断

---

① 李伯聪. 工程社会学的开拓与兴起[J]. 山东科技大学学报（社会科学版），2012，14（1）：1-9.
② 施国庆，江天河. 全生命周期视角下的工程社会学研究初探——以对建设工程的分析为例[J]. 自然辩证法通讯，2019，41（9）：93-99.
③ 赵文龙. 工程与社会：一种工程社会学的初步分析——以中国西部地区生态移民工程为例[J]. 西安交通大学学报（社会科学版），2007（6）：65-69，88.
④ 毛如麟，栗晓红，游锐，等. 建设工程社会学导论[J]. 科技进步与对策，2009，26（21）：76-80.
⑤ 陈阿江. 社会评价：社会学在项目中的应用[J]. 学海，2002（6）：81-85.

本书更倾向将学者李伯聪与学者陈绍军的看法相结合，认为"工程社会学"是指在规定的工程活动下，为实现同一目标而组成的有层次、多角色、分工协作、利益多元的复杂工程活动主体的系统，并从相关主体的社会发展为出发点，从社会的角度分析工程是否能够成立。

目前，工程社会学研究中，经验研究、实证研究、调查研究是亟待大力开展的研究工作。如果没有大量深入、细致的经验和调查研究工作成果，工程社会学理论就会成为脱离实际的空中楼阁。而工程社会学的理论是否有生命力，应该而且必须表现在其是否能够引导、启发和落实到经验研究、实证研究、调查研究上[1]。李伯聪教授表示，工程社会学以解决人类的生存和发展为本学科的基本问题；以"工程活动"和"工程、自然与社会的复杂关系与多重建构"为基本研究对象；以"工程角色和工程共同体""工程的制度安排、生命周期和社会运行""工程合作、摩擦、博弈、权衡、协调"等为基本研究内容；以"工程创新、风险、越轨、安全的社会学分析"和"工程的社会评估问题"为研究重点。近年来，工程的社会性越来越受到人们的重视，同时，工程社会学作为社会学的一门分支学科也逐渐得到了学术界的认同，我国在工程社会学理论研究和实践研究方面，都走在世界前列，但目前工程社会学在国内仍处于"酝酿期或胚胎期"[2]。中国科学院副院长李树深介绍，我国是世界上工程类型最多、工程规模最大的国家，在航天、钢铁、桥梁、高铁、通信、核能、水电等诸多工程领域实现了历史性跨越。未来，还有不少工程领域面临着如何由"大"变"强"的历史性任务。对于工程社会学的研究还应加强。

工程社会学与工程教育、跨学科工程研究相互促进、相互渗透，而"工程"这个对象范围太大、内容太复杂、问题太重要、影响太深远，所以，对工程这个特定对象的研究并不能限定于某一个或某一些学科。换言之，必须对工程进行"跨学科""多学科"的"综合研究"。这也是进行"跨学科""工程研究""工程教育"的迫切要求——不但需要对工程进行管理学和工程科学研究，而且必须以链式的思维，成体系地分析。这些努力的综合表现为亟需开拓学术领域的"工程敏捷教育研究"。

1.2 工程

1.2.1 工程史

工程是人类生存、发展方式的具体体现，工程一直是直接生产力[3]。"工程"一词，由"工"（巧饰、善其事、劳作、计量、工阶）和"程"（规矩、等级、进度）构成。据有关资料考证，在我国，"工程"一词始于南北朝时期，在李延寿的《北史》中有相关记载：

---

[1] 李伯聪. 工程社会学的开拓与兴起[J]. 山东科技大学学报（社会科学版），2012，14（1）：1-9.
[2] 李伯聪. 工程共同体研究和工程社会学的开拓——"工程共同体"研究之三[J]. 自然辩证法通讯，2008（1）：8.
[3] 殷瑞钰，李伯聪，汪应洛. 工程演化论[M]. 北京：高等教育出版社，2011：51-74.

"齐文宣营构三台,材瓦工程,皆崇祖所算也。"此后一直延续至今,这也从侧面印证了我国拥有悠久的"工程"发展历史。

工程的历史是人类适应自然、改造自然的历史。人类为了满足生产活动的需要,从构木为巢、掘土为穴的原始操作开始,到如今的摩天大厦、跨海大桥、太空空间站的修筑。这期间经历了漫长的发展过程。土木工程的发展贯通古今,其与社会、经济,特别是与科学、技术的发展有密切联系。土木工程内涵丰富,而就其本身而言,则主要是围绕着材料、施工、理论三个方面的演变而不断发展的。从整个历史角度来看,土木工程的发展大致经历了古代工程史、近代工程史、现代工程史三个阶段[①],如图1-3所示。

1. 古代工程史

土木工程的古代时期是从新石器时代(公元前约5000年)开始至17世纪中叶。随着人类文明的进步和生产经验的积累,古代土木工程的发展大体上可分为萌芽时期、形成时期和发达时期。

1) 萌芽时期

大致在新石器时代,原始人为避风雨、防兽害,利用天然的掩蔽物作为住处,例如山洞和森林。当人们学会播种收获、驯养动物以后,天然的山洞和森林已不能满足需要,于是使用简单的木、石、骨制工具,伐木采石,以黏土、木材和石头等,模仿天然掩蔽物建造居住场所,开始了人类最早的土木工程活动。

2) 形成时期

随着生产力的发展,农业、手工业开始分工。大约自公元前3000年,在材料方面,开始出现经过烧制加工的瓦和砖;在构造方面,形成木构架、石梁柱、券拱等结构体系;在工程内容方面,有宫室、陵墓、庙堂,还有许多较大型的道路、桥梁、水利等工程;在工具方面,美索不达米亚(两河流域)和埃及在公元前3000年,中国在商代(公元前16世纪~公元前11世纪),开始使用青铜制的斧、凿、钻、锯、刀、铲等工具。后来铁制工具逐步推广,并有简单的施工机械出现,也有了经验总结及形象描述的土木工程著作。公元前5世纪成书的《考工记》记述了木工、金工等工艺,以及城市、宫殿、房屋建筑规范,对后世的宫殿、

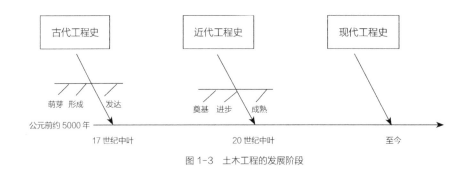

图1-3 土木工程的发展阶段

---

① 张立伟. 土木工程发展简史 [M]. 北京:机械工业出版社,2010:8.

城池及祭祀建筑的布局有很大影响。一些国家或地区已形成早期的土木工程。

3）发达时期

铁制工具的普遍使用提高了工效；工程材料中逐渐增添复合材料；工程内容则根据社会的发展，道路、桥梁、水利、排水等工程日益增加，大规模营建了宫殿、寺庙，因而专业分工日益细致，技术日益精湛，从设计到施工已有一套成熟的经验。

2. 近代工程史

近代土木工程是从17世纪中叶到20世纪中叶的300年间，这段时间是土木工程发展史中迅猛前进的阶段。这个时期土木工程的主要特征是：在材料方面，由木材、石料、砖瓦为主，到开始并日益广泛地使用铸铁、钢材、混凝土、钢筋混凝土，直至早期的预应力混凝土；在理论方面，材料力学、理论力学、结构力学、土力学、工程结构设计理论等学科逐步形成，设计理论的发展保证了工程结构的安全和人力、物力的节约；在施工方面，由于不断出现新的工艺和新的机械，施工技术进步，建造规模扩大，建造速度加快。在这种情况下，土木工程逐渐发展到房屋、道路、桥梁、铁路、隧道、港口、市政、卫生等工程建筑和工程设施，不仅能够在地面，而且有些工程还能在地下或水域内修建。在这一时期的发展可分为奠基时期、进步时期和成熟时期三个阶段。

1）奠基时期

17世纪到18世纪下半叶是近代科学的奠基时期，也是近代土木工程的奠基时期。伽利略、牛顿等阐述的力学原理是近代土木工程发展的起点。意大利学者伽利略在1638年出版的著作《关于两门新科学的谈话和数学证明》中，论述了建筑材料的力学性质和梁的强度，首次用公式表达了梁的设计理论。这本书是材料力学领域中的第一本著作，也是弹性力学史的开端。1687年牛顿总结的力学运动三大定律是自然科学发展史的一个里程碑，直到现在还是土木工程设计理论的基础。这些近代科学奠基人突破了以现象描述、经验总结为主的古代科学的限制，创造出比较严密的逻辑理论体系，加之对工程实践有指导意义的复形理论、振动理论、弹性稳定理论等在18世纪相继产生，这就促使土木工程向深度和广度发展。

2）进步时期

18世纪下半叶，瓦特对蒸汽机做了根本性的改进。蒸汽机的使用推进了产业革命。规模宏大的产业革命，为土木工程提供了多种性能优良的建筑材料及施工机具，也对土木工程提出新的需求，从而促使土木工程以空前的速度向前迈进。

3）成熟时期

第一次世界大战以后，近代土木工程发展到成熟阶段。这个时期的一个标志是道路、桥梁、房屋大规模建设的出现。在交通运输方面，由于汽车在陆路交通中具有快速和机动灵活的特点，道路工程的地位日益重要。沥青和混凝土开始用于铺筑高级路面。近代土木工程发展到成熟阶段的另一个标志是预应力钢筋混凝土的广泛应用。1886年美国人杰克逊首次应用预应力混凝土制作建筑构件，后又用于制作楼板。1930年法国工程师弗雷西内把高强钢丝用于预应力混凝土，弗雷西内于1939年、比利时工程师G·马涅尔于1940年改进了张拉和锚固方法，于是预应力混凝土便广泛地进入工程领域，把土木工程技术推向现代化。

3. 现代工程史

现代土木工程以社会生产力的现代发展为动力，工程活动是社会存在和发展的基础[①]。以现代科学技术为背景，以现代工程材料为基础，以现代工艺与机具为手段高速度地向前发展。第二次世界大战结束后，社会生产力出现了新的飞跃。现代科学技术突飞猛进，土木工程进入新时代。在近40年中，前20年土木工程的特点是进一步大规模工业化，而后20年的特点则是现代科学技术对土木工程的进一步渗透。现代土木工程为了适应社会经济发展的需求，具有工程功能化、城市立体化、交通高速化等特征。

1.2.2 工程内涵

纵观工程发展历史，工程的本质包含四个方面的内涵：工程具有探索性质、工程是"生产过程"、工程是造物结果、工程造成的综合影响。其具体内涵如图1-4所示。

（1）工程具有探索性质。毫无疑问，科学的发展几乎都是在人类的"工程"活动中实现的，就时间而言，工程历史比科学历史要长很多，而技术的形成与进步，也是在工程活动中实现的。科学和技术以及现代管理，离不开工程实践活动，工程是一种探索活动。

（2）工程是"生产过程"。该过程集中体现了工程"集成、构建、创新"的特点，注入了"劳动""工具"，尤其是"管理"。在生产过程中，需要遵循客观物理原理、主观技术管理规则，遵照工艺流程，进行设计和施工，体现"绿色、集约、低碳"以及协调和谐等审美原则。总之，工程是一个"生产过程"。

（3）工程是造物结果。人们期待的就是将表述在纸上的、电脑中的愿望，变成物质的实体——房屋建筑及结构物、桥梁、大坝、码头等工程结果。

（4）工程造成的综合影响。工程对自然界的影响有：原材料开采利用、场地空间的占有及侵害，自然规律利用不充分的负面影响（如：风荷载规律认识不足形成局部风害，城市热

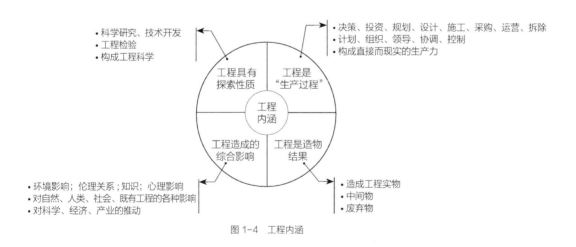

图1-4 工程内涵

---

① 殷瑞钰. 关于工程与工程哲学的若干认识[J]. 工程研究, 2004 (1).

岛形成，地下水过度使用等）。对人类本身的影响有：对体能需求及智能需求的转化（猎牧、农耕、机器、信息、智能），劳动组织形式的变化和管理复杂项目的体系性知识建设。对社会的影响有：建构与修订规则体系、适合工程实施的外部条件以及基于基本文化传承的审美体系演化。既有工程对新建工程也产生了影响，既有工程的经验对于新建工程而言，有借鉴意义和减少重复工作的作用，同时，互相造成的呼应或者影响，也构成了既有工程的影响。例如：高层建筑遮住了低层住户的光照，陆家嘴上海中心要充分考虑环球金融中心、金贸大厦构成完美天际线的设计。

综上所述，工程是经济、技术、管理、社会的复杂活动，是人类在认识和遵循客观规律、遵守制定各种规则的基础上，利用原材料、工具、场所，融入审美并通过管理以改造物质自然界的完整、全部的实践活动、建造过程和造物结果，从而满足自身的价值需求，以及由此对社会、人类和自然所产生的综合影响的总和。

1.2.3 工程认知

工程认知是初学者的工程启蒙，普及基本工程知识，初步建立工程概念，激发兴趣和好奇心，使初学者从宏观的视角了解工程全貌的课程。通过讲述典型工程案例和典型产品制造流程的故事，让初学者深刻理解工程中的设计、机械制造、材料和创新创业等多学科内容，从而构建出多学科交叉融合的工程认知体系，树立正确的工程观。作者经过多年研究，将工程认知的内容分为三大方面共32个要素，如表1-5所示。下文简要介绍工程价值、工程产业链、工程未来三方面认知内容。

工程认知的内容　　　　　　　　　　　表1-5

工程类型	工程作用	工程地位	工程内涵	工程目标	工程价值	工程特性	工程属性
工程主体	工程流程	工程要素	工程情景	工程环境	工程语言	工程信息	工程思维
工程演化	工程失灵	工程教育	工程科技	工程管理	工程伦理	工程智慧	工程文化
工程产业链	工程生态链	工程知识链	工程价值链	工程新需求	工程新形式	工程新模式	工程新生态

1. 工程价值

工程价值问题，来自工程本身。①本质："价值是工程之魂，工程就其本质而言，就是价值嵌入和价值创造的过程。"②引领性："工程活动是价值先行的人类实践活动，是一种设定价值的人类活动，需要从人们的需要和目的出发预设价值，并从预设价值目标出发，引导并规范工程实践行动，协调各类工程行动，最终达到工程目的。"③主体工作："整个工程活动都是在处理价值目标体系，协调内在价值与外在价值、功利价值与非功利价值、'成己'与'成物'的关系。"[①]工程价值具有多元性和复杂性。价值是工程的内蕴，包含着诸多

---

① 李开孟. 工程价值论研究的基本要求和主要内容建议[J]. 工程研究——跨学科视野中的工程, 2022, 14 (1): 19-20.

的主观性,因为工程本身就是人类改造客观世界的主观实践行为。在处理工程与世界的其他构成部分,如自然界、人类自身、社会以及既有工程的复杂关系时,产生"工程伦理"问题、生态问题、工程社会性问题等。

2. 工程产业链

产业链是产业经济学的概念,是各个产业部门之间基于一定的技术经济关联,并依据特定的逻辑关系和时空布局关系客观形成的链条式关联关系形态。产业链的本质是用于描述一个具有某种内在联系的企业群结构,产业链存在结构和价值两个维度的属性。工程产业链则是指各个工程产业部门之间基于一定的工程技术经济关联,依据特定的工程活动过程逻辑关系和时空布局关系客观形成的链条式关联关系形态。以建设工程产业链为例,建设工程产业链主要包括工程咨询、工程规划、工程勘察、工程设计、工程建筑施工、工程监理、工程检测、工程材料、工程技术、工程教育、工程机械等与和工程紧密相关的企业群构成的全过程产业链。

3. 工程未来

工程未来发展趋势可以概括为生态化、科技化、未来化。生态建设是近年来我国工程项目建设施工的重要内容,在展开土木工程施工建设的过程中,除了需要确保工程的质量和安全性外,还需要对其相关内容展开实施。虽然建筑工程企业在长久以来的发展过程中会过多地注重企业的整体经济效益,但在现代化的行业发展的背景下,想要更好地对经济效益进行把控,还是需要建立在生态化工程施工的基础上,因为人与自然的和谐统一发展是我国现代化社会发展的核心内容。先进的施工技术能够让整个施工项目的效率得到提高,也能够进一步实现自动化、智能化,最大限度地发挥整体的经济效益。同时施工技术也能够在高科技的推动下得到更加全面的发展。绿色施工技术在我国土木建设中占有重要地位,对我国土木行业的发展起到了很大的推动作用。绿色施工技术的应用对节约能源、减少污染具有重要意义。在土木工程中,所谓的"绿色"指的是通过科学的管理技术手段,在能源消耗最小的情况下,尽量减少环境污染,达到节约能源、节约材料、节约用水的目的。"绿色土木"是指生态环境保护、社会经济建设、节能利用三个方面的可持续发展。

1.2.4 工程研究机构

工程研究机构是指对"工程"相关的专业领域进行研究的正式、非正式机构。虽以"工程"为主体,但其研究机构类别繁多。从研究的专业进行分类,可分为土木水利工程研究、机械工程研究、航空航天工程研究等;从研究对象来分,又可分为工程技术研究、工程材料研究、工程管理研究甚至是工程知识研究等。

美国是"工程研究中心"的发祥地,美国国家科学基金会(NSF)于1985年成立全球首批工程研究中心,到2003年已由最开始的6个研究机构发展为37个研究机构,如今工程研究发展如火如荼,范围涉及生物工程、地震工程、微电子系统与信息技术工程、土木工程、工程教育等。其以综合性跨学科研究与开发为己任,致力于推进对国家未来至关重要的复杂工程系统的新发展,保证美国工业界在世界范围内的持续进步,同时为美国工程教育体系的改革做出了重要贡献。较早、较著名的工程研究中心如表1-6所示。

美国工程研究中心(部分) 表1-6

序号	名称	序号	名称
1	哥伦比亚大学通信研究中心	5	卡乃基—梅隆大学工程设计工程研究中心
2	麻省理工学院生物技术处理工程研究中心	6	俄亥俄州立大学精密成型制造工程研究中心
3	加州大学圣巴巴拉分校微电子机器人系统工程研究中心	7	特拉华大学复合材料制造科学和工程研究中心
4	珀杜大学智能建造系统工程研究中心	8	科罗拉多大学与科罗拉多州立大学光电子计算系统工程研究中心

中华工程师学会,后改名为中国工程师学会,其成立于1912年,是国内较早成立的工程研究机构。由土木、矿业、化学、电机、机械等各专业技术人员组成[1],后期发展为中国矿冶工程学会、中国化学工程学会、中国电机工程师学会、中国机械工程学会、中国土木工程学会等。成立初期,其以三项宗旨为行事要领:①考求工程营造之划一,审采正则制度;②发展工程工业,增进社会幸福;③研究工程学术,力求自辟新途,免致囿于成法。学会会员工程师与其他工程师群体不断进行学术交流,推动近代工程学术研究的发展。在学会的领导下,工程师群体集中力量尝试工程技术突破,为国家建设和地方工业发展做出贡献。

目前国内较为权威的工程研究机构为中国工程院。其下设机械与运载工程学部,信息与电子工程学部,化工、冶金与材料工程学部,能源与矿业工程学部,土木、水利与建筑工程学部,环境与轻纺工程学部,农业学部,医药卫生学部,工程管理学部。旨在促进全国工程科学技术界的团结与合作,推动中国工程科学技术水平不断提高,加强工程科学技术队伍和优秀人才的建设与培养,为国民经济的持续发展服务。另外,随着工程人才需求不断扩大,各类工程研究中心也下放到各大高校中的非正式研究机构中,共同推动中国的工程研究,如表1-7所示。

国内工程研究中心(部分) 表1-7

序号	名称	序号	名称
1	国家数字家庭工程技术研究中心	7	国家金属材料近净成形工程技术研究中心
2	国家钢结构工程技术研究中心	8	国家内河航道整治工程技术研究中心
3	清华大学工程教育研究中心	9	大规模集成电路CAD国家工程研究中心
4	国家重型汽车工程技术研究中心	10	国家企业信息化应用支撑软件工程技术研究中心
5	国家磁浮交通工程技术研究中心	11	国家给水排水工程技术研究中心
6	国家数字化学习工程技术研究中心		……

---

[1] 房正. 中国工程师学会研究(1912—1950)[D]. 上海:复旦大学,2011:1-204.

现今，无论是国内还是国外的工程研究机构，都在不断壮大、发展、创新，所以应当明确一些要点，才可使机构更加快速、平稳地发展。主要包括：①应明确机构的主旨，即做什么事，遵从哪些理念，以此来引领机构的发展；②在不同时期应有不同的目标作为，将建设目标分解为层次清楚、任务分明的目标，才可以充分实现资源的优化配置，以及明确流程行经的路线；③应当明确当前世界、国家或社会存在的问题，以此启程，并不断发现问题、解决问题，在为社会解决问题的同时，也发展机构自身；④需要有清晰明确的各个流程贯穿于机构上下作为牵引动力，促使更快速精确地完成任务，更快速地达成目标；⑤应当明确并不断创新机构解决问题达成目标所使用的工具，"工欲善其事必先利其器"，工具使用得当才可以更高效地解决问题、加深研究；⑥寻找或建立适用于机构的组织结构与管理模式，使机构与前述五点产生耦合效应，更好地发挥作用。此处虽见解不深，但对工程研究机构的建立与发展具有普适参考价值，基于"工程观"并结合上述要点可以使机构更具有个性和专业性。

1.3 工程师

1.3.1 工程师史

德国工程师协会主席布鲁诺·布劳恩[①]曾指出："工程师对于一个国家的繁荣具有决定性重要意义，不仅是德国，也包括整个世界。"一部当代中国工程师群体形成与发展的历史，不仅是工程技术历史的投射，也是中国在新时期寻求现代化之路的缩影[②]。中国工程师在培养科技人才、扩展技术知识以及加速我国工业化进程方面，都取得了非常大的成就。对工程师群体发展的历史性回顾，不仅能够为工程史研究提供主体视角，也能为工程社会学和工程哲学的研究提供现实和历史依据。我国的工程师史大致可以分为四个阶段。

1. 第一阶段

即中华民国成立到新中国成立这段历史时期。1912年，中国国内出现了三个性质相近的工程师团体组织：中华工程师会、中华工学会和路工同人共济会。因宗旨相似，且都与著名铁路工程师詹天佑关系密切，次年，三会合并组建中华工程师会，1915年，又更名为中华工程师学会。在民国初年的国内工程界，中华工程师学会具有较高的影响力和号召力。在国外，1918年，留学美国的中国工程学者组织成立中国工程学会，19世纪20年代初，学会的活动重心转向国内。1931年8月，中华工程师学会与中国工程学会合并成立中国工程师学会。新中国成立前，该学会是国内唯一的综合性工程学术团体，在组织和领导工程师开展工程学术研究、培养工程技术人才、提高工程技术水平等方面取得了一定成绩，为近代中国工程技术进步和社会经济文化发展做出了突出贡献。

---

① 布鲁诺·布劳恩，曾娜. 德国工程教育的启示［J］. 商务周刊，2009（11）：59.
② 王安轶. 当代中国工程师史研究若干问题梳理［J］. 山东科技大学学报：社会科学版，2018，20（4）：8.

2. 第二阶段

是社会主义建设初期中国工程师群体的形成期。这个时期由于国家对工程建设较为重视，民国时期初具规模的工程师群体被任用起来，成为各行业技术骨干。随着苏联援建的"156项工程"的展开和苏联专家的帮助，国家大规模的工业建设对工程人才的需求迅速增长，工程师的自主培养计划被提上日程。经过20世纪50年代的高等院校院系调整，自民国成立初步建立起来的工程教育模式发生了变化，工科被放到高等教育中重点发展的位置，工科学生人数迅速增加，专业细化，重点培养迅速满足各行业技术需求的工程人才。而在1949年前已经走上职业岗位的工程师一方面成为各行业的骨干力量，另一方面职业状况上也发生了重大变革，以单位和职称为评价标准的工程师制度初步形成。

3. 第三阶段

简要理解为中国工程师职业水平最低的一个阶段。此阶段国家工业化进程缓慢，此前所做的十年规划等项目由于"文革"的影响没有如期开展起来，工程师职业框架受到破坏。但一些在20世纪50年代就展开研究的工程项目，由于技术的延续性，在这阶段仍然取得一些重要成果，由此可见工程虽受社会和政策的影响较大，技术仍是推动工程发展的内在动力。

4. 第四阶段

1977年以后，中国工程师职业框架逐渐建设完善。党的十一届三中全会以来，国家实行改革开放，计划经济开始向市场经济过渡，国家重新回到以经济建设为中心的轨道上，科技是第一生产力的论断也被提到前所未有的高度。但高度专业化的工程教育的缺点逐渐体现，工程教育又走向改革的道路。许多计划经济体制的弊端被逐渐调整，包括工程共同体的构成、工程教育模式、工程师的自由执业等。中国工程师的机会和挑战并存，在现代工程的门类结构和水平上，一方面继续进行机械化和电气化的补课，另一方面则在信息化方面奋起直追。由于教育体制和评价体制的逐步完善，工程师群体的平均素质不断提高。

1.3.2 工程师素养

进入新时代，随着世界范围内新一轮科技革命和产业变革的加速进行，我国工程教育面临的国家需求和国际环境均发生了很大变化，迫切需要培养出一大批具备较高水平和劳动素养的人才，这样才能服务和引领产业发展。当前在培养创新型人才的形势下，部分高校的工程类专业正在走向重学术轻技术、重科研轻工程、重基础轻专业、重理论轻实践的理科教育之路。我们需要正确认识工程师在知识结构、素质能力、思维方式、评判标准等方面的素养差别。新时代工程人才核心素养的基本框架如表1-8所示。

新时代工程人才核心素养的基本框架 表1-8

关键特征	具体表现
深厚的劳动素养	正确的劳动价值观
	行业劳动准则
	劳动通用知识
过硬的专业素养	跨学科综合素质
	工程实践能力
	研究和创新能力
卓越的领导能力	跨文化交往能力
	团队合作和组织协调能力
	自主发展能力

1.3.3 工程师培养

1. **我国工程师培养现状**

目前，我国对卓越工程师的培养取得了一定成就，主要表现在以下三方面。

1）规模发展，教育质量逐步提高

院校培养卓越工程师的意识不断提高。从国家近年来公布的研究成果，包括经济、科技、军事等方面，可以看出我国工程人才已具有一定水平，教育部启动的"卓越工程师教育培养计划"（下文简称"卓越计划"）的参与度的提高也进一步反映了院校重视工程师及其在工程教育中的发展。

2）定点试验，循序渐进

卓越工程师的培养不是一蹴而就的，培养模式也不是适用于任何一所大学的，学校必须根据自身的实际情况进行适当的调整改变，寻找适合自身发展的道路。

3）国际交流与合作日益增强

随着经济全球化的发展，工程师的培养尤其是卓越工程师的培养必须更加适应社会发展需求，国际教育与合作主要表现在国际化的工程教育认证制度的发展，国际互派留学生活动，国际合作办学、教学，以及国外工程教育成功办学模式的引进等。

但是与发达国家相比，还是存在较多不可忽视的问题，相较于欧美国家，主要有以下几个方面的问题：

（1）培养目标和培养方式较为单一。

（2）校企合作通道闭塞，政策支持欠缺。

（3）工程教育与实践相脱离，"工程师"的工程能力明显不足。

（4）教学内容过于陈旧，教学方式较为单一，课程设置简单化。

2. 构建合理的工程师培养体系

工程教育应该在重视工程实践的基础上注重工程学科的整合与集成，其强调"工程教育必须面向工程生产实际，不断创新以适应外界的变化"，同时强调"解决现代工程问题要求工程技术人才能够打破学科壁垒，工程教育不仅应让学生学习工程科学的知识和理论，更应让学生接触大规模复杂系统的分析和管理"。以我国工程博士培养为例，首先工程博士培养体系中课程设置应突出工程系统性特征。这个系统既是工程技术本身所形成的系统，又是工程与其相关的非技术因素所形成的系统。在课程设置中，应重点包括两个模块：一是工程技术类课程模块，要具有宽广性、前沿性和交叉性，能够反映相关工程领域最新的工程技术与发展动态；二是工程管理类课程模块，包括工程项目管理、系统工程、工程创新、技术创新与管理等内容，可以帮助学生更好地适应技术创新与企业发展。

3. 构建切实有效的校企合作运行保障机制

合作目标和运行机制是影响校企合作育人质量的两大主要因素。合作目标是首要影响因素。如果不是基于共同的校企合作目标，则高校对企业实际需求了解不足，培养的人才往往无法满足企业的需求，所获得的科研成果也不能有效转化为企业追求的经济利益，无法从根本上调动企业的积极性与参与性。运行机制是影响校企合作育人质量的重要因素。有效的运行机制可保证双方在合作目标有共识的基础上，主动协调整合双方的利益和资源，共同解决合作难题，促使合作良性运行。基于重大、重点工程项目联合攻关的校企合作专项育人项目，构建了校企"利益共同体"，保证了校企双方共同的合作目标，这是校企合作优质育人的前提与基础。校企双方基于共同的合作目标，充分发挥双主体作用，整合双方资源，借助学校和企业导师的合作与共同指导，达成培养标准共识，构建有效的运行保障机制，这是实现校企合作优质育人的有效途径。

1.3.4 卓越工程师

虽然我国有许多高等院校开设了工程专业，且是一个名副其实的高等工程教育大国，但相比西方发达国家而言，还不是一个工程教育强国。2010年6月，教育部启动"卓越计划"，其目的是培养一大批工程实践能力强、具有创新创造精神的应用型工程技术人才，为我国21世纪的社会经济发展服务，以实现中华民族伟大复兴的中国梦和强国梦。"卓越计划"的实施对推动我国高等学校工科教育的改革与发展、提高人才培养质量具有十分突出的指导意义[①]。土木工程专业是一个实践性很强的应用型专业，一些大型建设企业对从事技术和管理的复合型土木工程人才需求旺盛。然而，我国高校尤其是一些地方院校的土木工程专业，学生工程实践能力还有待提高，很难适应当前的社会需求。下文以土木工程专业为对象，对如何培养卓越人才进行探讨。

---

① 赵艳霞. 普通高校"卓越工程师教育培养计划"对高等职业教育发展的启示［J］. 林区教学，2011（8）：2.

1. 新时代卓越工程师的使命担当

1) 服务国家若干重大战略的实施

国家近年来提出了一系列重大战略,包括"制造强国战略""创新驱动发展"等,作为顶尖工程技术人才,新时代卓越工程师是实施这些国家重大战略责无旁贷的重要力量,包括推动中国工程科技创新、提高自主创新能力、加强国际合作与交流、引领制造业水平向高端迈进、提升我国制造业在全球价值链的地位等。

2) 推动产业转型升级和新产业发展

我国经济增长方式的转变和经济结构的调整,不仅需要对传统产业进行转型、改造和升级,而且需要发展通过新技术产业化以及多学科交叉融合形成新的产业。因此,这就要求新时代卓越工程师要立足我国经济长远可持续发展目标,洞悉全球产业发展态势,把握产业发展规律,进而成为我国传统产业变革、新产业发展和产业安全维护的开拓者和引领者。

3) 参与构筑国家未来竞争新优势

世界政治、经济格局在不断变化,国际竞争日趋激烈,中华民族在复兴道路上面临各种外部压力和挑战,但不论如何,只有实现创新突破、拥有关键核心技术、掌握前沿领域发展主动权,才能赢得国际未来竞争。这就需要新时代卓越工程师具有战略高度、全球视野和未来眼光,与其他战略人才一道,瞄准人工智能、量子信息、集成电路、高端装备制造、脑科学、生物育种、航空航天、深地深海等前沿领域,突破关键核心技术瓶颈,破解"卡脖子"难题,参与构筑国家未来竞争新优势。

2. 卓越工程师培养模式存在的问题

传统的人才培养模式为我国培养了大批专业人才,解决了国家建设中土建专业人才紧缺的问题,对我国的基本建设和经济发展起到了巨大的推动作用。但随着社会经济的不断发展,传统人才培养模式逐渐显现出不足,究其原因主要包括以下几个方面:

(1) 传统的教学过于重视理论教学,以理论教学为主,实践教学为辅。主要表现为高校的教学内容以教学大纲为主,侧重于概念和基础知识为主的理论课,很少安排实践课。采用"填鸭式"教学方式,学生被动接收专业知识,缺乏独立思考,社会适应能力较差。

(2) 传统的教学方法单一,主要采用单向信息传递方式,教学方法缺乏多样性和适应性。受传统教学思想的影响,教学方法以板书或多媒体的课堂讲授为主,这种教学方法难以培养学生独立思考问题、分析问题、解决问题的能力,更谈不上对学生创新能力的培养。

(3) 实践教学内容偏少。有些高等院校由于经费不足等原因,实验室建设不到位,导致学生能做的实验寥寥无几。此外,校外实习基地的建设也停留在表面,并没有落到实处,无法保证学生校外实习的需求。

(4) 在传统的人才培养过程中忽视了企业参与的重要性,对企业参与高校教育的作用认识不足。

(5) 土木工程专业师资队伍建设不能适应卓越人才培养的需要。常言道:"名师出高徒",师资队伍建设是高校人才培养的保障,没有足够数量的高质量教师队伍,要谈卓越人才培养,只是一句空话。

3. 土木工程卓越工程师的培养模式探索

课程体系是培养人才的基本构成要素，关系到"卓越计划"培养标准中所规定的知识、能力和素质能否真正得到落实，因此，从实现培养标准的角度，需要对课程体系进行改革与重组。"实践出真知"。土木工程是一个实践性很强的专业，高校应提高该专业的实践教学水平，重视对学生实践能力的培养，而好的实践基地是提高学生实践能力的必要条件，为此，高校必须加强土木工程专业实践基地的建设。"卓越计划"强调培养学生的实践能力和创新能力，为此，高校要建立一支具备较强工程实践能力的教师队伍，而"双师型"教师队伍的建设能满足这一要求，可以采取"派出去"和"引进来"两种方式：一方面，高校可通过一定的激励措施，积极鼓励在校的土木工程专业中青年教师进入设计单位、施工单位等对口的大型企业挂职锻炼，当具备一定实践经验后再开展教学，并鼓励教师考取各种专业资格证书，鼓励教师参与应用型科研课题研究，逐步使"双师型"教师占专任教师的比例达到一半以上，同时重视教师的职业综合修养、学习工作经历。另一方面，高校还可聘请企业高级技术人员和管理骨干参与教学或开设讲座，或以兼职教师身份指导学生实践等。打造一支优秀的实践型教师队伍，有利于培养学生理论联系实际的能力，增强学生的实践创新能力。

1.4 工程知识

1.4.1 工程知识史

工程知识从属于知识，是知识的一个分支，从古至今，对于知识的讨论从未停止，具体可以分为下述四个阶段[①]：

（1）古代知识论：关于知识最早的定义可以追溯到柏拉图时期，学者们认为"人们通过感觉不能获得真正的知识，只有通过理智和理性才能获得真正的知识"，而亚里士多德作为经典的经验主义者，认为"理念既不能从物质的实体中分离，也不能脱离感观认识而存在，知识应该是从感观认识中形成的"。

（2）近代知识论：近代哲学家关于知识的论述有两派，一派是以培根、洛克为首的"知识真实的证实是通过观察来实现的"，另一派是以笛卡尔、莱布尼茨为首的"知识的证实是对清晰明确观念的理智直觉"，这也造成了知识论中经验主义与理性主义的对立。

（3）现代知识论：进入现代以来，主流知识论是实证主义知识论，该学派人数众多且存在于不同的地方，认为"知识几乎就等同于科学知识，而科学知识又被认为只能满足于对经验的描述和整理，必须得到直接经验的证实，超越经验以外就不会有任何科学和知识"，而康德认为"根本不存在有普遍原则或客观规律性的知识，知识本质上是由经验所造成的一系列信念"。

---

① 王文昌. 试论知识论变革与工程知识论研究的兴起［D］. 西安：西安建筑科技大学，2020：1-50.

（4）当代知识论：20世纪初相对论和量子力学的发展，打破了传统"主观知识论"的局面并分为两派，一派是以库恩、费耶阿本德为首的"直接否定科学知识的客观性"，另一派是以波兰尼为首的"知识是主观性与客观性相互干预的结果"。

综上，虽从古至今哲学家们对"知识"的理解发生着改变，但依然存在着两个误区：①对于"知识论"的讨论只是停留在哲学界或是科学界，这显然是过于片面的，工程知识体量以及其所塑造的构造物与其他领域知识相比有过之而无不及。且上述内容在工程哲学的章节中也有所涉及，当李伯聪教授提出"三元论"并对工程哲学做出系列专著时，工程知识才慢慢崭露头角，而显然工程、工程知识所发挥出来的威力也应该让我们意识到对工程知识的探讨是不可避免的。②未能认识到"人类生活的本质是实践"，从"生活"的角度来讲，实践可以使我们获得知识、吸收知识、运用知识、产生知识等，而工程的造物过程正是实践的过程，前文的"工程流程论"中也论述了这一点。

因此，对于工程知识史的探讨是有必要的，工程知识作为造物行动中的知识，由于受到各种社会因素变化的影响以及工程本身的不断进步，形态也发生了多次变化。通过对工程知识的历史与逻辑进行分析，展现工程知识形态的动态演变过程，归纳为工程"三化"：经验化、工具化、多元化。

1. 工程知识的经验化

古希腊工程进步得益于经验科学的介入，工程实践中的工程师是具有一定知识的，但这种作用并非是单方面的。工程实践作为一种与工程主体相关的行为，离不开工程师应用知识的积累。到了中世纪晚期已经形成了一套完整的经验性工程知识体系，其作为"工程科学"的原初形态在古代工程实践中发挥着重要作用。在工程师们看来，经验是一切实用性工程知识的来源，故工程知识也带有经验属性。他们所谓的经验除感官知觉外，还包括经验性的机械力学知识，但更主要的是指手工操作、技艺和实践等主体性直接体验。并且工程师们的认识论思想并非来自经院哲学，完全是他们自己经验性思维的结果或者说是经验之谈。这一朴素认识论思想后来被文艺复兴时期的著名工程师达·芬奇继承，并在他那里获得完整表达：经验是一切可靠知识的母亲。同时他也承认理性思维对经验和实践活动的指导性作用。实践作为一种与主体经验密不可分的行为，应用知识，同时也产生知识。现代工程师往往被认为是从科学家那里获得知识的，工程知识就是科学的应用或"应用科学"。但是从历史上看，工程科学不是作为科学的衍生物出现的，而是作为一个自为的知识体系生成于工程师的设计、制造等实践行为，它具有更丰富的意涵。

2. 工程知识的工具化

科学与工程实践之间的内在关联性早在17世纪就曾被弗朗西斯·培根预言。"知识就是力量"的判断就已经表明科学的目的不仅仅是获得纯粹的知识，它还能让人们施加力量于自然并有效地控制自然。培根预见到了科学的一种应用形态。在他的《新大西岛》中，他描述了一个名为所罗门宫的协会，在那里进行科学研究的目的在于制造机械。可见在培根看来，科学应该倾向于技术，工程实践在这一过程中会得到一种新的应用科学形态，它比纯粹的科学本身更多地承载着人类理性的力量，能更直接地体现理性的目的。培根的思想无疑促进了工程科学的出现并使近代工程科学具有工具特征。

3. 工程知识的多元化

20世纪70年代以后，新一代技术哲学家致力于倡导一种技术哲学的"经验转向"。技术哲学的经验转向给陷入困境中的经典技术哲学带来了新的生机，并衍生出工程哲学。工程哲学出现以来，人们将工程作为一个制造或设计的过程，在实践中挖掘其丰富、复杂的内在行为机制。进而剖析工程知识与科学知识的根本区别，阐明工程知识的增长与工程实践的相关性，探讨工程知识多元结构以及在不同历史背景中的演化等问题。这些成果表明工程知识的多元化走向。工程知识的多元化走向主要是基于以下几点原因：第一，在历史背景中工程形态经历了从单因素到多因素、从单一维度到多维度的演进路径。工程形态日益复杂化，这决定了工程知识必须是复杂的和多元的才能与之相适应。第二，工程实践需要不同人参与，以不同方式看待设计目标，工程实践不只是单纯的机械或计算过程，而是由不同的人广泛参与的社会建构过程。由于不同的人掌握不同的知识，因此，工程实践中的知识是多元化的。第三，知识本身的不断进步和完善也决定了工程知识将朝着多元化的趋势发展。

1.4.2 工程知识体系

所谓知识体系，是指人类在实践中获得的互相联系的认识的整体。知识体系最初被定义为关于自然的知识体系，即科学。随着历史的发展，科学的概念由初始意义上的自然科学演变为反映客观世界即自然界、人类社会、人类思维本质联系的知识体系。一些新兴学科如项目管理、软件工程等在发展过程中就应用了知识体系的内涵。

工程知识体系，则是指工业工程领域中知识的总体，是在实践的基础上对工业工程学科及应用中所涉及的不同层次的知识进行分类、组合、分析、探索，从而归纳总结的一套用以指导工业工程学科发展和工业工程实践的知识有机整体。以下两种是较为成熟的知识体系。

1. 美国土木工程知识体系（BOK）

2001年，美国土木工程师学会（ASCE）发布题为"打造未来的土木工程师"的报告，强调土木工程行业必须迎接风险与挑战，承担起维护公众安全、健康和财产的重大职责。同时指出，传统的四年制本科教育已经不能满足21世纪土木工程行业的职业需要，而应以全新的工程硕士学位教育或同等履历取代传统的四年制本科教育，培养适应未来发展需要的土木工程师。基于此，ASCE从专业的角度出发，集成学校教育和工程实践两种方式，分别从职业技能的深度和广度提升土木工程师的从业基准，对培养计划的学科知识体系BOK进行"What""How""Who"的重新界定，并构建了BOK知识体系模型框架[1]，如图1-5所示。

图1-5为BOK中所提出的15项培养标准，其中1、2、5、11、12是完全通过正规教育（B+M/30）完成，其余10项通过正规教育配合实践经验（B+M/30&E）共同完成；虚线部分

---

[1] 胡珏，王绍让. 美国21世纪土木工程知识体系（BOK）探析[J]. 现代物业（中旬刊），2010，9（1）：96-98.

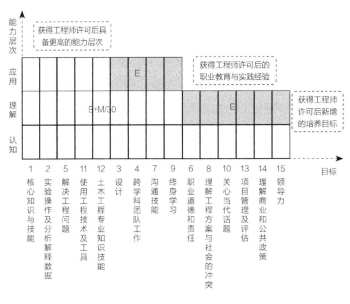

图 1-5　BOK 知识体系模型框架

为所有目标都可以在获得工程师认证后通过继续教育与实践，在能力层次上做进一步提升；横轴延伸段表示在达成BOK的所有培养标准后，工程师还可以通过设立更多的工程目标以获得更高层次的提升。

2. 软件工程知识体系（SWEBOK）

2014年2月20日，IEEE计算机协会发布了软件工程知识体系指南第3版（SWEBOK V3，Software Engineering Body of Knowledge）。SWEBOK V3共有15个知识域[①]，其中包括11个软件工程实践知识域，分别是软件需求、软件设计、软件构造、软件测试、软件维护、软件配置管理、软件工程管理、软件工程过程、软件工程模型和方法、软件质量、软件工程职业实践；以及4个软件工程教育基础知识域，分别是软件工程经济学、计算基础、数学基础和工程基础，如图1-6所示。

工程知识是创造生产力的知识，构建科学的、系统的工程知识体系是提高工程知识学习效率的重要方法和手段。从长期的知识学习、理论创造和调查研究中得出规律性认识和历史性经验，基于科学的方法构建普适的工程知识体系，是推动工程教育事业发展、工程教育行业前进过程中不可忽视的一点。

工程知识体系是工程教育的原材料，也是一种结构化、规范化的组织方式。工程的复杂性，决定了工程知识体系的复杂性。其包含全过程、全主体、全要素、全内容，关乎自然界、人类、社会和工程本身，涉及技术、管理、经济、人文各门类学科，是一个超多维度、超高连接的超高复杂度的体系。工程知识体系的划分方法、构型方式、表达形式，影响工程教育的效率与效益。

---

① 沈备军. 解读软件工程知识体系SWEBOK V3 [J]. 计算机教育，2014（7）: 1-2.

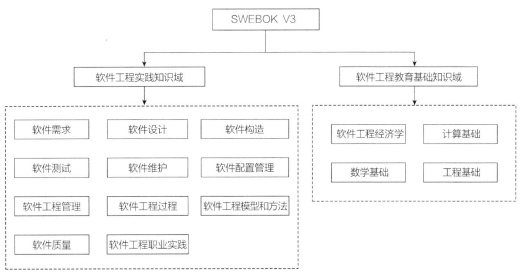

图 1-6 SWEBOK V3 的知识域构成

1.5 工程教育

1.5.1 工程教育史

1. 外国工程教育史

1) 欧洲工程教育

欧洲的工程教育最先起源于法国, 法国是第一个将工程视为精英职业的国家, 于1747年建立第一所正规工程教育学校——国立路桥学校。此后, 德国、俄罗斯、英国等欧洲国家相继建立工程教育高校, 对工程知识、工程技能等课程进行教授, 旨在培养出优秀的工程师。

工程教育并不是一蹴而就的。例如: 1810年, 德国借助柏林大学的创建发起了世界高等教育史上著名的洪堡教育改革, 给德国一般工程科学的发展带来巨大的作用; 现莫斯科国立鲍曼技术大学在当时实行了一套前所未有的教学实习工厂制度与方法, 开创了一种实际训练与理论教学相结合的工程师培养模式, 时任MIT校长的朗克尔对此大加赞赏; 英国以剑桥、牛津为首的高校也在早期进行过一系列的改革, 推动英国工程教育前进发展。

2007年至今, 欧洲的工程朝着专门的研究领域发展, 2011年, 工程教育组织召开了第一届欧洲工程教育研究峰会, 邀请了许多大学管理者与工程学院院长参加, 目的是使工程教育利益相关者意识到EER（Engineering Education Research, 工程教育研究）是一个"非常具有战略性"的研究领域, 同时推动欧洲的工程教育及其体系快速发展。

2) 美国工程教育

美国早期的工程教育观念、方法受英、法两国的影响较多, 并未有自己的一套工程教育体系。直到1802年7月4日, 美国军事学院的成立才让美国工程教育初具雏形。1861年, 伦塞勒理工大学（Rensselaer Polytechnic Institute，RPI）的成功创立，让美国工程教育进入起步阶段，该高校以"培养建筑师、土木工程师，机械、水利、煤气厂、炼铁厂等施工和监理工程师，以及需要严格考虑科学原理才能成功运行的高级制造业务的主管"的目标在当时掀起了一股风潮。1862美国"莫雷尔"法案的生效，促使"从事多种日常生活行业的产业阶层能受到自由的和注重实际的教育"；1871年，美国工科院校增加到21所，1872年增加到70所，增长速度空前绝后，推动了美国工程教育的高速发展。1932年之前的一个世纪，是美国工程教育从创生到快速发展的关键时期，在第二次世界大战以前，美国特色的工程教育体制已经基本形成，并成为美国高等教育体系的有机组成部分，也成为一种不同于欧陆模式的为世界其他国家所仿效的美国模式。1989年，由来自美国、英国、加拿大、爱尔兰、澳大利亚、新西兰六个国家的民间工程专业团体发起和签署了WA。其成为国际工程师互认体系的六个协议中最具权威性、国际化程度较高、体系较为完整的"协议"。

2. 我国工程教育发展历程

我国高等工程教育的发展历程可以划分为起步、重构、调整、扩张、创新五个阶段，不同发展阶段呈现出不同的特征。在专科、本科、研究生等不同培养阶段，工程教育的办学定位和培养模式虽有明显差异，但都需遵循工程教育的共性要求以主动适应社会需求。未来工程教育既要有效集成专业教育、课堂教学与实习实践、知识传授与技能培训等要素，也要加强分类指导，同时还要加快培养经济社会高质量发展所需要的创新型、应用型、技能型工程人才，实现工程教育的高质量发展。

1）起步阶段（1895~1949年）

1895年，天津中西学堂开办，设立了法律、采矿冶金、土木工程、机械四科，工科专业成为重点，开启了中国现代工程教育的历史[①]。1903年，清政府颁布《奏定学堂章程》[②]，史称"癸卯学制"，其中部分内容体现出层次完整的高等工程教育体系。1908年，南洋公学创办电机专业，是我国国内工程教育起步发展的重要标志。1912年，南京临时政府教育部成立，蔡元培在《关于教育方针的意见》中提出新的教育方针，此次方针的部分内容，推动了实业教育的发展，使工程教育得到改革，这是我国高等工程教育史上的一大进步。到1931年，全国51所高校中有27%设立了工科。1934年，武汉大学和北洋工学院设立工科研究所，开展工程研究生教育。1947年，国民党政府制定《建筑法》，从立法上确立了土木工程等的重要性和管理规范化，促使工程教育上到一个新的台阶。

2）重构阶段（1950~1977年）

中华人民共和国成立后，学习苏联高等工程教育模式，确立了"专才教育"的思想、目标和模式，主要培养行业所需的工程师，工程教育快速发展。1956年，全国普通高校227所，单科型院校占据九成，包括一大批工科高校。1952年，在学研究生2763人，工学研究生占

---

① 朱伟文，李亚东. MIT"项目中心课程"人才培养模式解析及启示［J］. 高等工程教育研究，2019（1）：158-164.

② 刘蓉洁. 癸卯学制与中国近代高等工程教育制度的确立［J］. 商，2015，（39）：282-284.

18.39%；1965年，在学研究生增加到4546人，工学研究生占比提高到39.77%。同期设置的215种专业中，工科专业占到68.37%。1965年，专业种数增加到601种，工科专业共315种，不少是按照工艺、装备、产品、行业设立的①。这一阶段，工程教育为我国社会主义革命和建设，特别是工业生产和发展培养了一批急需的工程技术人才。

追溯工程教育历史，不能不补充"八大学院"发展的里程碑作用。新中国成立伊始的50年代初，百废待兴，面对即将到来的经济建设的高潮，旧有的高等教育特别是工科教育的体系与建立独立完整的国家工业化体系的需要极不适应。1950年6月1日，时任教育部部长的马叙伦在第一次全国高等教育会议上首次明确提出：初步调整全国公、私立高等学校或某些院系，以便更好地配合国家建设的需要。于是，当时的中央人民政府决定进行高等学校的院系调整，按照苏联提出的"高等教育集权管理、高等教育国有体制和高度分工的专门教育体系"来建构中国的高教制度。全国范围内的高等院校除保留部分综合大学以外，许多按专业设置拆拼重新组合成立各科专业学院。由清华大学、北京大学、燕京大学、辅仁大学的部分院系以及许多从专业学校抽调的师资合并而成为专业理工科高校。分别是：北京地质学院、北京矿业学院、北京钢铁工业学院、北京航空学院、北京石油学院、北京农业机械化学院、北京林学院、北京医学院。选址在北京西北郊，两两相对布设，中间形成海淀区学院路。这就是著名的"八大学院"。现在均已升级为大学，部分搬离原址或迁离首都，也有完全更换它名。"八大学院"的作用可以归纳为：①"八大学院"开启了工科教育的大发展。②应国家之急需而生：顺应工业化之需、大建设之求，打破封锁，投入大规模生产发展。③采用苏联管理模式：高等教育集权管理、高等教育国有体制和高度分工的专门教育体系，影响深远。④培养了大批建设人才：分布在建设一线的各行各业，成为工程人才的主力军。⑤培养了高端人才："八大学院"培养了大批科学院和工程院院士等高级人才，成为科研和工程建设的中坚力量。

3）调整阶段（1978~1998年）

改革开放后，科技发展和工业化水平提高，对工程人才的需求更加迫切。20世纪80年代初，工程本科教育在业务方面的培养定位，调整为"获得工程师的基本训练"，并开始推进本科教学学分制试点；对于工程专科教育的业务基本规格，也调整为"获得助理工程师或高级技术员的基本训练"。相应地，1998年高校专业种数压缩到249种，其中工科专业种数占比也下降到28.11%，专业口径有所拓宽。同时，恢复了研究生招生，并将研究生教育的学业分类称之为学科专业。1998年，我国普通高校的工学毕业生达到32.83万人，在此阶段，培养了一批国家迫切需要的工程人才，但有的高校依然存在"教学计划统得过死②，教学方法满堂灌，教学过程的模式单一"等问题，还不能满足改革开放和经济社会对于高层次工程人才的需要。

---

① 张炜，汪劲松. 我国高等工程教育的发展历程、基本特征与改革方向［J］. 研究生教育研究，2022（3）：1-7.
② 刘志鹏，别敦荣，张笛梅. 20世纪的中国高等教育：教学卷（上册）［M］. 北京：高等教育出版社，2006.

4）扩张阶段（1999~2012年）

面对上大学难的问题和为了满足更多的人接受高等教育的期盼，1999年开始高校扩招，导致研究生与普通本专科生在校生人数连续8年保持两位数增长，工程教育规模也相应扩大。其中增幅最大的是专科生，工程教育也是如此。在此阶段，工程教育的实践创新、理论创新和制度创新都取得了新的进展，规模扩大，国际影响力提升，但结构还有待进一步优化。

5）创新阶段（2013年至今）

2013年12月，教育部和中国工程院印发《卓越工程师教育培养计划通用标准》；2018年9月，教育部、工业和信息化部、中国工程院发布了《教育部　工业和信息化部　中国工程院关于加快建设发展新工科实施卓越工程师教育培养计划2.0的意见》（教高〔2018〕3号），我国工程教育进入了创新阶段[①]。

该阶段拥有两个较为明显的特征。一是教育规模持续稳步增长，2020年，工学在校生达到1378.49万人，是2012年的1.44倍，年均增长4.65%。其中，工学博士、硕士、普通本科、普通专科的年均增幅分别为6.74%、8.79%、3.90%和4.81%。二是结构进一步优化，工学普通专科在校生在所有普通专科学生中的占比依然较大，工学博士、硕士和普通本科在校生在同一学段在校生中的占比也出现反弹。同时，我国专业研究生教育中，工程硕士、博士占有较大比例，将成为我国科技创新和自立自强的支撑和潜力[②]。

基于工程教育的多样性和复杂性，后续的教育工作需要注重工程教育的多样化教学，要加强分类培养和分类指导，避免同质化、"一刀切"，同时也要加强教育的敏捷性培养。

1.5.2　工程教育政策

1. 我国工程教育政策

党的十八大以来，习近平总书记高度重视重大科技创新和工程科技人才，强调"重大科技创新成果是国之重器、国之利器，必须牢牢掌握在自己手上，必须依靠自力更生、自主创新""工程科技人才队伍，这是中国开创未来最可宝贵的资源"。深化工程教育改革、推进工程教育高质量发展，对服务经济转型升级和建设高等教育强国具有重大意义。

工程教育政策，作为引领教育事业发展的行动指南，重要性不言而喻。近几年来，国家对高等教育的重视程度不断提高，相关政策的颁布，推动着我国高等教育的发展。2018~2020年与高等工程教育有关的政策的汇总如表1-9所示。

综上，我国对高等工程教育的重视程度可见一斑，科学地制定政策、积极地推动政策是保障我国高等工程教育健康发展的重要举措。在上述政策中，能清晰地得知我国对于工程实践的重点呼吁。工程作为建器造物的生产活动，必然不能脱离实践。同时，时代发展促使对

---

① 张炜，汪劲松. 我国高等工程教育的发展历程、基本特征与改革方向［J］. 研究生教育研究，2022（3）：1-7.
② 张炜，汪劲松. 我国高等工程教育的发展历程、基本特征与改革方向［J］. 研究生教育研究，2022（3）：1-7，3.

于"1+X"的人才需求激增,这不仅对工程师们提出了更高的要求,对高等教育亦是如此。高校要深入学习贯彻习近平总书记的重要讲话精神,把握高等教育高质量发展要求,科学把脉、精准施策,有效解决制约性、瓶颈性问题,进一步提升培养一流人才、服务国家战略需求、争创世界一流的能力和水平,为全面建设社会主义现代化国家提供有力支撑。

2018~2020年与高等工程教育有关的政策　　　表1-9

相关政策	发布单位	发布时间	内容要点
《教育部关于加快建设高水平本科教育全面提高人才培养能力的意见》(教高〔2018〕2号)	教育部	2018年10月	①推动优质课程资源开放共享,促进慕课等优质资源平台发展;②综合运用校内外资源,建设满足实践教学需要的实验实习实训平台
《国务院关于印发国家职业教育改革实施方案的通知》(国发〔2019〕4号)	国务院	2019年2月	2020年初步建成300个示范性职业教育集团(联盟),带动中小企业参与。支持和规范社会力量兴办职业教育培训,鼓励发展股份制、混合所有制等职业院校和各类职业培训机构
《加快推进教育现代化实施方案(2018—2022年)》	中共中央办公厅、国务院办公厅	2019年2月	健全产教融合的办学体制机制,坚持面向市场、服务发展、促进就业的办学方向,优化专业结构设置,大力推进产教融合、校企合作,开展国家产教融合建设试点
《中国教育现代化2035》	中共中央、国务院	2019年2月	强化职业学校和高等学校的继续教育与社会培训服务功能,开展多类型多形式的职工继续教育。推动职业教育与产业发展有机衔接、深度融合,集中力量建成一批中国特色高水平职业院校和专业
《2019年政府工作报告》	国务院	2019年3月	①大规模扩招100万人;②加快学历证书和职业技能等级证书互通衔接;③中央财政大幅增加对高职院校的投入,地方财政也要加强支持
《教育部等四部门印发〈关于在院校实施"学历证书+若干职业技能等级证书"制度试点方案〉的通知》(教职成〔2019〕6号)	教育部、国家发展改革委、财政部、市场监管总局	2019年4月	①要吸引社会投资进入职业教育培训领域;②通过政府和社会资本合作(PPP模式)等方式,积极支持社会资本参与实训基地建设和运营;中央财政建立奖补机制,通过相关转移支付对各省"1+X"证书制度试点工作予以奖补;③各省(区、市)通过政府购买服务等方式支持开展职业技能等级证书培训和考核工作
《教育部关于职业院校专业人才培养方案制订与实施工作的指导意见》(教职成〔2019〕13号)	教育部	2019年6月	①三年制中职总学时数不低于3000,公共基础课程学时一般占总学时的1/3;三年制高职总学时数不低于2500;②实践性教学学时原则上占总学时数50%以上;③鼓励学校积极参与实施"1+X"证书制度试点
国务院联防联控机制举行新闻发布会	教育部	2020年2月	2020年将扩大硕士研究生招生和专升本规模,预计同比增加18.9万人、32.2万人

2. 美国工程教育的政策

美国高等工程教育的现状，主要存在以下三个方面的问题：

（1）工程教育脱离工程实践。一方面，课程体系缺乏工程实践教育部分，偏向以科学教育方式培养工程师；另一方面，传统的课堂环境不利于培养学生的工程实践技能、团队合作能力和沟通技巧。工程师应具有综合的工程素养，例如应变能力、组织能力、领导能力与终身学习能力。而现实中授课教师多为"学院派"，缺乏工程实践经验，教学中无法将理论与实践充分联系起来或提供可靠的设计经验，不利于培养学生的工程素养。

（2）本土高层次工程人才培养数量短缺。美国科学与工程领域的企业和研究机构越来越依赖留学生，尤其是硕士和博士层次的人才。如何吸引本土学生攻读工程专业研究生，扩充高层次工程人才队伍已成为美国面临的重要问题。

（3）高等工程教育结构与社会产业发展对接不够。①层次结构与产业发展需要不匹配。随着制造业的转型与升级，社会生产实践对工程师的知识储备和实践能力要求更高了。②专业结构与产业发展方向对接不够。③课程结构与人力资源需求类型对接不够[①]。

针对上述问题，美国政府推出了以下应对政策：

（1）加强工程教育与高等工程教育的衔接，提高学生的学习兴趣。

（2）强化基础，构筑以基础教育为起点的工程师和科技人才培养的完整系统。同时实施学生保留及工程素养培养计划。

（3）出台系列资助法案，激励本土优秀青年攻读工程类研究生。

（4）面向未来产业发展需求，调整高等工程教育人才培养方案。

（5）鼓励大学与政府、产业界等联合培养工程人才[①]。

3. 欧洲工程教育政策

传统上，欧洲各国教育系统缺乏兼容性，严重阻碍了欧盟地区学生的自由流动与相互认可。为了维持国际竞争力、实现欧洲地区的一体化，为了提高高等工程教育的兼容性、促进大学课程和学位的相互承认，1999年6月，欧洲29个国家的教育部长签署了"博洛尼亚宣言"：①采用容易解读和可比较的学位体系，并实施"补充文凭"，以便提高欧洲公民的雇佣程度和欧洲高等教育体系的国际竞争力。②采用以两个主要阶段——本科生和研究生为基础的教育体系。进入第二阶段将需要顺利完成第一阶段的学习，第一阶段的学习至少需要三年。将第一阶段的学业完成后所授予的学位作为一个适当的资格水准与欧洲劳务市场相关联。③建立学分制。④清除阻碍有效自由流动的障碍，促进流动性。⑤发展可比较的标准与方法，促进欧洲各国开展质量保证方面的合作。⑥提高高等教育在欧洲区域的统合。虽然"博洛尼亚宣言"是针对欧洲整个高等教育提出的，但对高等教育系统中的工程教育具有重要的意义。在"博洛尼亚宣言"的影响下，欧洲高等工程教育已基本采用了"学士 硕士 博士"的学位体系，同时其也成为今后若干年内欧洲高等工程教育改革的目标。

---

① 陈翠荣，姚姝媛. 21世纪美国高等工程教育面临的主要问题及应对政策分析［J］. 比较教育研究，2020，42（6）：97-104.

1.5.3 工程教育认知

面向未来高度复杂、高度集成的工程技术发展趋势，工程教育要打破科研与教学划界而治的局面，推进成体系的科教融合，将科学研究思想、思维、研究过程全面融入课堂，促进学生养成善于发现问题、提出问题、定义问题、渴望和尝试解决问题的习惯与能力[①]。

工程教育的认知误区：传统的工程教育过分拘泥于专业的细节，学生的思维容易蜷缩在狭小的专业空间。基于此，本文从工程哲学的视角出发，对工程教育的认知误区与改进进行了如下思考：

（1）政策重心飘移。工程政策不停地变化，不够深思熟虑，其本质是工程教育改革理论的肤浅。

（2）五年实践——校门到校门的胡同。没有具备实践经历的师资，哪会有具备实践能力的学生？工程师怎么离得开实践？业界反馈：没有10～15年，优秀项目经理是"炼不成"的。当代的工程博士师资，7岁上学，经过22年，正常毕业为28～30岁，唯独缺乏的就是不少于5年的工程实践时段。

（3）需求断路——主体与关键。面对社会需求、师资需求、行政管理团队的需求、校园衍生商业等各种需求，知识构成应当是均衡（比例）、闭环（循环）的。在解决了"教育为谁"的问题之后，知能教育，应当更接近行业，接近工程一线，充分发挥学生的自主性和能动性，不必过于以管控为主导思想。对于工程界而言，不是仅仅需要博学的人，而是需要能解决复杂工程问题的人。

（4）工程教育应该以学生为中心。教师、用人单位和学校、社会，要以学生为中心（SC），让学生成为受益者、参与者及自主者，是SC的最核心理念。SC的指标是成长和效率，其是通过教育的品质、教育的价值、肯定师生的收获、增长社会的满意、实现管理的效率等方面来体现的。

（5）评价"失度"。五度评价是指：培养目标达成度、社会需要适应度、办学条件支持度、质量检测保障度、学生和用户满意度。但由于评价几乎都侧重于组织、团体，导致评价对象不精准、评价维度不周全，难以达到评价要求，进而导致难以将奖励用在真正为教育做出贡献的人身上。

（6）批判断位。目前的很多批判失准、失言、失趣；工程批评缺位、缺才、缺效，而产生的"背锅侠""站台侠""领奖侠"等正是工程批判缺位的体现。工程是在失败中总结经验与教训前进的。在无数的结构失效、功能失灵、流程失败、工程失事中，工程师渐渐认识到自然规律，不断创新更新技术、提高管理、积累知识，从而改良、进步。工程批判既为科学研究提供题材，为技术发展提供需要，也为工程本身进步创造了条件。因此，从工程的成功经验与失败教训中获得动力与灵感，形成新的知识和经验，并以此进行改进与探索，是工程最快、最大的进步方式。批判是学术界应当担负的能力和责任。

---

① 黄廷祝，黄艳，杨建宇. "科研育人"新工程教育：认识，思考与实践[J]. 中国大学教学，2021（7）：7.

（7）圈层固化。圈层固化体现在自娱自乐的双师型；半真半假的产教融合；有用无用的科研成果；仪式强烈的繁文缛节。教育界、学术界、工程界、哲学界、产业界、政策界，界界是圈；设计界、施工界、设备界、建材界、监理界、ICT界，条条是规。导致知识纵向、横向的流动滞缓。跨界、融合是工程必然的发展路径，克服狭窄的科系交流、狭隘的圈层"共享"，已是刻不容缓。教师面临项目焦虑、科研压力、考绩重责；工程师面临安全终身制、建设方无端追逼、务工人员无序管理、政策多变增压，有心改变无力融合，沉淀累积，变革虽热热闹闹，但收效甚微。圈层固化还不是最可怕的，更可怕的是思维模式的固化：知识面狭窄，把理想化当作现实，自以为是，自娱自乐，漠视浩浩荡荡的发展激荡，靠波浪运动式地推动工程教育改革。

（8）师资提升。工程不是科技，教育不是驯养。现代教学必须以被教育者——学生为中心，教师的身份更应该体现在如何"引导"与"服务"学生学习，教师角色应从传统的主动者、搬运者、支配者、权威者转变为合作者、引导者、促进者、组织者。帮助学生更新知识库、建设前沿的系统知识框架、提高整合优化知识获取能力、开发和提高表达能力、营造和激发自助自主的学习氛围或文化等应该成为所有教育改革的重心。要担当如此重任，提升师资，则应当成为教改的重中之重。让师资受益，减压增责，力促担当，给师资提出要求的同时也需要配套的机制做保障。

教学过程是一个权变过程，视情况而变是基本规律，不可能完全"按照事先设计"进行，这就是所谓的因材施教和权变施教。老师与学生的实际情况不是确定的，一个可变因素就可能改变事先设计好的程序、培养方案、授课计划。而可变因素要进行定量测定也几乎不可能。这给工程教育提出了严峻的挑战，对过于侧重静态的规划提出了质疑。因此，工程教育的敏捷性：高效性、快适性、长适性，成为亟待建设和完善的机制及途径。作者团队提出诸多尚不足以认可为严格论证（也许是无法严格循证的）的八点观察，是为了提醒当前工程认知上存在的误区，以致影响工程教育的效果。同时提出的八个建议，也仅仅是观点性的个性化表达，提供给大家参考而已。总之，如何正确全面理解工程、营造工程化氛围、发展着重工程能力培养的工程教育，是当前工程教育相关各界面临的重要课题。教育永远是面向未来的，工程也是，基于未来性充分融合工程与教育，是工程教育的希望所在，而其载体是受教育的学生。

1.6 工程教育研究

1.6.1 工程教育研究方法

1. 工程教育研究方法的内涵

工程教育的研究需要综合自然科学与社会科学的研究方法，同时也需要界定两个前提条件：一是工程教育研究对象——工程教育内容的工程性，二是工程教育研究属于教育学范畴。工程教育研究方法是决定工程教育研究质量的关键因素，是人们在进行工程教育研究时所采取的步骤、手段和方法的总称。工程教育作为一种工程类型的教育，更离不开自身独特、多样的研究方法的支撑。工程教育研究方法不仅影响着教育研究实践的进程，更直接关系到教育研究的成败。近年来，工程教育研究方法呈现出多元化发展趋势，我国学术界开始重视对工程教育研究方法的研究，研究方法的分类也被频频提及。范畴化是认知的第一步，分类则是人们认识和应对事物时所采用的一种简化方法。不同层级的分类单位之间有子分类与母分类的关系。只有对事物进行分类，人们才能科学地认识事物，也标志着人们对事物的认识达到了新的高度。工程教育研究方法是人们在从事科学研究过程中不断总结、提炼出来的。由于人们认识问题的角度不同、研究对象的复杂程度不同，研究方法本身也处于相互影响、相互结合、相互转化的动态发展过程中，因此，对于研究方法的分类很难形成统一的认识。对工程教育研究方法进行梳理和分类，有助于合理定位工程教育研究，推动工程教育研究深度开展。

2. 工程教育研究方法的分类

工程教育研究方法的分类有很多种[①]。按研究性质可以分为理论性研究和应用性研究。按研究目的可以分为观察性研究、描述性研究、探索性研究、解释性研究、预测性研究，如表1-10所示。

工程教育研究方法按研究目的进行分类 表1-10

研究类型	定义	主要特征
观察性研究	观察性研究指的是对正在发生的现象进行观察和记录。观察的手段可以是人的感觉器官，也可以借助录像设备和录音设备进行辅助观察记录。通过这种方法，可以研究目标对象在自然情况下的表现，发现现象背后的原因	对正在发生的现象进行观察和记录，过程无人为干预
描述性研究	描述性研究指的是对研究对象、现象、问题进行准确的描述。进行描述性研究需要对现象进行相对充分的调研，以确定现象的特征与变化情况。通过调研收集各种资料，进行周密的探讨，获得对研究对象直观的、本质的描述	对研究对象、现象、问题进行准确的描述
探索性研究	探索性研究开展的前提是一个明确的研究主题，涉及对代表性样本的测试与实验。在探索性研究中，研究人员提出假设并设计实验进行验证	明确研究主题、提出假设、设计实验进行验证
解释性研究	解释性研究通过对代表性样本的特征差异进行分析，获得对现象的理解性知识。一般来说，解释性研究多基于探索性研究。对于绝大多数的现象，背后有着多重原因。通过运用统计学工具模型，可以获取各种现象产生的原因及原因间的关系量化模型	对样本特征差异分析
预测性研究	预测性研究依赖于解释性研究的结论。通过对现象发生的预测，可以有针对性地制定措施，确定制定措施的必要性	依赖于解释性研究的结论

理论性研究的目的是寻找规律、发展知识，对一个现象进行描述、记录并且分析原因。应用性研究指为获得新知识而进行的创造性研究，其主要是针对某一特定的实际目的或目

---

① 韩双淼，谢静，肖晓飞. 国际高等工程教育研究方法与主题的演进［J］. 高等工程教育研究，2020（6）：148-155.

标。工程教育研究不论是理论性研究还是应用性研究，都需要充分准备，不同研究阶段采用的研究方法也不尽相同，如表1-11所示。

不同研究阶段采用的研究方法　　　　　　　表1-11

设计研究的阶段	具体内容	研究方法
设计调研	对设计研究的对象进行广泛、深入的调研，以确定具体的设计研究问题	描述
研究规划	选择研究方法，构建研究框架，制定研究流程，必要时提出研究的假设	探索
资料获取	准备获取资料相关的设备和条件，使用定性或定量的手段进行资料的获取与记录	观察、探索
资料分析	整理汇总资料，使用相关工具和方法进行分析，比如描述分析、相关分析、差异分析、回归分析等	描述、解释
总结考察	对分析结果进行总结，并做进一步讨论	预测

3. 探索可行的工程教育研究方法

工程教育研究方法，要遵循前言中所讨论的工程教育的总逻辑，对指出的内容进行详尽的研究，才能更加符合教育规律。

1）制定专业培养目标

工程教育的专业培养目标必须适应社会对毕业生的能力需求。学校通过为学生提供充足的工程教育资源，培养创新型、适应性强的工程人才。毕业生所具备的能力就是对实际工作领域中，以及日常生活中所遇问题的有效理解和有效行动，其核心是使知识、行动和学习形成有机的统一体。专业培养目标应该是使毕业生具备应用知识和学习知识的能力、批判性的分析能力、解决问题的能力、交流能力、团队合作能力、责任感、创造力、领导力，以及国际化的、多文化的适应性。

2）完善教学计划

教学计划是给学生设置比较全面的、综合的课程，这些课程的设置要对学生未来的职业发展有所帮助，通过课程向学生传授的知识要满足行业的需求，同时教学计划要保证专业培养目标的实现。教学计划应包括设计、实施、测评和管理四个环节，同时确保课程的综合性。教学计划设计应包含以下内容：课程中要反映不同的能力等级，要提出学生对知识理解的目标，学分设置要合适，体现教和学的工作量；课程需要的教学资源要明确，例如教师资源、实验资源、网上资源等；要提出适合学生的学习方式，明确课程与课程的联系，课程中应包含的实践环节内容，课程如何进行评估与测试等。

3）实施工程教育教学策略

构建适用于工程专业人才培养的教学环境和教学模式。把工程职业实践环境引入到工程教育的环境中，使学生能通过具体的工程项目来学习，得到的结果是从具体工程对象实践中抽象出来的能力和方法。基于工程教育理念审视人才培养目标、推进课程体系改革。基于专业培养目标，制定教学计划和课程教学要求，成立由专业工程师、产业界人士和教师共同组成的专业教学指导委员会，从工程和专业的视角，审核与认可学生素质和能力的培养目标，并在具体要达到的水平、成绩标准确立方面给予指导和帮助。

4）侧重与实践相结合

强化实践教学环节，培养工程专业人才的实际操作能力。建立专门的工程训练中心，以提供培养工程技术专业人才所需的训练环境和训练平台。设立团队项目课程，解决来自产业第一线的实践项目。学生通过参与这些工程项目，在训练和培养自己解决工程实际问题能力的同时，获得更多的与教师、工程技术人员、其他学科专业同学的交流机会，培养自己的团队意识和团队能力。丰富教学活动的形式。教学活动不仅停留在讲座、课外辅导、小组讨论、实验课、案例分析、书面报告、考试等基本形式上，还应鼓励教师充分利用现代化教学工具和手段来为教学活动服务，使学生置身于一个虚拟的工程实践环境中。改革教学质量评价方式。教育教学评价从学科知识本位的培养转到注重学生能力本位的培养，对学生能力的评价不仅要来自学校教师和学生群体，也要来自工业界，特别是对学生工程实践能力和产业经验的评价，产业工程师更有发言权。提高对教师的工程实践能力要求。教师在教学过程中，应该结合工程实际，通过分析各种实际案例，帮助学生了解和掌握工程知识。工程技术的不断进步发展，对教师提出了更高的要求，不但要求其要参加到工程实践中，保持与产业界的合作，还要保持教学案例的时代特征，不断更新工程实践教学案例[①]。

1.6.2 工程教育研究成果

1. 工程教育模式

现代工程教育最早出现在大革命时期的法国，鉴于当时传统大学的陈腐保守，拿破仑关闭了法国的大学，重新建立了高等专科学校体系[②]。后来教育体系继续深化发展，经多年的积累，在世界高校教育体系中形成了独树一帜的法国工程师教育体系。法国工程教育具体的特点：①规模小、专业少、专业化程度高；②特殊的五年学制；③非常注重教学与实际结合。也正是因为如此，高等专业学院在法国高等教育中具有重要地位，高校毕业生在法国就业率颇高，并有极高的社会地位[③]。

美国麻省理工学院和瑞典皇家工学院等四所大学从2001年起，历时四年的探索研究，创建了CDIO工程教育模式，实现了高校教育与工程实践关系的重构，也是近年来国际工程教育改革的最新成果[④]。CDIO即构思（Conceive）、设计（Design）、实现（Implement）和运作（Operate），其以产品研发到产品运行的生命周期为载体，让学生以主动的、实践的、课程之间有机联系的方式学习工程。同时，CDIO培养大纲将工程毕业生的能力分为工程基础知识、个人能力、人际团队能力和工程系统能力四个层面，系统地提出了能力培养、实施指

---

① 宗士增. 解析工程教育的目标与方法[J]. 中国高校科技，2012（3）：53-54.
② 瓦尔特·吕埃格. 欧洲大学史·第3卷：19世纪和20世纪早期的大学（1800—1945）[M]. 张斌贤，杨克瑞，林薇，等译. 保定：河北大学出版社，2014：45.
③ 李国强，江彤，熊海贝. 法国高等教育与高等工程教育概况[J]. 高等建筑教育，2013，22（2）：44-47.
④ 王硕旺，洪成文. CDIO：美国麻省理工学院工程教育的经典模式——基于对CDIO课程大纲的解读[J]. 理工高教研究，2009，28（4）：116-119.

导,以及实施过程和结果检验的12条标准,体现了系统性、先进性与科学性的统一。

2. 国际工程教育认证协议

目前,工程领域由两大国际认证体系主导,一是由欧洲工程教育专业认证网络(European Network for Accreditation of Engineering Education,ENAEE)建立的欧洲工程教育专业认证。二是由国际工程联盟(International Engineering Alliance,IEA)管理的《华盛顿协议》(Washington Accord,WA)。前者形成EUR-ACE体系,成为体系的直接管理者,建立起上下联动、层次清晰的组织架构,如图1-7所示。后者继续发展,相继签订《悉尼协议》(TAC)、《都柏林协议》(Dublin Accord),标志着国际工程联盟交流深化,形成较为成熟的IEA组织认证模式,组织结构如图1-8所示。

这些工程教育认证协议让工科毕业生更容易在其他国家获得专业注册,适应全球就业市场对工程师国际流动的需求,增加就业机会,并为注册工程师在全球范围内的流动提供便利,推动了工程教育事业的国际化交流[①]。

3. 中国工程教育研究

由于历史原因,我国的高等工程教育起步晚于西方国家。但尽管如此,我国的工程教育研究仍拥有百余年的历史。1920年,我国的工程院校中就开始有了自发的研究工作。《北洋大学校季刊》[②]记载该校学生罗万年:"偕同学俞景钱君亲赴湘省考察,归著三湘锑业谈,复发明锑炉一事,经工商部派员来校考察,得许专利。"1931年南京国民政府教育部"通令全国国立各大学酌设研究所,推广科学研究"。在这期间,工程院校研究成果丰厚。科研刊物

图1-7 ENAEE组织结构

---

① 朱露,胡德鑫,何桢,等. 国际工程教育专业认证体系的发展与改革——基于《华盛顿协议》与欧洲工程教育专业认证体系的对比分析[J]. 高等工程教育研究,2022,195(4):38-51.

② 张凤来,王杰. 北洋大学——天津大学校史资料选编(一卷)[M]. 天津:天津大学出版社,1991:45,55,301.

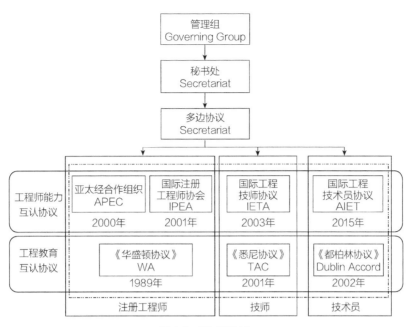

图 1-8 IEA 组织结构

大量涌现，如北洋工学院办有《北洋理工季刊》《北洋工学院工程研究所丛刊》；交通大学办有《工程学报》《工程半月刊》；湖南大学办有《电工会刊》《矿冶期刊》；清华大学办有《清华大学工程学会会刊》《清华大学工程季刊》；武汉大学办有《工程年刊》等等。同时，教授著述蔚然成风，仅以北洋工学院为例，每一位教授都有自己编写的学术专著。例如：张润田教授所著的《道路曲线及土方学》，方颐朴教授所著的《地形测量学》《大地测量学》和《实用天文学》，高步昆教授的《构造理论》和《钢筋混凝土理论》，谭锡畴教授所著的《矿物学》《岩石学》和翻译的《世界矿产与国际政策》，丁绪怀教授所著的《高等化学》，王子祜所著的《试金学》等。此外，这些研究所还招收研究生，开启了我国培养研究生的先河[①]。

进入新中国时期，我国高等工程教育持续发展。特别是近十年，我国高等工程教育在供给规模、人才培养层次结构、专业设置、教师队伍建设、专业认证建设等方面取得了长足的发展。建成世界最大规模的工程教育体系，高等工程教育在整个高等教育中的比例也处于世界第一位[②]。尽管我国高等工程教育取得了不错的成绩，但随着新一轮科技革命和产业革命在全球范围内深入发展，国际形势波谲云诡，不稳定性、不确定性日益增加。我国发展的不平衡不充分问题突出，创新能力不能适应高质量发展的要求等问题凸显，现实困境正制约着高等工程教育的高质量发展。

---

① 王杰，朱红春，郯海霞. 我国高等工程教育的起源和转型［J］. 西南交通大学学报（社会科学版），2009，10（1）：53-58.

② 中国工程院教育委员会. 中国工程教育发展报告2016［M］. 北京：高等教育出版社，2018：174.

4. 工程教育研究中心的成果评论

纵观新世纪工程教育研究成果的大成，非林健[①]所著莫属。林健所属清华大学工程教育研究所，长期致力于该领域的深耕，研究者本人的学历、阅历和研究涉猎，昭示着其研究的权威性。《卓越工程师培养——工程教育系统性改革研究》中三位作序的权威人士，对该成果给予了"篇章设计有系统性、研究内容有深度、政策建议有针对性""针对性、有深度、可行性""理论性、计划、拓展"等高度评价。大体而言，该成果无愧于这些评价，称得上是工程教育研究的扛鼎之作。

然而，从广域时空和切实落实的角度，作者认为研究还存在以下可以改进的空间。所列问题域，虽然融入分散的篇章中，但未进行独立章节的详尽诊断，描述也就过于概括和宽泛。该文所列五大方面问题，如下：

（1）人才培养模式单一，欠缺多样性和适应性。

（2）工程教育中工程性缺失和实践薄弱问题长期未解决。

（3）评价体系导向重论文，轻设计，缺实践。

（4）对学生的创新教育和创业训练重视和投入不足。

（5）产学研合作不到位，企业不重视人才培养过程的参与。

涉及的方案域，过于抽象和理论，主要包含：

工程教育改革的时代背景和主体框架；卓越人才培养定位（工程师分类）；培养标准体系及国家标准；高校配套政策及工作方案；专业培养方案；课程体系与教学内容改革；研究性学习方法；教师队伍建设；实践教育体系构建；与用人单位合作；工程教育国家化；创新能力培养；领导力培养；人才培养特色形成；培养质量保障。

因其成果在卓越工程师计划提出仅仅两年之后（该著于2013年出版），因此，还谈不上对成效的观察，也无法用数据来验证应用效果。

作者认为，以下几个方面，是值得继续研究和深入探讨的：

（1）未能揭示历史演化、民族基因/文化、教育传统所带来的传承及"扬弃"策略。

（2）未能充分揭示VUCA、BANI时代特征的工程知识传递规律和工程教育变革条件。

（3）未能探底指出工程教育的地位（是生存方式和发展模式，以及参与国际竞争的重要支撑）。

（4）未能归纳出全过程的模型，从起始端到绩效端的完整过程。

（5）未能构建理论体系、方法和模式体系，以快速指导具体变革；未能构设执行体系的方法论。

（6）未能指出当前工程教育的本质需求：是敏捷之快速和适应性；体现在综合能力集复合型知能的整合能力。

（7）未能深刻探讨问题及问题根源，为寻求问题的解决而指明方向。

（8）未能触及知识体系统一构建、标准、分类编码的实质性问题，呈现部门割裂的特

---

① 林健. 卓越工程师培养——工程教育系统性改革研究［M］. 北京：清华大学出版社，2013.

点,不利于应对新科技环境下的创新高质量发展(如:不同责任部门的四类标准)。

(9)未能从建构大工程观下的内容组织、方法创新、评价体系及指标。

(10)未能指出新技术环境下,如何采用新理念、新方法。

(11)未能真正基于工程教育,而是仍然以科学教育的方法,阐述如"研究性"学习的问题。

(12)未能揭示管理工程师或者工程师的管理职能,反对本科开设管理学是错误的,管理学中有诸多需要传授的知识性内容,需要一个学习的过程。

归结起来,作者认为,整体的研究可以简化为环境、问题、方案、效果的思维逻辑,如图1-9所示。

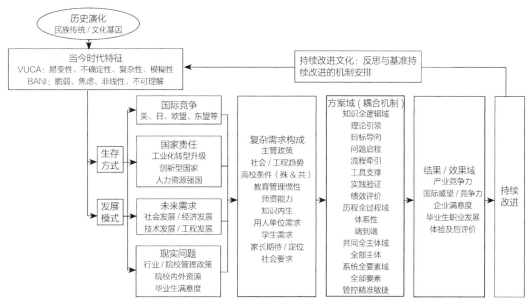

图1-9 工程教育研究基本逻辑图

1.6.3 研究面对的工程教育困境

工程教育研究,应当面对严峻的现实,同时应当深刻地揭示问题。在取得成果的基础上,反思研究本身和研究对象存在的不足。

工业在新兴国家和发达国家经济中占主导地位,决定了经济现代化的程度。工程师为工业界提供技术解决方案,是工业界最有活力且决定工业发展水平的关键人员[①]。当下,在我国的工程教育中,由于过分拘泥于专业的细节,导致学生的思维容易蜷缩在狭小的专业空间,进而导致学生缺乏大工程观、整体谋划能力以及系统性的思维,工程教育困境如枷锁。研究面对的工程教育困境主要体现在以下几方面。

---

① 吴立朋,张志伟. 高等工程教育中的若干困境[J]. 时代教育,2013(23):123.

1. 实践能力弱化

当下，高校培养的工程人才实践能力弱化，呈现出理论知识水平远远大于实践能力的现象。导致企业在接纳毕业生时，往往都头疼不已。实践能力的薄弱导致企业对于毕业生更加谨小慎微，用工压力与就业压力并未衰减，相互存在却不能互相弥补的现象日趋严重。

2. 社会需求导向偏差

近些年来，政策和舆论造成一种氛围，似乎年轻人只有上大学才有出路，没有上大学就是失败者、被淘汰者。与社会的真实需求相悖，难免学非所用或高才低用，造成了社会资源的极大浪费。我国新型工业化步伐显著加快，在国民经济中，制造业占有最大比重。因此，我国仍需要大批一线劳动者。社会的进步并不在于减少一线劳动者，使之都变成科学家、工程师，而是要提高广大劳动者的水平，特别是一线劳动者和中高层人员的水平。

3. 技术教育体系不清

从国外经验来看，不少国家将工科教育分为工程教育和技术教育两大系列。但对于这个问题，目前并没有深入研究。虽然从学历层次上来说，一般认为本科及以上为工程教育，大专及以下为技术教育，但对于技术教育的培养目标是什么并不清楚。概念笼统而谈，一概而论。

4. 扩招过快

扩招过快导致学生数倍增长，学校设施条件难以承受，各方面都难以适应，如生师比过高，教师与学生之间很难有机会交流等。《后汉书·儒林列传》曾用"章句渐疏""多以浮华相尚"的语句来描绘这种教育情景。同时，新毕业生进入教师队伍的比例过高，难以适应高水平教学的要求。再者，教学设施和实践条件跟不上，学生的培养质量大打折扣。

5. 教育评估机制僵化

从小学到中学，接受的是长期且全面的应试导向，知识不全面，评估体系僵化，一锤定音未必是好事。同工程教育发达国家相比，缺少来自社会的评价机制，高校学生是从社会中来，也将回到社会中去，这就导致很难反映社会的实质需求，教育评估难以落地。

6. 课程安排死板

课程安排死板，大量高校使用的教材竟还是五年前甚至八年前的版本。教材的时效性导致学生很难接受前沿的技术、工具和方法。各高校也意识到这类问题，积极开展相关的课外培训、沙龙等，但小规模的方式很难撼动整体，成效不尽如人意。

7. 教师资源不足

尽管政府投入增长较快，但是教育经费占GDP比重一直低于发达国家和不少发展中国家，教师待遇甚低，导致教师资源不足。特别是工程类的学生，除了需要接受理论知识的培养，还需接受工程实践经验的传承。但教师资源紧张导致很难完成学生的教学培养。

8. 教育后服务机制欠缺

学生在毕业后，高校即结束所有的服务，相互之间仅仅靠"校友"的头衔相连。后续大部分情况下仅存在"校友"对高校进行捐赠。单向的付出致使高校只注重校内教育，对于工程师的培养极为不利。

朱高峰[①]院士对于当下存在的现象，总结为八个方面的问题，如表1-12所示。

高等工程教育问题分析 表1-12

序号	问题名称	内容概要
1	工程教育的实践性问题	对于实践主导的理论与实践相结合的工程教育理念接受度低
2	教育公平与教育卓越的平衡问题	教育面向大众与培养精英的平衡
3	工程教育的分层问题	工程教育当下培养的卓越工程师不能满足社会的需求，各高校培养方式几乎是笼统的一概而谈
4	宏观教育政策中的供求关系问题	宏观教育培养基础人员逐步大于社会的一般需求
5	教育评估问题	教育的评估机制还需要进一步完善
6	课程教学中实践与理论的交叉融合问题	高校注重理论知识培养却忽视实践教学
7	双师建设问题	"理论"导师与"实践"导师的建设未引起高校重视
8	大学前后的工程教育问题	高等工程教育后服务还需要完善，当下高校只注重校内教育，不利于卓越工程师的培养

如前文所述，工程教育培养的研究和实践，确实存在一些问题和不足，思维融合性需要提升，方法和工具应当拓展创新，新技术引入应当加快，改进以切实精准对应问题从而设计解决方案，这样才能取得真实有效的成果。

类似地，对于提出工程教育问题、解决方案，以及在对现状的认识上，朱高峰院士有相关论述，记述于下：

问题[②]：

（1）学校发展目标、模式同质化。

（2）教育界与工业界隔离。

（3）缺乏实践环节。

（4）工科教师实践经历缺乏。

（5）课程体系不适应工程特点。

（6）学生能力薄弱、伦理缺失。

方案：

（1）回归工程。

（2）聚焦实践和创新能力。

（3）加强校企合作。

（4）大工程观、复合型高素质人才培养。

（5）国际竞争与国际认证。

[①] 朱高峰. 工程教育的几个问题探讨[J]. 中国高等教育，2010（Z1）：4-6.

[②] 林健. 卓越工程师培养——工程教育系统性改革研究[M]. 北京：清华大学出版社，2013：3-4.

现状：

（1）科学范式盛行。

（2）校内实践课程和实践课程薄弱。

（3）校企合作缺乏机制。

（4）复合型知能培养缺乏课程和师资载体。

（5）以WA认证为代表，逐渐开展。

吴启迪[①]则提纲挈领地认为，当前工程教育存在下列问题：

（1）基本办学资源投入不足。

（2）课程体系僵化，教学内容陈旧，实践环节薄弱。

（3）按照培养科学人才的模式培养工程技术人才。

（4）工科教师普遍缺乏工程技术经验。

（5）学生创新精神和实践动手能力不足。

（6）高校人才培养与社会需求不匹配。

（7）工程师职业社会地位不高。

（8）工程专业优秀生源吸引力不够。

（9）校企联合培养人才的机制不健全。

"这些问题，解决得好：中国未来的产业振兴和科技进步大有希望；解决得不好：将来社会面临优秀工程师匮乏，工程原始创新能力不足的困境。"

---

① 林健. 卓越工程师培养——工程教育系统性改革研究［M］. 北京：清华大学出版社，2013：1.

第 2 章
知识爆炸与知识环境

本章逻辑图

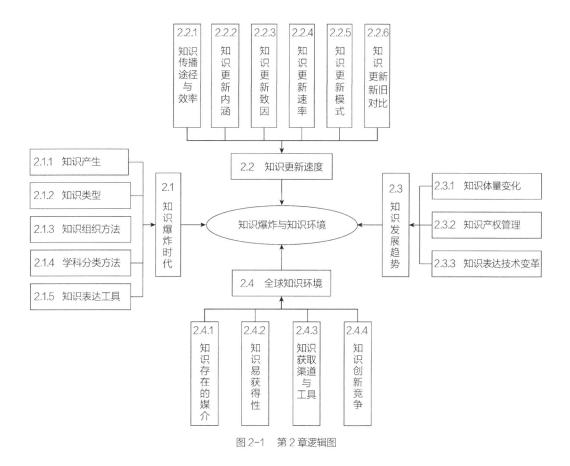

图 2-1　第 2 章逻辑图

2.1 知识爆炸时代

2.1.1 知识产生

知识是人类在实践经验的基础上对自身生活环境（包括自然环境和社会环境）以及人类活动规律认识的结果[①]，是对事实、信息的描述，或在教育和实践中获得技能的提升与总结，即知识是人类活动经验的概括和总结。何为知识产生？为获得新知识而对知识进行创新开发称为知识产生。其不仅包含原创性新知识的创造，同时也包含在已有知识的基础上，通过复制和传递过程而产生的知识[②]。

人类对所处物质世界存在诸多疑惑，而答案只有在不断学习的知识中才会出现。知识是如何出现的？普遍看来，知识是经验的累积，而经验的累积又是通过感官获得的。我们通过视觉、听觉和触觉，利用眼看、耳听和触感，直接获取对象或事件的信息（佛教描述感触世界的方法有"眼识、耳识、鼻识、舌识、身识、意识、末那识、阿赖耶识"），并通过多次实践与总结，最终形成知识。对于知识产生的探究，早在公元前，古希腊学者亚里士多德就提出了著名的三段论，认为通过理性演绎来获得确定性知识，才是主流思想，知识具有确定性，基于逻辑推理而来。而英国学者培根在专著《新工具》中提出了不同观点：演绎法虽能获得确定的知识，但推导得出的结论其实都已经包括在大前提里面了，即演绎法无法扩展我们的认知。基于此，培根提出了著名的归纳法，认为科学工作应该像蜜蜂采蜜一样，通过搜集资料及有计划观察、实验和比较，来揭示自然界的奥秘。同时，还批评经验主义者像蚂蚁一样只收集知识，不做加工；而哲学家则像蜘蛛一样，只能靠自身物质来织网。培根认为只有基于大量的实践经验并通过一定步骤进行总结归纳才能得出新知识，即"实践才能出真知"。总结起来为三个步骤：①收集感性材料；②进行材料整理；③根据内容，进行理性分析，推导归纳，再总结，得出新知识。综上，知识的产生过程如图2-2所示。

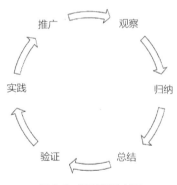

图2-2 知识的产生过程

1. 传统知识产生模式

在知识发展史中，知识产生模式有很多种，例如早期的口口相传，再到书籍、拜师学艺，再到私塾教学。在传统知识产生模式中，因需要综合不同学科知识而出现了大学知识产生模式。18世纪，基于国家支持，大学成为知识生产的唯一合法机构，维护与传承国家主流文化，并拥有自主权。其拥有的知识象征着真理与特权，并能体现出社会精英不同阶层的文化水平。该模式的弊端是在国家控制下，大学知识被少数社会精英垄断，也就失去了知识需

[①] 马克思恩格斯全集（第23卷）[M]. 中共中央马克思恩格斯列宁斯大林著作编译局，译. 北京：人民出版社，1972.

[②] 傅翠晓，钱省三，陈劲杰，等. 知识生产研究综述[J]. 科技进步与对策，2009，26（2）：155-160.

要被传递的意义。在经济快速发展的19世纪，劳动力市场需要大量知识型人才，大学教育的目的逐渐由知识生产转变为传递和传播知识，因此，在大学形成了"普遍性知识"的概念，为大量人群所追求。19世纪末，知识被冠以实用性，在最初学术性的基础上掺杂了功利性。20世纪初期，国家发展需要大学培养各类社会精英以及传承和完善主流文化的人才，因此，大学又转为知识的生产者。

20世纪60年代，大学教育与劳动力市场的关系加强，市场力量渗透到知识生产过程中，知识用户也大规模参与其中，知识性质在根本上发生了变化。20世纪80年代，随着经济、政治、文化的全球化，以及自由主义思想快速发展，大学逐渐不受国家控制，国家更多的是扮演知识生产规范者的角色，并不再是大学资金的唯一来源。国家一方面将学校投入劳动力市场，参与市场竞争，通过市场模式规范和管理学校；另一方面赋予高等院校更多自主权，通过绩效责任和质量测评监控大学相关事务[①]。因而大学与国家的关系演变为大学、市场与国家之间的"三角关系"，导致知识产生的不确定性增强。

20世纪90年代，计算机、互联网等新科技迅速发展，促使大学在知识生产中的地位不如从前。遍布全球的网络信息让教育逐渐大众化，同时知识沟通方式从根本上发生了变化。互联网成为除学校外的知识生产与传递新途径，因而新知识产生模式就出现了。

2. 新知识产生模式

1）新知识产生模式的特征

新知识产生模式（下文简称"模式2"）产生于经济全球化、高等教育大众化、人文科学参与知识产生、研究商业化等背景，而知识则是在"应用的语境"中产生。此后，"模式2"的概念在科学研究和社会应用中引起了强烈反响，被1000多篇科学文章引用，对许多国家的科技和政策创新产生了重大影响[②]。相对于传统知识产生模式，"模式2"具有以下五个方面的特征。

（1）应用语境。"模式2"的知识产生在应用语境下进行。所谓应用语境，即找出问题、完善措施、推广和使用成果的全部环境，是围绕发现问题并解决问题而展开的。相较于传统知识产生模式，"模式2"中的知识与实际生产相脱节的程度更低，知识产生更为广泛。在应用语境下，知识生产者与使用者可以通过交谈来表达各自需求。应用语境为知识生产者与使用者提供了可以共同商讨的研究方案、调配资源平台。

（2）跨越学科性。"模式2"的知识产生不受单个学科限制，其解决问题的方式是将多学科、专业理论视角与实践模式相结合，形成的解决方案远超单纯依赖某一学科，因此，具有跨越学科性。"模式2"不局限于对原始数据的简单加工，而更重视对资源的重新整合，这种跨越学科性主要表现在自然学科与人文学科之间的贯通。"模式2"下原本固化的组织管理模式逐渐向问题管理模式转化，增强了专业人员的流动性、灵活性。

---

① 曹珊. 知识生产模式转型与中国高等教育的改革[J]. 牡丹江师范学院学报（哲学社会版），2014（1）：140-142.

② Laurens K. Hessels, Harro Van Lente. Re-thinking New Knowledge Production: A Literature Review and A Research Agenda [J]. Research Policy, 2008, 37.

（3）主体与组织的多样性。传统知识产生模式的主体主要局限于大学学生，而"模式2"的主体还包括科研中心、政府机关、代理商、跨国公司、咨询公司、企业、思想库等组织机构的生产工程师、研发设计师、技术工人和社会科学家以及其他利益相关者。他们通过不同途径联系在一起，围绕问题进行研究讨论，并分享各自的经验与技能。通常会出现多种解决方案，在采用不同方案解决问题时，极有可能出现新问题，这个时候就会围绕新问题重新招募组织人员进行讨论并解决，因此，造就了组织的多样性。

（4）知识产生的反思性。"模式2"的知识产生具有反思性，这是因为只停留在科技术语的解释上并非"模式2"知识问题的最终解决方案，该模式还要针对问题选择合理的解决方案，涉及个体和群体的偏向与价值观，因此，会出现知识产生的行动者不进行反思，个体的潜在能力就不能被有效展现的现象。倘若对行动者主导的内容进行深入理解，则会影响原本所接受的价值，进而影响研究结构。因此，应在研究过程中加入反思，加大对人文学科的需求，以此来体现社会价值。

（5）质量控制的新形式。质量控制并非只是传统同行专家之间以及根据已有的标准进行判定。"模式2"的质量评判标准是将实用性与情景相结合，与传统评判相比，它更依赖于跨越学科解决问题的有效性与实用性。其不再受学科专业性限制，使知识产生构成更为广泛，从而出现多种质量标准并存的现象，导致质量控制标准多样化，即形成质量控制的新形式。

2）变化与影响

新知识产生模式使大学办学理念发生了改变，这就要求大学与各类企业、研发机构、政府部门以及相关组织建立紧密的联系，在一定程度上改变了知识产生主体与产生组织，也促使高等教育不断发生变化。

（1）教育理念转变。传统的教育理念在知识观上为诠释过去，认为知识是对已知事物的认识，学习是知识累积的过程。而新的教育理念为探索未知，除了认识已知事物外，还要研究认识的过程。传统的教育理念在人才观上较注重精英，但是随着社会发展，传统的社会精英已经不能满足社会需求。大众化教育理念应运而生，其理念在于层次化、多元化，这要求各专业的人才在自己领域内发挥所长并快速转化、补充相关知识，促使社会均衡且高效发展。

（2）办学理念转变。在经济快速发展的社会，知识可被认为是一种生产力资本。传统办学理念在新知识产生模式出现时被要求改变，以此来满足企业、科研机构、政府机构等相关方的需求，并建立长期、稳定的合作伙伴关系。在新知识产生模式下，高等院校的办学理念应打破学科限制并适当考虑社会需求，这样有利于高等院校自身发展和经济社会全面发展。除此之外，受转型的影响，高等院校应将教育、科研和生产结合起来，推进知识创新及科研成果的转变，培养更多适应劳动力市场和社会需求的有用人才，从而提高办学质量和办学效益[①]。

综上，高等院校教育应顺应社会发展，明确未来知识产生模式的转型趋势，加快教育改革步伐。立志培养能整合各项教育资源，统筹和优化各学科知识并服务于社会的创新型人才。

[①] 曹珊. 知识生产模式转型与中国高等教育的改革[J]. 牡丹江师范学院学报（哲学社会版），2014（1）：140-142.

新知识产生模式不仅仅对高等教育有影响,还对国家的科技、创新政策等有重大影响。因为该模式并非简单地套用现有的科学理论、方法,而是对原有的科学理论进行超越性的理解。打破现有学科界限开展新的科研活动,主要注重问题引导而非框架构建,以此推进超学科的研究。

2.1.2 知识类型

知识类型的不同来源于分类标准不同。根据不同标准,将知识按相关属性进行分类得到相关知识体系,从而得到多种知识类型。知识分类有多种,其中有两种基本的分类方法,如图2-3所示。

除此之外,知识还有许多分类方法,如表2-1所示。

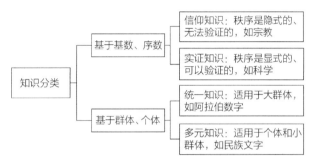

图2-3 两种基本的分类方法

知识分类　　　　　　　　　　　　　　　　　表2-1

分类依据	类型	意义
效用	显性知识和隐性知识、内部知识和外部知识、个人知识和组织知识、实体知识和过程知识、核心知识和非核心知识[①]	为了突出知识的实际效用和价值,能为知识交流、创新运用等方面提供条件,是一个动态过程
知识形态	主观知识和客观知识	以形态决定类型
科学发展趋势	自然科学知识、社会科学知识、数学科学知识、系统科学知识、思维科学知识、人体科学知识、文艺理论知识、军事科学知识、行为科学知识	促进学科科学的发展,有助于知识的发展,使知识原有结构更为和谐

教育与生活密切相关,为了促进教育的发展,基于生活实践的知识论立场,将知识分为科学知识、技术知识、工程知识。

1. 科学知识

科学知识是指以追求符合客体真理性、描述性为目标的科学活动,是一种实践类型。其在本质上坚持实证主义知识论的主张,但需要排除实证主义的主体、价值、历史文化。主张将科学与生活联系在一起,即在生活实践中把被实证主义分裂的主客体重新结合在一起形成

---

① 陈洪澜. 论知识分类的十大方式[J]. 科学学研究,2007(1):26-31.

科学实践。科学实践也将如同人类实践一般被嵌入社会历史文化中。

2. 技术知识

技术就是将在应用科学中所学到理论、方法变为实践。通过知识论的角度来定义技术知识，即技术知识是通过技术发明创造出来的理论。其可以理解为人类为实现某种目的实践导向，即该实践应当怎么做、在此过程中的知识认知应当如何规范等。传统的技术知识以经验形式存在，而现代技术知识则是经验形式与理论形式并存，从侧面反映出技术知识并非只是对客观事物的简单描述，从而推出技术知识具有可能性。

3. 工程知识

通常人们习惯将工程知识归结为技术知识，近年来这个状况发生了改变。从知识论的角度将工程知识定义为独立的知识形态。独立形态的工程知识被定义为：为了满足社会某种需要，在集成科学、技术、社会、人文等理论性知识和境域性经验知识的基础上，在经济核算约束下调动各种资源，在特定空间场所和时间情境中，通过探索性、创新性、不确定性和风险性的社会建构过程，有计划、有组织地建造某一特定人工物的实践活动[①]。工程知识被独立出来的意义在于其是实现工程目的的手段、环节、要素。所以工程知识具有独特性、地域性、综合性、具体性、复杂性、情景性、难言性、不可复制性等特征。

科学知识对技术知识具有理论指导作用。现代技术的重要标志在于以科学知识为基础，现代技术知识建立在科学理论的基础上。推动技术和社会生产力的迅速发展往往依靠基础科学在理论上的重大突破，以此带动技术革新从而推进技术革命。如爱因斯坦的相对论开辟了揭示原子核结构以及裂变规律的道路，从而使人类进入了原子能时代。

技术知识对科学知识具有推动作用。世界上许多科学问题的发现与解决源于技术发展，如通过发明射电望远镜而发现射电天文学。高水平的实验技术与设备是许多重大科学发现的必需，如没有射电望远镜就不会发现射电天文学。

尽管科学知识与技术知识有紧密联系，但它们之间仍有区别，具体表现如表2-2所示。

科学知识与技术知识的区别　　　　表2-2

不同之处	科学知识	技术知识
性质	认识、反映自然界，属于社会精神文明范畴	控制、利用自然，属于物质财富范畴
知识形式	以科学定律、命题的形式存在	以技术规则、规范的形式存在
评判标准	真与假	有效性

工程知识是科学知识、技术知识的集成。但这并非简单的应用与集成，还包含了社会学、管理学、哲学等人文社会科学的知识。工程知识包含了科学知识、技术知识，但又不等同于它们，其应用基于科学知识、技术知识，同时又将反作用于两者。因此，工程知识的复杂性、综合性在很大程度上提升了工程教育的难度。

---

① 邓波，贺凯. 试论科学知识、技术知识与工程知识[J]. 自然辩证法研究，2007（10）：41-46.

2.1.3 知识组织方法

任何事物都将接受组织与管理，知识也不例外。知识组织，从最早描述知识自身结构的信息，演变到知识存贮与传播的管理，如今大数据环境下知识与知识之间丰富的语义关系更凝聚了各领域的智慧[①]。知识组织方法的研究进展被多个因素影响，如信息环境、用户需求、技术水平等。在这些因素影响下，知识组织方法经历了分类主题法、元数据法、知识本体法三个阶段，具体如图2-4所示。

1. 分类主题法

分类主题法的作用是规范图书馆的编目工作，其是由一些专业术语和词表构成的。词表由标识符和定位符组成，在互联网上用词表进行编目时能对全网进行规范控制。如中国图像志索引典是英国的V&A博物馆于2019年研究出来的词表，这个词表是由张弘星博士主导，项目综合运用了图书馆学的叙词表设计方法，同时又引入了较多关联数据技术、知识图谱技术等，形成一个艺术领域的索引典。这个索引典是一个叙词表，按照关联数据、知识图谱的方式发布，能够在全球范围内被引用[②]。

2. 元数据法

元数据法是将所有元数据元素描述为一个资源，而元素的取值是自由的。资源即文献，这些元素只是描述资源的载体形态，并未对资源本身内容及知识进行描述。定义元素集并非凭空想象，是根据词表与核心元素集进行选用的。元数据法的优势在于，其省去了源代码编译时对头文件的依赖，可通过编译器直接从托管模块中读取元数据获取信息，提高了工作效率。

3. 知识本体法

知识本体法的核心在于建立本体模型，而本体模型的建立类似词表建立。即将资源定义为一个类，不需要确定核心资源，再根据类对资源按属性分类。常见类型有数据属性、资源属性。近年来，知识本体法的应用较多，如文古籍联合目录及循证平台、老电影知识库的建立。

在大数据时代，知识组织方法对未来大数据发展趋势影响较大。一方面，其能增强数据

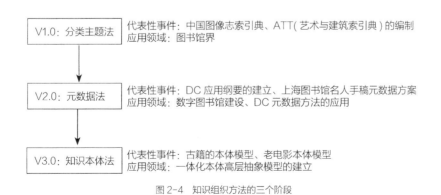

图2-4 知识组织方法的三个阶段

[①] 蒋勋，朱晓峰. 大数据环境下领域知识组织的发展与展望[J]. 科技情报研究，2022，4（2）：29-36.
[②] 夏翠娟. 知识组织方法和技术的演变及应用[J]. 晋图学刊，2021（6）：1-9.

间的关联；另一方面，其能通过对数据的关联形成领域知识。因此，研究未来知识组织方法的发展是必要的。

大数据环境下的知识组织方法需以科学的理论作为支撑，是对已有的基础理论进行诠释与升华。即借助小世界理论，建立复杂网络，进一步根据复杂网络中数据间的关联进行数据挖掘和深度分析，从中发现新的知识，这为不同领域提供了解决具体问题的素材、知识和方案[①]。未来，影响大数据环境下领域知识组织研究趋势的因素有：大数据引领的新技术、社会多元化的需求、情报学学科的进步等。基于这些影响因素，可以得出一种新的研究模式，即从数据中挖掘知识、信息并总结成为智库决策的智慧，对大数据的知识进行挖掘与分析的技术路线，是跨学科合作、跨平台协作的智库模式，也是一种新的知识组织方法，不妨将其命名为"智库链接法"。

2.1.4 学科分类方法

中国历代"学科"划分简图如图2-5所示。

周朝	秦汉	唐宋元明清	1902~1903年	1912~1923年	1949年	1981年	1997年	2009年	2012~2016年	2021年
六艺	七略	四部	"七加一"科	七科	苏联体系	十	十二	十二	十三	十四
						学科门类				
礼乐射御书数	辑略 六艺略 诸子略 诗赋略 兵书略 数术略 方技略	经部 史部 子部 集部	政治科第一 文学科第二 格致科第三 农业科第四 工艺科第五 商务科第六 医学科第七 +经学科第八	文科 理科 法科 商科 医科 农科 工科	学习苏联的高等教育集权管理、高等教育国有体制、高度分工的专门教育体系	哲学 经济学 法学 教育学 文学 历史学 理学 工学 农学 医学	同左	同左	同左	同左
							+军事学 +管理学			
									+艺术学	
										+交叉学科

图2-5 中国历代"学科"划分简图

中华人民共和国成立之后的中国学科分类的标准主要有四种，如图2-6所示。

学科分类方法是工程知识组织的重要依据。从统一识别、编码和加快融合的角度，应当加快进行学科门类、专业目录的统一工作。主要依据：《学科分类与代码》GB/T 13745—2009、《交叉学科设置与管理办法（试行）》等。

---

① 谭晓，李辉，许海云. 基于多维数据知识内容和关联深层融合的知识发现研究综述［J］. 科技情报研究，2021，3（4）：58-68.

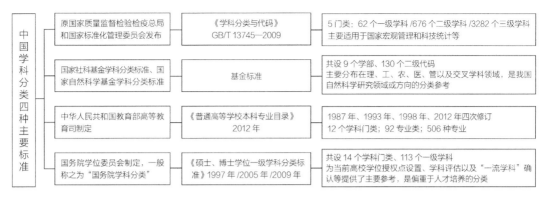

图 2-6 中国学科分类标准归纳图

2.1.5 知识表达工具

知识表达是把知识客体中的知识因子与知识关联起来，便于人们识别与理解知识。知识表达需要工具加持，早期知识通过石头、语言等工具进行表达。例如结绳而治、契刻记事等。语言作为知识表达工具之一，在人类的交际活动中居于重要地位，其能维持人们进行正常的沟通交流，通常听觉、触觉、视觉等媒介进行传递。随着造纸术、印刷术等发明出现，人们开始将知识表达在纸张上，纸质资料逐渐演变为知识的主要表达工具，并沿用至今。随着信息技术在互联网时代的不断发展，信息技术让人们更方便地将知识编辑在电脑上，形成新的知识表达工具，即电子文档、图文等。随着信息技术的高速发展，如今还出现了概念图、思维导图等知识可视化工具。

概念图主要由节点、连接、相关文字标注等组成，被教育、企业等领域广泛应用于沟通复杂的概念与论题，主要作用是用网络图形清楚地表达知识之间的关系，是思维可视化的表征。

思维导图是使用一个关键词引发其他形象化的构造性想法或分类，用辐射线形连接所有的字词、想法、任务或其他关联项目的图解方式。该表述方式可以更快速、清晰地将演讲者的思路进行传达，使接收者更容易理解演讲者要传递的内容，是辅助人类思考的工具，被广泛应用于制定计划、记录笔记、展示成果等邻域。

现今正处于信息与通信技术时代（Information and Communications Technology，下文简称"ICT时代"），知识在表达工具和表达方式上诞生了一些颠覆性技术，为工程教学过程效率的提高打下了基础。ICT时代是信息技术与通信技术相融合而形成的一个新概念和技术领域，主要经历了三个发展阶段。第一个阶段是自动化，借助ICT实现办公自动化和商业流程自动化，通过自动化来提升效率和降低成本；第二个阶段是集成化，通过资源整合和商业流程改进，提高企业运转效率和服务能力；第三个阶段是智能化，引入更多的通信技术（CT）能力，将ICT融入企业核心生产流程，指导决策和生产，快速响应客户需求并创新业务，成为企业业务发展的引擎和核心竞争力。

ICT通过促进数字图书馆的建成改变知识的表达工具，使数字图书馆能实现知识数字化，实现网络式的知识传递从而实现网络共享。除此之外，ICT还能加快可视化知识表达工具的发展，以至于知识表达工具不再是电子文档、图文以及传统的概念图、思维导图等。ICT能把世界各大学、科研机构、企业和商业机构及家庭用户等连成一体，世界各地的人们在检索信息、交换意见时可见其人，可闻其声，可以了解各种社会和经济活动，真正形成新的知识表达工具——互联网络系统[①]。

作为知识载体的书籍，实体纸质和虚体电子书是表达的主要工具。"书籍的作用在于传授给我们知识，而不能够授予我们能力，知识对于能力的获得而言是一种强大助力，所以，书籍并非无用，但是它不能代替一切。"[②]

2.2 知识更新速度

2.2.1 知识传播途径与效率

知识传播是指已经掌握知识的人员在特定社会环境中，运用特定传播媒介以及手段，向其他人传播知识信息并收集相应的反馈。知识的传播过程如图2-7所示。

知识的传播途径有多种，从知识传播的主体层次角度可将知识的传播途径分为：个体知识传播、团体知识传播、组织知识传播。

1. 个体知识传播

个体知识传播是知识的外显化、创新与增值的基础步骤，既可传播编码知识也可传播非编码知识。但其传播的地点、时间具有随机性，且传播主体具有很强的传播意愿。该传播途径通常是通过人与人进行面对面的交流、闲谈等形式实现的。

2. 团体知识传播

团体知识传播是团队组织的群体行为，传播对象为团队全体成员。常见的团体有职能部门、项目团队、工作小组等，它们常通过传统媒介（书面文件、宣告栏、公示牌等）和电子

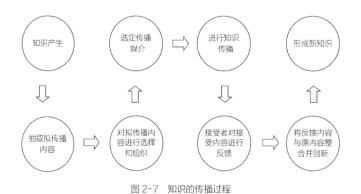

图2-7 知识的传播过程

---

① 夏晓鸣，施灏. ICT对高等教育的影响刍议[J]. 电子科技大学学报（社科版），2006（2）：98-100，104.
② 文若愚. 道德经全注全译[M]. 北京：中国华侨出版社，2016：16.

媒介（电视电话会议、团队系统、电子邮件等）进行传播，以此来增进成员间的联系以及促进共同进步。该传播途径通常有人→人、人→电子产品→人两种路线，其能弥补个体知识传播的衔接错位现象，并能适度扩大知识的传播范围。

3. 组织知识传播

组织知识传播是指在知识安全框架和知识传播战略的约束引导下，在整个社会范围内进行知识传播。其具有管理和传播两种职能，前者是指对个体知识和团体知识传播进行引导、培育和管理，后者是指组织和实施有效的知识传播活动。该传播途径具有一定的技术性和策划性，其传播路线为人→社会，是较高级的传播途径。

除了上面提到的传播途径，知识的传播还有书籍、视频、广播、设立专题讲座、社区宣传以及自媒体等途径，可将这些传播途径称为大众知识传播。如正盛行的网络短视频，不少博主通过拍摄短视频来传播地方文化，在很大程度上提高了知识传播效率。

目前，信息通信技术促使人类知识更新速度加快，促使知识更新周期缩短，从而提高了知识的传播效率。知识传播效率是衡量知识产出的重要部分，其能在分配学科建设资金时提供重要的理论依据。教学手段作为影响知识传播效率的重要因素，现阶段最具代表性的是随着科技发展而出现的新教育手段，即虚拟仿真技术。

虚拟仿真技术有真实性、周期短、安全系数高等特点，因此，其已逐渐成为教育领域的重要组成部分。同时，虚拟仿真技术能在课堂上呈现出交互性、虚拟性、沉浸性等特点，能有效地辅助老师的教学活动。除此之外，虚拟仿真技术推进的网络课程打破了传统教学的时间、空间限制，让学生能合理并充分地利用时间学习，从而提高知识的传播效率。

综上所述，互联网时代，知识的传播效率达到了前所未有的高度。一场在线课堂可以有几万甚至十几万人同时在线，知识变现的能力也以指数式增长。在这个时代，普通人也可以通过传播知识获取前所未有的影响力。

然而，想要维持或提高现阶段的高效率仅仅通过虚拟仿真技术是不够的。只有解决组织问题，明确效率原则才能实现知识传播效率的提高。传播效率原则如表2-3所示。

传播效率原则　　　　表2-3

原则	意义
明确规定目标	消除模糊的、不确定的目标知识，或者避免出现无目标知识的现象
常识	要求运行者具有追求知识并征求意见的常识，是敬业精神的体现
有能力的顾问	建立高度专业化的咨询队伍
纪律	遵守规则，服从秩序，形成系统管理
公平正直	平衡制度
可靠、及时、充分、持久的资料	是管理与决策的依据
标准化的条件	保持知识工作环境的一致性
标准化的操作	保持知识工作方法的一致性
效率报酬	促进效率的提高

为有效提高知识传播效率，未来应从技术、管理等方面入手，寻找影响知识传播效率的创新性技术，在提高效率的原则下对知识传播的途径进行组织与管理。

2.2.2 知识更新内涵

知识更新是指由于内外环境变化，已有知识发生迭代升级，即旧知识被更为先进的新知识代替，以适应当下所面临的环境。知识更新是一种调适社会的手段，因为社会发展需要出现新的知识来平衡逐渐变化的社会。

基于知识更新的定义，可将知识更新的过程总结为知识获取、知识整合、知识转化、知识输出与知识创新五个阶段。

1. 知识获取

知识获取是知识更新的基础工程。知识获取不仅单纯在教学过程中学习已有知识，还包括在原有知识库中找寻冗余知识、待挖掘知识以及被共用知识中的隐藏知识。

2. 知识整合

知识整合是知识更新的第二阶段。知识整合是一个具有条理性秩序化的动态过程，通过知识获取与原有知识进行有机融合，即摒弃无用知识并重新整理知识，最后将知识传递给接收者。

3. 知识转化

知识转化是知识更新的第三阶段。知识转化是一个系统过程，其包括知识形态变异与知识客体更新。其包含了显性知识内化为隐性知识，以及隐性知识外化为显性知识等过程，通过相互转换呈现给知识使用者，即"知识转化=知识转移+知识吸收"。

4. 知识输出

知识输出是指知识使用者将通过知识获取、知识整合、知识转化等过程得到的知识，通过利用已有产品或者创造合适的产品来传递知识的过程，并以此来达到更新知识库的目的。这是知识更新的最后阶段。

5. 知识创新

知识创新是知识更新的必经阶段，指在知识获取、整合、转化、共享的基础上，不断寻求新发展、找寻新规律、创立新学说等。具有独创性、系统性、风险性、科学性、前瞻性等特征。

社会快速发展让劳动力市场对人们知识水平的要求逐渐提高，传统教育输出的知识已不能满足当下需求。为缓解这个问题，人类只有不断地更新知识才能满足社会需求。知识更新推动教育事业多元化发展，并促使高校更注重创新性人才培养，为今后教育事业改革做贡献，促进教育事业发展。

2.2.3 知识更新致因

事物发展皆有原因，知识更新更是如此。导致知识更新常见的原因有：社会生产力变化、新技术产生、知识累积等。

近年来，国内外形势正发生急剧变化。经济全球化正如火如荼地发生，我们应当用更有深度、更广泛的生产力发展来推动社会进步。社会进步将影响人们的生产方式、生活方式以及思维方式,在一定程度上也促进了知识更新。科学技术是第一生产力,社会进步离不开科学技术的发展。为赶上快速发展的世界,我们应学会使用最先进的生产工具,掌握最先进的科学知识来提高社会生产力,以此满足社会进步的需求。在这个过程中会因为不断地接触新的科学知识而导致知识更新。

在互联网时代,学习方式和知识形态都发生了变化,我们可以通过各种网络信息学习书本上没有的知识。此外,学生们还可以通过互联网分享所学知识,与他人进行交流、讨论,以此来增加彼此知识、拓宽彼此视野。交谈过程中也可有效引导学生思考,从而锻炼学生的思考能力。

在马克思主义学说中有"量变达到一定程度时必然引起质变"这一原理,知识累积导致知识更新也不例外。随着知识不断累积,人们会摘取已获得知识的关键信息,并将各关键信息进行整合研究得到新知识。整个过程可以体现出知识累积导致的知识更新。

如今"人工智能""元宇宙"发展如火如荼,给知识更新带来了极大影响。人工智能是指通过普通计算机程序来呈现人类智能的技术,其能灵活地完成复杂、体量大的任务并实现特定目标。人工智能具有人类知识和行为,同样能完成学习和对问题进行推理解决等过程。其核心在于建构能够和人类似甚至超卓的推理、知识、规划、学习、交流、感知、移物、使用工具和操控机械等能力。应用人工智能对教育的影响有:实现"个性化"教学、为学习提供指导、为学生提供有意义的反馈、改变教师的传统定位、改变学习方式等。不难看出,人工智能正在并将持续影响知识更新,甚至直接产生新知识。

清华大学新闻与传播学院沈阳教授这样定义元宇宙:整合多种新技术而产生新型虚实相融的互联网应用和社会形态,基于扩展现实技术提供沉浸式体验,基于数字孪生技术生成现实世界的镜像,基于区块链技术搭建经济体系,将虚拟世界与现实世界的经济系统、社交系统、身份系统等匹配与融合,并且允许每个用户进行内容生产和世界编辑。这为沉浸式学习提供了极大技术支持,让学生体会身临其境的教学,提高了学生的学习兴趣与知识的传播效率。当课堂效率和学习兴趣提高时,对知识的应用将会更加熟练,知识更新在潜移默化地发生。除此之外,未来知识更新还受教育政策、技术飞速发展、知识更新体系本身等因素影响。

竞争是影响知识更新最突出的原因之一,国际军事、商业激烈竞争直接导致对"创新"的要求不断提高,其表现形式则责无旁贷地落在了知识整合和原创上。

2.2.4 知识更新速率

21世纪,社会发展速度剧增。大量边缘性学科的出现致使知识门类增多。在这种情况下,知识更新速率不断加快,知识更新周期缩短。

当下正处于信息通信技术迅速发展的时代,信息通信技术作为社会活动和经济活动的基石,其代表了先进生产力,不断推动传统产业技术升级、改变劳动力结构,促使人类文明进步,对知识的更新速率产生了巨大影响。

联合国教育、科学及文化组织曾经做过一项研究,结论是:信息通信技术促使人类知识更新速度加快。18世纪,电报机、电话机等信息技术相继出现,知识更新周期为80~90年;19~20世纪,电磁波被发现,知识更新周期缩短为30年;20世纪60~70年代,电子计算机出现,一般学科的知识更新周期为5~10年;20世纪80~90年代,多媒体技术出现,致使许多学科的知识更新周期缩短为5年;进入21世纪,雷达、遥感等信息技术出现,促使许多学科的知识更新周期已缩短至2~3年[①]。由此可见,知识更新的周期随着信息通信技术的发展逐渐缩短。

随着信息通信技术的发展,人们需要从大量信息中进行判断并选择出最优,在这样一个庞大且伴随终生的选择题中,人们需要体现出自己的主张并不断进步。这个过程需要不断积累知识,在大量知识的支撑下,人们做出最优选择的可能性更大。大量累积的知识促使人们更善于发现问题且富有创新思维,提高了知识更新的速率。

知识更新速率几乎呈现出指数式爆炸增长,如图2-8所示。因此,传统经验主义难以适应现代学习的舞台,人们需要不断地更新自己的知识体系,而不是仅仅依靠已有经验进行学习、工作,否则将会进入知识半衰期。

除此之外,知识更新速率的加快导致各国文化相互激荡,各国人才竞争也逐渐激烈。目前,文化具有世界性,各具特色的民族文化突破地域空间限制,在世界各国流通,被全人类共享,能有效促进各文化之间相互渗透、融合,从而加快高等教育发展的脚步。与此同时,高等院校教育必须紧跟时代步伐,深化教育改革,致力于培养创新型人才,这样才能赶上知识更新速率与时代变化。

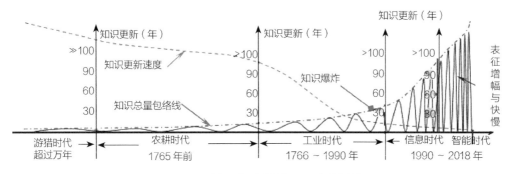

图2-8 人类知识总量包络线与知识更新速率曲线

2.2.5 知识更新模式

人类社会发展到现在,尤其进入信息时代后,网络技术的普及成为知识更新方式多样化的催化剂。知识更新速率加剧,知识更新周期急剧缩短。科技发展促使人们获取知识方式更加多样、便捷,知识更新也演进出新的模式。本书将知识更新的模式分为传统模式与"互联

---

① 成之. 教育与知识更新[J]. 国际市场, 1998(8): 38.

网+"模式两种类别进行介绍。

1. 传统模式

传统知识更新模式主要依附于书本和学校,也有面对面或信函的交流。一般有以下几种方式:①自学促练。自学促练具有灵活性、自主性的特点,传统自学一般是将书籍阅读和坚持训练相结合。即有选择性地读几本书,吸收书本知识转化成自己的知识,再通过不断练习,把新技能、新技术、新方法物化于自身,进而实现知识更新。②通过教学、训练和科研工作等方式,逐步完善知识结构,让一定范围内的受众人群的知识得到更新[①]。③躬耕实践。实践是一切知识的源头。譬如,人从鸟类飞翔中得到启示,发明了各种飞行器。人类在认识社会的过程中不断地形成知识、积累知识、更新知识,再投入实践。因此,实践是知识更新的重要源泉。④组织交流。哲人说:"两个人交换一个苹果,每个人还只拥有一个苹果,而两个人交换一个思想,每个人则拥有了两个思想。"通过同他人沟通交流、共同讨论的方式,促使沟通双方的知识都实现更新[②]。因此,传统知识更新模式的特点可归纳为:辐射范围偏小、受众群体较窄、演进幅度较低。但也正是得益于这些传统的知识更新模式,推动着人类文明的发展、延续。

2. "互联网+"模式

"互联网+"模式,是指在互联网发明后演化而来的更新模式。通常需借助互联网等网络工具,以辐射范围大、受众群体广、知识增幅大而广受推崇,具体模式分别有以下几种。

1)基于E-Learning平台模式

E-Learning(Learning Managed System),即在线学习系统,是现代远程教育发展的产物,是一套可以实现网络教育培训管理的软件系统。通过计算机互联网或手机无线网络,在一个网络虚拟教室与教师进行学习、互动。这种模式实现了无纸化、数字化、网络化、管理化、规范化学习型组织的构建[③]。

2)基于Blog的反思模式

基于Blog的反思模式是基于Blog技术形成的模式。Blog技术可以让人们用简单的方式在网络上发表言论,深受网络人士喜爱,其通过用户数量的增长促进技术发展。人们可通过Blog与他人交流观点,并根据他人观点反思自己欠缺的知识,以此来促进知识更新,该模式通过营造交流环境来弥补传统知识更新缺乏交流的问题[④]。

3)基于网络社区的知识更新模式

基于网络社区的知识更新模式是基于学习共同体建立的模式。该模式一般以论坛形式进行,人们可通过论坛主页搜索相关领域的最新消息,以此来更新自己的知识。因此,这种模

---

① 程智. 教师专业化发展与现代教育技术[M]. 广州:暨南大学出版社,2007:1.
② 孙风瑛. 教师知识更新的四种方法[J]. 内蒙古电大学刊,2007(3):65,67.
③ 蔺湘媛,李青海,褚文奎. 军校教员E-Learning培训方式可行性分析[C]//中国科学技术协会,清华大学. 第十五届"21世纪继续教育"论坛集.[出版地不详][出版者不详],2015:318-320.
④ 魏华. 网络环境下高校体育教师知识更新模式研究[J]. 教育与职业,2009(24):65-66.

式可促进教师与教师、教师与专家之间的交流合作。同时，这种模式还弥补了互联网上缺乏获取专业领域信息以及互相交流的平台。该模式的优点是可实现多人交流，从多方面弥补自己的欠缺之处，但发出的观点或疑问常常不能得到及时反馈。

4）基于网络资源的知识更新模式

基于网络资源的知识更新模式是随着网络技术发展而出现的模式。该模式促使人们有效利用网络资源进行学习发展。随着网络技术的发展，网络资源逐渐丰富，例如数据公司提出的专业数据库资源（期刊文献）、我国开放教育协会发布的免费资源等。人们均可利用这些资源来增加知识储备、完善知识结构、提升素质进而完成知识更新。该模式的优点在于查找资料方便，缺点在于受资源缺乏限制。

综上，无论是哪种知识更新模式，都依附工具、平台等的发展。特别是当下风靡的"互联网+"知识更新模式，具有学习手段多样化、学习内容微型化、学习行为碎片化、学习时间零散和学习空间无缝融合、化解工学矛盾等优势，已经为知识更新教育拓展了广阔空间。在网络环境下，人们可以从多渠道、多角度获取知识，更新知识结构，在理论与实践中不断探索新途径，提出新见解，并把新思想、新理论、新观点、新内容、新方法汇集到自身的思维模式和知识结构模式中，为自己的发展或高校人才培养做出贡献。

2.2.6 知识更新新旧对比

知识更新意味着存在新旧的知识，则新旧知识必定存在差异，甚至可能是大相径庭。因此，需要对新旧知识进行区别、对比：旧知识是指在知识的发展过程中逐渐丧失存在的必然性、日趋灭亡的知识；而新知识是指其前进方向符合知识发展方向且具有远大前途，就是比原先知识更进步、更合理、更高级、更深入、更具有生命力的学问。例如，科技发展带来的各种新技术，必然是基于知识产生的，而原有的知识不足以发展新技术，所以在这个过程中是对原有知识的创新，从而产生新知识。新知识产生需要的因素如图2-9所示。

新旧知识之间是存在区别、对比的。"论文"是当前教育界较为重视的"评判标准"，也是"知识"云集之所。论文成果是各专业领域研究前沿和实践动态的集中体现，对各类型人

图2-9 新知识产生需要的因素

才综合能力提升以及实现高端人才培养目标具有重要意义[①]。在互联网时代之前，由于条件限制，可参考的文献资料相对较少，且缺少对内容数据的分析与论文写作方面的综合训练。这个阶段的教学存在课堂情景单一、教学内容不注重应用、教学方法相对落后、实践在教学中的地位低等问题。这个阶段的教学致力于培养能够在学术共同体内潜心学术研究工作，发现规律，创造理论，提供思想，并且不以为社会谋取直接利益为目的的学术人[②]。这就导致学生写出来的论文偏保守、创新系数低、参考性低，进而使论文质量较低，说服力较小。而在互联网时代之后，网络上可找到各种中外文献资料、相关数据，还可在网络上学习写作技巧，通过软件制作分析图表等。这个阶段的教学致力于培养能促进社会发展的人才，因而从传统的注重理论转变为以应用为导向、以理论为辅助，同时教学情境不再单一，课程设置逐渐呈现差异化。这样可以让学生具有一定实践能力且富有创新思维，在较大程度上提高了论文质量，改善论文内容形式单一现状，使论文更具说服力。

从论文质量由低到高可看出，知识发展需要朝着有利于社会发展的方向。从侧面反映出旧知识是不利于社会发展的知识，因而被逐渐出现、有利于社会发展的新知识代替。

前段对比是从"知识"本体出发进行阐述的。随着时代发展，更新的不仅仅是知识本身：①知识载体更新，从古时竹简的多且重，到互联网时代仅一张储存卡就可以承载大量的知识；②知识获取速度更新，从古代宫中多人翻阅史籍只为找出一株草药，到今天搜索书籍的ISBN或是上传某种植物的照片就可以检索到相关内容；③知识传授方式更新，从早些时候知识少可以面对面地将知识本身进行传授，而现今则是更需要将知识搜集、学习、创新的方法教给学生，这样才能在知识更新迭代较快的时代不被落下。因此，在知识各方面不断更新的时代，知识更新周期缩短，知识更新速率加快，我们应该迅速、敏捷地改变我们的应对方式，才可以对知识进行更好的处理。

2.3 知识发展趋势

2.3.1 知识体量变化

所谓知识体量，"体"即知识的类型，"量"即数量、总量。从游猎时代发展为农耕时代，再进阶为工业时代到现在的信息智能时代，不难发现知识类型已经演变为各式各样的门类，总量也在不断增加。

现今我们所接触的知识不再为单纯的理论知识，其还表现为各种科学技术。例如：飞机上升是根据伯努利原理，即流体（包括气流和水流）的流速越大则压强越小，流速越小则压强越大。飞机机翼的形状可以使通过其下方的流速低于上方的流速，从而产生了机翼上、下

[①] 张俊瑞，范苏扬. 数据说话：基于知网的MPAcc专业学位论文现状分析与质量评价［J］. 财会月刊，2022（6）：14-24.

[②] 吴阿林. 应用型人才的层次结构及其指标体系的研究［J］. 黑龙江高教研究，2006（11）：122-124.

方的压强差（下方压强大于上方压强），因此就有了一个升力，这个压强差（或升力大小）与飞机的前进速度有关。可以看出，飞机能成功起飞并非只是单纯的理论原理，其还包括对已有知识的实践应用以及创新，并总结归纳为新的知识体系。而新的知识类型是已有理论与实践创新的结合体，类似的还有很多，不再一一赘述。随着时代不断发展、技术不断创新，知识数量不断增大，且迭代速度也越来越快，即在更短时间内增加的知识量变得比以前更大，1990～2018年短短28年时间知识总量已是万年之前的几倍有余。

20世纪80年代大抵是知识爆炸时代的开始。如前文所述，全世界的知识总量，每7～10年翻一番，上文提到我们无法准确计算知识量到底有多大，但是我们可以根据信息度量单位的变化看到知识的"爆炸"，如表2-4所示。

信息度量单位（2^{10}=1024）   表2-4

简称	b	B	KB	MB	GB	TB	PB	EB	ZB	YB	NB	DB
全称	bit	Byte	Kilo	Mega	Giga	Tera	Peta	Exa	Zetta	Yotta	Nona	Gogga
倍数	0/1	8	1024	1024	1024	1024	1024	1024	1024	1024	1024	1024
前位	—	b	B	KB	MB	GB	TB	PB	EB	ZB	YB	NB

科学技术带来的新技术发明以及新旧知识更替、概念的重新组合，对知识体量的变化影响较大。在知识爆炸时代，各类学科及分支都能获得极大发展的可能和便利，科学发展肉眼可见地加速演进，知识总量呈现出几何式、指数式、爆炸式增长。知识爆炸还表现为各类知识的融通，这是科学发展的基础条件，也是必然趋势。随着各学科发展不断拓展，学科边界和知识边界将越来越模糊，边界消融成为科学发展的必然[1]。因此，各类知识的融通成为知识爆炸时代的重要特征。

综上可知：知识体量变化巨大，类型逐渐多样化，数量呈倍数增长。这让我们今后的学习具有创新性、互动性、合作性、远程性[2]，同时对教育的发展也具有积极作用。除此之外，在知识呈现指数式发展的前提下，在未来，知识类型将会因为科学技术的快速发展、各类知识的相互融合等原因而丰富多彩，知识总量也将随时代的发展而呈指数式增长。

2.3.2 知识产权管理

知识产权是指人们就其智力劳动成果依法享有的专有权利，通常是国家赋予创造者对智力成果在一定时期内享有的专有权或独占权（Exclusive Right）。知识产权本质上可理解为一种无形财产权，其客体是智慧成果或知识产物，是一种无形资产或无形体的精神财富，是智力劳动所创造的劳动成果。其与房、车等有形财产一样，受国家法律保护，都具有价值和使用价值，例如有些重大专利、驰名商标或作品的价值甚至远高于房屋、汽车等有形资产。

---

[1] 杜伟杰. 大知识时代[J]. 浙江经济，2017（3）：40.
[2] 符敏妍. 知识时代的学习特点与企业学习形式探讨[J]. 文化创新比较研究，2017，1（7）：127-128.

知识产权是创新能力的体现。应积极维护知识产权，防止盗用发明，以此来促进创新事业发展。除此之外，对知识产权的保护是知识产权价值实现的重要环节。我国对知识产权的保护采取了许多措施，如图2-10所示。

知识产权保护是知识产权管理的一部分。而知识产权管理是指国家有关部门为保证知识产权法律制度的贯彻实施，维护知识产权人的合法权益而进行的行政及司法活动，以及知识产权人为使其智力成果发挥最大经济效益和社会效益而制定各项规章制度、采取相应措施和策略的经营活动。知识产权管理的主要内容如表2-5所示。

图2-10 知识产权的保护措施

知识产权管理的主要内容　　　　　　　　　　　　　　　表2-5

主要内容	具体操作	目的
开发管理	制定相应策略，促进知识产权的开发	鼓励发明创造
经营使用管理	对知识产权的经营和使用进行规范	研究核定知识产权经营管理方式
收益管理	对知识产权使用效益情况进行统计	合理分配收益
处分管理	制定对知识产权的转让、拍卖、终止等规则	保护知识产权

从表2-5可以看出，我国对知识产权的管理具有科学性，其能有效地提高知识产权的经营、使用效益。知识产权管理的流程如图2-11所示。

图2-11 知识产权管理的流程

知识产权管理有如下作用：

（1）提高知识产权创造的数量和质量。实施知识产权战略的前提是创造更多更好的知识产权。在加强知识产权管理的情况下，能有效地提高知识产权创造的数量和质量。

（2）创造目标更加明确。知识产权管理的首要任务就是确立以专利战略为主的知识产权战略，并在战略框架内，依据总体发展和创新策略，对知识产权的创造特别是对专利申请的数量、质量、时机、类别形成一个总的目标和方针。除此之外，知识产权管理可以提高创新研发的起点，避免低水平重复研究，节约人力和资金资源。

（3）促进知识产权的创造。从国家政策来看，政府为鼓励各类人才积极发明创造颁布了许多奖励政策。例如：设立专利申请资助资金、将专利申请量纳入考核地方官员的指标体系等。这些政策无疑能触发人们的积极创造性，从而促进知识产权的创造。

（4）管理保护。加强知识产权保护，加大知识产权的执法力度对于鼓励创新，维护公平的竞争环境十分重要。但是，知识产权保护相对于知识产权管理，一个侧重于事后救济，一个侧重于事前预防；一个是治标之策，一个是治本大计。只有全面加强知识产权管理，才能够提高知识产权保护的水平。

综上所述，知识产权管理是理论问题，更是实务问题。特别是在飞速发展的知识经济时代，只有从理论出发结合实务创新来考察知识产权管理，才能够命中要害，充分发挥管理在知识产权能力建设方面的重要作用。

2.3.3 知识表达技术变革

知识是一个大范围概念，包括现在学科的基础知识，如数学、自然科学、工程技术类、语言类等信息内容[①]。知识也是人类在实践中认识客观世界（包括人类自身）的成果，其包括事实、信息的描述或在教育和实践中获得的技能。从类型学来看，知识可分为简单知识和复杂知识、独有知识和共有知识、具体知识和抽象知识、显性知识和隐性知识等。20世纪50年代，世界著名的科学大师迈克尔·波兰尼发现了知识的隐性维度，并认为是他一生中最重要的发现[②]。

在数字技术推动下，人们获取知识的内容、形式及渠道和表达形式都发生了深刻变化。知识表达就是将不同知识类型用图片、文字、视频、音频等不同方式展示出来。以互联网为代表的技术变革深刻改变了人们对知识的表达，下文将对以PPT、CAD/CAC、BIM、CIM、VR为代表的技术进行阐述。

1. PPT

PPT（PowerPoint）是早期知识进行广泛传播的一种表达技术，主要用于课堂教学、会议报告和策划、学术汇报等，阅读者是知识接受者，也是知识传播的终端。使用者可以在投影仪或者计算机上进行演示，也可以将演示文稿打印出来，制作成胶片，以便应用到更广泛的领域，进行相关知识的表达。

2. CAD/CAC

工业化与信息化的融合，是一个互相促进、互相转化的过程。知识表达技术CAD（Computer Aided Design，计算机辅助设计）、CAC（Computer Aided Construction，计算机辅助施工）大大提高了制造业、建筑业的效率，是目前最广泛的"工程语言"。利用计算机和图形设备帮助设计人员进行设计工作，将数字、文字或图形等表现形式的工程语言存放在计算机的内存或外存里，以便快速地检索；设计人员通常用草图开始设计，将草图变为工作图的繁重工作可以交给计算机完成；利用计算机可以进行工程知识的图形编辑、放大、缩小、平移和旋转等有关图形数据加工表达的工作。

3. BIM

BIM（Building Information Modeling，建筑信息模型），根据工程实践应用的不同理解，

---

① 秦己媛. 新高考选科制对工科专业课程设置的影响研究[J]. 黑龙江高教研究，2022，40（7）：1-6.
② 张兵. 关系、网络与知识流动[M]. 中国社会科学出版社，2014.

可以延伸为建筑信息化管理（Building Information Management）或者建筑信息制造（Building Information Manufacture），是建筑学、工程学及土木工程的新工具。建筑信息模型或建筑资讯模型一词由Autodesk所创。主要是以三维图形为主，以物件为导向，且与建筑学有关的电脑辅助设计。具有可视化、可协调、可模拟、可优化与可出图五大特点。相较于传统的图纸模式，BIM技术能将建筑模型的几何构件属性信息完整地表达出来，同时还提供了一个三维的交流环境，大大提高了项目各方人员的沟通效率。后期还发展为4D-BIM（三维+施工过程）、5D-BIM（三维+时间+成本）、6D-BIM（三维+时间+成本+能量）等[①]，如图2-12所示。BIM逐渐成为建筑施工全过程的现场各方交流表达的沟通平台，可以让项目各方人员方便地协调项目方案，论证项目的可造性，及时排除风险隐患，减少由此产生的变更，从而缩短施工时间，降低由于设计协调造成的成本增加，提高施工现场施工效率和项目成功率。

4. CIM

CIM是城市信息模型"City Information Modeling"的缩写。住房和城乡建设部发行的《城市信息模型（CIM）基础平台技术导则》对CIM进行了明确定义：以建筑信息模型（BIM）、地理信息系统（GIS）、物联网（IoT）等技术为基础，整合城市地上地下、室内室外、历史现状未来多维多尺度信息模型数据和城市感知数据，构建起三维数字空间的城市信息有机综合体。地上信息包括建筑物（室内、室外）、道路、河流、桥梁、树木、路灯、红绿灯等；地下则包括燃气管道、供水管道、供热管道、地铁路线等信息；天上包括云层综合而成的信息平台。CIM平台的建立，为城市管理、城市规划者提供了数据支持，例如：灾害模拟（暴雪、暴雨）；对城市排水管道进行推算；地震发生后，对人员疏散和道路抢修、抢救进行预案等。CIM的价值在于将现实世界在虚拟端进行建模、模拟等，以"立体"的大数据让城市建设更加透明化、精准化、区域化、预警化和整合化，助力城市从规划、建设、招商、运营

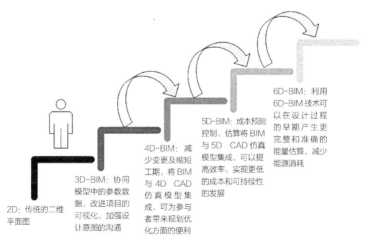

图2-12 BIM的发展历程

---

① 卢晓. BIM技术在桥梁工程中的应用分析[J]. 中小企业管理与科技（下旬刊），2020（10）：194-196.

各阶段实现全生命周期管控，推进规、建、管、服、决策，成为城市的基础平台和核心基建，以增强城市管理能力，优化人们的居住安全和居住环境。

2019年，北京、雄安、广州、南京、厦门被列为CIM平台建设试点城市，有效推进了城市规划、建设、治理过程中的数据融合、技术融合和业务协同。截至2021年7月，全国共有45个城市启动CIM项目，且城市数量还在不断增加。

5. VR

VR（Virtual Reality，虚拟现实）是一种可创建和体验虚拟世界的计算机系统。与AR/MR技术相同，其主要将虚拟和现实相互结合，利用计算机生成一种模拟环境，使用户沉浸在该环境中。将现实生活中的数据，通过计算机技术产生电子信号，将其与各种输出设备结合转化为能够让人们感受到的现象，这些现象可以是现实中真真切切的物体，也可以是我们肉眼所看不到的物质，通过三维模型表现出来。

知识表达的重心由线下转到线上。就知识表达介质转换而言，虽然传统纸质阅读今天仍然保有权威性、逻辑严整、内容精粹等优点，但不足之处也十分明显：成本高、单向传播、知识更新慢、知识表达以文字为主、难以进行沉浸式交互等。而基于互联网的线上知识表达则具有随时随地、包罗万象的可得性，与时俱进、即刻更新的现时态，视角丰富、观点多样，知识获取的无成本或低成本，大数据及算法支撑的内容定制化，图文并茂、视频展示、VR/AR/MR的沉浸式知识表达技术等特点。

知识表达维度由深度拓展到宽度。传统知识表达技术注重知识深度的挖掘。但知识表达技术向深度挖掘远远不够，今天的量子计算机、认知机器人、全息影像、生物机械、智慧城市、人体动力学、合成神经生物学等技术的发展，哪一个可以靠单一学科就能建构起来？从传统的PPT到CAD，智能手机，物联网技术，BIM，大数据，AI图灵测试，量子通信技术，关于5G技术的通信标准，以及AI、VR等知识表达技术都彰显了这个道理。

2.4 全球知识环境

随着经济全球化进程加快，技术发展日新月异，现代社会已经转变成以知识为主导的时代。知识成为应对严峻产业环境与激烈市场竞争的核心力量，全球知识环境包括：知识存在媒介多样化的环境、知识易获得的环境、知识获取渠道与工具多样的环境，以及知识创新竞争的环境，不同知识媒介环境采取不同的使用方式，不同内容使用不同的获取渠道与工具，不同知识产生不同的创新内容等，为有效利用知识提供了长久的发展动力。

2.4.1 知识存在的媒介

知识存在的媒介即为存储知识的媒介。媒介作为承载、传递知识的载体，在传播学意义上是指利用媒质存储和传播信息的物质工具。美国著名传播学家施拉姆认为媒介就是在传播过程中，用以扩大并延伸信息传送的工具，在远古时代便已经产生。

口口相传也就是语言表达，讲述者的口与脑为知识存在的载体，在还未出现存储知识的实体媒介时，口口相传便是最重要也最便捷的存储媒介。人的语言活动是在一定动机下产生的，知识通过口口相传的形式将重要信息保存下来，例如春节祭祀、端午节赛龙舟和家族人员等隐性知识的存储。

在漫长的远古时期，人类先祖在沟通交流、生产生活乃至繁衍生存上都存在一定阻碍，"结绳记事"是远古时代人类摆脱时空限制记录事实、进行传播的手段之一。或许在现今社会，其并不值得一提，但在当时，"结绳记事"是一种非常先进的记录方式。正如《春秋左传集解》云："古者无文字，其有约誓之事，事大大其绳，事小小其绳，结之多少，随扬众寡，各执以相考，亦足以相治也。"由此可见，"结绳记事"作为远古时期的媒介，不仅起着记录的作用，更是一种信息承载的呈现。

羊皮纸最早诞生于帕加马文明，之后在整个欧洲流传起来。最早记载可追溯至公元前2500年的埃及第四王朝。戴维·迪林格曾指出："第一次提到埃及关于皮革的文献，可以追溯到约公元前2550年～公元前2450年的第四王朝，但现存最早的实物文献是第六王朝的皮革零碎卷。"羊皮纸用来记载当时的重要事项，且沿用至今。据外媒报道，羊皮纸的脂肪含量高，写在羊皮纸上的东西，很难在不被注意的情况下被篡改，数百年来，律师使用绵羊羊皮纸作为反欺诈装置，以阻止欺诈者欺骗人们。中世纪和现代早期的律师选择在羊皮纸上书写，因为其有助于防止欺诈。

印度人则使用贝叶进行储存。贝叶棕生长在热带地区，常见于印度和东南亚地区，在我国的西南地区也有分布。贝叶形状宽大，适合书写和保存。在春秋战国时期，印度人就已经掌握了完整的贝叶加工方法。不过他们并不是直接用笔在上面写字，而是在经过特殊方法处理的贝叶上用铁笔刻字，刻完了再刷上墨，这样就可以看得很清楚。

同一时期，我国使用竹简作为知识存储媒介，其是文化保存和传播的媒介，除了重要军事、军报等信息的上报，也记录文化思想、行为方式等。竹简对中国文化的传播起到了至关重要的作用，也正是由于竹简的出现，才得以形成百家争鸣的文化盛况，同时也使孔子、老子等名家名流的思想和文化能流传至今。

西汉时期我国发明造纸术，东汉时期经蔡伦改进，用树皮、麻头及敝布、渔网等原料，经过挫、捣、炒、烘等工艺制造的纸，被全国人民广泛应用，人们可以用其进行绘画，也可以用其记录重要事件，主要制作流程如图2-13所示。尤其是东汉蔡伦改进的造纸术（又称"蔡侯纸"），是书写材料

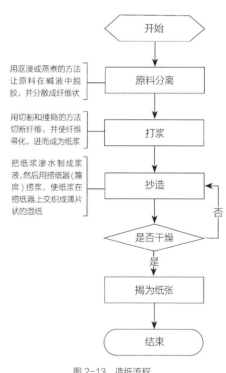

图2-13 造纸流程

的一次革命,其便于携带,取材广泛不拘泥,推动了中国、阿拉伯、欧洲乃至整个世界的文化发展,是中华民族对世界文化传播做出的巨大贡献之一。

而促进人类文化传播的另一件大事便是互联网时代的电子信息记录。电子信息记录分为两种形式:没有相对结构的文件(Flat File)和数据库文件(Database File)。其和纸质材料一样可以记录重要事项,而且没有纸张大小限制,可以事无巨细地进行详细记录;可随时更改,不存在影响整洁性等问题;可指定文件存储路径,也可实现审计跟踪等,是人们存储知识的又一大进步。

云储存是一种网上在线存储(Cloud Storage)的模式,即把数据存放在第三方托管的虚拟服务器中,相较于电子信息记录更具隐私性和安全性。可以在后端存储虚拟化的资源,而且可存储空间也随着技术的进步逐步扩大。

将上述知识存在的媒介进行整合,其演化流程如图2-14所示。

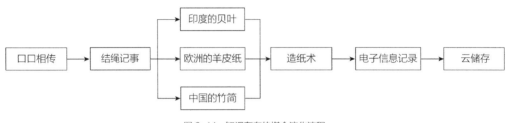

图 2-14 知识存在的媒介演化流程

2.4.2 知识易获得性

所谓"知识易获得性"是指在计算机、移动通信设备、互联网络等快速发展的今天,知识的产生方式、数量、载体、存储方式、传播方式等都发生了巨大变化,人们获取知识的方式和途径变得越来越多,受时间和空间限制越来越小,获取知识的速度、数量及准确性大大提高,表现为获取程度难易的综合表征。审视现存的高等工程教育方式,虽然发生着渐变,但是存在较为普遍的基本沿袭传统教学模式的现象:占多数的课堂传授书本知识,同时知识本身滞后过时、表达呆板无趣。高等工程教育的重点是传播工程知识,既然"知识易获得性"发生了巨大变化,则教育方式也应该重新进行思考和积极跟进变革[①]。

以计算机、网络技术为标志,当代科学技术正以惊人的速度向前发展,知识的产生、更新及传播速度也越来越迅猛快速。身处"知识爆炸"时代的我们,获取知识的方式不胜枚举,相比以往单一式的课堂教学传授方式或者购买图书杂志来获取知识,如今知识的获取方式早已发生了翻天覆地的变化,如图2-15所示。

---

① 卢锡雷,姜屏,李娜,等. 顺应知识易获得特性的高等工程教学方式变革思考[J]. 高等工程教育研究,2018(2):147-152.

1. 知识的获取渠道多样，速度快捷

随着科学技术的快速发展、移动设备及5G网络的普及，人们获取知识的渠道变得丰富多样，彻底改变了过去知识获取渠道有限的问题[1],[2]，具体表现如表2-6所示。知识传播已从数百年、数十年，缩短到以秒计算。

传统—现代知识获取渠道对比　　　　　　　　　　　　　　　表2-6

传统途径（渠道）	现代途径（渠道）
图书馆	图书馆+电子阅览室+知识文库
学术交流	学术交流+论坛+讨论组/群
课堂教学	课堂教学+网络课程+微课堂
电视	电视+各种App+网络视频
报纸、书本	报纸、书本+电子书+百度词条+网盘搜索

2. 知识获取时空限制小

在过去，由于知识载体、获取方式、阅读方式等局限性，直接导致了人们的学习会受到许多时间、空间上的限制。而如今，电子化、数字化的知识方式逐渐取代了传统以纸为知识载体的方式，各种便携式电脑、移动设备、智能手机的诞生实现了"随时随地都可以学"。知识获取在时空限制上大大减小。基于互联网的MOOC平台、Khan Academy、Coursera、edX和Udacity等网络公开课，本质上实现了"让任何人，在任何时间，任何地点，都能得到世界一流的教育"。

3. 知识获取的数量大

互联网是一个庞大的全球网络系统，可以

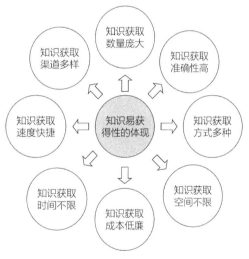

图2-15　知识易获得性的体现

容纳难以计量的内容和信息，给知识获得奠定了良好基础，真正的"知识爆炸"呈现在了眼前[3]。不仅如此，知识数量还在几何级地增长中，某种程度上，无形的互联网是知识汇聚的海洋，在这个海洋中，夸大地说是"只有你想不到的，没有你查不到"的信息和知识生态。

---

[1] 朱高峰. 工程教育中的几个理念问题[J]. 高等工程教育研究，2011（1）：1-5.

[2] 李双双. 移动技术的变革给高校图书馆读者服务带来的机遇和挑战[J]. 科教导刊（下旬），2015（15）：186-187.

[3] 陈程. 移动阅读时代与图书馆[J]. 科技视界，2014（28）：195，340.

4. 知识获取的成本低

获取知识的低成本，在各类ICT的支持下，知识获取的渠道增多，不仅有各类免费网站和软件，而且免费网站与软件获取知识的速度也未曾下降，极其便利，且在当前的大环境下，全球正积极推动知识共享。

5. 知识获取准确性高

在互联网时代海量数据的前提下，利用现代技术进行有效信息的筛选，提高专注力。面对海量免费信息时，不是毫无目标地获取信息，而是进行有目的地搜索、选取专业平台，同时进行碎片化信息的整合。

但是知识易获得的同时也容易产生知识难转化的现象，难以将知识转化吸收变成智慧、实践，产生新知识。知识很难吸收转化，难以从"知道"转化为"智到"，难以实现知识转化为行动的过程，难以实现由知识产生增值变化的过程。正是因为知识易获得、难吸收、难转化，才造成了知识的极大浪费、教育成效不达标、知识淘汰加速、学习变成被动、知识流于教条（PPT照本宣科）、教育形式单一且没有针对性、理论实践步调不一致等问题。因此，我们应针对正在发生的问题，提出新的应对方式：①学习近些年发展起来的赋予知识易获得性的新技术，掌握收集、推送知识的内在逻辑，更加快速吸收与应用知识；②利用新技术创造应用甚至资助构建知识图谱、知识链等整合、传递、管理的工具，达到知识类聚、专项吸收等效果，基于原有知识衍生出自己的知识逻辑；③利用新技术改进现有教育、管理的方法，例如利用实景化将知识实景化，更容易在大脑皮层留下"刻痕"，打造工厂化情景实现感知化的知识传播与吸收，提高知识吸收、转化的速度。

知识易获得性的背后，是社会、经济，尤其是ICT的发展，整个知识生命周期内在逻辑悄然变化所积累到了爆发点的巨大变革，这种变革，将引起工程教育的连锁反应。知识产生速度加快、数量巨大、传播极速、平台共享、存储多介质等特点，给学习者、教育者带来了诸多新的挑战。威尔士于2001年1月15日创立的"维基百科"，具有典型的共同学习、共享知识等特征，参与感与主动性很好地融合了专业性，是知识集约化的最佳体现。互联网之光是时代之光，其"深刻改变着人类的思维、生产、生活、学习方式，深刻展示了世界发展的前景"。"现在，互联网越来越成为人们学习、工作、生活的新空间，越来越成为获取公共服务的新平台。"[①]互联网作为新科技的杰出代表，正深刻改变着工程教育的方方面面。

2.4.3 知识获取渠道与工具

人类在进入21世纪后，知识产生的数量及传播途径已经发生了非常大的变化。知识爆炸式增长及传播方式的多样化必然会给传统的教育方式带来影响。人们获取信息不对称可能会导致交流不平等，究其背后原因主要是对交流技术和信息渠道的获取和使用，对信息的关注与处理，对信息的主动寻求、回忆、知识和理解力，根据相关信息采取行动的能力参差不

---

① 习近平在网络安全和信息化工作座谈会上的讲话[J]. 中国信息安全，2016（5）：23-31.

齐。其中，知识获取渠道与工具占据了首要地位。如今我们身处信息化时代，人们获取知识的渠道变得更加灵活、广泛、多样，大学生有了更多选择，并找到了更好的且适合自己的学习方式。同时，高校也应注重培养学生的创新能力和获取知识的能力。

获得知识的渠道主要有以下几个：

1. 师徒制

师徒制即老师带领学生进行学习、工作、生活，使学生更好、更快融入工作当中的一种制度，通常是一对一的知识传授方式。通常中国传统的师徒制分为两种类型：第一种是师傅与徒弟，徒弟在师傅门下学习手艺，师傅将手艺传授给徒弟，徒弟免费为师傅工作，徒弟可以从自身实践和师傅口中获得知识。第二种是师父与徒弟的关系，师父不仅承担起徒弟的老师、教授技艺的责任，还要承担起父亲的责任，这对于徒弟学习师父教授的技艺也有极大的帮助，徒弟将会更加用心地学习师父传授的知识。

2. 大课堂

大课堂主要是传统课堂模式，是教育教学中普遍使用的一种手段，是教师给学生传授知识和技能的全过程，学生可以通过教师讲解、疑难困惑问答、教学活动以及教学过程中使用的所有教具进行知识的获取。

3. 观察实习

观察实习也称实践学习，在经过一段时间的学习之后，或是当学习告一段落的时候，我们需要了解自己所学的知识或如何将知识应用在实践中。因为任何知识源于实践，归于实践。学生通过自身的观察与感受进行知识的获取，在实践中检验真理。

4. 网络网站获取

网络网站获取包括：①网页检索，如知网、万方、百度百科等；②各类公司的研究报告，如顶级咨询公司麦肯锡、埃森哲（IT咨询）、罗兰贝格（汽车）、贝恩、波士顿、德勤、尼尔森（消费者洞察）、Ipsos（消费、金融、IT、汽车）等的研究报告，以及大公司的研究报告，如腾讯大数据、百度数据研究中心、阿里研究院、东京大数据研究院、网络视频数据报告、360研究报告、百度营销中心、证券公司研报等；③官方数据网站，如中国信息通信研究院、中国互联网络信息中心、国家统计局、中国政府网、中国监证会、中国人民银行等；④移动数据端App，中文的有AppAnnie、Trustdata、Questmobile，英文的有Flurry、Newzoo、Kantar。

5. 书籍

书籍是指装订成册的图书和文字，在狭义上理解为带有文字和图像、纸张的集合。书籍也是从商朝沿用至今的一种知识获取渠道，在书中可以获取不同方向的知识，如名著类、人文情怀类、记录史实类、社会新闻类、专业工科、专业理科、专业医学、专业农学等。

2.4.4　知识创新竞争

创新是以新思维、新发明和新描述为特征的概念化过程。创新起源于拉丁语，其有三层含义：第一，更新；第二，创造新的东西；第三，改变。创新是人类特有的认识能力和实践能力，是人类主观能动性的高级表现形式，是推动民族进步和社会发展的不竭动力[①]。

知识创新是指通过科学研究，包括基础研究和应用研究，获得新的基础科学知识和技术科学知识的过程。科学研究是知识创新的主要活动和手段。知识创新包括科学知识创新，技术知识特别是高技术创新，以及科技知识系统集成创新等。广义的知识创新泛指对知识的创造性、新颖性变革。

知识创新竞争是指随着经济全球化进程的加快，技术发展日新月异，现代社会已经转变成以知识为主导的时代，而知识内容的更迭也更加激烈与快速。在"知识爆炸"的今天，人类知识积累量极其庞大，面对浩瀚的知识海洋，虽然专业有所分工，但如果只注重传授知识，那必然是传不胜传。另外，科学技术更新周期越来越短，而人才培养周期变长，在今天就更加尖锐和紧迫。从不同来源生成大量数据，这些数据的整合导致"数据洪流"。

知识创新竞争环境的影响主要表现在对知识存量的利用率和增量创新的程度上。当代知识发展的三个特点：数量极大增长、跨界越来越多、迭代越来越快。20世纪80年代初的共识是"知识爆炸"[②,③]。从20世纪末到21世纪，"知识爆炸"实实在在地发生着，并且其程度更趋猛烈，知识创新环境也更加激烈。知识创新内容越多，存量也就越多，在竞争压力环境下利用率也越高，对自然规律的认识增加，使知识量组成了包容性更大的库。知识增量的创新程度也受知识创新内容多少的影响，一些知识由于新的认知出现，导致原有知识被替代，增量知识部分或全部替代了原有知识。被替代部分的知识，作为阶段性知识，起着"垫脚石"的探索作用，是老化了的知识，如光的波粒二象性代替了粒子说和光波说。存量知识的开发利用，增量知识的跨行"整合"，都是知识创新竞争环境下的产物，创新在存量知识利用和增量知识扩展上都起到了重要作用。

知识创新竞争的目的是追求新发现、探索新规律、创立新学说、积累新知识，这些也是现代社会所需人才应具有的品质与技能。知识创新竞争环境促进人们了解事物的本质内容，积极了解其是什么；积极了解其实现的过程和原理，即为什么；同时面对客观的事物有解决问题的能力、技巧与方法。

互联网时代，不仅信息产生了"爆炸"，而且信息生产和接收之间的界限也变得越来越模糊，交流（过程）和信息（内容）之间的界限亦是如此，知识增量速度越来越快，存量也随之增长，知识的创新环境愈加激烈，同时也导致了政治、经济、社会、技术等的竞争更加激烈。知识创新竞争促进技术创新与科学知识创新，影响着政治决策的标准性与正确性，同时促进社会发展。

---

① 刘小燕，涂光亚，徐晓霞. 在毕业设计教学中培养学生创新能力的教学研究［J］. 中国电力教育，2012（14）：107-108.

② 山美. "知识爆炸"和知识老化［J］. 学习与研究，1983（8）：15.

③ 辽宁青年. 当今世界的知识爆炸［J］. 中国金融，1985（5）：56.

第 3 章
工程知识类型与传承

本章逻辑图

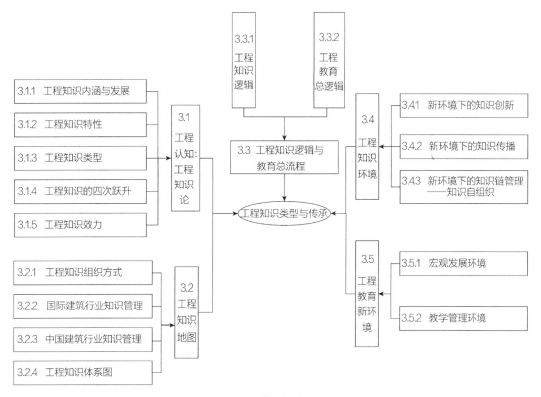

图 3-1　第 3 章逻辑图

3.1 工程认知：工程知识论

3.1.1 工程知识内涵与发展

美国技术哲学家皮特（Pim J.）[①]在其所著《技术思考——技术哲学的基础》中写道："工程知识是为了操纵人类环境而进行的工艺设计、构建以及操作。"工程通过要素整合与集成建构新的存在物这一造物活动，有属于自己的一类知识体系，包含了理性、逻辑和事实三重属性，本质上讲，工程知识是一类建构性知识，泛义地讲，工程知识包罗丰富的内容。

自从人类社会诞生以来，工程作为一种实践（造物）活动，一直存在和发展着，这当中始终离不开工程知识的生产、积累和创新。工程知识的生产、积累和创新表现为一个不断发现、解决工程与经济社会问题的过程，问题是工程知识的出发点和归宿点，其知识增长模式是渐进的、开放的。

追溯工程史，无论是古代工程，还是现/当代工程，任何一项工程活动，从工程决策、工程建造（包括设计、施工）到工程运行及拆除（包括工程评价），实质上都是工程知识化的过程，都反映和蕴含了大量工程知识的内容。

如果把工程看作是造物活动，那么工程知识就是与造物活动（操作、建造和使用）相关联的知识，包括规则系统、理论分析与技术装置涉及的技术性和非技术性要素的知识。

在工程知识中，关于规则的知识是最重要的内容之一[②]。工程规则是工程主体（行为者）在基于理性（实践理性）原则下遵守和服从的行为规范，旨在为工程主体提供工程应当（或禁止）怎么做以及如何做的知识[③]。规则作为一种极其重要的工程知识，从侧面揭示了工程的规范性来源。在工程设计、施工、运行等实践活动中，工程标准、规程、规范、导则和条例等都是工程规则的实现形式，都是工程规则不同层级的知识形态。除了工程规则外，工程知识还包括工程学原理、设计图纸（图集）、合同、材料制备、工艺流程、模型、技术方案、工序、检测报告、仪器设备及零部件说明、项目管理、设计意向以及技术诀窍等知识。

工程知识始于经验积累，盛于科学探索，成于工程实践，与科学技术发展同步，互相渗透，越来越丰富、可靠。

工程知识的形成主要有以下几个阶段：

1. 经验阶段

《桥殇》[④]记录了人类工程经历中惨痛的教训和经验积累的过程。"从失败中学习（Learning from the Failures）"是工程的一个重要特点。每一个理论成熟之前，都有着长期的经验积累过程。

---

① 约瑟夫·C·皮特. 技术思考——技术哲学的基础 [M]. 马会端，陈凡，译. 沈阳：辽宁人民出版社，2008：45.
② 殷瑞钰，汪应洛，李伯聪. 工程哲学（第二版）[M]. 北京：高等教育出版社，2013：148-149.
③ 黄正荣. 试论工程规则的意涵及其技术规定性 [J]. 工程研究——跨学科视野中的工程，2015，7（1）：69.
④ 艾国柱，张自荣. 桥殇——环球桥难启示录 [M]. 成都：西南交通大学出版社，2013.

2. 理论产生

"理论上的成熟和进步,是现代土木工程的一大特征。一些新的理论与分析方法,如计算力学、结构动力学、动态规划、网络、随机过程和波动理论等已深入到土木工程的各个领域。"①主要的工程理论有:浮力理论(公元前250年)、梁理论(1638年)、牛顿定律(1687年)、柱稳定(1744年)、容许应力分析(1825年)、桁架理论(1847年)、极限平衡(19世纪90年代)、有限元分析(1950年)、可靠度分析(20世纪60年代)、地震危险分析(20世纪60年代)。

在未来,软科学知识的引入,如工程决策、多目标全局和全寿命优化、信息不确定性下的科学处理、智能专家系统、反馈理论以及结构性态控制等理论和知识,将大大促使土木工程知识体系的丰富。

3. 技术产生

在基础理论发展到一定程度后,便产生了一项项工程技术。对工程发展有较大影响的关键技术有:瓦特蒸汽机、电力、计算机、互联网及通信。瓦特蒸汽机、电力的发展推动了第一次工业革命与第二次工业革命的发展,促进了生产技术的大幅度飞跃,大大提高了工程效率。现在,随着计算机技术的不断发展,毫无疑问,其带给工程领域的不仅仅是便利和高效,更进一步的是知识的体系化、高度集成、知识管理的快捷化和系统分析、各种场景模拟知识的产生。"计算机辅助设计、辅助制图、现场管理、网络分析、结构优化乃至人工智能,将土木工程专家个体的知识和经验加以集中和系统化,从而构成了专家系统。"②

4. 实践佐证

"实践是检验真理的唯一标准",在理论和技术产生以后必定是需要实践来佐证其正确性的,只有在实践过程中凸显出其优越性的理论和技术最终才能变成工程知识中的一部分,这是最后一个也是必不可少的环节。工程知识的形成过程如图3-2所示。

图3-2 工程知识的形成过程

3.1.2 工程知识特性

工程知识特性可分为工程知识性质与工程知识特征,正如美国技术哲学家米切姆(Mitcham C)③所论:"至于工程学理论,尽管某些与科学理论相一致,但是模型参量和理想化假设这两个方面总是与科学理论非常不同。"将科学理论的模型参量和理想化假设引用到

---

① 崔京浩. 伟大的土木工程[M]. 北京:中国水利水电出版社,2006:46.
② 崔京浩. 伟大的土木工程[M]. 北京:中国水利水电出版社,2006:47.
③ 卡尔·米切姆. 通过技术思考——工程与哲学之间的道路[M]. 陈凡,朱春艳,等译. 沈阳:辽宁人民出版社,2008:273.

工程知识领域，模型参量即可引申为知识性质，理想化假设即可引申为知识特征，工程知识具有区别于普通知识（科学知识）独有的性质和特征，如图3-3所示。

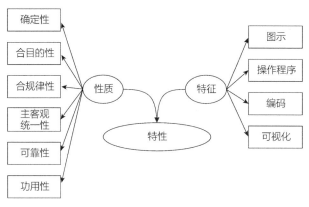

图3-3　工程知识特性图

1. 工程知识性质

工程知识有其特殊的性质，归纳起来大致有：确定性、合目的性、合规律性、主客观统一性、可靠性、功用性。

1）确定性

工程知识的任何一种不确定性，哪怕是很微小的不确定性细节，都极有可能给工程带来隐患、损失和事故，严重的情形将导致工程报废，特别是在航天工程、核电工程等领域，工程史上诸如此类事件不胜枚举。由此而言，确定性成为工程知识产生、应用的本质属性和内在要求。工程知识不带有猜测或假说的性质，不允许有含糊不清、歧义和似是而非，作为一种实在，是确然的、无可置疑的。工程知识的确定性意味着工程系统规定了一定的行为与一定的结果之间稳定的因果关系和工艺技术逻辑关系，将工程行为模式、次序和逻辑固化，形成一条明晰的工程流程，其重要标志是具有可检验性与可实现性。

2）合目的性

工程作为人类与自然界发生关系、改善生存环境的实践活动，是一种有目的的计划活动。工程知识的合目的性就包含着构建一个新的存在物内在可能性依据，脱离了造物这一目的，工程知识就失去了其存在的意义。在工程知识中，用合目的性来表示一切趋向工程目标的控制机制，通过专业性强的工程知识（规则、程序）和其他技术手段（理论分析、试验研究），以及非技术手段（合同）实施风险识别、规避和控制，排除工程故障和缺陷，通过控制（反馈调节、纠偏）使差距不断缩小而逼近目标。

3）合规律性

所谓工程知识的合规律性，是指导工程实践的认知符合客观规律，达到对客观事物的真理性认识。随着工程的运行、变化和发展，工程系统及环境越来越复杂，工程知识的产生和应用从过去依赖经验、技艺、手工工具等传统知识类型，逐步转移到更广泛地依靠和选择规则、工程学原理、技术手段、项目管理等现代知识。无论是古代工程，还是现代工程，凡是成功的工程，都体现了工程知识的合规律性，即合乎人类社会进步和工程自身发展的内在要求和必然属性，按科学规律办事，如都江堰水利枢纽工程。所以，坚持工程知识的合规律性是工程知识走向理性成熟、工程健康发展的必由之路。

4）主客观统一性

工程知识的产生和运用要遵循客观规律，按规律办事，实现主观能动性与客观规律的统一。工程是一种有理性、有意识的知识型实践活动，工程知识不可能脱离人的意识自主地发展，而工程规则又作为构成工程知识极其重要的内容。工程规则存在着某种客观性、规范性或合法性，是人的意志在工程实践环节中主观性和客观性相统一的多维体现，包括与之相对应的工程领域的准则和法则。

5）可靠性

可靠性这个术语原先出现在产品标准中，指元件、产品、系统在一定时间内、一定条件下无故障地执行指定功能的能力或可能性。在工程知识领域，可靠性则是指知识既具有逻辑必然性，又具有事实的可预见性，还具有过程的可验证性。工程有属于自己的工艺技术流程，技术逻辑作为工艺技术流程的导向性思维和知识形式，应用于不同类型的工程系统进行分析与计算，在此基础上确立工程系统的推理与论证有效性以及工序的合规性。设计、参数选择、处置等都是涉及工程知识可靠性的关键环节，直接影响到工程的结构安全性、耐久性、可维修性和使用功能。

6）功用性

功用性是工程知识的特有性质，旨在符合知识的内在价值属性要求，一是具有实用价值和满足工程内在以及外部需求；二是具有结构安全和使用功能，如住宅要适宜居住，电厂要能够发电，大桥要达到通车条件，大坝要具备发电、防洪、航运等功能。所以，满足人类物质需求的优先性为工程知识的价值取向。古往今来，没有无使用价值或功能效用的工程，工程要讲求效率、投入—产出比，以及经济性，追求一定约束条件下的极值，实现价值最大化，实现帕累托最优。非但如此，工程还蕴含着人类对世界的认知、对生活世界的理解及呈现方式。这一切都非常明确地体现了工程知识的功用性。

2. 工程知识特征

工程知识无论是以怎样的形态表现，都会呈现出不同于普通知识的一些特征：图示、操作程序、编码、可视化。

1）图示

工程知识不像一般的知识，通过概念、公式、定理、公理等来表征，工程知识的大量语言形式是图示，如工程草图、施工平面布置图、工期网络图、各种施工图（包括详图、大样图）、电路图、流程图等。相比文字而言，借助于图形、图示等符号语言往往更能准确、清晰地表达比例、结构、功能等关系。米切姆[①]谈及工程绘图："工程绘图有着独特的语言和

[①] 卡尔·米切姆. 通过技术思考——工程与哲学之间的道路［M］. 陈凡，朱春艳，等译. 沈阳：辽宁人民出版社，2008：302.

发挥抽象表达作用的体系，其不仅仅意味着通过内部行为交流而得到的结果，还是过程的一部分，也是通过这一过程而达到结果的途径。"图示是工程知识的显著特征，在工程领域中，离开了制图、图示等工程知识的语言形式，工程是无法实施的，图示方法的运用为工程的实施提供了方便、简洁、精准的知识形式。

2）操作程序

工程是人与自然、人与社会之间进行物质、能量和信息变换的载体，其核心是将二维变成三维、方案（图纸）变为实体的造物活动，工程思维只有通过操作程序，才能转化为工程知识；工程设计只有通过操作（作业），才能形成工程实体。所以，操作行为是工程造物活动的基本内容。荷兰工程哲学家布希亚瑞利（Bucciarelli L.）[①]强调："工程知识的目的在于操作，在于制造，在于生产新的产品。"操作程序化意味着按照工艺逻辑和事实关系，对工作内容、操作方法进行衔接、递进并固化下来，形成规范的工程技术管理流程和工作标准。每一道工序的操作只有验收合格才能转入下一道工序，严格的工序控制保证了工程质量和安全。

3）编码

编码是指信息（知识、数据、文字）从一种形式或格式转换为另一种形式的过程。人们在使用符号的时候，往往要对符号进行编码，将符号组合成代码，来表达事物（语言）的意义。迪利（Deely）[②]："代码是一个可感知成分和一种按照与之相关去理解的客观性之间的关联和搭配活动。"实际上，在工程规则（如规范、标准）、工程图纸等工程知识的表述中，大量使用代码、叙述、数值、信息等编码的形式，可以使其更清晰、有条理。编码在工程知识中具有重要的意义和作用，通过编码将程序性的知识按照一定的逻辑和事实属性进行编排、选择和组合，从而形成规范化、定制化、导向化的工程知识，用以指导工程设计和施工作业。

4）可视化

工程可视化是利用现代计算机科学和技术，把工程数据（所获得的数值、图像、工程设计、施工计算中涉及和产生的工程信息）变为直观的、以图形图像信息表示的、随时间和空间变化的工程具象或工程量呈现在人们面前。可视化的模拟和计算，极大地提高了工程控制的可预见性。可视化技术在土木建筑工程得到最广泛应用的就是建筑信息模型，其通过五维技术（3D+时间+成本的模拟和计算）虚拟施工，可以发现不合理的施工程序、不合理的资源配置、设备（管线）交叉冲突、安全隐患、作业空间不足等问题，及时调整和优化技术方案，有助于实现设计和施工过程"零碰撞、零冲突、零返工。"从哲学上看，工程可视化是对工程现象的一种本质还原，把工程具象还原为一般本质，即把可能在现实中存在的事物还原为意向的本质，寻求虚拟世界与现实世界的关联性、一致性。

---

① 路易斯·L·布希亚瑞利. 工程哲学 [M]. 安维复, 等译. 沈阳：辽宁人民出版社, 2008：88.
② 约翰·迪利. 符号学基础（第六版）[M]. 张组建, 译. 北京：中国人民大学出版社, 2012：91.

3.1.3 工程知识类型

对工程知识进行分类以及选用合适的分类方式是很有必要且重要的,因为知识与知识之间天然就有差异,不同知识的内容结构不同,决定了知识萃取(分类)的方式也不同。对知识进行分类才能让知识体系化、准确、有针对性地运用知识,提高知识吸收效率,才能知道自己在做什么,自己该做什么。根据表现形式、内涵特点和作用机制对工程知识进行分类,如表3-1所示。

工程知识分类表　　　　　　　　　　　表3-1

分类方式	类型	概念	举例
根据表现形式	显性知识	能用文字和数字表达出来的,容易以硬数据的形式交流和共享,以及经编辑整理的程序或者普遍原则	工程学原理、设计图纸、合同、材料制备、工艺流程、模型、技术方案、工序、检测报告等
	物化知识	物化知识以工程为载体,将蕴含于工程物品上具有当时当代性的知识提炼出来,实现知识的赋能	古董、建造器物、设备、图纸、照片、报纸等
	隐性知识	不能用文字形式表达出来的知识,高度个性化而难于格式化的知识,包括主观的理解、直觉和预感	设计意向、技术诀窍、约定俗成、经验方法等
根据内涵特点	工程技术知识	是一种面向实践的知识,具有工程的思想和整体的概念	制图与识图、房屋建筑学、建筑预算、建筑装饰施工、室内设计、平构、色构、立构等
	工程管理知识	全程管控和总体协调必不可少的组成部分,是调整工程各要素,人与工程、人与人关系的必要知识	设施管理、现场管理、物资管理、项目范围管理、相关方管理等
	工程环境知识	工程相关的国内外经济、社会、政治与生态环境等	施工现场环境、社会政治环境、政策、经济环境、技术环境、自然环境、竞争、时空等
根据作用机制	陈述性知识	关于事实或实际情况的知识,根据真实性或正确性做出判断,用来回答事物"是什么""怎么样"的问题,可用来区别和辨别事物	概念、名称、标记、事实、有组织的论述等
	程序性知识	一套关于工程的操作步骤和过程的工程知识,主要用来解决"做什么"和"如何做"的问题,用来操作和实践	智慧技能、认知策略、动作技能、工艺流程等

工程知识根据表现形式划分,可分为显性知识、物化知识和隐性知识,显性知识对读书、考试有效,至于物化和隐性的工程知识,需要亲临现场、实地观察和名师指导。根据内涵特点划分,可分为工程技术知识、工程管理知识和工程环境知识,工程技术知识是工程知识体系的核心,是工程得以开展的主体知识,而工程管理知识是工程顺利施工的顶层因素,协调各要素之间的关系,工程环境知识则是调整工程与社会、人与社会关系的重要保障。根据作用机制划分,可分为陈述性知识与程序性知识,在技术和工程中知识比例如何变化需要

进行详细的研究，但就生成的性质而言，其可能很大程度上依赖于各类程序性知识[①]。可见，想要成为一名卓越的工程师，仅对知识进行"照本宣科"的死板的学习是不够的，需要对知识进行分类学习、体系化学习，对工程知识的系统认知，可以帮助教育工作者通过设计工程教育内容和方式来提升教学效果，为培养卓越工程师打下良好基础。

3.1.4 工程知识的四次跃升

接受工程知识教育是成为工程师的第一步，工程知识的内容非常丰富，知识形态、类型、传播、载体等的多样化使其学习起来有一定的困难，所以必须建立一个系统的端到端的工程知识分布链，如图3-4所示。

图3-4揭示了知识的元状态，赋存环节、路径与形态转化及其功能转变方式，清晰地描绘了如何更有效地进行工程知识传播与培养卓越工程师。从图3-4可知，由于知识形态、储存位置及重要程度的不同，知识存在多条知识赋存链，交织于虚拟世界和真实场景下，相互贯穿、互融互通。虚拟世界：元/基础知识→知识点→知识模块→知识单元，单课程级→单专业级→单学科级→多学科交叉。真实场景：产品级→企业级→产业级→经济级→社会级→国家级→洲域级→各类组织级→全球级→人类演进级。而这三条知识赋存链又是三个维度下的知识，"元/基础知识→……→知识单元"是微观的静态知识；"单课程级→……→多学科交叉"是中观的集成知识和能力的运用；"产品级→…→人类演进级"则是宏观角度下的创新应用与竞争状态。

微观状态下的知识涉及知识内涵、形态、类型、特征、演进、转化、传播、评价的研究

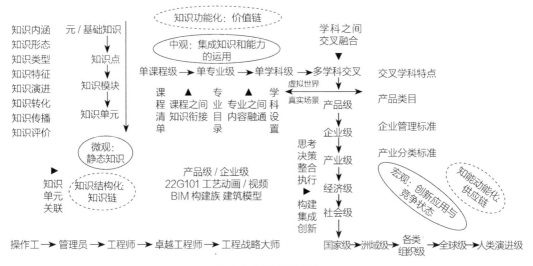

图3-4 工程知识分布链

---

① 沃尔特·G·文森蒂. 工程师知道什么以及他们是如何知道的——基于航空史的分析研究[M]. 周燕，闫坤如，彭纪南，译. 杭州：浙江大学出版社，2015：246-248.

与辨析，是对知识的深刻认识与结构化过程，以形成知识链；中观状态下的知识从课程清单到专业目录，实现课程之间知识的衔接，从专业目录到学科设置，将专业之间的内容进行融通，从学科设置到交叉学科特点，是学科之间的交叉融合，通过知识功能化，以构建价值链；宏观状态下的知识从产品类目出发，对企业管理标准、产业分类标准以及更高层级的国家标准和国际准则进行探索，是知识动能化的过程，以适应供应链。

而能否灵活运用工程知识与能力，就在于以下五个环节是否能够很好地打通：①知识单元之间的关联；②课程之间知识衔接；③专业之间内容融通；④学科之间交叉融合；⑤提升构建、集成、创新能力。只有打通了以上环节，才会对工程知识有更深入的思考，实现知识的集成创新，赋能工程师成长之路，工程师的成长即操作工→管理员→工程师→卓越工程师→工程战略大师。

接受系统的端到端的知识点教育，是最基础的教育步骤和效果；在此基础上，可归纳出工程知识的四次跃升，只有分阶段、分步骤实现跃升，人才培养才能够达成目标，才能成为一名杰出的工程师。

第一次跃升：用知识链方法进行知识结构化，实现知识单元之间的关联；属于微观静态知识的学习阶段；

第二次跃升：用知识价值链方法进行知识功能化，实现课程之间知识衔接、专业之间内容融通；属于中观集成知识和能力初构的阶段；

第三次跃升：以思考力引领，流程牵引思想体系方法，提升决策、整合和执行能力，实现学科之间交叉融合，完成虚拟世界的知识体系构建；属于中观为实践打下基础的阶段；

第四次跃升：用供应链思维方法，进行知识功能化实践，提升构建、集成、创新能力，实现产业升级、经济发达、国家工程核心竞争力提高，立于世界丛林中的不败之地位；属于宏观创新应用和参与竞争检验的真实场景。

3.1.5 工程知识效力

工程知识效力可分为工程知识运作能力和工程知识应用能力。工程知识运作是对工程知识学习掌握、深入挖掘其意义的过程，而工程知识应用则是对于工程知识的灵活应用，将工程知识工程化的过程，即工程建造过程。工程知识效力的发挥即工程知识"知道"到"智到"的过程，是知识高效利用和人才高质量培养的必由之路。

1. 工程知识运作能力

工程知识运作能力可分为工程知识学习能力、工程知识转化能力和工程知识转移能力，如图3-5所示。工程知识学习能力是指学生对于工程知识的学习、课堂教学及实习实践；工程知识转化能力是指对于学到的工程知识的融会贯通和知识迁移，显隐知识的转化以及物化知识的外化等；而工程知识转移能力则是知识的传递，学习者之间的交流，为知识的更新与创造提供机会。

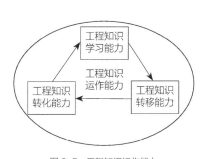

图3-5 工程知识运作能力

1）工程知识学习能力

工程知识的学习可分为课堂学习与实践学习，是分阶段地对能力进行提升；工程知识学习能力包括基础能力、技能能力、专业实践能力，如图3-6所示。基础能力为对数学、自然科学、人文与社会科学知识点的学习与掌握；技能能力为对制造/建造、设计、工程经济学、工程科学、工程工具、实验等知识的学习与运用，以上两种能力是现在高等教育普遍会培养的能力，是成为工程师的基础；而专业实践能力为工程业务、沟通、伦理责任、领导力、专业态度等书本知识的延伸与拓展，几乎不能在学校中获得，但在工作实践中又是极为重要的能力，提早对专业实践能力进行学习与运用可缩短从学校到工作单位的适应时间，如"六实"体系、BAVS系统等的学习，可培养出更适合工作、更具能力和更适应社会的人才。

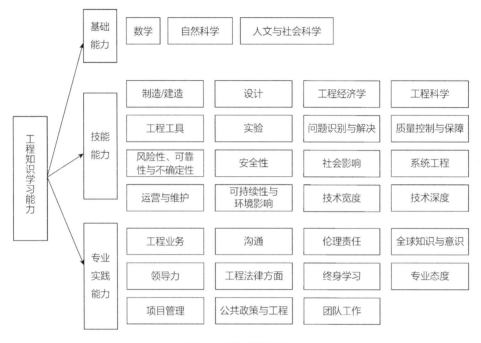

图3-6　工程知识学习能力

2）工程知识转化能力

在对工程知识进行学习后，更重要的是对知识进行运用和转化，知识迁移与创新，如力学可分为：理论力学、材料力学、工程力学、岩土力学、结构力学、流体力学、土力学等，几大力学之间是相互联系又有所区别的，是形成知识迁移的基本条件。进行理论力学的学习相当于对其他力学学习了50%，这些学科是一条知识主链上的不同分支，一个力学理论的更新与创作也会带动其他力学的改革，知识就是在不断运用与创新中持续进步的。除了知识的运用与迁移，知识转化能力还涉及显隐知识的转化与物化知识的外化。图3-7是野中郁次郎和竹内广孝的知识转化模型，显隐知识的相互转化以及内部之间的转化，在个体、群体、组织之间进行，通过知识的社会化、外化、组合化再到内化，实现知识的有效利用和知识创新。而在教学中显隐知识和物化知识的不断转化也会出现知识失真现象，材料对于实景实况描述的不到位导致第一次失真，教师表述的差异导致第二次失真，学生吸收能力有限导致第三次失真，学生对于知识的重新构建导致第四次失真，最后导致实景实况变成虚景虚况，工程知识转化不到位，这些失真不可避免，但可以通过不断的学习和工具的应用而减少失真效果。同时，通过减少加工层级，提高吸收效能，培养学生对知识的自主吸收能力。

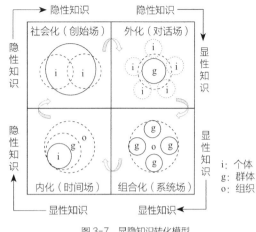

图 3-7　显隐知识转化模型

3）工程知识转移能力

工程知识的转移又可以理解为知识不同主体间的传输，主要包括教师之间的传输、教师对学生的传输以及学生与学生之间的传输，知识的转移同时伴随着知识的转化和创新，所以知识的转移是很重要的，不同的知识转移需要运用不同的转移工具，例如：对于建筑体系结构的建立，可应用BIM工具，对模型进行总体的讲解和拆解化的细部构建的描述，促使学生能将知识以三维空间的模式进行记忆；而对于建筑法规等纯内容性的工程知识则是需要运用思维导图等工具，先建立一个整体的框架，再对内容进行分解的教导。工程知识的转移工具有很多，如模型化工具、模块化工具、虚拟化工具、软件工具、结构化工具等，在本书的第8章会详细讲述，该处不进行详细阐述。

工程知识学习、工程知识转化和工程知识转移三者相辅相成，是一个螺旋循环向上的知识运用创新过程，知识学习是知识转化的基础，知识转化又依靠知识转移，而知识转移后又会产生新一轮的知识学习，然后再转化、转移……不断学习新的知识，促进脑海中的知识结构愈发完整，知识版图愈发清晰。

2. 工程知识应用能力

对工程知识进行学习吸收是很重要的，但更重要的是工程知识的应用，只有通过应用才能检验知识是否真的内化为自己的技能，明确知识能达到的效果和效率，同时在运用中发现不足，找到突破口，使自己成为更加杰出的工程师。

工程建造是让工程知识发挥效力的场所，通过工程项目管理对知识进行管理，把各种知识资源应用于项目，以实现项目的目标、满足各方面既定的需求为宗旨。对知识的有效应用可降低成本、提高生产力和竞争力，可降低投资和经营风险，同时避免资源浪费。对于工程知识的应用体现在工程建造的全生命周期，从项目想法萌芽开始，到项目建成落地，再到项目的拆除复用阶段，都需要大量的工程知识，且在一次又一次项目实践中学到更多的工程知识，通过多次的检验巩固工程知识，提升自信心，实现知识的知能转换，努力从"How"转变为"轻松说Method"，将学生培养成高思考力、高整合力、高执行力的复合型人才。

3.2 工程知识地图

3.2.1 工程知识组织方式

工程知识组织按一定的标准运用一定的方法把知识对象中的知识因子和知识联系揭示出来，是关于数据结构的设计、知识内容的记录以及知识集合整序的过程，使知识单元便于被揭示，知识便于被发现，能为用户提供有效的知识服务，促进知识运用和知识创新[①]。工程知识组织的方式主要有两种类型，以知识单元为基础的知识组织方式和以知识关联为基础的知识组织方式。

1. 以知识单元为基础的知识组织方式

知识组织是以知识单元（知识因子）为加工单位的，知识单元是经过专家精心评价、筛选、提取和测试之后获得浓缩的知识。以知识单元为基础进行知识组织就是将知识单元或知识单元集合中的知识因子抽出，对其进行形式上的组织。由于只是对知识因子进行组织，并未改变因子间的联系，所以在此过程中没有产生新的知识。从人类创造过程利用知识的特点出发来组织知识，建立知识系统，代表性的研究成果是英国学者布鲁克斯提出的知识地图。知识地图中的每个节点为一个知识单元，处于创造它们的逻辑位置上，通过引证与其他相关节点联结，从而形成一个有机整体以展示知识利用和生产的动态过程。布鲁克斯认为当知识地图逐渐扩大并趋于稳定时，便可以作为数据库实现纯信息或知识检索。发展到现今，即是依托于新技术、人工智能的知识图谱，其从众多公共知识中提取大量的节点，并赋予多个节点相应的联系，对知识的组织更加全面、概括，形成了某一领域规模较大的知识多维网状结构。

知识图谱是人工智能知识表示和知识库在互联网环境下的大规模应用，知识图谱用可视化技术描述知识资源及其载体，挖掘、分析、构建、绘制和显示知识及它们之间的相互联系，如图3-8所示。知识图谱能够将采集到的知识进行清洗、转化、分析，通过可视化技术将知识通过其内在逻辑联系在一起，解决知识噪声、知识碎片化的问题。一方面，可从宏观角度分析不同知识之间的关系，也可对某一方面的知识进行深入剖析。另一方面，可将知识存储在知识库中，通过知识推送系统，在恰当的时间，把恰当的知识推送给恰当的岗位和人，以辅助决策。

2. 以知识关联为基础的知识组织方式

以知识关联为基础的知识组织在相关领域中提取大量知识因子，并对其进行分析与综合，形成新的知识关联，从而产生更高层次的综合的知识产品。由于能改变知识因子间原有的联系，所以其结果可以提供新知识，也可以提供关于原知识的评价性或解释性知识。这种知识组织不只是知识单元的增加，更为明显的是知识在于整个输送过程中的提炼与浓缩，是知识质的变化。以此方式进行的知识组织以知识链为代表。

知识链是以知识为中心通过知识的识别、投入、交流、加工、转化、传播扩散与创新

[①] 苏新宁, 等. 面向知识服务的知识组织理论与方法 [M]. 北京：科学出版社，2014.

等过程，实现有效的知识组织，对知识输入与输出的全过程进行管理。基于C.W.Holsapple和M.Singh的知识链模型，结合工程多阶段、多主体与工程知识管理多流程的特点，提出改进后的知识链模型，如图3-9所示。知识的流动存在于项目内部，也存在于项目外部环境，因此，完整的知识应该是内、外部双循环的，正是工程知识链中知识的这种无限双循环，才促进了工程项目核心能力的新陈代谢和螺旋上升。知识链恰好能满足对于工程项目管理各阶段进行全流程的知识管理，涵盖了从知识获取到知识创新各阶段的方法，是一个知识方法的集成管理。

图 3-8 知识图谱

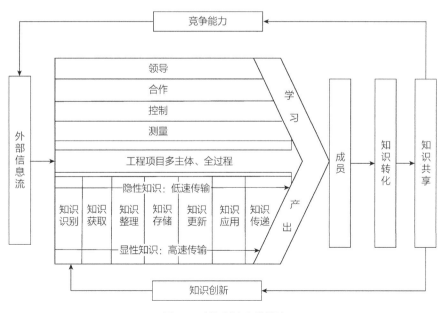

图 3-9 改进后的知识链模型

两种知识组织方式都希望找到知识生产过程的关键因子，实现知识的有序化组织。而知识生产是动态的，积累是无限的，且知识组织即使在很狭小的专业领域中，都表现为复杂的、多维的立体结构，二维的图谱难以表现出多维立体结构图景，要用这些图来实现知识检索就更为困难了。由此，知识图谱和知识链的结合使用就必不可少了，两者的结合能达到"1+1>2"的效果，通过知识图谱和知识链的组织研究实现工程知识管理，知识图谱可对知识进行广度和深度的探究。从广度上对各知识要素之间的关系进行宏观把控，将所有要素连接起来，让知识的管理全面而完整；从深度上可研究某一知识要素自身的关系，它和其他要素的关系以及自身的特点和未来的发展趋势。知识链则从全过程的角度对知识进行管理，从知识的外部识别、获取，到知识内化为组织自身的内容，同时对知识进行创新、共享，再将知识从内部传递到外部，内外交替，循环利用提升知识的价值，实现知识增值，将知识的力量转化为人才的竞争力。

3.2.2 国际建筑行业知识管理

探究工程知识组织方式是为了更好地将知识体系化，即对知识进行管理。工程知识的范围很大，以建筑工程的知识为例，探究知识的体系化管理，国际上较有影响力的三套项目管理知识体系分别是：由美国项目管理协会PMI（Project Management Institute）编写的《项目管理知识体系指南》（Project Management Body of Knowledge，PMBOK）体系，由国际项目管理协会IPMA（International Project Management Association）编写的《国际项目管理专业资质标准》（IPMA Competence Baseline，ICB）体系，以及由英国政府商务部OGC（Office of Government Commerce）颁布的《受控环境下的项目管理》（Project in Controlled Environment，PRINCE2）管理体系。

其中的ICB体系是国际项目经理资质认证（International Project Manager Professional，IPMP）的基准，IPMP是IPMA在全球推行的四级项目管理专业资质认证体系。IPMP是对项目管理人员知识、经验和能力水平的综合评估证明，是基于要做好一个项目，项目经理要具备什么样的基础知识和能力构建的资质体系，重要的是资质和能力，具备怎样的能力才能做好相应的项目管理。ICB体系的主要目的是培养项目经理，而另外两套体系更具有普适性，对管理者和实操人员都有启示作用，且相辅相成。

PMBOK体系是项目管理专业人士资格认证（Project Management Professional，PMP）的参考指南，是一个以知识（架构）为基础的项目管理方法，包含项目管理的工具和技术，并且是一个指导，其提供了丰富的"项目管理知识"，但并未告诉人们如何使用这些知识。并且，PMBOK体系中包含流程与流程间的关系，以及所需要的技术和工具，但并未指出"如何做"。但不可否认的是，取得PMP的成员普遍对项目管理整体知识层面有一个更加全面的认识和了解。

PRINCE2管理体系作为英国政府部门投资开发的项目管理通用方法论，包含了诸多优秀方法来源与企业实践，其将业务和项目结合起来，指导项目如何实现业务收益；其不是描述性的知识集合，而是用以指导且包含一系列可操作性方法步骤的集合。PRINCE2管理体系是完全基于流程的，而且是基于商业认证开发的，其有明确的程序、步骤及模板。如果作为一个项目主管或者项目经理，按照PRINCE2管理体系的方法去做，将能很清楚地知道下一步该怎样做。PRINCE2管理体系关联了企业中的决策层、项目管理层、项目执行层、产品交付层的责权利，聚焦客户、供应商、用户三者利益，采用一系列良好的项目管理控制手段和方法，确保这三者的利益得以实现。PRINCE2管理体系落地性能良好，具有可操作性，更重要的是，其运行的项目管理环境及管理层次和我国绝大多数企业的环境与层次相当。因此，这套方法论能够更好地应用在我们的实际工作中，能够真正帮助企业将战略转化成价值。另外，PRINCE2管理体系更易于转换成企业的项目管理方法论。

PMBOK体系和PRINCE2管理体系都试图从各不相同的管理实例中抽象总结出共通的内容来作为模板，提供给后来者使用参考。这两种项目管理知识体系都按工程项目管理的时间逻辑、内容要素等对管理流程进行划分，同时在每一部分又细分为小的管理过程，并对不同要素和过程之间的联系和制约进行了分析介绍。但很明显PMBOK体系更关注项目流程，PRINCE2管理体系更关注项目产品，PMBOK体系是一个框架指导，而PRINCE2管理体系是一种实现方法，两者的偏重不同，若对两者都进行学习，则能达到更好的效果，两者也有很多的不同点，如表3-2所示。

PMBOK体系和PRINCE2管理体系对比表　　表3-2

项目	PMBOK 体系	PRINCE2 管理体系
提出国家	美国	英国
执行	非强制执行	强制执行
认证情况	PMBOK体系是PMP的认证标准，PMP是PMI的产品，是美国项目管理标准，PMI资格成员的70%集中在北美，中国在全球认证人数仅次于美国等少数国家	PRINCE2管理体系是英国项目管理标准，其流行于英国及澳大利亚等国家，联合国将其作为项目管理的推荐标准，PRINCE2管理体系有超过70%的成员是在英国以外的国家，有超过150个国家和地区都在使用与推广PRINCE2管理体系
产品内容	PMBOK体系提供了全面的项目管理知识体系，PMP是理想化的提高能力和知识的项目管理，用一句话理解就是：What to do？（做什么？）	PRINCE2管理体系提供项目管理方法论，更接近项目实践，重视项目的实际收益和回报，用一句话理解就是：How to do？（如何做？）
体系结构	①价值交付系统：创造价值、组织治理系统、与项目相关的职能、项目环境、产品管理考虑因素 ②12项原则：管家式管理、团队、干系人、价值、系统思考、领导力、裁剪、质量、复杂性、风险、适应性和韧性、变革 ③8个绩效域：干系人、团队、开发方法和生命周期、规划、项目工作、交付、测量、不确定性 ④158个模型、工件和方法	①7个原则：持续的商业论证、依靠以前的经验、定义角色和责任、分阶段管理、例外管理、重点关注产品、根据项目环境裁剪 ②7个主题：商业论证、组织、控制、风险、质量、变更、进展 ③7个过程：项目准备、项目启动、项目指导、阶段控制、阶段边界管理、产品交付管理、项目收尾 ④根据项目裁剪PRINCE2管理体系
目标	期待着独立成长为一名项目管理者	从项目团队角度的项目管理方法中获益
适合人群	①项目管理相关从业人士 ②希望从技术向管理转型的职场人士，有志于从事项目管理职业的人士 ③企业各级主管、经理、中高层管理人士 ④准备考参加PMP资格认证考试的人士	①决策层：公司决策层、高级管理人员等 ②管理层：项目管理层、项目经理、项目管理人员、IT主管、PMO经理、项目总监、质量经理等 ③执行层：项目执行层、技术经理、工程师等 ④认证人士：已经获得PMP或者IPMP的A/B/C级别认证，希望进阶学习项目管理实践应用

续表

项目	PMBOK 体系	PRINCE2 管理体系
对个人的价值	①提升薪资：持有PMP证书在薪资和收入潜力方面具有显著优势，比非PMP持证者薪资约高出20% ②提升竞争力：70%~80%的组织会优先录用PMP持证者 ③组织认可：70%~80%的企业鼓励员工考取PMP证书 ④提升成功率：约90%的项目成功率得到提升	①提升途径：是进入世界500强公司的"敲门砖"，是提高职场竞争力、快速提高项目管理方法体系建设的途径 ②掌握实践：掌握全球最权威的项目管理最佳实践方法 ③管理技术：迅速提升管理技术，基于产品的规划技术和项目质量审查技术 ④等级认证：是对项目管理人员知识、能力与经验的认可与证明，不同级别的证书表明了项目管理行业内不同等级水平
对组织的价值	①以项目为中心的组织管理模式，更适合组织发展和竞争需要 ②改善企业内部沟通，有效并正确传递组织信息 ③提高组织的战略执行能力，为企业争取更多的业务机会 ④帮助企业促进组织学习，有效达到企业制定的规划目标	①项目的成功率大大提高 ②有效控制预算的使用，提高资金有效利用率 ③使整个项目团队获得一套共同的沟通语言和管理流程，提高沟通效率 ④应用一套完整的项目管理流程和管理模板，提升公司执行力 ⑤提升项目经理管理能力和项目经理队伍成熟度

3.2.3 中国建筑行业知识管理

国际上的项目管理知识体系有其价值和作用，但由于中国特有国情，需要对国际上各项目管理知识体系中国化。建设工程项目在建设的过程中，如果想要完美地规避施工意外发生、有效地避免各种各样的事情影响到项目建设的进度等，就应该制定相关的条例来约束各方的行为。

我国近代的工程项目管理体系在苏联模式的影响下逐渐成形与发展。如图3-10所示，自20世纪50年代以建设单位为主的三方分担制（建设单位、设计单位、施工单位），到20世纪60年代以施工单位为主的大包干制，再到20世纪70年代以地方行政为主的工程指挥部模式，而真正向国际靠拢的是20世纪80年代的鲁布革水电站建设项目，再到20世纪80年代后期的工程总承包模式的提出，都推动工程项目管理更规范化发展，进一步提升了工程项目的质量水平和投资效益，深化了我国工程项目的管理体系改革，促进工程项目管理的专业化、规范化、科学化。

随着我国社会经济的迅猛发展，众多大型政府投资项目不断涌现，相关行业主管部门开始推进各项法律政策的出台，并组织行业协会等单位多次召开研讨会及经验交流会，对工程项目管理的发展现状、存在的问题及解决对策进行研讨。在这期间形成了诸多关于工程项目管理的知识体系，如《中国工程项目管理知识体系》《建设工程项目管理规范》

图3-10 近代工程项目管理体系图

GB/T 50326—2017、《建设项目工程总承包管理规范》GB/T 50358—2017、《建筑工程施工指南》《建筑施工组织设计规范》GB/T 50502—2009、《建筑工程施工质量评价标准》GB/T 50375—2016等，涵盖了从知识管理到法律规制等多个视角，以《建设工程项目管理规范》GB/T 50326—2017、《建设项目工程总承包管理规范》GB/T 50358—2017和《中国工程项目管理知识体系》为例，从规范以及知识体系角度探讨中国化的知识组织方式。《建设工程项目管理规范》GB/T 50326—2017是贯彻国家和政府主管部门有关法规政策，总结我国20年来学习借鉴国际先进管理方法，推进建设工程管理体制改革的主要经验，进一步深化和规范工程项目管理的基本做法，促进工程项目管理科学化、规范化和法治化，不断提高建设工程项目管理水平。《建设项目工程总承包管理规范》GB/T 50358—2017是更为精细的规则，是为了提高建设项目工程总承包的管理水平，推进建设项目工程总承包管理与国际接轨制定的规范。《中国工程项目管理知识体系》是坚持国际化与本土化、专业化相结合，以《国际项目管理专业资质认证标准》和《建设工程项目管理规范》GB/T 50326—2017为主要依据，参照和吸收建筑业近些年来颁布实施的相关法律、法规、标准和规范的内容，编制的知识体系。

《建设工程项目管理规范》GB/T 50326—2017的主要技术内容是：①总则；②术语；③基本规定；④项目管理责任制度；⑤项目管理策划；⑥采购与投标管理；⑦合同管理；⑧设计与技术管理；⑨进度管理；⑩质量管理；⑪成本管理；⑫安全生产管理；⑬绿色建造与环境管理；⑭资源管理；⑮信息与知识管理；⑯沟通管理；⑰风险管理；⑱收尾管理；⑲管理绩效评价。

《建设工程项目管理规范》GB/T 50326—2017是面向各地政府建设项目监管部门、招标办、公共资源交易中心、工程交易中心、投资项目评审中心；各业主单位从事基建、合同管理、工程项目建设、开发、审计、监察等相关部门人员；各施工、监理、项目管理、工程造价、招标代理；中、高等院校及科研机构从事相关工作的人员等的规范。

《建设项目工程总承包管理规范》GB/T 50358—2017的主要技术内容是：①总则；②术语；③工程总承包管理的组织；④项目策划；⑤项目设计管理；⑥项目采购管理；⑦项目施工管理；⑧项目试运行管理；⑨项目风险管理；⑩项目进度管理；⑪项目质量管理；⑫项目费用管理；⑬项目安全、职业健康与环境管理；⑭项目资源管理；⑮项目沟通与信息管理；⑯项目合同管理；⑰项目收尾。适用于工程总承包企业和项目组织对建设项目的设计、采购、施工和试运行全过程的管理。

《建设项目工程总承包管理规范》GB/T 50358—2017是为促进建设工程勘察、设计、施工等各阶段的深度融合，有效控制项目投资、提高工程建设效率实行的规范。工程总承包企业应建立覆盖设计、采购、施工、试运行全过程的质量管理体系，职业健康安全管理体系和环境管理体系，保证项目产品和服务的质量、功能和特性，满足合同及相关方的要求。同时应建立覆盖设计、采购、施工、试运行全过程的项目管理知识体系，提高项目实施的效率和效益。

《中国工程项目管理知识体系》共分为20章：①工程项目管理概论；②工程项目范围管

理；③工程项目管理规划；④工程项目管理组织；⑤工程项目经理责任制；⑥工程项目设计管理；⑦工程项目合同管理；⑧工程项目采购管理；⑨工程项目进度管理；⑩工程项目质量管理；⑪工程项目费用管理；⑫工程项目职业健康安全管理；⑬工程项目环境管理；⑭工程项目资源管理；⑮工程项目信息管理；⑯工程项目风险管理；⑰工程项目沟通管理；⑱工程项目综合管理；⑲国际工程项目管理要点；⑳工程项目管理案例。

《中国工程项目管理知识体系》全面阐述了面向项目寿命周期全过程的工程项目管理活动，构建了工程项目管理的知识模块结构，充分体现了中国工程建设管理的特点和近几年国内外工程项目管理的创新成果、实践经验。在总体结构上与国际项目管理协会制定的项目经理资质认证标准和培训要求相衔接，尽量减少重复，同时保持中国工程项目管理知识体系内容的系统性和完整性。其是作为IPMP、工程项目经理、建造师的培训指导教材，还可以作为广大工程管理专业人员学习和深造的参考资料，较规范而言更具有通用性和实用性。

对于工程知识的管理，是非常重要的，通过对知识的体系化管理，理清知识的逻辑，推动知识更有效地作用于项目管理，上文已对国内外的项目管理知识体系进行了梳理，归纳如表3-3所示。不同的组织将工程项目管理归纳为不同阶段、不同过程，本书综合各标准规范及知识体系提出了"全过程工程管理咨询知识体系"，将工程项目分为"9阶12段"（在后文进行具体阐述）；并发现了工程建设是以流程为牵引动力的，进而提出了w/p（工艺流程和管控流程）流程体系，其包括：战略流程（目标流程）、职能流程（管理流程）、工艺流程（操作流程）、自善流程（管控流程），四大流程体系组成一个逻辑自洽、内容闭环的完整图形。既有目标的导向，也有进程的路径，不仅可以用于规划、构建管理组织，也可以用于指导运营实践，还可以进一步用于评价管理组织的完善性。

项目管理知识体系　　　　　　　表3-3

范围	提出者	体系	阶段	过程
美国	PMI	《项目管理知识体系指南》（PMBOK体系）	5阶段/10大知识体系	49过程组
国际	IPMA	《国际项目管理专业资质标准》（ICB体系）	28核心要素，14辅助要素	
英国	OGC	《受控环境下的项目管理》（PRINCE2管理体系）	8阶段	45过程
中国	中华人民共和国住房和城乡建设部/原国家质量监督检验检疫总局	《建设工程项目管理规范》GB/T 50326—2017《建设工程项目总承包管理规范》GB/T 50358—2017	13大管理知识体系	53过程
	中国建筑业协会工程项目管理委员会	《中国工程项目管理知识体系》	一条主线，8大模块	17个要点
中国	卢锡雷	全过程工程管理咨询知识体系	"9阶12段"，w/p流程体系	25要素

3.2.4 工程知识体系图

上文以建设行业之点代替大工程观下的面,尽最大限度讨论了工程知识的相关内容,但实际上,离真实的工程知识体系还有较大距离。图3-11是以房屋建筑工程结构为例,列举的多个维度的工程知识体系概貌图。维度包括:PESTecl工程环境维度、中国建筑工程生态业务主体维度、建筑企业管控内容维度、项目管理职能维度、全过程维度、直接干系人(主体)维度、工程产品类型维度、产品序列维度、企业资质及个人资格维度,各个维度上都有自己独有的知识体系。对于工程知识来说,它是所有维度的知识动态地交织、融合在一起的知识库,没有单独维度的知识能够满足一个完整工程的需要。图3-11尽管在一定程度上揭示了工程知识体系的复杂性,但是所列知识维度并非全部,例如:工程新技术、ICT新技术和管理新方法的发展,很大程度上影响工程设计施工的先进性与成本。此外,对标国际工程项目管理知识体系维度,国家最新战略倡导绿色建筑、低碳环保等追求目标也对工程产生较大影响。要培养合格的工程师,必须培养工程师具有体系性地理解工程知识的视野和能力,才可能解决复杂工程问题。对于培养卓越的战略工程师,适度掌握各个维度的工程及工程相关知识,就显得尤为重要,甚至是必不可少的。

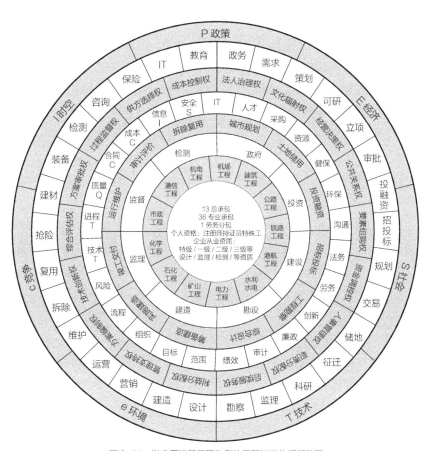

图3-11 以房屋建筑工程为例的工程知识体系概貌图

3.3 工程知识逻辑与教育总流程

3.3.1 工程知识逻辑

知识无处不在、无时不用，影响着人们生活的方方面面，尤其是工程知识。工程知识是人们在改造客观世界的过程中积累的经验和总结升华的产物。想要成为一个优秀的工程人才，就必须对工程知识有很好的掌握，明白其内涵、形态、类型、特征、演进、转化、传播、评价等内容，更重要的是要有知识逻辑，将知识串联起来，进行系统性的学习。可从不同角度对知识逻辑进行梳理，如知识项目全生命周期逻辑、知识主体逻辑、知识内容逻辑、知识三化逻辑、知识组织逻辑、知识思维逻辑等，下文主要对知识项目全生命周期逻辑、知识主体逻辑和知识三化逻辑进行详细阐述。

1. 知识项目全生命周期逻辑

知识以工程项目为载体，在项目全生命周期的各个阶段流动，阶段划分是制定工作标准的基础，也是知识得以传播的基础，项目全生命周期可分为"9阶12段"：城市规划、土地管理、策划立项、融资采购、勘察设计、营建监管、运营维护、审计评价、拆除复用，如图3-12所示。知识在不同的阶段以不同的形式出现，如在城市规划阶段表现为总体规划、区域规划和详细规划，在策划决策阶段以投资意向与决策书、项目立项书、立项审批文件、项目建议书、可行性研究报告等形式出现，而在勘察设计阶段又主要表现为设计文件、概算文件、融资文件、招标投标文件和

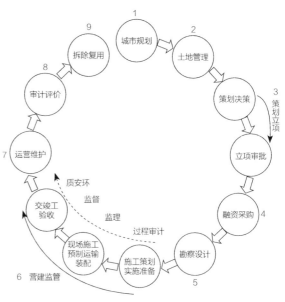

图3-12 项目全生命周期

采购交易清单等。工程项目的复杂多样导致了工程知识的多元化发展，但其中蕴含着一条清晰的知识逻辑线，即流程思维，将项目各要素串联起来，使知识输出体系化。

2. 知识主体逻辑

知识主体即知识传播者与学习者，下文主要阐述知识学习者接受知识的过程，以大学本科生为例，涉及的知识主要有：中国特色社会主义理论与实践研究、英语、工程伦理、自然辩证法概论、知识产权与信息检索、论文写作指导、数值分析、管理学原理、经济学原理、建筑力学、建筑结构、管理运筹学、会计学、工程财务管理、工程经济学、工程管理概论、工程合同管理、建筑工程计量与计价、工程力学、结构力学、土木工程材料、经济法、建设法规、土力学与地基基础、房屋建筑学、工程测量、工程制图、工程识图、BIM技术原理与应用、土木工程施工、工程项目管理、工程造价管理等，各知识之间存在包含关系、递进关系、并列关

系、补充关系、配对关系，在课程安排时应考虑各知识之间的关系，形成良好的知识递进式的学习环境，切勿违背工程本质，反向教学。如图3-13所示，构建实践驱动的"螺旋式"工程教育课程体系，在大学一年级时安排公共基础课程和通识教育课程，打下良好的知识基础，如工程伦理和论文写作指导；在大学二年级时开始接触专业基础课程，并继续学习通识教育课程，如工程管理概论和知识产权与信息检索；在大学三年级时深入学习专业领域课程和通识教育课程，如工程测量和工程力学；在大学四年级时进行校企共建课程和通识教育课程的学习，如BIM技术原理与应用和工程项目管理，对工程知识进行层层递进的深入学习，且保持通识教育课程的学习，牢固树立正确的工程伦理观念，且在学习中穿插多次实习，时间可长可短，但要让学生对于未来的工作有一个深入的接触与体验，为真正的实践（工作）做铺垫。

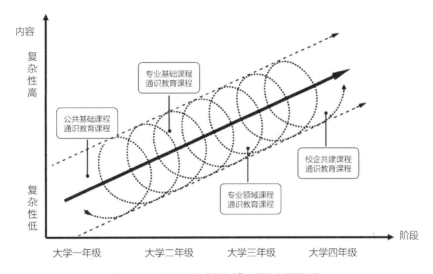

图3-13 实践驱动的"螺旋式"工程教育课程体系

该课程体系能更好地培养学生对工程的认知，让学生在工程实践中综合运用工程知识，实现知识的更新与积累、认知能力以及工程实践能力的发展与提升、工具理性和价值理性的形成与融合，不仅符合学生工程学习的认知规律，而且较好地解决了"什么知识最有价值""如何获取知识"这两个核心问题。

3. 知识三化逻辑

知识三化逻辑（图3-14），即知识产品化、项目化、任务化的过程。产品化描绘功能与设计结构，并确认产品的价值属性，成为工程产品追求的立足点，能力培养的目标点。产品化

图3-14 知识三化逻辑

包括"功能化、结构化、价值化",体现知识集成的中心思想,能够防止知识边界的缩小和拼板残缺,抑制"碎片化"加剧。项目化分配责任与整合资源,项目化管理是工程实施的主要形式,项目化主要有"目标化、过程化、资源化"三个主题。项目化能够打破静态而真正实现动态化,是工程教育的重要变革,其重点是"聚焦":责任聚焦、资源聚焦、过程聚焦,促使项目相关方(干系人)在确定的任务边界内构成临时工程共同体,实现共同和各自的利益。任务化推进进程与达成绩效,任务的有序组合构成流程,任务是实现工程目标的工作单元,与每个岗位、角色匹配。对于知识能力的掌握,是初学者较难深入体悟的内容,却是职业上首要面对的难题,任务化有"目的化、责任化、绩效化"三个主题。目的导向就是结果导向,是实现高效率工作的重要方法,也是产品化、项目化的落脚点。就业后的首要任务是承担岗位角色所赋予的责任,以取得满足进度、成本、质量、安全等目标的绩效。对于产品化、项目化、任务化知识内容的理解与掌握是很有必要且十分有意义的,不从表面看工程,而是深入理解其内在组成和功能结构以及目的导向,这样有利于工程人员构建大局观念,深化对工程的理解与对工程知识的掌握。

3.3.2 工程教育总逻辑

人类文明的进展和生存模式的演变,使工程这种人类活动形态越来越活跃,越来越重要,越来越具有影响力。相较于科学发现、技术发明,工程活动是建器造物的物质性活动,是直接而现实的生产力,不仅如此,工程作为一个概括性概念所具有的丰富内涵,还具有诸多独特性。

随着工程品类增多、知识累积,工程教育复杂的内涵、质量管理方法、效果评价等得到了一定程度的研究。与工程的错综复杂性、综合交叉性、主体多元性、过程权变性、目标动态性相对应,工程教育呈现同样的复杂、交叉、权变、动态与多元的特点。对此的研究,则显然还呈现出多维度的欠缺与不足。

传统的工程教育总逻辑(内闭环)如图3-15所示,培养目标、培养标准在设定时虽然考虑了外部环境、复杂需求、专业使命和专业愿景,但考虑得不够全面,主要涉及制度、现实取向、发展等理念,缺乏对于未来的预测、跨学科的合作等[①];耦合机制不全,不能将需求与内容很好地结合起来进行组织建设、技术提高和环境改善;毕业要求不高,课程体系、师资队伍和支持条件与社会存在一定的脱节,培养出的人才易出现毕业即失业的情况。虽然可对学习效果进行检验,但是只是简单的理论考试以及实验,成果较为表面,虽有持续改进但缺乏持续改进的路径。故现有的工程教育存在敏捷性丢失、耦合机制不全、效率低下、碎片化粘合力弱、虚假评价等问题,工程教育体系建设还需要更加面向未来、与社会接轨、不断创新。

新形势下的工程教育体系逻辑以七步逻辑,即"理论引领、目标导向、问题启程、流程牵引、工具支撑、实践验证、绩效评价"为指引,具体内容将在本书第8章进行详细描

---

① 李志峰,陈莉. 我国高等工程教育转型:历史变迁与当代实践逻辑[J]. 高校教育管理,2019,13(4):91-98.

述。以七步逻辑图为基础,构建新形势下的工程教育总逻辑图,如图3-16所示。图3-16是对图3-15各部分进行的详细分解,逻辑流程图描绘了起始端到结束端的完整过程,而且本身构成一个闭合环路,类似PDCA循环,能够实现"持续改进"。新形势下的工程教育总逻辑分析了需求的构成与比重,对其进行均衡整合,通过耦合机制将需求与内容耦合,将知识及能力转化为组织与技术,进行组织建设、技术提升、环境改善,实现高效率的工程教育培养,对毕业学生进行综合评价、持续改进,进而反馈到需求端。具体的内容为:对"价值观、使命/愿景、办学宗旨、教育政策、均衡资源、防范风险"加以考虑后进行战略目标的制定,包括培养方案、毕业要求、课程大纲/课程目标等;然后是对学生的管理,包括组织、资源、流程、目标、平台等,以及教育的实现路径,工具支撑、知识模块学习和目标的达成,进行考核评估,结合WA体系、ISO体系、评价方法、潜在要求等;最后反思、总结、纠偏,反馈到次年的战略目标中,多次循环提升,尽可能找到(当时)最优的工程教育培养模式。

详细的关于新形势下的工程教育总逻辑图(外闭环)的论述与探讨将在本书第7章中展开。

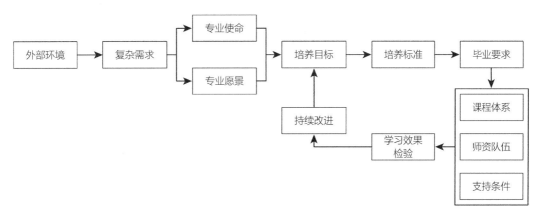

图3-15 传统的工程教育总逻辑(内闭环)

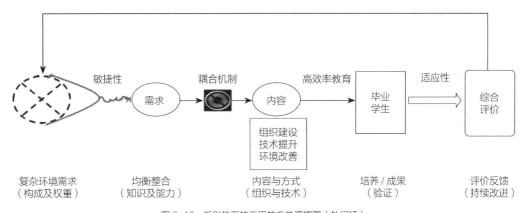

图3-16 新形势下的工程教育总逻辑图(外闭环)

3.4 工程知识新环境

目前,社会的工业化进入了比较发达的阶段,依托信息技术与通信技术和现代管理理念而发展起来的知识和技术相对密集的服务业,其发展必须将以ICT为核心的高技术作为支撑。

信息与通信技术(Information and Communications Technology,ICT)是一个涵盖性术语,覆盖了所有通信设备或应用软件以及与之相关的各种服务和应用软件。现在指云计算、大数据、物联网、移动网络、人工智能、区块链、元宇宙等新兴技术。21世纪初,"八国集团"在《全球信息社会冲绳宪章》中提到:"信息通信技术是21世纪社会发展的最强有力的动力之一,并将迅速成为世界经济增长的重要动力。"加快ICT产业与传统产业的融合,打造智能交通、智能制造等,使传统产业转型升级势在必行。ICT作为时代发展的大背景,其对于工程、工程教育、工程知识的传播等方面都有极大的影响,也产生出了该方面的许多新技术。下文将对ICT下的新兴技术做简要介绍。

(1)云计算是网络计算、分布式计算、并行计算、效用计算、网络存储、虚拟化等计算机技术与网络技术发展融合的产物。其可以让每一个使用互联网的用户都能使用网络上的庞大计算资源与数据中心,通过电脑、笔记本、手机等方式接入数据中心,按需进行运算。

(2)大数据是一种规模大到在获取、存储、管理、分析方面大大超出了传统数据库软件工具能力范围的数据集合,具有海量的数据规模、快速的数据流转、多样的数据类型和价值密度低四大特征。提高对数据的"加工能力",通过"加工"实现数据的"增值"是大数据技术的意义。

(3)物联网是通过信息传感设备,按照约定的协议,把任何物品与互联网连接起来,进行信息交换和通信,以实现智能化识别、定位、跟踪、监控和管理的一种网络。物联网具备三大特征:全面感知,实时获取、交互、共享,智能处理信息、智能控制。

(4)人工智能是指通过普通计算机程序来呈现人类智能的技术。人工智能从诞生以来,理论和技术日益成熟,应用领域也不断扩大。具有以下三个特点:一是人工智能技术具有强大的学习能力,只需有一次相关数据信息的记录,人工智能技术就可以在往后的任何时间段中识别出该数据信息。二是人工智能技术可以有效地提高网络管理人员之间的互相协作,帮助相关的工作人员完成对于网络的科学、准确管理任务。三是人工智能技术的强大学习、推理以及解释能力,得益于类似人类的思维模式的构建,人工智能技术有着对于信息数据超强的管理和分析能力,该特征可以帮助计算机网络技术在最大的程度上提升其运行的效率[①]。

3.4.1 新环境下的知识创新

ICT的出现与壮大深刻改变了传统产业管理、技术等方面的模式,促成了产业结构的重整,许多传统的工作岗位正在被重新定义。而在对工程新技术、工程教育新技术进行了解、学习之前,应当先对新技术进行学习:在学校中,除了对传统理论知识进行教授以外,需单

---

① 黄拓. 人工智能技术在智能建筑中的应用[J]. 长江信息通信,2022,35(1):123.

独开设新技术课程或将其融入传统课程，以适应社会变化；在企业中，应积极开展相关培训，以新技术辅助工作，提高效益。除了了解其单个技术的内在逻辑、使用方法、应用场景等，还可以学习探究两个或多个技术的耦合效果，使其产生"1+1>2"的效果。作为工程知识的新环境，在对ICT进行学习时，可以适当结合工程的实际场景进行深入，在实践中探索其作用，才可以与其他产业的技术更好地融合、使用。以下将对新环境下的工程知识创新、工程技术创新、工程教育技术做简要的阐述。

1. 工程知识创新

当下正处于知识经济时代，知识成为极具价值的因素，同时，"知识创新"作为组织进步与发展的不竭动力，也变得炙手可热，工程知识亦是如此。

从工程知识创新的出发点来看，ICT的发展大大推动了工程技术以及工程教育技术的发展，这也就要求工程知识需要与时俱进，才能满足各个方面新技术的创新与发展，才可以在工程教育中将与时代贴合的工程知识教予学生。而工程知识不断地创新才可以推动工程快速发展，实现良性循环。

对于工程知识创新过程来说，整个工程体系中的知识处于运动的过程，并且它们相互作用、相互影响、相互制约，通过突变、耦合、发散等运动，使整个知识链系统从无序到有序再到新的无序不断地良性循环，使知识不断地创新增加。而ICT的出现加剧了这一活动，促使知识创新的速度、质量、数量都有了极大的提高。例如人工智能的应用，不仅可以对工程知识进行深度学习、自主创新，也可以对创新的知识进行采纳或者废弃。而ICT也加强了工程知识系统与工程主体之间的交流，这可以大大提高工程知识的实时性。在ICT未产生之前，工程知识往往存在滞后性，不能及时进行学习与吸收，而物联网等技术的诞生改变了这一现象，让在施工、管理、运输等过程中产生的新知识及时传递、记录、使用等。综上，可以看出，在创新工程中，ICT对工程知识创新手段有极大的影响与改变。

2. 工程技术创新

工程技术亦称生产技术，是在工业生产中实际应用的技术，即人们应用科学知识或利用技术发展的研究成果于工业生产过程，以达到改造自然的预定目的的手段和方法。由于人类改造自然界所采用的手段和方法，以及所达到的目的不同，所以形成的工程技术形态也不尽相同。随着科学与技术的综合发展，工程技术的概念、手段和方法已渗透到现代科学技术和社会生活的各个方面，从而衍生出了生物遗传工程、医学工程、教育工程、管理工程、军事工程、系统工程等学科。工程技术已经突破了工业生产技术的范围，展现出更加广阔的前景。

随着ICT的发展，很多领域已经利用大数据、云计算、人工智能等技术协助技术人员展开工作。例如在航天工程中，由于航天产品结构和工作过程的复杂性，故障表现形式各异，在故障模式不清晰、不全面的情况下，健康管理系统很难实现对航天产品故障的准确预测、诊断和定位[①]。如果结合大数据和人工智能，对于大样本首先进行分析以及深入学习，则可以提高其健康管理系统应对突发新型故障的能力，保障航天装备测试的全面、稳定、可靠。

---

① 蔡远文，程龙，辛朝军，等. 航天装备测试技术现状与发展[J]. 计算机测量与控制，2021，29（9）：1-4，28.

值得一提的是，工程技术不仅仅包括工程生产技术，工程管理技术也是极其重要的方面。土木工程中已经引入并实施"智慧工地"的概念，"智慧工地"综合利用"云、大、物、移、智、区"等信息化技术来解决建设过程中的管理问题。在事前策划方面，以BIM技术为主导，对设计、建造等方案进行智慧预测、模拟、分析，以达到优化设计、节约工期、减少建设浪费、降低造价的效果。在过程控制方面，通过传感器、射频识别（RFID）、二维码、植入芯片等物联网技术和移动App，实现实时采集数据、实时获取信息和现场全面感知、实时预警反馈及自动控制。同时通过移动互联网或云平台实现数据信息安全传送、实时交互与共享。在归纳总结方面，通过数据集成和大数据分析技术，进行数据信息关联性分析，反馈、归纳和总结改善，并进行相应知识积累。

面对新产生的工程技术，我们应该加快学习步伐，同时也应该深刻意识到无论技术如何发展，其还是基于工程实体发生的。基于工程实体的工程技术联合ICT进行升级转型可以实现更高的效率、质量，所以在接收新技术时勿丢弃其内在传统的理念。

3. 工程教育技术

工程教育技术是针对高校老师、学生在ICT的不断发展下，使工程教育的环境、方式与传统相比有极大变化的一类技术。例如，传统模式下的工程认识实习需要在固定时间去往固定的地点进行观察、研究等。这样的方式教条死板，缺点不容忽视：虽然工程重视实景实况，但在传统高校教育中，学生只能对限定时间、地点下的工程现状进行较为直观的认识，而工程是一项周期较长、所涉及知识点密集的活动，短暂时间下（大多学校可能只有1～2天）的现场实习对学生帮助甚微。

随着ICT的不断发展，工程教育可以构建全学科、全学段、支持学生自主学习的资源平台，完善资源共建共享、共创共生机制；形成多样的学习资源形态，充分利用数字教材、视频课程、虚拟现实、仿真实验等多种资源形式；利用人工智能、大数据等新技术，立足课程标准建立学科知识图谱，收集基于学习资源的学后反馈数据，完善学习资源的推送与迭代机制[1]，以此形成新型的工程教育技术环境。可以利用新技术进行"实景实况"的构建，创造与传统不同的学习环境，对工程产品的实际场景（设计、制造建造、施工），以及工程产品形成过程中的实际管理情况（策划、组织、监督、纠偏）与新技术进行融合。目前建筑业中最风靡的莫过于BIM技术的应用，而新技术的不断发展与成熟，促使更多"BIM+"技术不断涌现，5D-BIM、BIM+VR等技术可以让高校学生更加直观地对施工现场进行体验。而BAVS等虚拟仿真平台的构建，可以使高校学生在进行实景实况的同时，对建筑项目全流程的顺序以及涉及的知识点进行串联，并进行系统性的学习。其是面向建筑工程教育行业的、区别于传统单专业实训的虚拟仿真平台，融合多专业各课程，使学生在学校就能体验到建筑各业务方实际岗位的工作内容和工作流程；同时，其还可以培养专业课程以外的沟通和协同等职业素养和社会技能。让学生体验建筑全业务方各岗位的业务流程及工作内容，使BAVS等虚拟仿真平台成为培养企业真正需求人才的岗前实境体验平台。

---

[1] 杨晓哲，叶露. 新技术支持下义务教育的学习环境与方式变革［J］. 全球教育展望，2022，51（5）：62.

在ICT不断发展的大环境下，传统的技术都在发生快速改变。但是为何有些人在大环境下举步维艰，有些人却可以如鱼得水？不顺应时代发展必被淘汰，其最基本也是最主要的就是学习这些新兴技术并进行应用。ICT的产生促使工程相关的知识点、知识量，以及知识传播方法、路径都在发生相应变化。无论是位处项目、企业的管理者、施工者，还是处于高校的教师和学生，都需要对环境变化更加具有敏感性，对于与自己产业联系较大的新兴技术，需要不断地了解其机理、内涵，并深入学习。工程知识会不断地产生与完善。不同从业者在教授、接收、使用工程知识时，应该不断更新传统的知识，对新兴技术的知识进行不断学习、应用，在掌握到一定程度后融合新技术对工程技术进行创新。

所以工程教育要善用ICT，与工程知识创新的各个方面相结合，推进工程知识创新，推进工程技术创新，推进工程创新。

3.4.2　新环境下的知识传播

知识传播是指一部分社会成员在特定的社会环境中，借助特定的知识传播媒体手段，向另一部分社会成员传播特定的知识信息，并期待收到预期的传播效果的社会活动过程。其基本内涵包括：知识传播的主体、知识传播的客体、知识传播的内容、知识传播媒体手段、知识传播环境、知识传播目的、知识传播效果。

1. 工程知识传播视角

对于工程知识来说，其传播内容和其他知识传播相似，但是其又存在和其他知识不同的特点：一方面，根源于工程知识的多重属性（具体性与抽象性、社会科学和自然科学的统一性等），工程知识传播是以事实为基础、以价值为导向、以社会福祉为标准的知识扩散过程；工程的时空嵌入性以及"自然—工程—人"的有机整体性，决定了工程知识传播具有明显的地域性和时效性[①]。如何应用现今ICT大背景下的新技术使工程知识传播更加有效，是我们需要研究的课题。另一方面，知识传播只是知识从产生到废弃过程中的一个环节，其他环节的变化与提升会对知识传播造成影响，因此，应基于全局观、全视角对其进行认识，知识传播的过程如图3-17所示。

正如前文所述，ICT的迅速发展给工程知识带来了不一样的变化，知识传播的手段、效率、目标人群等都与以往大不相同。

例如知识传播的媒介，从知识传播发展的脉络来看，首先是文字的发明[②]，其次就是印刷术、广播、电报等的发明，虽然传播媒介在不断地进步，但其时效性、传播性等还是大受限制。而当互联网出现后，数字化媒体的发展加强了知识传播的即时即刻性和多种交互性，由以往的一对一、一对多转换为"多对多"的模式，成功打破了在电子媒介时代传统型知识线性传播的规律。视频等多种传播形式的出现也对知识传播的方式造成了一定的影响。在短

---

① 于金龙，鲍鸥. 工程知识传播：助推公众参与，展现工程魅力［J］. 工程研究—跨学科视野中的工程，2019，11（3）：208.

② 保罗·利文森. 软边缘：信息革命的历史与未来［M］. 熊澄宇，等，译. 清华大学出版社，2004：26.

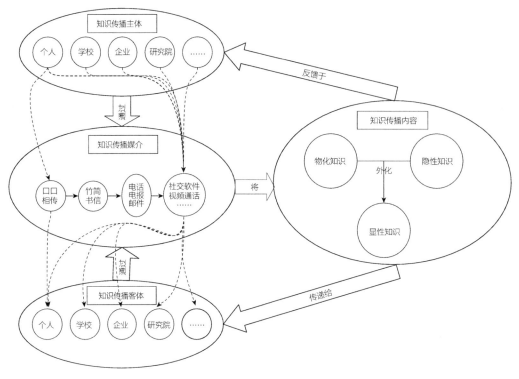

图 3-17 知识传播的过程

视频时域下的知识传播可以为用户提供多感官的认知体验；短视频在传播知识或讲述内容的过程中，通常积极调动主讲人的身体语言，用互动式的叙事表达引起用户注意，进行内容输出与知识传递，并强化用户的记忆认知；短视频知识传播更加场景化。例如教育出版机构聚焦、整合名师资源，深耕各学科的知识传播，以分享高效的学习方法为中心，致力于构建与再现学习场景，增强用户接受知识的"在场感"，通过场景化的知识输出满足用户的多样化知识学习需求[①]。

工程知识有一类与其他领域不同的知识类型——物化知识。物化知识的学习离不开"实景实况"的学习，而知识传播媒介的改变可以使工程知识以更加快速、形象、完整的方式呈现给所需人群。快速不言而喻，传播媒介的改变以至于其呈现内容不再是生硬的文字，图文配合、结构拆解、人声讲解等功能都使工程知识能够更好地传递给所需者。慕课、小造等平台的出现，将工程知识系统化后进行呈现，使工程知识有更多的选择性，大大提高了工程知识的传播效率。并且因为互联网的出现，人们将知识传播从重视传播媒介逐步转变到知识自身方面，这将要求知识自身具备一定的正确性、科学性、易接纳性等，在不断传播的过程中形成不断提升知识质量的良性循环。

---

① 张美娟，徐婉晴，吾木提·沙玛勒. 图书短视频知识传播：特征、范式与策略 [J]. 中国编辑，2022（4）：93.

2. 工程知识全流程视角

从知识全流程（图3-18）来看，新环境对其他步骤的影响也可以间接地影响知识的传播。例如对知识进行编码后，在进行分类与查找时可以大大提高效率；利用区块链的手段对知识进行储存，既保证了其安全性，又为知识传播与共享提供了多条途径，对于工程行业来说，其知识的共享与安全对其发展是至关重要的；手机、平板电脑的诞生，大大提高了知识获取的时间、空间的随意性，使人们学习的动力以及效率得以提升，及时解决人们生活、学习上遇到的问题。智能硬件和软件，还满足了人们习惯性、倾向性获取知识的习惯和关联，提高了获取知识的效率，增强趣味性、个人独特性。随时、随地、个性化学习正逐步成为现实。

综上，新技术环境改变了知识传播的主体、方式、媒介等，我们应该加深对知识传播途径、媒介等的认识：让学习者构建一套适合自己的方式以进行工程知识的摄入。同时，知识传播者可以将适合的新技术与特性进行结合，使工程知识更全面、质量更高、速度更快地传递。总而言之，我们应该对知识传播的环境有全面的认识，只有对工程知识的传播环境、环境影响有所研究，明白其内在机制，才能从本质上提高工程知识发挥的作用，减少失真、应用不到位的情况发生。

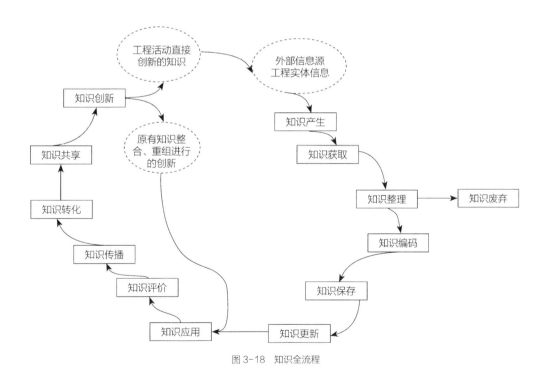

图 3-18 知识全流程

3.4.3 新环境下的知识链管理——知识自组织

知识经济和全球化是21世纪的两大特征。知识成为最有价值的资产，经济增长正在从依靠物质资源的投入向依靠知识创造转变，美国著名管理学家德鲁克[①]认为："知识成为当今唯一有意义的资源。"由于社会分工、环境等因素的差异，不同组织拥有不同类型和数量的知识，组织之间存在知识落差，知识落差的存在促使知识在这些组织之间流动。企业与大学、科研机构、上下游企业甚至竞争对手之间通过知识流动形成了知识链条。对于"知识链"这个名词的定义与内涵尚未统一，国内外许多学者对其做了阐述，如表3-4所示。

知识链的定义与内涵　　　　　　　　表3-4

学者	定义与内涵
Nijhof W[②]	知识链是如何将知识转化为智能的过程，涉及从知识的发掘到确认的所需技能，乃至发展新技能、传播新技能以及新技能的应用与老旧技能的淘汰等
Gilbert Prost[③]	知识链分为知识获取、开发与创新、共享与传播、使用和保存等环节
Karl M、Wiig[④]	知识链涵盖知识创新与来源、编辑与传播、吸收、应用与价值实现
陈志祥[⑤]等	知识型企业在经营活动中以知识为中心，形成围绕知识的投入→知识的转化→知识的创新的无限循环过程。在这个过程中，所有人都被一条无形的链联系起来，这条无形的链就是知识链
李顺才[⑥]等	知识链是基于知识流在不同市场主体间转移和扩散、整合与创新的具有价值增值功能的网络结构模式
刘冀生[⑦]等	知识链是一种知识链条，企业在知识链上对内外知识进行选择、吸收、整理、转化和创新，形成一个无限循环的流动过程
向上、沈治宏[⑧]	知识链是企业对内外知识进行选择、吸收、整理、转化和创新，形成一个无限循环的流动过程，其实质就是知识流的扩散与转移。企业的知识链通常包括知识的识别、获取、开发、分解、储存、传递、共享以及知识产生价值的评价等环节

从表3-4中可以看出，学者们大多强调知识链的过程特性、知识链的流动特性、知识链的价值特性、知识链的网络特性、知识链的动态特性等方面。正是因为知识在各个主体和组织之间不断地流动，再辅以ICT，所以形成了一个新的组织概念——知识自组织。

在阐述知识自组织之前，先阐述自组织。自组织最早是由德国哲学家康德作为一个哲学概念提出的。康德认为，自组织中自然事物的各部分的作用是相互的，一个部分的作用为自

---

① 刘念，周利雪. 基于知识链的建筑企业流程管理研究[J]. 工程经济，2021，31（12）：54-56.

② Nijhof W.Knowledge Management and Knowledge Dissemination [N]. In Academy of Human Resource Development（AHRD）Conference Proceedings，1999：20.

③ Gilbert Prost.Managing Knowledge：Building Blocks For Success [R]. John Wiley&SonsLtd，1999：36.

④ Karl M，Wiig.What Future Knowledge Management Users May Expect [J]. Journal of Knowledge Management，1999（2），158.

⑤ 陈志祥，陈荣秋，马士华. 论知识链与知识管理[J]. 科学管理，2000（1），15.

⑥ 李顺才，常荔，邹珊刚. 基于知识链的知识扩散影响因素分析[J]. 科技进步与对策，2001（6），110.

⑦ 刘冀生，吴金希. 论基于知识的企业核心竞争力与企业知识链管理[J]. 清华大学学报，2002（1）：69.

⑧ 向上，沈治宏. 基于"知识链"优化的企业信息门户研究[J]. 现代情报，2004（8）：159.

己，同时又为了其他部分，单个离不开整体，各个个体之间的因果联结形成整体[①]。自组织理论认为一个系统可以自动地由无序走向有序，由低级有序走向高级有序。其主要组成部分以耗散结构理论、协同学、突变论为核心。其中，耗散结构理论强调系统与环境之间的物质与能量交换关系以及对自组织系统的影响；协同学侧重于自组织系统内部各要素之间的协同机制，其认为系统各要素之间的协同是自组织过程的基础，系统内各序参量之间的竞争和协同作用是系统产生新结构的根源；突变论则认为即使是同一过程，对应同一因素，突变的概率仍会有不同的结果，达到不同的新稳定态，即在自组织系统中会产生很多不同的组合结果。

存在于知识链系统的信息在不断运动中形成知识，知识通过传播和交流保证了知识链系统的开放性，同时也与环境的变化息息相关；知识链系统内各组成部分或要素间有着强烈的相互作用，由此产生多方面的相互影响、相互制约的非线性相干状态，知识围绕着如何使知识链系统稳定有序而会聚、增倍与创新。且在知识链系统内部，各知识门类子系统的相互作用、自发组织使整个系统从无序走向有序，并产生随机但是不偏离的新知识。其表现出来的特点与自组织的核心内容相符，这可以证明知识链存在自组织的先决条件。对于知识自组织，学者管文革[②]将其定义为：知识自组织就是指知识系统无需外界指令而自行把知识客体中的知识因子与知识关联揭示出来，并把被揭示的知识成分按一定方式编排成序，以便人们更好地利用。当知识系统游离于知识链之外，又用于知识链时，知识链就会使用其自组织功能对这些知识进行吸收、整合、编码等，形成比上一阶段更加完整的知识链。

知识创新的过程就是系统各因素运动的过程，知识的运动保证了知识各要素远离了平衡态；在知识自组织的过程中，各个知识元素之间的运动处于非线性状态，这就保证了知识系统一直处于自组织的状态。各个知识子系统中的要素相互作用、相互影响、相互制约，各组成部分通过突变、耦合、发散等非线性的运动，使整个知识链系统从无序到有序再到新的无序不断地良性循环，使知识不断地创新激增。知识的创新是知识系统在自组织的过程中不断地从外部吸收有用的信息，并作用于系统内部形成结构化和半结构化的知识流态，其促进了外部环境和内部环境之间的相互运动，外部因素和内部因素相互吸收、交换、重组、整合，也可以很有效地促进知识自组织的发生。

正如前文所述，步入21世纪后，世界出现了两个极为显著的特征：知识总量呈爆炸上升的趋势，ICT的不断发展。基于大环境来看，云计算、互联网等技术的高速发展，使全世界各个国家紧密相连。各个国家从网络环境构建、知识体制构建、安全机构建立和财政支持等多个方面支持知识的自组织与演化。而从微观来看，人工智能与深度学习等技术的不断发展，使知识自组织的节点与创新性大幅度提升，其极有可能产生出人脑思考不到的新型知识，而其速度与数量也不是人脑可以匹敌的。

特别需要提到的是大数据这门新兴技术，由于知识的总量极其庞大，所以当其作为大数

---

① 付锦蓉. 大数据环境下的知识自组织模型研究［D］. 黑龙江：黑龙江大学，2015：14.

② 管文革. 知识自组织理论探讨［J］. 平原大学学报，2003，20（4）：100.

据分析的"信息元"时，就显得极有优势，而大数据对知识自组织也产生了很大的作用。

首先，在大数据环境下，知识的共享性在互联网中更明显地体现出来，知识自组织的发展在互联网中更为明显，如维基百科、字幕组、博客等基于兴趣爱好形成的知识自组织现象随处可见。大量的网民在互联网上选择相同的主题进行交流，通过各种社交网络平台，如微博、QQ等使信息和知识集群化。

其次，知识的传播速度加快，且由于知识的传播、学科间的渗透，知识自组织理论更多的是被人们应用到各个领域，在农学、医学、生物学等领域都存在着知识自组织现象。而不同领域的知识链渗透于工程知识链，互相交织，产生新的知识节点，通过知识自组织产生更多的新兴知识。可以说，自组织理论随着大数据的发展而发展，其不断地充实着理论知识，同时在实践中不断地完善学科体系，更多的研究者把自组织理论应用到社会经济、文化、社会管理中，创造出更有价值的知识，作用于社会建设，为人类造福。

3.5 工程教育新环境

人才的培养离不开优质的教育，而环境则是影响教育的关键因素。教育的环境是复杂的，不仅是因为构成环境的因素之多，而且还因为环境因素时刻处于变化之中，其有时甚至是无形的，当人们发现某种因素制约着教育发展，成为教育发展的障碍时，才感觉到其存在。因此，从不同的角度来认识环境，有利于把握教育环境的内涵，有利于有效地选择环境、优化环境。本节将从现今宏观发展环境与教育管理环境两方面进行阐述。

3.5.1 宏观发展环境

清代龚自珍在《己亥杂诗》中写道："九州生气恃风雷，万马齐喑究可哀。我劝天公重抖擞，不拘一格降人才"。可见在任何一个时代，对于人才需求的迫切。

无论是个人、企业，还是一个国家，永远都不可能独立存在，其存在与环境息息相关。顺应发展环境，才能更好地发展下去。而环境是复杂的，当前，我国正处于近代以来最好的发展时期，世界处于百年未有之大变局，两者同步交织、相互激荡。现今宏观发展环境为做好当前和今后一个时期的工程教育工作创造了很多有利条件。

因此，对环境做出正确的分析，才能对未来进行预测，对自身进行改变。一般来说，在环境分析时通常运用PEST。PEST分析是指对宏观环境的分析，宏观环境又称一般环境，是指一切影响企业和行业的宏观因素。目前学术界一般将宏观环境分析分为四类，即政治（Policy）环境、经济（Economy）环境、社会（Society）环境和技术（Technology）环境分析。

在政治环境中，我国贯彻落实"十三五"规划纲要和《中国制造2025》，聚焦智能化、高端化、绿色化、服务化，并且组织实施了十大重点工程。而这些工程得以实施，离不开工程人才。在经济环境中，我国高等教育投入占GDP的比例只有0.6%，而国际上大多数国家，包括大部分发展中国家都在1%以上，有的甚至达到2%[①]。投入不足，直接导致办学条件得不到改善，继而影响对于工程人才的培养。在社会环境中，第四次工业革命，使我国高等教育尤其是工程教育除了要在新兴科技领域做好人才布局外，还需要不断优化质量保障体系，从而动态适应产业发展对人才的要求，最终实现新型工程人才培养水平的全面提升。在技术环境中，我国在量子技术等前沿科技领域紧跟国际步伐，已经取得全球瞩目的研究成果，但想要这些成果不仅仅停留在实验室与论文里，而是通过工程实践服务于新兴产业，乃至解决众多"卡脖子"关键技术问题，还需要大量的能够融合科学发现与工程技术的新型人才。

3.5.2 教育管理环境

面对国际产业竞争的严峻挑战和我国经济高质量发展的迫切需求，我国高等教育尤其是工程教育应围绕未来变革性技术，在人工智能、量子技术、基因工程等新兴科技领域做好人才布局。与此同时，工程教育质量保障体系也应动态适应新兴技术和产业创新发展对工程专业人才的要求，为新型工程人才培养水平提升保驾护航。

教育管理是教育主体在教育发展过程中运用相关的管理理念、管理手段和管理方式，对教育资源（包括人、财、物、时间、空间、信息）进行合理配置，使之有效运转，实现组织目标的协调活动过程[②]。

教育与环境之间存在着密切的联系，环境是教育赖以生存的基础，教育需要的一切要素都要从外部环境中获取，如人力、材料、能源、资金、技术、信息等，没有这些要素，教育就无法进行。教育管理环境在工程人才的成长教育中起着重要作用，教育管理环境的好坏往往关系到培养人才的质量。

上文提到关于宏观发展环境的PEST分析法，对于教育管理环境也同样适用。但是随着时代的进步、技术的发展，工程的复杂性、需求的多样性、学生的个性等导致工程教育也变得十分复杂，传统PEST已经无法全面涵盖宏观环境所涉及的方方面面。自然环境（environment）、竞争（competition）、时空（location）等变化也对建筑行业未来的模式产生影响，因此，基于PEST，进一步分析PESTecl[③]以及其对于工程教育的影响显得尤为必要。

1. 政治（Policy）

国务院于2017年7月发布的《新一代人工智能发展规划》提出，利用智能技术加快推动人才培养模式、教学方法改革，构建包含智能学习、交互式学习的新型教育体系[④]。"互联网+教育"的理念是为学习者提供灵活、优质、个性化教育的新型服务模式，处于在线教育发展的新阶段。由于在线教育的大规模实施，教育教学飞速变革，教育改革推进迎来了新的挑

---

① 王孙禺. 工程教育面临经济建设巨大挑战［N］. 科学时报，2008-11-1（B3）.
② 郑立海. 大数据时代的教育管理模式变革刍议［J］. 中国电化教育，2015（7）：32-36.
③ 卢锡雷. 精准管控效率达成的理论与方法——探索管理的升级技术［M］. 北京：中国建筑工业出版社，2022：1-417.
④ 杨阳，苏力，石城. 大数据对现代高校教育管理的影响及改进策略［J］. 江苏高教，2019（3）：58-61.

战。信息技术可以实时反馈教育效果，通过学生生理、心理的变化来监测其学习状态，从而精准定位不同学习内容、类型的重点和难点，进而提高教育教学的针对性和实效性。

2018年9月，教育部、工业和信息化部、中国工程院发布的《关于加快建设发展新工科实施卓越工程师教育培养计划2.0的意见》（教高〔2018〕3号）指出，以新工科建设为重要抓手，持续深化工程教育改革，加快培养适应和引领新一轮科技革命和产业变革的卓越工程科技人才，打造世界工程创新中心和人才高地，提升国家硬实力和国际竞争力。经过5年努力，形成中国特色、世界一流工程教育体系，进入高等工程教育的世界第一方阵前列。随着信息时代的到来，教育信息技术飞速发展也极大地改变了教育教学环境。

针对上述目标，提出相应改革任务和重点举措。对新工科研究与实践的深入开展、工程教育新理论的树立、工程教育教学组织模式的创新、多主体协同育人机制的完善、工科教师工程实践能力的强化、创新创业教育体系的健全、工程教育国际与合作的深化以及工程教育质量保障体系的构建，这些都为培育卓越工程师，加快建设工程教育强国建设提供了有利的条件。

2. 经济（Economy）

全球化已成为世界经济增长和世界政治变化的主要原因。经济全球化对高等工程教育在人才质量培养、知识能力构建以及教学手段方法上都有着深刻的影响，而当前国际形势依旧严峻，世界经济呈不稳定趋势，工程教育正处于调整期。

中国的工程教育拥有全球最大的规模，最大的优秀生源以及最大的工程人才就业市场，这是中国工程教育的优势。对于人才的培养与创新需要社会经济的支撑，也需要高等工程教育的深化改革，这将对经济转型的升级起到积极的促进作用，对于如何加快工程教育改革的步伐，当务之急是要提升人才培养的质量。

3. 社会（Society）

工程是将自然科学基础理论应用于工业生产，通过利用和改造自然为人类服务的社会实践活动。而工程理论、实施环境、技术方法以及工程伦理等都同工业及社会发展密切相关，这就意味着工程教育需要培养能够解决实际问题的工程技术人才。总而言之，工程教育应适应工业和社会的发展，把社会适应性作为衡量工程教育发展水平及其质量的重要标准。

无论在其他国家还是在我国，社会适应性一直都是工程教育所要解决的重要问题，而工程教育的社会适应性通常在工科专业人才培养目标上体现，工科专业培养目标应随社会和工业发展而变化，也应透明公开，接受社会的监督和检验，工科专业人才的培养规格应能准确反映工业和社会发展对工程技术人才的要求，由于人才培养在时间上的滞后性，工科专业培养目标的制定应适度超前，应根据当前工业和社会发展对未来状况进行适度预测及研究[①]。

---

① 赵婷婷，冯磊. 我国工程教育的社会适应性：基于工科专业培养目标的实证研究［J］. 高等教育研究，2016，37（2）：64-73.

4. 技术（Technology）

2017年2月20日，教育部发布的《教育部高等教育司关于开展新工科研究与实践的通知》（教高司函〔2017〕6号）指出，以新技术、新业态、新模式、新产业为代表的新经济蓬勃发展，对工程科技人才提出了更高的要求，迫切需要加快工程教育改革创新。同时，大数据技术已被广泛运用于各个领域中，这给现代高校工程教育管理工作带来了巨大的机遇与挑战。高校应该紧紧把握机遇，充分运用大数据技术以促进高校工程管理信息化的快速发展，实现管理机制、教育技术以及发展理念等方面的改革。在具体实施的进程中，以"绿色科技"原则与"以人为本"理念作为核心，加强大数据资源库的建设、共享及应用，确保大数据真正成为促使高校工程教育管理信息化、学生发展全面化和高校建设内涵化的有力保障。

面向卓越工程师的培养计划，其核心是培养学生卓越的工程设计能力、工程实践能力和工程创新能力，以培养具有实践能力和创新精神的高素质人才为宗旨，以提高教学质量为中心，培养出既具备了扎实的数理基础和专业基础，也具有较为深入的专业工作能力的学生，从而使学生们既具备了能够胜任实际工作的实践能力，也具备了初步的从事科研工作的研究能力。工程教育认证理念认为：毕业生在掌握基本工程知识的基础上，还应具备应用分析与设计、施工与管理、检测与加固等专业能力，以及承担土木工程及相关领域多学科背景下复杂工程的项目设计、施工、管理等工作的能力[①]。

技术的核心是生产技术，是人为了生存和不断改善生存环境而从事的各类活动的方法和手段，从这个意义上讲，技术是一种手段、一种方法，是人与自然之间的中介，是人习得的一种本领，一种唯有人才具有的后天习得的改造自然的能力。广义的技术包括物质生产型技术和非物质生产型技术，而非物质生产型技术更多的是指方法、技巧、程序、规则。如摄影技术，除了对硬件（相机）的使用方法和技巧这些容易按常规学习掌握的技术外，一幅好的摄影作品，还涉及光的利用、抓拍抢拍、画面构思、主题凸显、背景处理等这类隐含性的技术（技巧）。狭义的技术，即物质生产型技术，本身也是一个包含广泛的概念，其既包括技术目标的设定、技术意识的形成，也包括技术活动及技术目标的达成[②]。

5. 自然环境（environment）

自然环境是人类赖以生存与发展的必要条件。自然环境为人类生存提供了必要的物质基础，否则人类的一切实践活动都无从谈起；自然环境承载着人类的一切生命活动，是人类的栖息地；自然环境为人类生存提供了必要的实践对象，为人类的实践活动提供各种自然资源和能源，没有自然界，人类的实践活动就会无的放矢，正如马克思所言："没有自然界，没

---

① 吕岩，杨德健. 工程教育背景下BIM技术在"房屋建筑学"教学中的应用研究［J］. 天津城建大学学报，2022，28（1）：66–70.

② 徐涵，杨科举. 论技术本科教育的内涵——基于技术教育与科学教育、工程教育的关系的视角［J］. 技术论坛，2011（10）：53–56.

有感性的外部世界，工人什么也不能创造。"①

在当代，人类面临人口、环境、能源、粮食几大问题，自然环境问题是人类环境生存和发展的首要问题，因此，强化全人类的生态意识和自然环境意识，是人类历史发展阶段的必然结果。如果人类本身不能与自然和平相处，那么必然会影响人与自然环境的和谐共生。正如自然环境对工程教育的影响，良好的自然环境对于工程教育发展起到积极的促进作用，反之，则会阻碍工程教育的发展。

6. 竞争（competition）

市场竞争是市场经济的基本特征。在市场经济条件下，企业从各自的利益出发，为取得较好的产销条件、获得更多的市场资源而竞争，实现企业的优胜劣汰，进而实现生产要素的优化配置。从2010年"卓越工程师教育培养计划"的提出，到如今升级为"卓越工程师教育培养计划2.0"，我们更需大力发展工程教育，为我国的社会主义现代化工业建设服务，使我国在国际上有竞争力，而开展工程教育的创新研究，适应了我国高校人才培养的新要求，为高等工程教育学科的发展不断提出新的研究思路，推动着"卓越计划"的实现。

事实上，"卓越计划"的提出为各类高校提供了培养卓越工程师的良好机制和政策环境，使所有参与高校能够充分地挖掘本校的各种教育教学资源，发挥自身的办学优势，逐渐形成具备竞争优势的卓越工程师培养特色，满足各行各业对卓越工程师多样化的要求。因此，在卓越工程师培养过程中，形成具备竞争优势的特色，不仅是"卓越计划"的倡导方向，而且是参与高校必须追求的目标②。

7. 时空（location）

做好高等工程教育，培养卓越工程师，是个漫长的过程，并非一朝一夕就能成功的。培养一个卓越的工程师，不仅需要其自身的努力，也需要社会各方面共同的支持，例如实践所需空间场所的提供，以及老师在学生大学四年甚至研究生期间对工程知识的传授。

时间上，学生从大学接受良好的工程教育开始到大学毕业至少四年，之后还有可能继续深造或者实习工作，学生被培养成一个卓越的工程师，需要时间的淬炼。

空间上，学生在受教育期间，不仅需要学习工程理论知识，也需要培养实践能力，而实践能力的培养需要场地的提供，去工地现场，让学生明白仅仅依靠理论知识是远远不够的，唯有理论与实践相结合，才能学有所用。

简而言之，随着宏观环境的不断变化，工程教育也需根据环境的变化做出相应的调整，上述七大要素看似互相独立，实则互相融合，构成了错综复杂的工程教育外界环境，虽不直接参与工程教育活动，但却时刻影响着工程教育活动的走向，潜移默化地改变着工程教育，如图3-19所示。对于工程教育的实施，不违背生态环境、自然规律、时空条件是培养卓越工程师的前提条件，而国家政策、社会形态是国家对于工程教育的宏观方向的调控，经济实

---

① 胜栋. 环境价值：处理人类与自然关系的新范式［J］. 郑州大学学报（哲学社会科学版），2007（5）：13-16.
② 林健. 形成具备竞争优势的卓越工程师培养特色［J］. 高等工程教育研究，2012（6）：7-21，30.

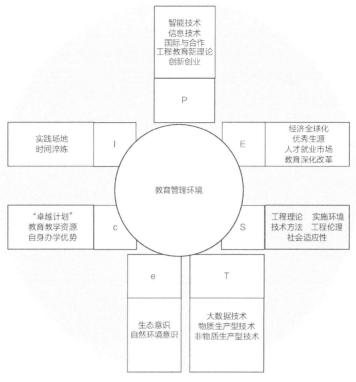

图 3-19 PESTecI 教育管理环境分析

力、技术水平、竞争能力则决定着工程教育的具体形式。

纵观历史，我国高等工程教育经历了三次大的重要转型：清朝末期至民国时期层次化和制度化的工程教育转型，中华人民共和国成立初期国家化和工具化的工程教育转型，以及改革开放以来以"一体两翼"为核心的工程教育转型[①]。目前，我国正处于工业化、城镇化、现代化和全球化快速发展的新的历史时期。工业化、城镇化的迅速发展，需要大批工程技术人才，同时，也为工程技术人才脱颖而出提供了广阔的舞台。走中国特色新型工业化道路，建设创新型国家，是我国高等工程教育的新挑战。高等工程教育应当顺应社会新形势，增强改革意识，明确培养目标，找准办学定位，创新培养模式，加强政府、高校、企业三者的深度互动，从而提高工程技术人才的工程实践能力和创新能力。同时，我们更要置身于时代背景之中去理解我国高等工程教育的转型与发展，深刻理解我国高等工程教育发展的历史变迁，才能理性认识当代我国高等工程教育发展的现实环境，进而更好地指导未来我国高等工程教育的发展方向[②]。

---

① 李志锋，陈莉. 我国高等工程教育转型：历史变迁与当代实践逻辑［J］. 高校教育管理，2019，13（4）：91-98.

② 邵华. 工程学导论［M］. 北京：机械工业出版社，2016：27.

无论是大数据时代对工程教育的冲击，还是高等工程教育的变迁，都需牢记工程教育承担着培养工程人才的使命。工程教育的发展为各国培养了大批高水平、高素质、专业化的工程技术人才，极大地促进了各国工业化进程。工程教育需要面向产业需求，探索新的人才培养模式，需要从产业需求出发，面向需求进行人才培养教育，从而提高我国工程教育和工程人才在国际社会的竞争力。

第 **2** 篇

工程教育需求与存在问题

第 4 章
工程教育的复杂需求

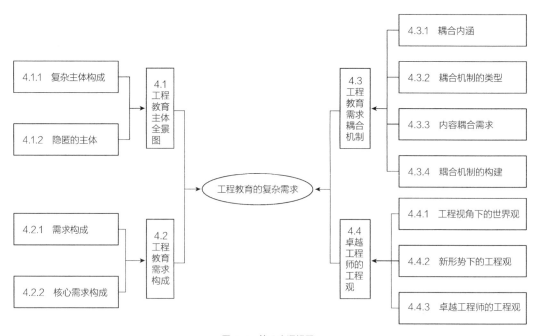

图 4-1　第 4 章逻辑图

工程活动伴随着技术活动，却远远早于科学活动。工程教育也从"小打小闹、个别传授"到有组织、大规模、成机制地进行。工程教育目标相当程度上来自于满足社会形态的发展需要，自古以来掌握技能类型和为谁服务，不是由简单主体决定的，尤其在现代，复杂的主体构成了错综的需求。作为工程教育研究的起点和终点，对复杂需求的研究，要改变缺乏而不够深入的状况，构建出均衡合理的需求侦测、分析判断、敏捷调整的机制。

4.1 工程教育主体全景图

4.1.1 复杂主体构成

21世纪以来,在新一轮科技革命与产业革命双重驱动下,工程在经济社会发展过程中的作用日显强大,相应地,工程教育的地位和作用也愈加凸显,在全球范围内,掀起了新一轮的工程教育改革浪潮。Robin Adams[①]等在 Multiple Perspective on Engaging Future Engineers 一文中指出,工程教育在理论与实践,材料、能源、信息、生物和人类社会思维象限中呈现出四个维度:基础科学、人文科学、设计和工艺,如图4-2所示。工程师在建器造物的过程中,还兼具四类身份:人文学者,建筑具有情怀和文化;科学家,建造过程需要大量理论知识作为基础;设计者,建筑具有多样化和艺术价值;工艺工人,建造过程是一定工艺流程的有序组合,建筑连接了人类社会和材料、能源、信息、生物。因此,工程教育既要面对复杂的技术系统还要面对多样化的社会系统。

2017年,MIT发布《全球一流工程教育的发展现状》宣称:"工程教育正发生快速的根本性的变革"。在教育部主导下,我国高等工程教育先后实施了卓越计划、CDIO(Conceive Design Implement Operate)工程教育模式、工程教育专业认证、新工科研究与实践等重大改革项目[②],工程教育成为一个高度集成的复杂系统。科学技术进步和产业需求的变化不断推动着工程教育内容的更新和范围的拓展,这就致使工程教育更具复杂性。

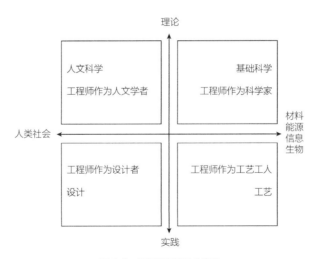

图4-2 工程教育的四个维度

---

① Adams R, Evangelou D, Engkish L, et al. Multiple Perspective on Engaging Future Enginers [J]. Journal of Engineering Education, 2011, 100 (1): 48-88.
② 余东升,袁东恒,袁景蒂. 中国工程教育研究如何走向制度化发展——基于国际比较的视角 [J]. 高等工程教育研究, 2021 (3): 173-180.

中国的高等工程教育研究，参与者众多，成果也不少，加剧了工程教育的复杂性，但大多数学者主要聚焦于工程教育内容的改革，对于教育主体缺乏研究。工程教育主体也是一个非常具有研究价值的论题，主体不清、关系不明会导致工程教育的需求与标准等更加模糊复杂，只有弄清楚教育各相关方，才能更好地开展教育改革创新，提升教育水平。

工程教育的复杂主体主要涉及政府、企业、学校、教师、培训机构、家长和学生，如图4-3所示，在PESTecl外部环境的影响下，在新技术的支持和政策的导引下，各主体之间存在错综复杂的关联关系，政府下达政策，影响企业的人才需求、学校和培训机构的培养方式，同时对三者提供经济支持和战略支撑；而学校作为教育的实施者、承载体，首先要满足用人单位（如企业）的需求，同时对教师提出要求，教师根据培养方案向学生进行知识传导；其中家长在教育中也起到了很重要的作用，首先是对学生的价值观输出，对学生的未来发展方向提出要求，再是对培训机构的教学需求，间接影响学生的未来道路；学生分阶段完成工程教育后，输出给企业，满足企业的人才需求，企业再通过创收影响社会、国家的发

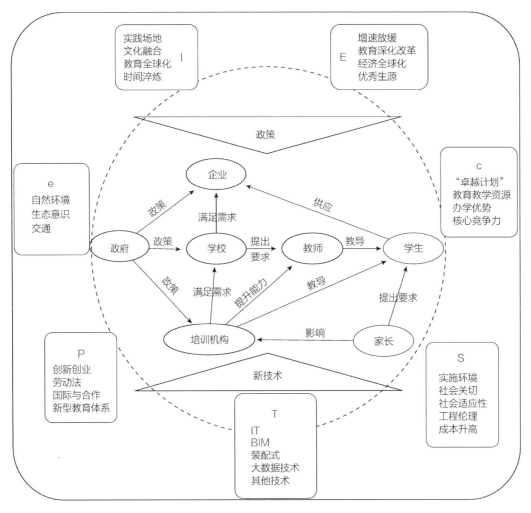

图 4-3 工程教育全景主体构成

展，如此循环往复，实现教育改革；而随着教育主体、需求、诉求等的不断增加，学校教育已经不再满足，培训机构应运而生（此处的"培训机构"不是狭义上的初高中课外辅导班之类的机构）。培训机构以提升能力、培养技能、学历教育、认证培训等为目的，有场地要求与师资要求，需要教育主管部门给予认证并且取得社会力量办学资格方可营业，一般可分为政府部门下属的行政事业单位或培训中心、各行业协会组织、高校专业院系与培训公司、中国高层管理培训机构等。因此，教育机构并不是只单纯地对学生进行培养，同时也会培养出更高质量的教师输送给学校，辅助学校对学生进行培养。

中国的高等教育，特别是工程教育改革的实践证明，要不断取得成功，真正走出一条具有中国特色的建设高水平大学之路，培养出大批满足社会需要的栋梁，除了观念的清晰，理念的端正，制度建设的不断完善之外，还要有各相关方在特定法律规范的制约下实现责权利的合理制衡和积极有效地协同参与①。这不是简单的教育管理问题，而是整合教育系统内外因素共同参与的教育治理问题。最终的辉煌，不可能一蹴而就，而是有赖于长期不懈的坚持，有赖于正确的宏观决策和切实推进的教育治理。

4.1.2 隐匿的主体

教育系统各要素之间相互影响形成错综复杂的关系，教育问题大多属于结构不良的"软问题"，教育工程难以做到目标量化，也不具有唯一的方案。教育工程过程跨度大、周期长，充满了可能与随机因素，是一个持续渐进、不断优化的过程，应强调多方主体间的理解与对话。正如上文所述，工程教育是由复杂的主体构成，有些主体就被隐藏在其中，在研究时缺乏分析，主要包括家长的强势作用、用人企业未被突出和学生能动主体地位不足。

1. 家长的强势作用

家长对于孩子的影响伴随终身，从生活习惯、人生价值到未来发展方向，从内而外地影响着孩子的选择和判断，因此，家长在人才培养中起着重要作用。家长从小给孩子规划人生，在什么阶段适合学习什么，应该学什么，都被安排得明明白白，忽视了孩子的想法。在中国，绝大多数家长喜欢用成绩来判定孩子的好坏，成绩代表一切，而忽视孩子其他方面的发展，相对于过程，这样的教育模式更重视结果与技能的培养，研究一切学术力求精透，学习什么东西都追求完美无缺。这种教育模式培养出来的孩子，往往循规蹈矩，没有想法，做事情偏被动，缺乏自主权和选择权，导致成长后面临抉择时难以适应，融入社会的同时又游离于社会。

工程教育虽然是面向学生的教育，但离不开家长的影响，原生家庭的培养教育方式，往往影响工科学生的性格、创造力、协作意愿和主动性。因此，想要培养出独立自主、高端复合型创新人才，需要家长们的努力，从小给予孩子一定的自主权，让孩子能多听多看多思考，注重学习的过程，注意能力的培养，建立孩子的自信心。而有些家长由于自身能力有限，无法意识到这个问题，因此，可以尝试对家长开设相应的辅导课，向他们传输正确的教

---

① 朱高峰. 关于工程教育和一般教育问题的再思考[J]. 高等工程教育研究，2021（1）：1–9.

育培养理念。

2. 用人企业未被突出

虽学校培养以政策为导向，以用人单位要求为基础，但成才周期存在一定的滞后性，导致培养出的人才对应的是当时的企业需求，但现今时代快速发展，环境与需求的剧烈变化，导致用人单位的检验和工程教育的结果是不对等的。

并且由于用人企业在招聘时无法对需求人员的条件进行精确的说明，或供需方知识体系存在差异，导致对于相同的条件有不同的理解。企业虽然尽量做到优中选优，但由于接触时间有限，对于应聘者无法具有清晰的了解，很有可能强势地选择了一个不适合的人员，造成选人时强势，用人时无奈的现象，需要花费大量的时间对新入职的人员进行在职培训，投入高成本，效果却一般，且还存在人才流失的风险，部分企业觉得这不是一个利益最大化的方法，更倾向于重新招聘，导致企业人员流动频繁，反而不利于企业的发展。各类企业，无论规模大小，不管公办民营，都应着眼于长期需求，克服急功近利心理，全面、全程、积极、有效地参与工程教育改革和工程人才培养，与学校建立对接机制，促使学校教育培养带有企业导向，从源头上克服教育滞后、人才不适应社会的现象，尽可能发挥企业在工程教育中的作用。

3. 学生能动主体地位不足

学生是受教育的主体，但由于学生各方面能力的限制，导致其主体地位和能动性难以得到体现，社会各方更关注学校和老师的教育输出，关注教学的质量，而不是从学生的角度考虑因材施教，让教育体系适配学生。WA提出了以学生为中心、产出导向、持续改进三大教育理念，要求从培养目标到毕业要求，从毕业要求到课程体系，再到教学落实、评价与反馈，进行系统设计与实施，倡导"以学生为中心"的理念。但纯粹的以学生为中心肯定不合理，因为学生脑海中的知识版图有限，在对未来需要的知识内容不清晰的情况下，无法合理规划自己的知识体系，因此，需要以教师为核心，教师给定一个知识框架，学生在此基础上进行合理的选择，既保证了方向的正确，又根据需求做出了抉择。努力做到以人为本，从学生的本能出发，鼓励思想和思维自由，培养实践和分析能力，教师只是一个知识学习的指引者。

根据现有的教育体系，本书从学科、产业、社会、人才成长共四个维度重构以学生为中心的工程学习共同体，以高端复合型工程人才培养为目标，以"4I"（Interdisciplinary，交叉复合；Industry-University-Institute Cooperation，产学研合作；International Education，国际化教育；Indepth Engineering Learning，深度工程学习）为路径（图4-4），提升学生各方面能力，培养学生成为高端工程科技人才，充分发挥其能动性，体现其主体地位，同时推进工程人才培养模式改革。

选取适宜的措施解决家长的强势作用、用人企业未被突出和学生能动主体地位不足这三大问题，只有家长、企业、学生这三大主体的隐匿部分被挖掘出来，并持续对其进行改进和把控，工程教育才能更好地进步，减轻主体复杂性对工程教育带来的影响。而对于主体的探究也是为了更好地进行工程教育，明确主体间的联系后，挖掘主体的需求，再对需求进行分

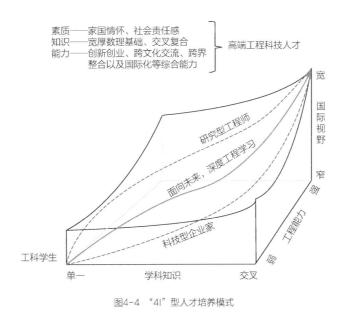

图4-4 "4I"型人才培养模式

析,探寻核心需求,为需求匹配教育供应(内容),促进工程教育更好更快地发展,培养更多高质量、适合时代的工程人才。

4.2 工程教育需求构成

从图4-3中可以看出,工程教育行业对应于外部环境需要做的改变,其中也有对工程教育的一些主体描述还有待详尽。在一些制造业企业中,常常会以"产业链"的角度进行各个主体的需求分析,而教育业发展至今也逐渐形成了较为完整的教育产业链,如图4-5所示。

由图4-5可知,处于新时代、应用新技术的教育产业链已经逐渐完整与稳定。从教育产业链的角度研究需求构成,也许会更贴近社会实际,但是范围将扩展到巨大系统范畴。尽管产业链中的利益关联内在地影响了工程教育需求的策源、延伸,甚至政策方向,但以企业均从"需求"出发生产产品为样例,本文暂对"显要"因素进行阐述。

4.2.1 需求构成

需求是经济学术语,经典的定义为:需求是在一定的时期,在既定的价格水平下,消费者愿意并且能够购买的商品数量。现在需求一词被广泛使用,内涵也逐渐泛化,需求又可拆解为需要和要求,复杂的需要和要求构成了工程教育综合复杂的需求。

工程教育面临复杂的需求,这也为工程师的培养带来了新的挑战,复杂性体现在需求的多方、多变、快变,即构成需求项目复杂、需求主体复杂、需求间关系复杂、影响程度动态复杂、分配比例调整复杂、响应机制复杂等。这就导致需求自身存在一些问题,如对需求变化的响应不足、速度不快,需求均衡不够,需求不完整,比例无研究(无重要程度划分),

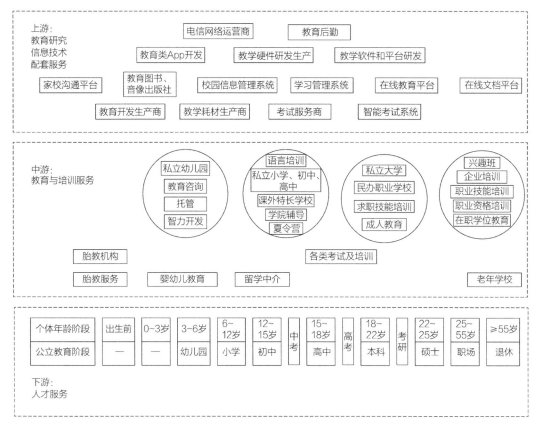

图 4-5　教育产业链

需求与能力关系薄弱。因此，对工程教育复杂需求进行详尽的剖析，探讨其内在联系和规律性，并得到相应的遵循条件与适用范围非常有必要，也能对高等工程教育响应复杂需求起到牵引和导向的示范作用。

如图4-6所示，工程教育的需求由主管政策、社会趋势、工程趋势、教育惯性、师资能力、知识内生、社会需求、企业需求、学生需求和家长定位组成；而在此之上，又存在着指导性的顶层需求——国家需求，国家需求和这"十大需求"共同组成工程教育复杂需求。国家需求是一种强烈的战略导向性需求，是为满足外部国际竞争形势变化而产生且往往很迫切的需求，也是对现代社会知识分工发展趋势把握的必然结果，同时也可能意味着更多的牺牲和奉献。国家需求的应变性、复杂化和多样化，迫使工程教育进行变革，甚至产生重大转向。下面对上述"十大需求"和其他因素需求进行具体分析。

1. 主管政策

教育主管政策的强势引导会对高等工程教育产生重要影响。"211""985"、卓越计划、新工科、教育评估、"双高""双创""双一流"、教育高质量发展、"金课水课""1+X"和虚拟仿真中心等政策，小班化、智慧环境化、交互化、主动化、信息化等改变，左右着高校教育的方向和行动规划。频繁的概念变迁，一方面说明了事物变革的迫切性，另一方面说明了变革准备的不充分性，概念资源、变革应对措施不够成熟，处于局部、试错的阶段。这要求

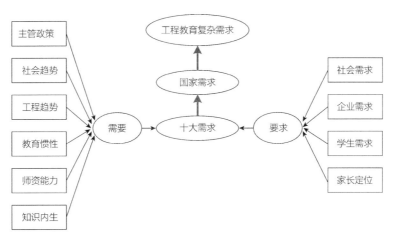

图 4-6　工程教育复杂需求的构成

工程教育研究需要更深入地探究规律性、更有把控性地对顶层设计进行具体化操作。

2. 社会趋势

社会变革激烈发生着，信息时代、智能时代、智慧时代伴随着ICT代表性技术，突飞猛进，迭代速度不断加快，直接对职业发展的趋势产生了深远影响，对工程教育的冲击体现在：就学意愿、从业选择、学业难度等的变化。新兴职业需求的吸引、交叉混合的技能要求，都对工程教育的受教主体和从业主体产生了影响。作为社会群体的一部分，毫无疑问，社会发展的趋势包含了工程和工程教育的影响因子。

3. 工程趋势

工程发展有自身的规律，一方面要求"高大精深难"，另一方面又要求"细小轻巧易"，结构高度集成和应用高度简化之间，高效工业自动化与舒适特殊个性化追求，在结构功能和过程中时时处处有所体现。同时，工程追求目标在提升，共知、共识程度提高，宏观上要实现"与自然和谐、与人类友好、与社会包容"，中观上要达成"结构简化、功能简约、流程简单"，微观上要"成本低、质量好、过程安全"。为适应更高要求的工程发展趋势与工程追求目标，也对工程教育提出了更高的要求和更敏捷的效果。

4. 教育惯性

每个学校不仅沿袭了发展初衷、历史沿革，往往也形成了管理"传统"，甚至独特的学校文化。有的以包容见长，有的以严谨为求，有的以刻苦求实为豪，也有的以灵活适应为贵。教育的惯性、延续性，潜移默化地影响和造就了工程教育的"氛围"，在不同氛围中打造出来的学生就镌刻了相应特征。是利也是弊，以上特征退出不易、改造很难，通过人的行为成为或明或暗的"潜在"需求。

5. 师资能力

师资在达成工程教育目标中起到了很大的作用，工程教育的核心主体是师资，其需求毫无疑问应当成为核心需求，任何弱化其需求程度的政策和措施，都将导致长远而严重的后果。师资受内在需要和外在压力的影响，如精力分配需求、激励有效性需求、行政管理规范高效性需求，职业期望和受社会尊重认可程度的需求等，以上都是影响师资能力的重要因素。尤其是年轻师资队伍的建设，其定位和操作，都应当更切合实际，使其能够担当起教书育人的职责。师资需求成为工程教育需求不可或缺的重要部分。

与师资能力相对应，师资承受的压力分析，需要切实得到重视和研究。据研究[①]，博士的心理疾病比例较高。其"经历压力体验、效率和秩序的丧失、负面困境认知、敏感而激烈、躯体化感受"的沉重体验，危害自身健康。师资健康，特别是作为师资主体的博士群体的心理健康，是一个严肃的问题且迫切需要有应对措施，包含改变社会文化对心理疾病污名化等存在问题的解决措施，这些问题应当加快得到解决，否则将贻害师资本身，也戕害学生。正视问题的存在和寻其诱发的原因，是重要的第一步。

6. 知识内生

知识体系的形成离不开内生的知识产生机制，从简单到形成学科，再从中分化独立出新的学科，是一个基本规律，工程知识也不例外。时至今日，工程学科知识虽然已经相对完备，但是仍处于发展之中。构成工程的材料、工艺、装备、管理的发展导致工程学科知识不断更新，也有密切相关和看上去不相关的其他学科发展的知识，引用和融合到工程学科中，促使工程知识内生。工程知识自身的主要形式有：工程追求目标与工程伦理，管理思想与技术的发展，纳米材料、碳纤维高强材料，重型装备，精细与集成新工艺，数字化表达技术，安全管理的新理念与方法等。工程知识内生是让教育不落伍的重要方式，也是摆脱教材陈旧、教法呆板、教技落伍的必经之路。相对外部促动，知识内生机制，往往影响更深远、更深刻。

7. 社会需求

社会需求的构成不仅很难界定出一个非常明确的内涵外延，甚至研究也存在相当的困难。泛化需求，将很可能分散资源，不能聚焦在工程教育的关键内容上，因为稀缺是十分显然的：时间限制（表现在课时与学分）、资源限制（表现在生均面积、设备台套与投入资金）、项目限制（表现在科研资源、项目平台），这样很可能难以取得更好的教育效果。一个有趣的现象是：换专业的人数比例规律性，国内外相当不同；专业化程度高低和学科知识普适性宽度不同；早期毕业生和当下毕业生差异大。"一学定终身"的比例存在普遍下降的现象，可以说，这也是社会需要的一种表现。

8. 企业需求

企业是用人单位中最有代表性的一类组织。为了应对激烈的竞争环境、工作综合性复合度高和剧烈的不确定性，企业希望招募到的是具有深厚的专业基础、综合应用能力、创新能力和灵活应变能力的人才。企业的人才需求也为学校的工程教育方式和内容提出了指向性的要求，学校应结合国家提出的"产教融合""应用型人才""实践紧密结合型"等工程教育理念，运用相应的理论工具和方法，培养出更符合企业需求的高端复合型人才。企业需求实质上是对社会经济发展趋势的最直接映射，也是对工程教育结果的直接检验。对于高校而言，

---

① Richards CS, O'Hara MW. The Oxford Handbook of Depression and Comorbidity [M]. Oxford University Press, 2014: 254–258.

企业是高校的"客户",郭士纳带领IBM、任正非带领华为走向成功的过程中,最为突出的核心价值观,就是"以客户为中心"。目前企业需求尤其应当引起重视。

9. 学生需求

学生承担着早日提供"劳动力",并继承"接班人"角色的责任,将自己尽快培养成才,接受培养加速,是新时代特征,也是本质需求。因此,学生的需求毫无疑问是最需要深刻讨论的需求。学生作为知识掌握的弱势群体,常常被指责不够主动、不够积极,但是造成这一现象背后的原因是错综复杂的,学生要承担一部分责任,但主要还是受多方外在因素的影响:学生的自主性和能动性受到了限制,长期被动地承受"填鸭式"的知识教育方式,社会、家长的比拼导致长期压力致使兴趣和心理疲劳等等。以学生为中心(SC)的思考和研究具有非常重要的意义,学生作为学习的核心参与者、过程互动者、结果承担者,以学生的需求为核心需求,将学生作为最大的受益者来设计教育内容,激发学生的主动性,发挥其能动性,是工程教育全过程必须摆正的定位。

10. 家长定位

通过连续多年对学生的调查可知:中国部分学生的自主性、自决度不高,背后的决定性因素是家长的意见和主导。选择到哪个地域、什么学校,就读什么专业等都受到家长的强烈影响,甚至是决定性的影响。因此,满足父母长辈的需求也是工程教育应考虑的重要需求。

11. 其他因素需求

除了上述因素之外,工程师培养产业链中,还有其他诸多因素,这里暂时不讨论。

复杂需求对工程教育的内容、方式、评价和效果的影响,是工程教育更加切合工程实际,对接应用型培养方向的源头。工程教育有其自身规律,工程知识也有比较稳定的"固定部分"。这个固定部分,一方面来自知识本身,另一方面来自工程的"当时当地性",也可以说是中国工程的行业特色。总的来看,工程教育的知能要求,应当包括坚持部分、灵活部分、响应部分,其比例要视具体情况而论,不可"一以贯之"地一刀切。工程界对学生的教育成果(知能)要求,也说明了这个要求的重要性。因此,工程教育不是对需求的"有求必应",而是这些需求既对教育变革提出要求,教育本身也有引导工程需求(甚至改变工程需求)的能力。

4.2.2 核心需求构成

工程教育需求复杂多变,这些需求中,一些是大家熟知的,一些是被低估的,一些是没有被充分注意到的,都值得深入研究,即对需求进行评价,找到核心需求,对核心需求的现状进行评价,找到需求落实的困难点,提出改进方向。

对过于强调细节的政策,应予以放松。对学生独立思考与选择能力应深入探讨,而低估了师资缺陷所产生的抗力,需要重新评估。产业需求是综合影响的集中表现,应予以充分重视,增加权重,这样人才培养的方向,才会更加明确。通过对不同人士进行大量的采访调查,得到复杂需求构成比例大致分配图,如图4-7所示。其中,主管政策(40%)、师资能力(20%)、企业需求(10%)和学生需求(8%)是占大比例的需求,四者相加的比例达到了78%,可见其在需求中的主导地位。

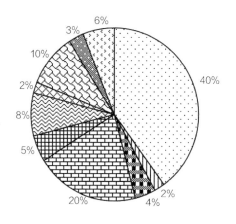

图 4-7 复杂需求构成比例大致分配图

1. 主管政策

主管政策是强势的硬需求,掌握着制定招生政策、学科编码分类增删、专业限制的权力和资源,教育内容、教育规范确定的权力和资源,评估、发证的权力和资源,学历学位社会认同的渠道和资源等,强势是必然的。从这个意义上看,占比远远不止40%,只不过是表达方式受限而已。强势未必不好,以上内容需要有一个权威的组织发布全国统一的权威政策,但问题在于,是否充分利用好了这种"集中力量办大事"的优势,为社会主义培养合格的接班人。可惜事实不全如此,在政策落实推进过程中存在一系列的问题阻碍其进程。要彻底解决强势而又落实不到位的困顿,应当真正站到"能听得见炮火"的教育前线,放松教育的技术层面、操作层面,实现公私合办、联办、私办多种模式,促进教育遍地开花,给予更大的竞争,灵活响应市场综合需求,局面将因此而大大改观。

2. 师资能力

国家需求需要强化,更需要具象和细化,需要以实在的承载体来体现和落实。无论什么类别、什么等级的高校,在推进实现高质量建设发展过程中,衡量其办学质量的不能仅仅是"发展规模"和"项目数量",更重要的是要对其在高水平人才培养和服务国家贡献等方面进行考量[①],这些也是师资能力的体现。但由于落后的时间延迟响应机制,导致教师的知能结构落伍,更新动力不足,学生接受的知识落后落伍,能力培养严重不足,动手能力自然也就"眼低手也低"。一线的教育队伍,师资力量不足、水平不够、需求得不到满足、激励不足等问题,解决起来,不是短时间可以见效的。

对于师资力量不足,应出台相关激励制度,加强人才的引入,或对现有的教师进行更合理的课程安排,提高教学效率。师资水平不够表现为不会教学、沟通表达能力不足、专业水平不足和缺乏实践。对于不会教学和沟通能力不足的教师,可邀请专门的导师对其表达能力

---
① 杜玉波. 努力构建更高水平的人才培养体系[J]. 科教发展研究,2021,1(1):44–57.

进行培养，让这些老师能发挥出最高的水平；对于专业水平不足的教师，应对其进行岗位调整或建议其进行更深入的学习，定期考核，判定教师的专业水平和工作适应度；对于缺乏实践的教师，可定期邀请企业一线人员和管理人员进行知识传授或也为导师开设企业实习，避免其与社会脱节、不了解企业的真实需求，向学生传授的知识也是落后于社会、企业需求的。同时，也应对教师的生活提供更多的保障，改善低工资高压力的现状，且应该关注教师尤其是年轻教师的心理情况，解决琐事带来的干扰，使他们能够全身心地投入教育事业。这些具体内容将在后文展开更深入的讨论，以上的内容需要国家、社会与学校的共同配合，教育是全人类应重视的事。

3. 企业需求

正如朱高峰院士所言："我们的工程教育中还存在很多问题和缺陷。我认为，解决这些问题，最好的方法是由人才需求方，即由企业就人才的层次、规格、能力和特点提出明确要求，为学校的教育改革导向。"[①] 工程教育的目的就是为企业培养人才，用人单位的检验是最重要的标准，其需求也应当成为核心需求。但用人单位的需求，则几乎是零散地、"哀鸣"般地存迹于口耳相传、研究报告的末尾段落等无关紧要的建议意见中。而之所以存在这样的现象，是因为企业的需求不是固定不变的，处于不同领域、不同发展阶段的管理驱动因素不同，且存在行业潜规则需求，这些均导致企业对工程教育的结果需求不同，以及未来存在不确定性和对未知性响应程度不同都将导致企业的需求具有不确定性。

面对不确定性的企业需求，首先是要培养学生必须具备的基本专业能力，以及部分机动灵活的知识与能力、强调方法与思维，让知能结构多样化发展，工程教育应当为不确定性提供更多的方案和能力，以满足"预见、预判、预测、预案和预防"的要求。同时，应当加强高校与企业的深度对接和融合，培养对知识发展规律、新技术、管理思维的敏锐认知，减少不确定性带来的风险。

4. 学生需求

研究发现[②]，学生作为初学者，普遍存在缺乏知情权、判断力、选择权的情况，缺乏独立思考与选择能力的锻炼，意志不够坚定，容易受到外界的潜在影响，且对自己的未来没有一个清晰的目标，不知道自己想要什么，随波逐流，小时候被父母掌控，长大后受学校"填鸭式"教育，这样经过学校流水线培养出来的工程师是无法承担起重大责任的，无法成为祖国的栋梁。

真正成功的工程教育应是强调激发学生的自主性、内在积极性，以学生为中心，遵循学生主体中心论，切忌承包学生的诸多事务，以及近乎保姆式的选择管理、健康管理、时间管理。想要改善工程教育效果，首先应重视学生需求，让学生成为最大受益者；其次以学生为

---

① 姜嘉乐，张海英. 中国工程教育问题探源——朱高峰院士访谈录［J］. 高等工程教育研究，2005（6）：1-8，14.
② 卢锡雷，姜平，李娜，等. 顺应知识易获得特性的高等工程教学方式变革思考［J］. 高等工程教育研究，2018（3）：150.

中心，表现为"我要学、我选修、我转院、我成功、我受益"，给予学生自主权，培养学生独立思考的能力，挖掘学生最大的价值；最后根据实际情况，对学生的知能结构进行培养。"相对于传统的工科人才，未来新兴产业和新经济需要的是工程实践能力强、创新能力强、具备国际竞争力的高素质复合型'新工科'人才，他们不仅在某一学科专业上学业精深，而且还应具有'学科交叉融合'的特征；他们不仅能运用所掌握的知识去解决现有的问题，也有能力学习新知识、新技术去解决未来发展出现的问题，对未来技术和产业起到引领作用；他们不仅在技术上优秀，同时懂得经济、社会和管理，兼具良好的人文素养。"[1]

工程教育需求复杂多变，核心需求情况各不相同，但从现状可知，各需求的满足度仍有待提升，且各需求之间存在着相互影响关系，可用"企业需求+经济发展水平（GDP）"评价主管政策的实用性；用企业需求检验学生学习情况；用师资能力满足学生需求；用师资能力落实主管政策，各需求之间相互促进、相辅相成。最终，由国际竞争力和国内发展生产力及满足美好生活追求的程度，来衡量工程教育的成功。

4.3 工程教育需求耦合机制

4.3.1 耦合内涵

"耦合"一词来源于物理学，指物理系统中两个或多个子系统通过各种相互作用相互影响的现象[2]。耦合的相关研究起初在物理学、化学、软件工程学等领域应用较为广泛，随着多学科融合发展以及系统间的相互影响普及开来，耦合理论在经济地理学、交通运输、物流等领域也得到较为普遍的应用[3]，工程教育也存在需求、环境、内容、师资、条件等多重耦合的关系。

耦合的强弱取决于系统间的复杂性、引用模块的位置和数据的传送方式等，而模块间的耦合度（性）直接影响系统的可理解性、可测试性、可靠性和可维护性。根据耦合度（性）的不同，又可以分为松散耦合（低耦合性）和紧密耦合（高耦合性）。松散耦合和紧密耦合没有高低之分，需根据具体情况选择合适的耦合关系。与耦合性相关的一个概念就是内聚性，耦合性着重于不同模块之间的相依性，内聚性则着重于同一模块中不同功能之间的关系性，紧密耦合关系就代表着高耦合性低内聚性。

多个要素可无序组合成一个整体，但却无法构成系统，一个系统所具有的整体性是在一定的组织结构的基础上得以呈现的，这就要求系统内所有要素要以事先设计好的途径和机理相互联系、相互作用。

"三个和尚没水喝""三个臭皮匠顶一个诸葛亮"，前者是一个系统内所有组成要素进行

---

[1] 王庆环. "新工科"新在哪儿 [N]. 光明日报，2017-4-3（5）.
[2] 邓余玲. 基于耦合分析的内陆港多式联运通道优化研究 [D]. 成都：西南交通大学，2021：18.
[3] 邱均平，刘国徽. 国内耦合分析方法研究现状与展望 [J]. 图书情报工作，2014，（7）：131-136，144.

了拼盘式叠加，总和结果因缺乏内生动力而难以成为有体系的系统；后者是一个系统内所有要素被关联耦合，体现了系统的目的性。可见，系统中各个组成要素之间的相互配合、有机耦合促进系统具备整体性、有序性、动态性、目的性等特点。人类社会也因社会分工和个体差异，不同个体之间通过协作、竞争和激励等耦合方式，呈现特有的群体智能，达到"整体大于部分总和"的效果。

多个要素耦合又会产生耦合效应，耦合效应指两个或两个以上的系统或两种运动形式之间通过各种交互作用而彼此影响，从而联合起来产生增力，协同完成特定任务的现象，又称互动效应、联动效应。宏观天体世界因引力场交互而呈现的斗转星移、节气变迁和昼夜交替，微观物质世界因微小粒子（如原子、电子、夸克等）交互作用力而展示井然有序的物质合成与生命演化，其背后是强相互作用力、电磁力、弱相互作用力、引力这四种基本力所萌发的内在耦合效应。

可见耦合无处不在，但效果又千差万别，在新范式时代，小到一个系统，大到一个行业，都需加强顶层设计，促进系统性的耦合。在工程教育中，存在多重要素需要进行耦合：复杂需求内部的耦合，需求与内容（供应）之间的耦合，以及人才与需求的反馈式耦合等。在良好的教育耦合系统中，只有主动打破制约各个关联要素有机耦合过程中可能存在的藩篱，加强集成式、融合式创新人才培养，耦合要素方可内驱成势、乘势成长，进而推动系统本身演化完善。

4.3.2 耦合机制的类型

"机制"一词源于希腊文，原意是指机器的构造和工作原理。在生物学以及医学的类比使用中，机制通常表示有机体发生生理或病理变化时，各器官之间相互联系、作用和调节的方式。应用到社会、经济与管理学等领域中，机制常常重在说明在一定的社会组织或经济体中，各构成要素之间相互联系和相互作用的关系及其功能。

机制刻画了事物运动发展与变迁的内部性规律，再结合耦合的内涵与性质，耦合机制可定义为导致事物或系统发生方向性变化的，存在于关联事物或关联系统之间的非线性、复杂作用关系。耦合机制又可以根据耦合方式的不同，分为决策机制、整合机制、融合机制、协同机制和转换机制，如图4-8所示。

决策机制是指决策组织机体本身固有的内在功能，即决策组织本身渗透在各个组成部分中并协调各个部分，使之按一定的方式进行自动调节、应变。决策机制通过决策组织形式、决策体系、调控手段等互相衔接，设计形成一套需求耦合机制，精准定位需求，科学决策。如工程教育决策系统各要素之间的相互关系和内在机能，客观地反映了决策机体的运动变化规律，并决定着决策行为的有效性程度。工程教育决策机制在耦合机制中处于主要地位，不仅是设计其他机制的基础，而且又贯穿于其他机制运行的始终，健全的决策机制是有效耦合的必要条件。

整合机制是通过整顿、协调、合并重组等工作，消除不同因素和部分存在的分离状态，使之成为统一整体的过程。对各需求进行充分考虑，形成一套有价值、有效率的整合机制，

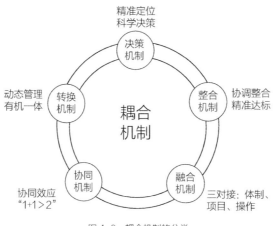

图 4-8 耦合机制的分类

推动工程教育目标更精准地完成。一个有效的整合机制是具有多层次全方位教育需求表达渠道，能够反应各主体诉求，通过协调重组能提高教育效率、获得竞争优势的流程化过程。

融合机制就是为了使不同事物能够顺利、恰到好处地合而为一而构建的体制和制度[①]。融合机制不是若干个体制和制度的简单罗列与相加，而是一项复杂、互融的系统建构工程，其中的每一体制和制度都不是一种孤立的存在，而是紧密相连、环环相扣，具有密切内在逻辑的关联。工程教育通过融合机制的协调运行而发挥作用，实现教育各要素在社会、产业、资源等各层面充分整合协调、相互促进、完全融合。通过体制、项目、操作三对接，形成教育各要素的有序结构。

协同机制是指按照实际情况建立相应的协调机制，主要涉及领导、组织、执行、督察、考评、奖惩等方面的规则建立与运行。协同不仅包括人与人之间的协作，也包括不同应用系统之间、不同数据资源之间、不同终端设备之间、不同应用情景之间、人与机器之间、科技与传统之间等全方位的协同。教育协同机制的建立与运行会带来协同效应，协同效应又称增效作用，是指两种或两种以上的组分相加或调配在一起，所产生的作用大于各种组分单独应用时作用的总和，即"1+1>2"的效应，也可能是"1+1>10"的量级效应。通过协同效应推动教育事业的前进发展。协同机制旨在打破条条块块的山头、割裂、孤岛等陋习。

转换机制是将各要素从一种形式变成另一种形式的结构关系和运行方式。工程教育通过连续不断地对人、财、物、技术、信息等各种要素进行分析，在教育转换机制的作用下将问题转化成需求，将需求与供应端到端对接，通过动态管理，产出系统且灵活的工程教育体系，实现组织、任务、资源、信息等的有机一体化。

根据实际情况的不同，在正确的时间选择合适的耦合机制对需求与供应进行耦合，可以是一种机制，也可以是多种机制共同作用，通过敏捷化的工程教育耦合，更快更高质量地培

---

① 刘丽波，迟文旭，徐亚旭. 浅谈高校"思政课程"与"课程思政"融合机制的构建[J]. 吉林省教育学院学报，2022，38（6）：20-25.

养出更多更杰出的工程教育人才，并将这些人才提供给工程建设行业，促进国家基建行业的发展和经济的腾飞。

4.3.3 内容耦合需求

"缺人才"不只发生在未来，还发生在当下。目前迅猛发展的大数据、物联网、人工智能、移动互联、云计算、量子计算机、网络安全、大健康、虚拟仿真等新经济领域都出现了人才供给不足的现象，暴露出我国工程教育与新兴产业和新经济发展有所脱节的短板。对于人才的培养紧迫而又困难，其一受综合复杂的需求的影响，其二是人才供应和需求的不对口，其三是需求的多变，导致出现有人才又缺人才的情况。

需求是动态的，构成也是动态的；在构成的组成中，一些是不明确的，如未来趋势的需求也是多元化的，教育影响到的主体是极其广泛的，多方需求不仅要求工程关联知识复合，还要求跨界跨行，甚至人文社科和自然科学的融合。对需求的综合耦合考虑，均衡统一，其机制是复杂的；统一后的需求表达输出到培养方案的编制，构成教育需求研究的重点环节。

并非所有需求都能和教育内容——对应，且能进入课堂教育实施的。将所有需求进行研究、判析、糅合成包含全面、权重分配合理的内容，才有可能形成专业需要、课程承载的体系。这个工作，就是内容耦合。

由于培养目标与定位不同，工程教育内容也不同，在需求响应上，内容耦合的原则也会有所不同。但是核心的原则应该包括以下几个：①体系性原则——内容的完整性。理论知识与实践能力，基础性与方法性要有通盘的完整体现。②有机性原则——知识的关联性、穿透性，将相似类别的知识进行渗透教育，独立发展的同时相辅相成。③效率性原则——创建需求与内容的连接，实现最小投入最大产出，缩短培养时间。④可拓性原则——内容灵活可变、具有弹性、成体系化，能够应对未知的需求，是功能多样化的体现。

耦合原则的选择又受到耦合方式的影响，根据追求和能力的不同采取的耦合方式也不同，耦合方式可分为：①问题导向方式——对于补充和完善型追求，宜采用问题导向方式。②目标导向方式——对于追求更高目标，以目标牵引追求更高更快。③理性辨析方式——思想资源丰富、团队思考力强的，可以更多采用理性辨析方式。

但由于影响工程教育的需求繁多，且各因素之间存在一定的关系，导致需求牵一发而动全身，如图4-9所示。各需求因素之间存在着直接或间接的影响，要较快捷地归集需求、耦合需求、响应需求也非常困难。因为这需要具备组织健全、机制灵活、设施完备、师资敏感、整合快速的基本条件，需要建立需求耦合机制，解决"教育为谁"的问题，知能教育，应当更接近行业，接近工程一线，工程界不仅

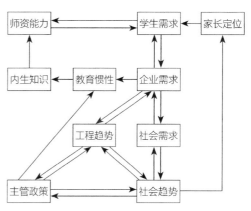

图 4-9　工程教育需求间的关系

仅需要博学的人,而且需要能解决复杂工程问题的人,充分发挥其自主性和能动性。

4.3.4 耦合机制的构建

需求要快速被聚焦,需要有相应的需求诊断机制、内容耦合机制和反馈机制,能够整合供求关系,反应知能结构,进行人才培养,将学科内容表达成文字、图片、视频、声像、模型,进入教材、进入课堂,形成教学的生动形式和实用内容。反映需求的渠道有很多,但是不建立常规机制,脱节是不可避免的,图4-10展示了工程教育需求耦合机制。

图4-10简约地描述了工程教育全过程,使其实现多环节耦合、多重闭循环、多层次交融。从图4-10可知,模型从融合国际的评估开始,反映大循环的起点,主要由侦测国际竞争的方式、强度和研究全球范围的生存与发展模式(如农业化生存到工业化生存)两方面组成。培养学生的国际化视野,也应当着眼于此。常设机制为国际关系研究、未来学等机构的研究和交流。由于存在需求各方都有各自的体验和评估国际工程教育需求的渠道与方法,信息多源、混乱,要求增强鉴别力,实属必然。

其中,综合需求由社会需求、企业需求等十个要素构成,通过需求诊断机制对综合需求进行诊断,判断是哪个(些)需求发生了改变,以及需求的构成与权重,并提供具有针对性的工程教育供应(内容),再选择合适的耦合机制将需求与供应进行耦合。工程教育供应(内容)包括四方面:①目标建设,以目标为导向,进行顶层设计,均衡整合知识与能力,建立合适的内容知识体系;②培养体系,其包括课程体系和实践体系,课程体系是学习基本工程知识的主要场所,包括教学基础课程、专业课程、拓展课程和教学数据库等;实践体系是巩固工程知识,实现工程教育效果升级转型的关键,包括实验、实展、实工、实仿、

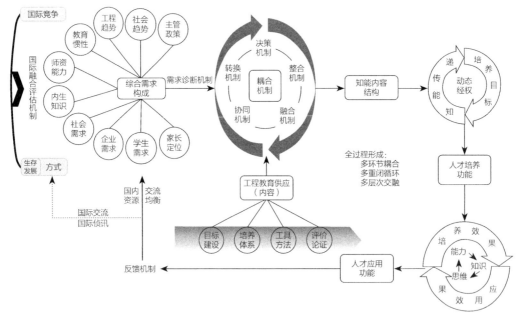

图4-10 工程教育需求耦合机制

实习、实岗等；③工具方法，工具方法是进行工程教育不可缺失的载体，如流程工具、IT系统、表达工具、模型化工具等，而新技术的不断出现也引发了工具方法的不断变革，影响着工程教育的结果；④评价论证，评价论证是工程教育体系的完整一环，关乎工程教育体系可持续发展的未来，科学的评价论证是工程教育体系良好发展的保障。

需求与供应在耦合机制作用下进行知能传递，实现人才培养目标，通过对"知识→思维→能力"链条的反复锤炼，提高学生的思考力、整合力、执行力，提升人才培养效果，并对人才应用效果进行检验和评价，如第三方评价、后评价等，通过服务于社会，工作于企业，潜移默化地对需求产生影响，即存在反馈机制，使之成为一条闭环的社会进化之路，从需求出发再反馈到需求，真正做到从源到汇，再从汇到源，并在培养耦合路径中进行中期检验和纠偏，走工程教育的高效培养之路。同时，反馈机制除对于国内资源的均衡交流，还需融合国际评估机制，国内外的交互促使工程教育体系生生不息。

一个重要的问题是耦合机制的主导主体。在战略层面，国家掌握着多渠道、多资源、多组织，负有指挥、协调、政策的权限和责任。在管理层面，学校是一级独立法人，拥有确立办学定位、管理机构、运营流程体系、师资培养、招生政策和办学条件建设维护等能力与权力。在操作层面，理论和实践的教师，具有专业视野、领域深度和实操知能，并且掌握过程经权均衡技巧。耦合需要战略、管理、实操的有机联动，高度内融，激发各自资源优势最大化。将其施加于接受教育的学生对象上，能够发挥学生的积极性、能动性，为取得优质教育成果创造条件。

4.4 卓越工程师的工程观

新时代卓越工程师，需要具有大工程观，没有大工程观必然不能成就卓越的工程师。这为整个培养机制，设定了强约束条件，这是由"大变局"的时代特征决定的。大工程观之大，在于其立足工程在世界中的地位、作用和影响，在时间和空域、应对和消除负面影响上，在支撑人类生存和发展上，在实现"三和、三简、三好"的工程目标上，均能有积极、清醒的认识，具有完整的、系统的知能结构，具有发挥良好作用的能力。

4.4.1 工程视角下的世界观

世界观来源于人的生产和生活实践。人类从诞生之日起，为了自身的生存和发展，就必须进行物质资料的生产，并在改造自然和改造社会的实践中形成了人与人之间的各种社会关系。在实践过程中，人们逐渐形成了对世界以及人与世界的关系的看法。世界观是人们处在不同时间不同位置时对世界的认识，是人们对整个世界以及人与世界关系的总的看法和根本观点。世界观的实质是从根本上去理解世界的本质和运动根源，解决的是世界"是什么"的问题。世界观具有实践性，人的世界观是不断更新、不断完善、不断优化的。

世界观往往是一种预设的假说，或被大量具体事例反复印证的原理，在形成新的世界观时需要方法论的作用。世界观和方法论是一致的，有怎样的世界观就有怎样的方法论，且方法论对世界观也有一定影响。方法论是如何证明世界观的学说，是一种以解决问题为目标的理论体系或系统，通常涉及对问题阶段、任务、工具、方法技巧的论述，解决的是"怎么办"的问题。

世界观建立于一个人对自然、人生、社会和精神的科学的、系统的、丰富的认识基础上，其包括自然观、社会观、人生观、价值观、历史观、物质观、运动观和时空观等。在工程视角下，可将世界观具象化为工程伦理（工程技术伦理、工程文化伦理、工程道德伦理）、三和（与自然和谐、与人类友好、与社会融合）、三简（功能简约、结构简单、流程简化）、三好（项目指标控制好、各方满意好、企业发展好）等，而在工程教育中对于工程世界观的教育应以哲学思想的教育为基本途径，研究工程活动的基本立场、基本观点、价值定位和方法导引以及方法论探究。如图4-11所示，前沿的《工程哲学》研究成果，可总结为基于"科学、技术、工程"三元论的六论："工程本体论、工程价值论、工程知识论、工程方法论、工程演化论和工程流程论"。

图4-11 工程哲学六论

工程本体论：关于工程"是"的论述。工程本体侧重于工程的本质构造，阐述工程的"构造、组成、结构、周期"。

工程价值论：关于工程"价值"的论述。工程诞生以来就是价值驱动的。从躲避风雨雷电、猛兽毒虫的居所，到观赏、舒适、享受、财富的所在，工程成为价值的载体甚至生活方式。

工程知识论：关于工程"知识"的论述。工程知识侧重于工程知识体系与传播，包括工程认知、知识体系、学科体系、专业课程等。

工程方法论：关于工程"方法"的论述。工程方法侧重于工程的技术与手段，包括"工程全生命周期""STEM四源论""工程九要素"，以及"管理"的方法、"工法"等。

工程演化论：关于工程"来龙去脉"的论述。工程演化侧重于工程的历史与趋势，包括"构造、组成、结构、周期""功能、结构、工艺""材料、设施、设备""语言、管理、工具""工程九要素"的演化。

工程流程论：关于工程构建"过程"的阐述。工程是复杂的综合过程，在这个复杂的过程中，影响因素有很多：环境、技法、材料、观念等等，因此，工程也多彩绚烂。

随着世界观的不断演化，方法论的不断进步，系统的工程观逐渐建立起来，正确运用科学知识，系统地解决真实情境下复杂问题中所表现出的思维习惯是工程观的内核，理论联系实际是工程观的灵魂，工程观的建立对推动"自然—工程—社会"的和谐关系具有重要意义。

4.4.2 新形势下的工程观

工程观经历了漫长的历史演变，主要分为三个阶段：第一阶段，基于传统工程概念，重点是获得专业的技术知识。第二阶段，以结合数学、物理等基本学科的"工程科学运动"为导向，但由于过分科学化，偏离了以实践为基础的工程教育的本质。第三阶段，1993年，美国麻省理工工学院院长乔尔·摩西（Joel Moses）倡导了新的工程教育思想，标志着工程观的发展进入了回归工程运动的工程系统阶段，修正了第二阶段出现的偏差[①]。从工程观发展的三个阶段可以发现，知识学习与实践是工程的两大基石，缺一不可，否则将会出现偏差。

关于工程观本质的讨论，主要有以下几种：①工程观是一种知识体系和实践体系的整合，具体是指在人文和科学的基础上形成跨学科的知识，并将科学、技术、经济、生态等跨学科的知识应用于具体的工程活动中，用以解决实际问题。②工程观的本质强调了系统认识事物的思维方式，具体体现为在知识体系与实践体系整合的过程中，以科学知识为基础对各种技术要素、社会要素和环境要素进行系统集成[②]。③工程观是责任意识指导下的价值综合、操作综合和审美综合的统一，这三者的统一是对工程观系统性的全面展示[③]。④工程观的本质是为学习者提供全面的知识背景和实践的可能性，并且强调工程观的培养需要将知识运用到真实情境中[①]。

但无论是哪种观点，都强调了系统是工程的研究对象，且工程系统是开放、动态、复杂的，我们应当用发展的、联系的、整体的眼光正确看待日益复杂的工程系统。可见时代的不同又会对工程观产生不同影响，新形势下的当代工程观是学习者正确应用工程知识解决复杂问题的能力，各类工程活动都是自觉或不自觉地在某种工程理念下支配进行的，如工程涉及工程决策，在决策过程中，不仅需要工程知识的支持，还需要权衡各方矛盾和制约因素。正确的工程观要求学习者对人—社会—自然有一个更正确的认识。

与工程观相匹配的就是方法论，特别是在科技迅猛发展的新时代，工程观与方法论又有其独特的内容，当代（新形势下）工程观与工程方法论研究的基本思路如图4-12所示。

工程的本质是为改造世界而进行的造物活动，工程活动是现代社会存在和发展的基础，是人类能动性的最重要、最基本的表现方式之一。从"自然→科学→技术→工程→产业→经济→社会"学科链来看，当代工程不仅具有自然科学技术的性质，而且具有人文社会科学技术的性质。其是联系自然界和人类社会最重要的中间环节，并具有更加丰富的内容。

当代工程观不仅开拓了从自然观到历史观的通道，而且为科技哲学（自然辩证法）学科的发展增添了新的重要内容。主要包括：工程本质论、工程系统观、工程生态观、工程价值观、工程伦理观、工程社会观和工程文化观等工程观的基本理论，工程活动共同体、工程实

---

① 李润，关志强，邹刚明."大工程观"研究综述［J］. 南方论刊，2011（5）：42-45.
② 何琳. 聚焦工程观发展的高中化学教材研究［D］. 上海：上海师范大学，2021：4.
③ 王雪峰，曹荣. 大工程观与高等工程教育改革［J］. 高等工程教育研究，2006（4）：19-23.

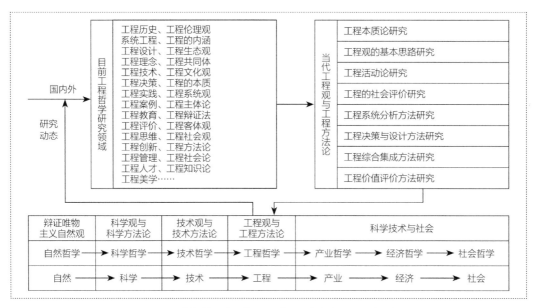

图 4-12 当代（新形势下）工程观与工程方法论研究的基本思路

践论和工程创新论等工程活动论以及工程的社会评价理论等。同时，当代工程方法论同样为其学科发展增添了新的重要内容，主要包括：工程系统分析方法、工程决策方法、工程设计方法、工程综合集成方法和工程价值评价方法等。

在现代社会，工程的数量越来越多、规模越来越大、程度越来越复杂，具有"高大深长尖特"等特点，工程与工程、工程与自然、工程与经济社会之间以及工程自身内部等都具有极其复杂的关系，需要进行跨学科、多学科的研究，特别需要从宏观层面、以哲学思维把握工程活动的本质和规律。

当代工程观与工程方法论的研究，当代工程教育对于综合理性的呼唤，适应了当代工程观对工程实践的要求，实现了工程教育模式的转变。工程教育要培养适应当代工程活动特点的工程创新人才，工程教育要体现当代工程观与工程方法论的基本思想和重要内容[1]。

工程教育的内容要体现当代工程观的基本思想。社会的进步和发展离不开工程的建设活动，构建和谐社会更离不开高素质的工程人才培养和有效的工程建设活动。分析研究当代工程建设的问题，反思和批判传统的工程观，揭示工程与生态、社会、经济、文化、政治等领域相互作用的特点和规律，形成当代工程观和工程理念。用当代工程观来开展工程评论，提升工程品质，指导和改变传统的工程观念和工程活动模式，协调科学规律、生态规律与社会规律。努力做到在工程的规划、设计和实施中减少问题，突出发展和创新，为建设和谐社会做出工程实践方面的贡献。

当代工程观要求培养具有适应当代工程实践和工程科学特点知识结构的创新人才。21世纪工程技术的发展更加突出了工程教育的综合化发展趋势，要求工程教育模式要打破专业界

---

[1] 杨水旸. 当代工程观与工程方法论探讨 [J]. 南京理工大学学报（社会科学版），2011，24（6）：57–60.

限，拓宽专业领域，注重学科交叉，立足素质教育，加强创新能力的培养，突出综合性、整体性、系统性思维训练。教育的综合理性正是适应构建这种教育模式的必然选择。这一教育模式在教育理念上消除了科学知识和人文知识的二元对立，在教学内容上坚持科学知识和人文知识的结合，有效解决了工程教育强调单一和专业化的局限，为培养具有创新和发展能力的新型工程人才提供了支持[①]。

总之，当代工程观要求我们面对21世纪全球社会经济发展模式和科学技术发展的立体指向来调整高等工程教育的宗旨、结构、模式、内容、方法，其中最为根本的是要更新在20世纪形成的教育观念，以综合理性的精神塑造新的教育观念，在工程教育中贯彻和渗透当代工程观的教育思想，为新世纪培养复合型工程技术（管理）人才，使他们能够综合考虑工程和经济、社会、科学、技术、生态、环境、人性等多重因素的相互关系，为人类进步做出新的贡献。

4.4.3 卓越工程师的工程观

从美国工程与技术认证委员会（ABET）对21世纪新的工程人才提出的11条评估标准中，可以发现新世纪工程人才需要具备以下三种素质：一是具有工程实践能力，二是综合的知识背景以及整体性的思维方式，三是职业道德及社会责任感[②]。

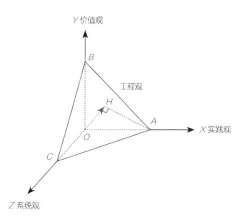

图4-13 工程观的三维立体模型

而这三种能力在工程观上的体现则是实践观、系统观和价值观，如图4-13所示。实践观，主要是指工程实践：正确运用科学知识和生活经验来指导工程实践，并在工程实践的过程中检验科学知识，加深对科学原理、概念的理解。系统观，即系统的思维方式：结合知识、时代和社会背景等信息，系统地、整体地思考问题的方式。价值观，主要是指对工程与人、社会、自然三者之间的认识。一名卓越的工程人才应具有高实践观、高系统观和高价值观，即高工程观。对于工程观高低的判断虽然无法用数据来衡量，但可以通过后续的工程实践活动进行检验，这也为工程观的理论构建奠定了基础。

而我国高等工程教育教学改革，其目的就是要在大工程观的教育理念背景下，培养能适应21世纪社会经济、科学技术、文化发展需要的工程人才。这样的人才规格具体体现在五个方面：一是基础扎实，二是知识面宽，三是能力强，四是素质高，五是富有创新精神和创新能力。这五个方面的内容反映在学习者的能力结构上，可分解为以下四个能力：一是良好地吸收知识的能力，二是创造性观察与思考的能力，三是工程设计与实践的能力，四是工程管

---

① 汪应洛. 当代工程观与工程教育[J]. 西安交通大学学报（社会科学版），2008（1）：6-8，40.
② 方必军，王芝秀，杜庆柏. 美国高等工程教育课程设置特点及其启示[J]. 学理论，2010（21）：259-261.

理与企业管理能力[①]。

为了培养造就一大批能力出众、适应经济社会发展需要的21世纪新型工程人才，教育部于2010年启动了"卓越计划"。过去的工程师培养，主要致力于培养某一专业（专业面很窄）的技术人才，虽然也是社会所需，但缺少能把握大工程、复杂工程的人才，缺少创建新的工程领域的人才，缺少具有工程战略思维的人才。

而卓越工程师的培养具有独特的三个特点：一是行业、企业深度参与培养过程，二是学校按通用标准和行业标准培养工程人才，三是强化培养学习者的工程能力和创新能力。通过创立高校与行业、企业联合培养人才的新机制，强化以工程能力与创新能力为重点改革人才培养模式，改革完善工程教师职务聘任、考核制度，扩大工程教育的对外开放程度，促使教育界与工业界联合制定人才培养标准，真正做到业界联合深度创新培养。

对卓越工程的能力进行培养的同时，也必须注重心性和眼界的培养，没有宽阔的视野和高超的管理站位，是无法凭借技能成为卓越工程师的，建立一个新的工程观或者是大工程观是迫切且必要的。大工程观是20世纪90年代美国麻省理工工学院院长乔尔·摩西（Joel Moses）最先提出的，也是美国当时"回归工程运动"的延续，核心是"工程系统学"，既是工程技术本身所形成的系统，又是工程与其相关的非技术因素所形成的系统。大工程观包括：①宏大或复杂工程视野——对大工程、复杂工程应该具备的系统认识；②多学科视野——从多学科的视角审视科学与基础理论素养；③人文情怀——工程内含的对"人"的关怀；④工程组织素养——为大工程、复杂工程的组织所必需。

可见，大工程观需要"宏"思维和"复杂问题"意识。"宏"思维是超越于专业之外的社会、科技、文化等多方面的重大问题的思考及领悟能力，从系统的角度，从时间、空间的大尺度观察、思考问题。如"工业4.0"和"工业互联网"呈现的"宏"思维：①工程多学科的联系；②企业内部各种物、人、事件之间的联系；③产业链之间的联系；④企业与社会。而"复杂问题"意识则是复杂性的体现，复杂需求的延伸，"复杂问题"意识包括横向和纵向，横向涉及多学科、多领域，纵向是产品流程的多步骤与全生命周期。但并不是通过堆积很多知识，甚至开设一些不必要的课程，不要让知识淹没智慧，主要应当培养学习者解决复杂问题的能力，关键要有"复杂问题"意识和视野。大工程观还需要"微"思维，融合"宏"与"微"的思维，构成"端到端"的链性思维，才能真正反映系统工程的真实内涵，所谓"致广大而尽精微"，具有构思宏大工程的能力也需要精细实施和精准运管的能力。

卓越工程师应具备新的工程观，既是科技发展的趋势、学科交融的必然，又是社会时代的需求。新的工程观包括实践观、综合观、价值观，也包括"宏"与"微"思维和"复杂问题"意识，将工程观作为一种统筹整个工程主题的大观念进行培养，结合大观念建构教学和跨学科教学，未来的工程教育应更好地适应这一趋势。

[①] 杨琳. 大工程观背景下大学生科技创新与工程素质的培养［J］. 江苏高教，2006（2）：100-102.

第 5 章
工程教育目标与差距

本章逻辑图

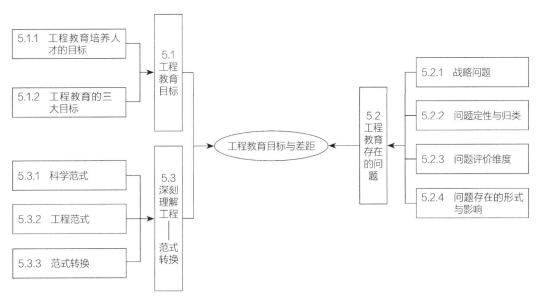

图 5-1　第 5 章逻辑图

没有目标，就不可能细化出指标，也就无法评价偏差和结果达成程度。多样化的目标有利于发展丰富的世界审美。实现目标的最初步骤，就是分析判断存在的现实差距和需要解决的问题。进一步，更为重要的难题是认识到工程教育范式截然不同于科学教育，改变就更需要勇气和方法。

5.1 工程教育目标

教育的本质是指教育的内在要素之间的根本联系和教育作为一种社会活动区别于其他社会活动的根本特征。与"教育现象"相对，教育是培养人的活动。自有人类社会以来就有教育，而教育的职能是根据一定的社会要求，传递社会生产和生活经验，促进人的发展，培养社会需要的人才。这个基本特点存在于各种社会的教育活动之中并使之区别于人类其他社会活动[①]。

工程教育的目的是培养工程师，而工程教育目标的表达体系，应当具有多样性，这一点也毫无疑问具有挑战性。WA作为国内多数高校工程类专业本科生能力标准的工程教育专业认证标准依据，为我国的工程教育事业培养优秀工程师提供了新的标准和评价方法。但"大一统"的目标模板，未必见得是好事情，事实上也难以实现。时代处于动态变化之中，知识也是随之增长，在数字时代知识增长速度尤为明显。因此，面对新工艺、新技术、新能源等新兴事物的冲击，如何制定一套适合本国国情的工程教育体系，培养出新时代卓越工程师是工程教育界亟需解决的要事。

5.1.1 工程教育培养人才的目标

人才培养是大学办学使命和实践诉求的集中表达。而工程教育则是对于工程人员的培养所进行的一系列教研活动，是指教师有目的、有计划、有组织地引导学生学习和掌握工程理论知识和技能，促进学生素质提高，使他们成为社会需要的人。因此，如何制定工程教育人才培养的目标很大程度上决定了受该工程教育目标培养人的未来发展以及行业的发展前景。

我国工程教育的起源可以追溯到清末的洋务运动。1904年1月，清政府颁布了《奏定学堂章程》，即"癸卯学制"，并于1906年3月，颁布了"忠君、尊孔、尚公、尚武、尚实"的教育宗旨，是我国近代第一个由中央政府颁布并正式在全国实施的现代学校教育人才培养目标。中华民国年间，时任教育总长蔡元培确立"注重道德教育，以实利教育、军国民教育辅之，更以美感教育完成其道德"的教育宗旨，并于1913年依据新的教育宗旨颁布了"壬子癸丑学制"。该学制取消了"癸卯学制"中的实业学堂，代之以专门学校，在课程体系中引入了一些先进国家工科学校的新课程，使我国高等工程教育制度向现代化迈出了新的一步[②]。在新中国成立之后，教育部于1952年实施以苏联教育制度为蓝本，"以培养工业建设人才和师资为重点，发展专门学院，整顿和加强综合大学"的重大措施，为我国构建起影响至今的工程教育体系[③]。

诚然，我国工程教育在这百年的发展史里，特别是在新中国成立后工程教育得到了长足

---

① 顾明远. 教育大辞典 [M]. 上海：上海教育出版社，1998.
② 璩鑫圭，唐良炎. 中国近代教育史资料汇编·学制演变 [M]. 上海：上海教育出版社，1991：538.
③ 王孙禺，刘继青. 中国工程教育发展史研究的理论进路与解释框架 [J]. 清华大学教育研究，2009，30（2）：13-18.

的发展，尤其是自改革开放以来，中国的高等工程教育不断摸索自己的发展道路，进行了一系列改革，初步形成了学科门类基本齐全、多层次、多形式的工程教育体系，为国家培养了大批工程科学技术人才[①]，推动了社会主义事业的发展前进。但随着我国经济快速发展，环境污染日益严重、资源约束趋紧、生态系统严重退化，经济发展不平衡、不协调、不可持续的问题越来越突出，传统工程教育教学沿用理工科教学模式，缺乏对工程教育的针对性，未能抓住其核心，已不能完全适用于当下的工程教育专业认证标准[②]。

时代的发展促使社会迫切地需要高质量的工程人才。2021年9月，习近平总书记在中央人才工作会议上强调，当前"我们比历史上任何时期都更加接近实现中华民族伟大复兴的宏伟目标，也比历史上任何时期都更加渴求人才""要培养大批卓越工程师，努力建设一支爱党报国、敬业奉献、具有突出技术创新能力、善于解决复杂工程问题的工程师队伍"。可见，培养职业素质高、综合能力强、应急反应快、处理事物高效的工程人才是顺应时代发展的必要选择，也是实现中华民族伟大复兴宏伟目标的迫切需求。因此，如何构建实践接触面广、敏捷高效化的人才培养体系成为亟需解决的事宜。

5.1.2 工程教育的三大目标

培养工程教育的人才，首先应了解工程的本质。朱高峰院士认为，工程是人们综合应用科学（包括自然科学、技术科学和社会科学）理论和技术手段以改造客观世界的实践活动。而随着科学技术的迅速发展，有更多、更完善的科学理论指导工程实践，也有更多、更先进的技术手段供工程师在实践中应用，这就衍生出现代工程。现代工程所具有的科学性、社会性、实践性、创新性、复杂性等特征日益突出，工作内容也不断扩展，同各个学科交叉的情况也愈演愈烈。因此，现代工程教育不仅需要传授工程学的基本知识和基本技能，更需要培养学生整合、应用所学知识和技能解决实际工程问题的综合能力[③]。在人类命运共同体、中华民族共同体，社会主义建设需要的前提下，面向"综合能力"培养这一目标，本书提出微观操作的"3H3T"工程教育目标。

1. 何为"3H3T"

工程教育的三大目标是作者经过数十年的项目实践与工程教育教学，根据时代背景以及国家需求、社会需求等要素总结出的"3H3T"工程教育培养目标，如图5-2所示。3H：身体成长、心智成熟、知识增长，3T：提高在校培养效率（缩短在校培养时间）、缩短适应岗位时间、延长知识适岗时间。

1）身体成长

健康的体魄是一切行动的基础。工程师经常会在陌生的环境下，甚至是恶劣的环境下开

---

① 张国玲，高建军，刘新，等. 从工科毕业生现状及企业需求看工程教育改革的必要性[J]. 实验技术与管理，2007（8）：112-114.

② 任梦，槐福乐. 高等工程教育教学现状及改革路径——基于工程教育专业认证视角[J]. 晋城职业技术学院学报，2021，14（1）：54-56.

③ 邵华. 工程学导论[M]. 北京：机械工业出版社，2016：1.

展工作，有时还可能因为项目原因必须连续熬夜。如：大体积混凝土浇筑、专项施工方案策划编制等等情形。因此，现代工程师必须拥有健康的体魄。在校期间，不仅要完成专业知识的积累，还要让身体健康成长，掌握养身之道、炼体之法，时刻保障工程师的工作状态与人身安全。工程师需要具有强劲体魄和丰富的知能，大学期间，正是强身健体的大好时机，"为祖国健康工作五十年"，既是国家需要也是个人和家庭的需要。

2）心智成熟

工程师除了掌握必备的工程知识以外，还应注重培养工程师的心智成熟度。工程是建器造物的行为，是注重过程与结果的活动，需要多方协同的实践，过程伴有一定危险性，造物结果具有长远影响。因此，工程师的心智成熟度很大程度上影响着工程的进展、质量、安全、投资、协同，甚至影响项目的成功率；同时，心智成熟在一定程度上还能在面对工程突发状况时，从容不迫地应对问题、解决问题。心智成熟度较高的工程师对于项目的顺利进行起着至关重要的作用。

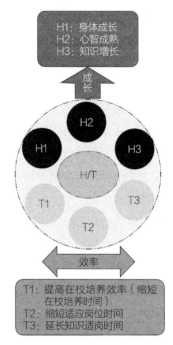

图 5-2 "3H3T" 工程教育培养目标

尤其是对卓越工程师、战略工程师，成熟而富有责任心的心智，十分必要。

3）知识增长

毫无疑问，知识掌握与应用的能力是决定一位工程师职业高度的第一制约因素。因此，培养当代卓越工程师的首要任务就是对其进行有关工程知识的教育。合理地配置工程师的教学课程、梳理出核心知识点、授予业务知识点是工程教育培养的立足点、出发点。

4）提高在校培养效率（缩短在校培养时间）

时间跨度是围绕教育培养不可忽视的问题，通过提高学生在校的效率，进而实现缩短学生在校的培养时间。缩短培养时间有两种解读：一是不同于传统工程培养模式以四年培养为周期的特点，部分专业甚至更长。作者经多年教学实践研究认为，通过改善教育培养体系，从传统科学范式转换为工程范式能够在保障工程教育质量的同时，有效地缩短工程师的培养时间。二是指在原有时间基础上不动，在制定四年的学习过程中掌握以前需五年甚至更长年限的知识体量。这在一定程度上不仅缓解了国家的就业压力，还能让学生早日投身于社会建设，利己利国。"学到定量知能缩短时间和规定时间学到更多知能"，都是追求培养效率，获得工程教育的"敏捷性"的策略。

5）缩短适应岗位时间

顾名思义，缩短适应岗位时间是指学生从学校毕业之后，能够快速地适应就业时的工作岗位职责或是角色担任的责任。这不仅能够促进学生快速转变角色，进而能有效地缓解学生初入社会的焦虑感与不适感，同时还能减少企业的入职培训时长，利于学生就业的同时，从侧面也增加了企业的效益。社会对高校的诟病，直接体现为新入职的大学生（硕博研究生）

不能够"一个顶一个"地完成岗位工作。衔接中的人力资源浪费，非常巨大。严重的甚至认为，几乎是要进行脱胎换骨式的"重新培养"。这很值得警惕！

6）延长知识适岗时间

知识是决定就业前景的必备因素，知识有更新周期。而在当前云计算、大数据、物联网、移动网络、人工智能、区块链、元宇宙等新技术、新模式、新环境下，知识增长速度呈现指数上升。在职期间，过多的培训和脱产学习，综合成本很高，现代工程师面临新工艺、新技术、新环境的情况超出以往数倍，终身学习成为一种必然途径。对于高校，传授更为底层的工程逻辑，更为本质的知识体系和组织方法，促进学生掌握更加高效的终身学习方法，提高在岗期间的知识与能力，适用更长、更新、更快，有利于未来多方面的发展。

2. 为何"3H3T"

为何提出"3H3T"的工程教育培养目标，本书从时代背景、行业前景、知识现状、学生特征等维度对工程教育进行深入思考分析，总结孕育"3H3T"的十大原因：

①知识量增，传递方式改变——形象化、视频化可以更加直观地进行传递；②学生特征改变——对学生兴趣爱好进行研究，改变传统教授方式；③IT迅猛发展——促使教育行业采用立体、多彩、原声多媒体，身临其境；④教育理念变革，推动教学变革——工程教育更加聚焦实践；⑤实证绩效下降，要求全面思变——社会认可度；⑥知识传递规律，应用型人才培养逻辑要求——学习、实践内在逻辑连续性的注重；⑦知识碎片化，应用集成化——加强学习方法、思维层面的教育；⑧互联网思维颠覆世界——互联网+教育（MOOC、微课程等），加快工程知识的传递；⑨社会发展趋势：技术、管理与效率——对教育的知能综合培养要求；⑩知识易获得性，要求教学方式改变——灵活利用多方面知识，交互方式多样化，增强案例契合性，增强学生参与感。

综上，"3H3T"工程教育目标是顺应VUCA、BANI时代而生的产物，符合时代主题，在人类命运共同体、中华民族共同体，社会主义建设需要的迫切需求下，"3H3T"工程教育目标从我国本土孕育而生，不偏离实际，不脱离国情，值得推广普及。

5.2 工程教育存在的问题

"我国的高等工程教育需要进行系统性的体系设计"，当下缺乏的、最紧要紧急的，就是要解决这个问题，即所谓工程教育的"顶层设计"问题。目前高等工程教育发展存在思维、技能、品位三个方面的缺失，如图5-3所示。

系统思维的缺乏，在工程教育问题研究中也普遍存在。对问题本身追问不够、研究不透，是直接导致改进方法设计针对性不足，改进效果不好的原因。因此，系统地、深入地进行问题研究，是解决问题的关键一步。对问题进行

图5-3 高等工程教育发展中的多重缺失

界定、分类、分层，是研究问题的科学解决路径。

5.2.1 战略问题

杜玉波[①]总结了我国工程教育中存在的问题，归结原因在于：①服务"四个面向"不到位；②学科专业特色不明显；③人才培养类型层次不清晰；④缺乏与国家需求和区域经济社会发展需要紧密结合的体制机制。同时还揭示了我国工程教育培养效率的严重问题，突出体现在针对性和适用性方面，以及提高"供需匹配率"、缓解和解决"就业难与找人难"的矛盾等方面。

细节的改进不足以改变工程教育的面貌，需要彻底的、全面的、快速的系统思考和改进，并建立长期的保障机制，才能满足后工业时代的工程教育需要：竞争、创造、融合和敏捷。战略问题对工程教育的发展或者实施战略的能力有重大影响，这是毋庸置疑的。对于战略问题分析讨论对工程教育体系构建的推动与发展有着重要的意义。而观察问题的视角，需要从以下几个方面进行。

1. 国际竞争性

目前，我国流行将学校分为"学术型"和"应用型"，但从国际学位互认的角度看，没有所谓的学术型工程师，工程师本来就是应用型的。国际学位互认协议要求所有本科毕业生的毕业即能解决"复杂工程问题"，不是部分"重点学校"的部分"优秀学生"。但当下我国制定的标准导致只有部分"好学生"才能与协议其他成员国完成毕业生学位互认，这大大地削弱了中国工程类学生的国际竞争力，与我国坚持走出"国门做生意"的战略方针背道而驰，对于中国的学生是不公平的[②]。

2. 内容创新性

创造力来源于想象力，科学巨人Albert Einstein（阿尔伯特·爱因斯坦）曾谈及想象力："想象力比知识更重要。"从无到有创造事物，是工程学的核心。但传统工程教学过程中很少有直接设计以创造性为主题的课程[③]。同时，在教学方法、教学模式等方面的创新严重不足。照搬、照抄国外的方法导致我国一直未能构建适合本土学生的教学体系，从某种角度上看，这种现状无疑制约了我国工程师的总体发展质量，工程师未来的发展高度也大打折扣。

3. 交叉融合性

工程作为学科门类和技术集成系统，囊括科学、技术、管理、社会、文化等复杂领域。由于我国工程教育囿于单一学科体系的专业教育惯性，工科专业建设和人才培养局限在单一工程学科或专业空间维度[④]，造成培养的工程类学生管理知识薄弱、人文知识浅薄、社会技

---

① 杜玉波. 努力构建更高水平的人才培养体系[J]. 科教发展研究，2021，1（1）：44-57.
② 陈道蓄. "以学生为中心"究竟该如何体现[J]. 中国计算协会通讯，2019. 06：15（6）.
③ 邵华. 工程学导论[M]. 北京：机械工业出版社，2016：46.
④ 杨冬. 从科学范式到工程范式：高质量新工科人才培养的逻辑向度与行动路径[J]. 大学教育科学，2022（1）：19-27.

能缺失等情形屡见不鲜，使我国工科人才质量与适用能力普遍较低。专业化工科人才培养取向满足了早期工业化的社会经济建设、工程行业发展和技术人才需求，但与创新驱动的后工业化时代以及愈趋综合化和复杂化的新型工程科技问题并不兼容适应，对形塑未来工程劳动力市场和职业岗位的必备技能、综合能力以及创新创业素质等可持续性素养形成掣肘①。

4. 教育敏捷性

知识的总量剧增、振幅加大、迭代加速是人类文明当下的重大特点。数智时代的到来，无疑以信息量、知识量的暴涨为基本条件。对工程教育在"总量、振幅、迭代"方面的冲击，也远远未被当下多数人认知。这从学者们所关注的话题仍然过多地局限在微观、操作和散碎领域，就可以知道。当前，工程教育研究，可能更需要宏观的、系统的、方法的架构和机制的研究，并以此辐射、涵盖具体的、体系的、工具的、实证的成果积累，才能够体现前沿性、前瞻性和战略性。而对敏捷性的研究是一个综合的、交叉的、系统的前瞻性论题。

5. 个性与批量

个性化与批量化，实质上是农耕文化与工业文化特征在工程教育上的反映。如何将农耕文化的小批量特点转型为工业化的大批量标准化与效率特征，是个重大课题。而如何在后者的进程中，充分发挥小班化、个性化以照顾个体和个人心绪的教育，是转型过程中的相对的另一重大课题。实际上这里反映的是生产方式背后生存方式的改变，在不同的生产方式下，有不同的职业素质和知能结构要求。而教育方式，就是为其服务的。

6. 理论实践性

西安交通大学校长王树国高声呼吁，现在企业的创新能力超过了高校。这种现象，"在20世纪80年代以来中国高等工程教育中表现尤为突出""典型表现在很多学生到工厂后'插不上手'，在学校学习到的技术滞后于工厂的新技术，学习的知识已经老化，或者学生在学校学习的内容太偏重理论、缺乏实用性，到了现代化的生产线，感觉到自己的工程理论知识和工厂实践不匹配。"②

"当前，我们可能处在人类社会进化临界点上。"③这似乎已经足够振聋发聩了。学者许晓东指出，我国工程教育在人才培养上仍然面临一系列新的情况和挑战：世界格局呈现各种各样的复杂环境，美西国家对我国的恶意打压……我们原始创新方面的认识不足，以及对各

---

① 杨冬. 从科学范式到工程范式：高质量新工科人才培养的逻辑向度与行动路径［J］. 大学教育科学，2022（1）：19-27.

② 许晓东. 面向未来高等工程教育发展中的三组重要关系：工程与科学、工程与人文、理论与实践［J］. 科教发展研究，2021，1（1）：58-77.

③ 胡志坚. 信息化：从混沌到简单有序——基于复杂科学研究对人类社会演化的分析［J］. 科教发展研究，2021，1（1）：78-100.

项"卡脖子"工程技术的认识不足等等[①]。其较好地总结了我们面临的教育环境，是一种激烈竞争的环境。值得引起我们的深刻思考和探求。

对于工程教育问题的阐述，视角有很多，方式也有很多。有人认为工程教育的科学成分不足，要求增加科学教育权重，设置未来技术学院[②]；有人认为工程教育的实践训练不足，要求开展高质量的产学研合作，让学生有更多的实践机会；也有人认为工程教育的文化素质教育不到位，著名的机械领域专家杨叔子院士强调应该把科学与人文进行有机的结合，并归结为"五重五轻"的弊端，即重理工轻人文、重共性轻个性、重功利轻素质、重专业轻基础、重书本轻实践。

以考试成绩分层筛选机制形成的"分类"教育，是一种阶级固层，不值得以其做决定性主张。人才聚焦度过大，如进入金融行业和领导队伍，而不愿意当教师、工人、高科技从业者等等。而地域、领域圈、厌学、不解世情等情形使工程教育的发展更不容乐观。实习机制缺失导致实习效果越来越差。产学之间的隔阂甚至一时难以弥补抹平。

在反思教育体系形成的过程中，武断地否定苏联的体系，认为苏联模式就是落后，这个观点是偏颇的，甚至是错误的、不客观的。没有深入的工程教育演化史研究和深刻透彻的反思，就很难真正抓到问题的根源。

5.2.2 问题定性与归类

古人云："扬汤止沸，沸乃不止，诚知其本，则去火而已矣。"解决问题的第一步应是系统性地分析问题，即知己知彼，方能百战不殆。对于工程教育问题的系统性分析应分别从宏观、中观、微观三个层面进行。图5-4是关于宏观、中观、微观关系的综合思考模型。

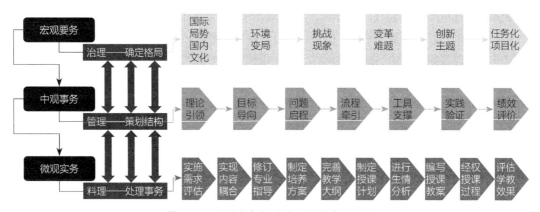

图5-4　工程教育的宏观、中观、微观综合思考模型

---

① 许晓东. 面向未来高等工程教育发展中的三组重要关系：工程与科学、工程与人文、理论与实践[J]. 科教发展研究，2021，1（1）：58-77.
② 教育部办公厅. 未来技术学院建设指南（试行）[EB/OL].（2020-05-12）[2021-11-17］. http://www.moe.gov.cn/srcsite/A08/moe_742/s3860/202005/t20200520_456664.html.

其中，宏观层面即政策制定战略要务，是统领全局的规划；中观层面是对于工程教育的结构分析；微观层面则是落实到高校具体的培养体系构建。宏观、中观、微观三个层面，既互相关联又有一定区别，具体分析如表5-1所示。

工程教育的战略层次关系　　　　　表5-1

层面	宏观	中观	微观
层次	战略要务	管理事务	操作实务
方式	治理	管理	料理
职责	确定格局	策划结构	处理事务
内容	①判析国际局势；②剖析国内文化；③分析环境变局；④梳理挑战现象；⑤罗列变革难题；⑥研判创新主题；⑦筹划任务化、项目化；⑧制定机制，设计政策	理论构建→目标确定→问题确诊→流程规划→工具研发→实践验证→绩效评估	需求评估→内容耦合→专指理解→方案制定→大纲修缮→管控过程→效果评价→学后服务
注重	自然发展规律；气候特征规律；"人类生存状态，文明发展规律"	学科设置管理；教材编写选用；师资建设发展；教学改革优化；思政守正创新；治理提质增效	各高校自身的发展侧重
流程	演进历史→现状评估→变革方案→实施改革→效果验证→总结复制→动态循环		

1. 定性与归类

对问题进行定性研究分析，将其分为：社会级、共同体、复杂性、持久性四个方面，如表5-2所示。

工程教育问题定性研究分析　　　　　表5-2

分类	社会级	共同体	复杂性	持久性
内容	教育政策的导向；高校工程教育的认证；高校工程教育的评估；高校师资的建设；课程价值取向	校企合作机制欠缺；第三方评估机构欠缺	工程教育知识变化；国际局势的变化；国内需求的变化	自然发展规律；气候发展规律；人类生存状态

1）社会级

社会级问题通常指政策性的问题，即影响所有社会群体的问题，是由外界的强制力作用于个体而使个体感受的；或者说，一种强制力，普遍存在于团体中，在特定约束条件下产生一些问题。例如表5-2中的"教育政策的导向"就属于政策性问题，通常具有普遍性、周期性。

2）共同体

共同体问题顾名思义，即两者或两者以上之间的一系列问题。如表5-2中的"校企合作机制欠缺"的问题，以及高校与企业两者共同体如何构建深度合作等这一类问题。

3）复杂性

是指问题由于自身特性或外部因素导致问题呈现错综复杂的属性，如错综复杂的国际变换局势、知识爆炸发展的外部环境与工程知识自身的复杂性、多学科交叉等问题。

4）持久性

持久性是指问题影响的时间长、跨度大的情况。例如人类社会的发展趋势导致建筑物不断地往高、大、复杂、多功能等方面发展。再比如自然环境的变换导致人们对于绿色建筑的呼吁等。而这些情况都将影响行业很长一段时间的发展趋势，故为持久性问题。

2. 管理的力量

管理的问题通常是高校往往容易忽视的问题。科学管理是提高效率、促进各单位各机构和谐前进的关键钥匙，工程师的培养离不开教师与教务人员的配合。目前，不少高校有些规章制度已经无法满足新时代高校发展的要求，政策文件时间还停留在几年前甚至十几年前，无法紧跟时代的脚步，无法体现"人本化"的管理理念，存在明显的滞后性[①]。例如对于学科时间安排上的科学合理性，对于教、研关系上的人性化管理等问题都要引起重视。高校的行政化、教务的官僚化，信息化的严重滞后等都是高校管理中久拖不决的议题。

5.2.3 问题评价维度

对于问题的评价维度同样值得重视，单一维度的评价容易将问题流于表面，而多维度的问题评价能挖掘其本质性的原因，进而能够及时对问题进行有效的分析。因此，本书以多维度展开对问题的评价，分别从理论引领、目标导向、问题启程、流程牵引、工具支撑、实践验证、绩效评价七个维度对问题进行分析（下文简称"七维度评价"）。

1. 理论引领

理论引领主要是指对教育的规律性的掌握，教育事关人的有机成长，事的动态演变，物的与时俱进，毫无疑问，没有深刻理论的支持，就无法引领工程教育取得实效。其体现在政策方针的制定及贯彻执行。教育是举国体制，因此，当下国家对于工程教育政策的制定情况是工程教育发展的约束条件，即在此条件下引领工程教育的发展，此为第一维度。此维度主要包括国外高等工程教育的政策与国内高等工程政策的对比分析，国际环境与国内环境的对比分析等方面。

2. 目标导向

目标导向是解决问题的意向所在，即需要达成的目标与存在的既定问题的矛盾。因此，目标是对于工程教育发展方向的驱动，有目标才有前进的方向，这是对于分析问题的第二维度。此维度主要包括国外高等工程教育目标与国内高等工程教育目标的对比分析，未来国内工程教育目标的提出等。目标是细化指标的指引，也是识别关键问题的指针。

3. 问题启程

"疑是思之始"，问题是思维的起点，也是探究的重点。从问题出发能够更好地找到对应

---

① 杨扬. 新时代高校人本化管理的重要意义和实施路径[J]. 佳木斯职业学院学报，2022，38（6）：102-104.

的解决方法。即针对当下存在的不足与欠缺，提出相关的解决方案，使之一一对应，进而解决问题。此维度主要分析：战略适应性、内容适配性、资源局限性、过程管控性；对于评价机制的权威性，评价体系的科学性、全面性等方面。问题的精准性、针对性，是高效解决问题的关键。

4. 流程牵引

应用流程思想，"以流程为牵引动力"，合理规划解决问题的路径，指导我们通过相关事物达成目标，而高等工程教育的流程即为工程教育培养的体系，此为指导工程培养的具体步骤与方法。此维度主要是针对高等工程师现存培养体系的探讨，以及是否存在科学合理的培养体系指导当下的高等教育。

5. 工具支撑

工程教育培养是需要教学工具的，例如：高校的师资、高校的相关教学设备、高校的实验设备等。在该维度下主要分析：思想工具、方法工具、装备工具，高校的师资配置，高校实践工具的配置，高校教学设备的情况等方面。

6. 实践验证

实践是检验培养体系科学与否的最好方式，没有经过检验的培养体系是纸上谈兵，只有将具体的情况实践验证，方能得知其工程教育培养人员的具体情况。该维度主要分析：方法的试验检验，培养人员的实岗实训，实践单位的用人评价，高校毕业生的相关反馈等方面的问题。

7. 绩效评价

绩效评价是七维度评价的最后一个维度。绩效，即培养单位的整体学生质量的校验，绩效是对培养体系的最终成效的科学反馈，也是具有代表性的数据。同时，还可通过绩效反应具体问题，针对解决，实现科学、持续的改进。该维度主要分析：高校毕业生的就业情况，企业用人单位的评价，校友评价等方面。

七维度评价是全面系统地评价工程教育的方法，经过检验可能成为一种系统性评价体系。通过七维度评价，能够全面地分析高等工程教育中存在的问题，提出更适合国情的培养体系，提高我国工程师的培养质量，进而构建出一套适合我国未来发展的工程教育培养体系。

5.2.4 问题存在的形式与影响

1. 问题呈现

工程教育的不健全，导致衍生出一系列的危机。教育体制培养出大批基础性人员，但企业迫切需要的卓越工程师人才却是凤毛麟角，导致行业发展不健康，造成一系列问题：

1）毕业即失业

毕业即失业现象的背后，正是由于当下教育体系不健全导致学生知能过时，北京大学中文系教授钱理群曾在写给"理想大学"中谈到，当下大学生就业难的问题已经将大学课程设置陈旧不适应社会发展需求的问题暴露。毕业即失业的现象无疑不像一把无形枷锁，束缚着工程行业的健康发展，以致工程专业口碑持续走低，不健康发展。

2）职业歧视

职业歧视的情况在行业屡见不鲜。由于工程行业的环境大多情况下都比较恶劣，致使一些单位的招录中，依然存在"限男性""适合男性"等性别限制，甚至还有一些女性因生育问题而被单位辞退或被迫辞职的现象发生。

除此之外，还存在如工程行业热点前沿推行程度低、难度大，毕业生对ERP系统几乎少有了解等情况。而这些呈现的问题都影响着工程行业的健康发展，无疑影响了行业未来的发展前景。

2. 问题本身之问题

1）研究方法的问题

发现问题是解决问题的前提，尽管我国不少学者都对工程教育培养问题、体系问题做出了一定的评判并提出了一定的解决思路，如：注重"产学研"模式、研究工程教育的范式问题、重视工程教育的认证等，但这些方法都有缺失，不够详尽，考虑的问题也不够全面。例如：对于"产学研"模式的呼吁，工程师需要理论与实践相结合的培养毋庸置疑，但学者们却并未明确具体的行动指南或是具体实践时间安排等。同时，未考虑到工程师的培养并不可能在四年的学校生涯中完成的这一现实问题，一味地呼吁"产学研"模式结合导致实际效果事倍功半，同时容易滋生权钱交易，影响了"产学研"模式的健康发展。而对于范式转换的呼吁，亦是如此。同样，特别是对于工程教育认证的问题，过分强调了政府评价而忽略了第三方评价机构的构建问题，进而导致"官本位"思想严重主导高校的认证，致使各高校发展趋同，"马太效应"情况盛行。研究方法的不足，让问题悬而未决。只有全面的、严谨的分析才能有效地解决问题。

2）笼统的形式

指出问题不足，提出变革方案可执行性不足，是问题的主要症结。虽有多所高校的众多学者都指出目前工程教育不足现状，但对于问题的分析，还不够透彻、清晰。例如：虽大部分学者都提到了工程教育要"回归实践""回归工程"，但实际的推行流程、执行体系却含糊不清，或是泛泛而谈；对于卓越工程师能力培养的针对性还不够，只是一味地注重实践而忽视了基础知识的建设，这是本末倒置。再例如，部分学者提出的毕业五年规划，其可行性上的不可控因素太大等问题。研究表明，目前对于问题的分析，主要存在：①综合性不足；②归类不清；③针对性不够；④效率性不足；⑤可行性不足等方面的情况。问题的分析不够彻底，笼统的形式必然会增加解决问题的难度。

3. 各方对问题的阐述与思考

对于问题的分析，除了本书第1.6.3节中朱高峰院士提到的我国工程教育存在的八个问题，学者余寿文[①]认为，缺乏面向实际的工程技术教育是我国工程教育在当下的主要问题。

---

① 余寿文，王孙禺，张文雪，等. 中国工程教育专业认证及其国际实质等效性研究［M］. 北京：清华大学出版社，2021：115.

其突出反映在学科专业划分过细,知识面较窄,缺乏足够的工程实践训练,学生缺乏对工程设计在工程及工程教育中的重要地位和作用的认识,缺乏解决问题的能力,缺乏对于现代工程所必须具备的有关经济、社会方面的知识的了解,缺乏参与管理现代工程的领导、决策、协调、控制的初步能力和管理素质。对上述问题进行分析,认为问题的出现是由多因素导致的。例如:教育经费、基础素质、就业走向等。但主要原因是以往我国高度集中的计划经济模式和粗放型工业生产条件下形成的传统工程教育思想和培养理念不能适应目前我国市场经济增长方式向集约型转变的需要。加之近些年来,我国工程教育中存在重"学"轻"术"的倾向,许多工程院校,无论是直接为工程企业培养人才的数量,还是毕业生进入国民经济第一线企业的数量都偏低。直接为工程企业服务的工程性论文和设计的数量、质量也有不小的差距,这与我国工程教育在国民经济中应有的地位和应起的作用是不相适应的。

学者周绪红[①]认为人才培养是一项长周期的教育活动,需要构建稳定合理的行为模式。因此,人才培养模式自然就成为工程教育的核心问题。同时,从培养目标、教学内容、培养制度、培养过程四个最主要的要素对人才培养模式的改革创新进行分析,认为当下的工程教育的问题及解决方案如图5-5所示。

同济大学认为我国本科工程教育需对培养方案和课程内容进行改革,同时,要着眼于专业教育和课程设置的边界再设计、课程重构等方面,建设反馈在学生评价体系的构建机制,反向推动创新教育的融合路径[②]。华中科技大学则认为当下我国的本科工程教育存在培养目

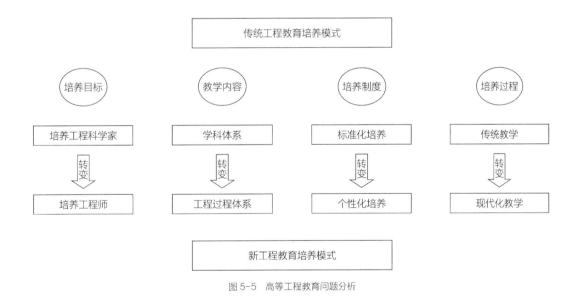

图5-5 高等工程教育问题分析

---

① 周绪红. 中国工程教育人才培养模式改革创新的现状与展望——在2015国际工程教育论坛上的专题报告[J]. 高等工程教育研究,2016(1):1-4.
② 王松涛,曲秀君. 新工科建设视角下的大学新使命——以同济大学的实践和探索为例[J]. 科教导刊(下旬),2020(9):1-4.

标模糊、偏离工程师的培养，实践教学缺乏、课程体系不甚科学，教学方法陈旧、师资队伍不够完善等一系列问题[①]。

总之，目前我国工程教育的问题可以总结为四个层次：第一层次是结构性问题，第二层次是理论性问题，第三层次是方法性问题，第四层次是实践性验证问题。现阶段我国的工程教育还存在着诸多问题。而这些问题严重影响着我国工程类专业的未来发展。在这一点上不少学者、机构都有所警觉。但针对现今的工程教育问题与并发症如何解决、如何消除才是关系我国未来发展的重点。这些问题的背后映射出我国的工程范式、工程教育理论甚至是工程教育评估体系都亟需转变，因此，工程教育的理论与实践都要进行系统改革，这也正是本书研究的初衷。

5.3 深刻理解工程——范式转换

工程教育范式的讨论，必须基于对工程本身、本体的认识。李伯聪将工程（作为物的工程属性）从既"在"的自然物质中独立出来，并对其因创造而将"在"的特性与思维主动性、特殊性进行了认证，而且，对工程物作为工具和作为使役的工程也进行了区分。进而，他开创了《工程哲学》，奠定了工程作为世界的第四组成部分的重要地位，并辨析了"科学、技术、工程"的三元存在（即人类活动三元论），关于工程主题、工程生态和工程未来也有了基础。

不仅如此，工程的复杂性、综合性、关联性，决定了工程教育和工程教育研究，都是交叉的、复合的，多学科、多专业、多领域的，也特别需要教学者、研究者具有跨视野多角度的工程历练与格局。还有一种可以认为是工程教育的"范式"——"圣"化教育。内容上追求大而全、追求神而圣，做人做事管物，求全求贤，在知能结构上细致分工、应用功能上集成归约的现实状况下，往往很难处理好学时、学分与精力和深度"完善"的关系。

5.3.1 科学范式

科学范式（Scientific Paradigm）中的"范式"（Paradigm）或译为"典范"，这一词在英语中最早出现在15世纪。20世纪60年代，托马斯·库恩（Thomas Kuhn）在其《科学革命的结构》一书中提出该词并用于科学方面。同时，他还提出了一个动态的科学发展模式，如图5-6所示。"范式"是指"在某一特定时间内，某学科中对解释某一现象时普遍接受的模式。"本体论（Ontology）、认识论（Epistemology）和方法论（Methodology）是科学范式建立过程中的主要哲学基础。科学的发展就是从一个范式到另一个范式的转移

[①] 许晓东，卞良. 本科工程教育研究性教学探索与实践——以华中科技大学为例[J]. 高等工程教育研究，2014（2）：43-49.

图 5-6　动态的科学发展模式

(Paradigm Shift)。[1]

科学范式,大致可以理解为普遍公认的科学成就,在一段时间内为实践者提供了典型的问题和解决方案,即什么是要观察和审查的;这类问题应该被问到,并探究与这个主题相关的答案;这些问题是如何组织的;该学科内的主要理论做出了什么预测;如何解释科学调查的结果;如何进行实验,以及可以使用哪些设备进行实验。

5.3.2　工程范式

工程的本质是建器造物,过程是工程特有的。这里讨论教育领域的工程范式。工程范式是相对于传统的科学范式而言的一种高等教育范式,是按照工程本质属性而建立的、关于高等教育的理论模式与方法的信念系统。工程范式的基本内容:按照工程的特有属性即实践性、创新性、综合性和社会性确定人才培养定位,制定人才培养标准;然后按照人才培养标准如知识、能力和素质标准逐一反推课程体系、重构教学内容,进行教学方法和考核评价改革,从而重构人才培养模式,真正突出学生创新与实践能力的培养[2]。

工程范式不是工科或工程教育的范式,而是在系统论和"大工程观"的指导下重新构建的教育新范式,其本质是"将科学、技术、非技术、工程实践融为一体,具有实践性、整合性、创新性的教育体系。"[3]

5.3.3　范式转换

学者余东升曾论述现阶段工程教育"科学范式"向"工程范式"转变的必要性,学者潘云鹤也指出我国高等工程教育经历了"技术范式""科学范式"和"工程范式"的演化。但前者没有详细勾画如何转变的路径,后者的三段范式,尤其是对应的时段不够严谨,也并不合适。其实,早在1927~1949年间,以茅以升为代表的工程师对工程教育做了相当多的探讨,提出了"习中学"的强调工程实践的"工程教育方法"。香港科技大学教授李泽湘也曾分享过关于工程的核心思维模型——工程意识。可见,尽管理论知识无比关键重要,但对于工程意识的塑造,是更值得关注的要点,而"工程范式",是对于工程师工程意识塑造的首要任务。因此,在现今工程教育研究中,如何实现"科学范式"向"工程范式"的转变,亟需构建转型方法论,缺乏系统的方法,成为迫切需要解决的难题。探讨"敏捷高等工程教

---

[1] 科学范式[J]. 中国护理管理,2018,18(2):161.

[2] 林松柏,徐金强,连华,等. 基于工程范式的高等教育人才培养体系研究[J]. 山东建筑大学学报,2017,32(2):201–204.

[3] 谢笑珍. "大工程观"的涵义、本质特征探析[J]. 高等工程教育研究,2008,(3):35–38.

育"理论与方法,正是应此迫切之需。

根本而言,范式转换是一种科学革命,是对传统的继承与超越。当原有范式的本质属性和价值导向不能适应当前的状况和环境要求时,必然产生新范式取代旧范式,并推动新范式继续运行,这一过程称为"范式转换"[①]。

科学与工程的关系,类似分析与综合的关系。科学是通过分析自然规律,掌握自然规律,而工程则综合应用这些科学规律解决自然界面临的问题。科学是分析、发现,工程是综合、创造。

工程问题涉及不同性质约束的交互问题,因此,工程思维涉及寻求多约束问题的合理解决方案,工程思维需要基于严谨的科学思维,更需要发散的创造性思维。简单问题可以通过推理法解决。复合问题需要通过分解、类比法解决,而工程问题通常是复合问题[②]。

1. 范式转换缘由

随着云计算、大数据、物联网、移动网络、人工智能、区块链、元宇宙等新技术、新模式快速发展引领现代工业、经济社会发展和劳动力市场前行,国家实施创新驱动发展、"中国制造2025""互联网+""一带一路"等重大战略和倡议,为我国的创新发展提供了新机遇、注入了新动力。从科学发现到转化成技术或产品的时间不断缩短,知识更新和新知识产生的速度不断加快,这些发展和变化对现代工程技术人才的知识、能力、技能、职业素质和视野都提出了新要求。

朱高峰院士在《工程教育的今天和明天》的报告中从工程教育的背景、工程教育本身的问题以及我国教育存在的问题等方面,警示工程教育范式的改革刻不容缓。他提到科学是发现问题,探索人与自然、社会之间的关系;技术是解决问题的手段与方法;工程是造物的过程和结果,其需要依靠工程师的持续创新。中国工程教育史上曾出现的"工程教育科学化"趋势,阻碍了工程教育的发展。他强调工程教育的本质与基础是回归工程,正确处理理论与实践的关系,做到理论与实践相结合[③]。

学者林松柏[④]认为就工程教育现状而言,以科学(知识)范式为特征的教育理论缺乏实践能力的培养,工程师仅靠理论知识的浇灌不能适应时代对工程教育人才培养的要求,客观上需要转变教育理念,从科学(知识)范式向工程范式转换,按照工程范式的教育理论推动教育理念和教学方法的变革。

进入21世纪,随着社会发展进入知识经济时代,科学范式下培养的工程师已经很难同时应付技术、市场、文化等融合产生的诸多问题,培养懂技术、重创新、强设计、善综合的工

[①] 王伟宾,丁邦平. 我国大学范式与高等工程人才培养范式的演进关系及启示 [J]. 教育导刊, 2021 (3): 78-86.

[②] 邵华. 工程学导论 [M]. 北京: 机械工业出版社, 2016: 46.

[③] 张炜,魏丽娜,孙玉娟,等. "工程教育范式变革"国际研讨会暨浙江大学第十二届科教发展战略论坛会议综述 [J]. 高等工程教育研究, 2018 (1): 84-87.

[④] 林松柏. 以能力范式为引领推进师范院校教师教育能力建设 [J]. 中国教师, 2020 (11): 38-41.

程师已经成为产业升级和社会发展的迫切要求[①]。不仅是业界学者，国家也关注到这一问题并采取了诸多举措，如2010年教育部提出的"卓越计划"等，以促使工程教育"回归工程"。世界工程教育从经验化的"师徒制"模式到专业化的院校模式的人才培养方式变革，从注重熟练技工、操作的技术范式，到科学基础与工程技术相结合的科学范式，再到现在呼吁回归工程本质、强调实践和培养未来卓越引领型人才的工程范式的转型更迭。时代的发展需要新思维、新体制机制，全面创新工程教育，培养创新人才，为行业提供新的活力，为国家发展提供新的力量。

2. 范式转换行动路径

1）构建范式体系

构建工程范式人才培养体系的关键在于教育理念的更新。我们必须从影响高等教育50多年、强调理论性和知识完整性的科学范式中解放出来。工程教育要着眼于工程属性即实践性、综合性、创新性和社会性来重新构建人才培养体系。构建工程范式体系应注重以下六个方面：①人才培养标准的逻辑起点；②课程制度体系的技术路线；③教学授课方法；④考核方式；⑤授课侧重；⑥实践教学。传统科学范式教育体系与工程范式教育体系的对比如表5-3所示。

传统科学范式教育体系与工程范式教育体系的对比 表5-3

教育培养理念	传统科学范式教育体系	工程范式教育体系
人才培养标准的逻辑起点	基于学科知识系统性制定人才培养标准	基于能力确定人才培养标准
课程制度体系的技术路线	按照知识的逻辑演进和难易顺序设计课程体系	按照能力标准进行知识解构，反推构建培养既定能力标准所需要的知识课程体系
教学授课方法	重课堂讲授，轻现场实践	强调工作导向、项目贯穿式的理实一体化教学
考核方式	课程考核一般是通过试卷	更多注重过程考核、项目测试等多元考核方式
授课侧重	重视学生对知识的理解和掌握	重视学生运用所学知识解决实际问题的实践与创新能力
实践教学	实践模式老旧，综合职业能力不足	重视与新技术、新工艺的实践结合，强调培养学生的综合能力

2）制定培养标准

培养标准是构建工程范式人才培养体系的依据。具体的、可评估的培养标准可以根据人才培养定位，通过调研和行业、企业等用人单位的参与，从知识、能力、素质等方面分别制

---

① 王伟宾，丁邦平. 我国大学范式与高等工程人才培养范式的演进关系及启示[J]. 教育导刊，2021（3）：78-86.

定，以此作为人才培养体系构建的根本依据[①]。

3）重构课程体系

课程体系是构建工程范式人才培养体系的载体。不是简单地按照知识体系的系统性和完整性构建课程体系，而是疏通单一学科专业主导的院系边界，以大工程观重构学科组织建制和架构。通过学科有机交叉融合构建面向社会需求和未来复杂工程问题的学科专业集群，推动人才培养向跨学科组织结构和学科专业交叉领域转型，造就具备大工程视野、跨学科思维和系统工程能力的未来工程师和技术领军人才。如全球工程教育引领者普渡大学以矩阵和项目方式组建跨学科教育实体框架：横向上扁平化地融合航空和航天、农业和生物、生物医学、化学、土木、建筑工程与管理、电气和计算机、环境与生态、材料、工业工程、工程教育、机械工业与核工程13个工程院系，负责专业教育实施；纵向上组建工学院统领工科教育，承担第一年工程项目（FYE）的通识与大类培养教育，辅以跨学科工程研究（IDES）和多学科工程（MDE）等跨学科学位项目，打通了工程人才培养的学科界限[②]。实质上，该方法近似于"人才培养全周期流程型模式"，也即敏捷工程教育的元模型，具体内容将在后文展开。

4）重建考核指标

抛弃简单地考核学生对知识的记忆、对问题的解答这种静态的评价方式，构建综合所学知识以解决现实问题的能力为取向的考核评价指标，建立多元考核方式，突出能力标准，注重过程考核，重视创新思维。构建"纸上"和"纸下"融合的会"算"能"做"的新模式。

5）深化质量监控

质量监控体系是构建工程范式人才培养体系的保障，关乎着整个工程范式体系人才培养的未来。工程范式的人才培养强调能力和过程，因此，人才培养质量的监控体系也要注重对过程性和全面性方面的把控。工程范式下的人才培养质量监控体系主要由实际场景模拟演练、业界精英进课堂、培养对象的模糊评价、毕业综合知识审核以及用人单位的使用评价五个方面组成，实现多角度、全方位的人才培养质量综合评价体系。

6）强化产教融合

构筑"产学研用"一体化的实践平台。结合国家重大科技与工程战略布局、科技革命态势和社会产业经济与市场需求结构，动态调整学科专业结构并革新人才培养模式，与社会企业和科研院所协同攻关核心科技工程和"卡脖子"技术，利用各方资源优势服务前沿和关键工程科技领域的科学研究和人才培养。拓展政校、校企、校院间的合作育人形式，加强现代产业学院和未来技术学院的内涵建设，吸纳各方利益主体参与新工科人才培养方案制定[③]。

---

① 林松柏，徐金强，连华，等. 基于工程范式的高等教育人才培养体系研究［J］. 山东建筑大学学报，2017，32（2）：201-204.

② 彭林，林健，Brent Jesiek. 普渡大学跨学科工程教育案例及对新工科建设的启示［J］. 高等工程教育研究，2019（6）：186-193.

③ 杨慷慨，蔡宗模，吴朝平. 新基建赋能地方高校敏捷性新工科建设［J］. 大学教育科学，2021（1）：96-103.

7)推动"六实"体系建设

回归工程实践的育人取向,加大实践教学比例及各环节投入建设,深化推动实验、实展、实工、实仿、实习、实岗的"六实"体系建设(图5-7),配齐兼职导师、实践教学场所、实习实训基地、项目开发、技术运营和产品孵化服务等"硬软件",推进教学与实践耦合;遵循社会需求导向,融入区域经济与产业行业,结合特定技术难题与实际实践问题,广泛开展服务性学习与研究项目和创新创业实践,深化企业实习、校企合作和产学合作,提升新工科人才的实践力、对未来社会的适应力和可持续发展力。

图5-7 "六实"体系

8)评估反馈机制

PDCA是国际公认的管理闭环。"C"即检查、评估、评价。我国管理的沉疴简单地说在P、D、C、A环节计划多变、执行不严、检评无度、整改形式化,导致严重地缺乏"持续改进",但凡有持续改进,任何事情,都可能做到完美,工程教育也是如此。

评估反馈是构建工程范式人才培养体系的完善机制。评估反馈机制的周期可根据各高校自身情况按照培养期限设定,时长可以是一门课的教学时长,也可以是一个项目的完成时限,还可以是一届学生的培养周期。评估的范围要涵盖人才培养体系的全部内容和全过程,评估的内容由人才培养的关键指标确定。且评估结果注意时效性,即要及时地运用到人才培养体系的修改上,从而促使人才培养体系与时俱进、不断完善。理想的评估反馈是大周期内套中周期,中周期内套小周期,环环相扣,才不至于出现大的偏差,出现偏差时,能够及时发现并及时得到纠正。

第 3 篇

敏捷工程教育理论构建与变革实践

第 6 章
工程教育理论探究

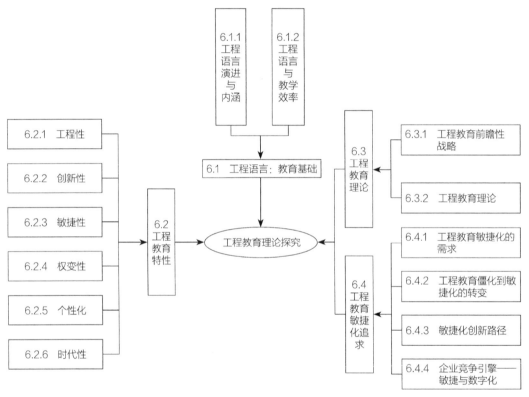

图 6-1　第 6 章逻辑图

6.1 工程语言：教育基础

对工程教育而言，由于受到知识量剧增、更新速度加快、周期缩短、迭代幅度提高、跨界融合度加深等因素影响，增强敏捷性、提高教学效率，将是工程人才培养需要重点研究的课题，其研究成果将影响到国家工程化能力，这是竞争力物化的具体体现。因此，有必要对工程语言表达工程知识进行梳理，填补专门性知识的空白，适应知识经济时代下工程教育的特性。对工程语言影响教学效率的关系进行分析，确定有效性，并指明今后应注重和改进的工程语言表达方式与方向，筑牢工程教育基础。

6.1.1 工程语言演进与内涵

1. 工程语言内涵与构成

语言是人类最重要的交际工具，是人们进行沟通交流的各种表达符号[①]。就广义而言，语言是一套共同采用的沟通符号、表达方式与处理规则，以视觉、声音或者触觉方式来传递。狭义上，语言是指人类沟通所使用的语言——自然语言。从人与文化的关系来看，语言是文化信息的载体，是人类保存、传递、领会社会历史经验和科学、文化、艺术成就的手段；从人与人的关系来看，语言是交际方式和交流思想的手段。

工程语言是指用于人与计算机之间进行通信的语言，是人与计算机之间传递信息的媒介。通常由图形、符号、文字和数字等组成，是表达设计意图和制造要求以及交流经验的技术文件，常被称为"工程界"的语言。目前，多数人对工程语言的定义大多停留在工程语言就是计算机通信语言层面，至今没有学者对"工程界"的工程语言进行清晰全面的探究，该领域依旧处于空白。

以"工程界"中的建筑工程为例。建筑业中，人们常使用的基本"工程语言"就是指建筑图集，除此之外再无其他，这对描述建筑业工程语言的构成是狭窄的。工程语言不应只是图样图集，还应包括符号、术语、规范、习语、各种机器的标识码和编号，还有很多难以表述出来的语言和认知。通过大量查阅文献与资料收集，本书概括地提出工程语言主要由八方面内容构成（图6-2）：①工程术语；②工程规范；③图样图形；④符号体系；⑤流程体系；⑥工程管理图表；⑦软件机器语言；⑧数字化技术。习语（行话，如砼tóng、壳qiào）则不详细讨论。

工程术语是在建筑工程中方便工程师之间交流与表达建筑过程的专业用语，如"三宝"表示安全

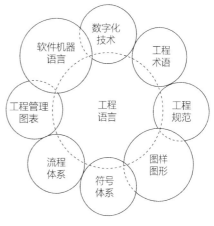

图6-2 工程语言构成

[①] 赵蕾. 巧用"信息差"，让英语真正成为交流的工具[J]. 小学时代：教师，2012（12）：1.

帽、安全网、安全带;"四口"表示楼梯口、电梯口、预留洞口、通道口等。工程规范是工程作业程序贯穿一定的标准、要求和规定,是对于某一项工程作业或者行为进行定性的信息规定,主要起到引导、参照作用。建筑工程规范非常多,包括施工规范、施工质量验收规范等。图样图形是按照相同的规格和要求绘制的各种图形、图纸,具有一定的标准化与效率化特点,如建筑施工图、工程图。符号体系是工程中方便工程师沟通交流,表示特殊意义的专门符号系统,其中建筑图纸中就有54种符号,如:l——梁、jl——基础梁、gz——构造柱等。流程体系是以规范化地构造端到端的卓越业务流程为中心,以持续提高组织业务绩效为目的的系统化方法,通过战略流程、管理流程、工艺流程与自善流程完善工程语言知识体系,以流程形式牵引工程语言知识体系发挥巨大作用。工程管理图表是用于表示工程中进度、成本、质量等系列管理要素的图示、表单,如网络计划技术、横道图、WBS等。软件机器语言是工程上用于表达建筑模型的软件体系,如CAD、BIM等。数字化技术是借助相关设备将各种信息,包括:图、文、声、像等,转化为电子计算机能识别的二进制数字"0"和"1"后进行运算、加工、存储、传送、传播、还原的技术。例如大数据、人工智能等能够帮助建筑工程构建施工数据模型,云计算动态记录工程数据,再通过区块链技术存储,形成真实有效、不可篡改的工程数据链。工程语言构成内容的基本内涵与包含内容如表6-1所示。

工程语言构成内容的基本内涵与包含内容 表6-1

工程语言	基本内涵	包含内容
工程术语	工程上用来表示特殊意义的专业用语	砼、三宝、三通一平、四口、五临边
工程规范	工程作业程序贯穿一定的标准、要求和规定,主要是因为无法精准定量而形成的标准,所以被称为规范;是具有可行性的依据之一;是对于某一工程作业或者行为进行定性的信息规定,主要起到引导、参照作用	建筑地面工程施工质量验收规范GB 50209—2010、建筑工程施工质量评价标准GB/T 50375—2016、建设工程施工现场供用电安全规范GB 50194—2014、建筑施工安全检查标准JGJ 59—2011、施工企业安全生产管理规范GB 50656—2011
图样图形	是按照同样的规格和要求绘制的各种图形	建筑图纸、工程图
符号体系	工程上用来表示特殊意义的专门符号系统	l——梁、ql——圈梁、jl——基础梁、tl——梯梁、dl——地梁、z——柱、gz——构造柱、kz——框架柱、m——门、c——窗、@——钢筋间距、φ——钢筋型号
流程体系	以规范化地构造端到端的卓越业务流程为中心,以持续提高组织业务绩效为目的的系统化方法	BLF、战略流程、管理流程、工艺流程、自善流程
工程管理图表	用以表示工程中进度、成本、质量等系列管理要素的图示、表单	网络计划技术、横道图、WBS、项目成本计划表
软件机器语言	工程上用于表达建筑模型信息的软件体系	CAD、Revit、BIM
数字化技术	借助一定的设备将各种信息,包括:图、文、声、像等,转化为电子计算机能识别的二进制数字"0"和"1"后进行运算、加工、存储、传送、传播、还原的技术	物联网、区块链、云计算

因此，用以表述、记载、传递工程内容和工程知识的术语、规范、图样图形、符号、图表、软件、数字化技术等就形成了专门的"工程语言"。

2. 工程语言演进

相比文字而言，借助于图形、图示等符号语言往往更能准确、清晰地表达比例—结构—功能关系。施工图设计是对建（构）筑物、桥梁、设备、管线、道路等工程对象的几何尺寸、选用材料、强度等级、构造、布置、相互关系和施工及安装质量要求的详细图纸和图说，是指导施工及安装的直接依据。图示要素与工程世界组成部分存在着相互的对应关系和一致性，图示就是一些符号语言按照一定比例排列组合起来描述工程实体的同构形式。

工程语言进化经历了漫长的过程，几乎是与工程演化历史并行而进的过程，如图6-3所示。梳理工程语言的发展历程，从起源至今，以出现重大、典型事件为标记，发现工程语言最早出现在公元前770年的《考工记》中，之后从活字印刷术、《营造法式》《御题棉花图》以及随着时代发展不断演变进化出CAD、人工智能、BIM、3DMAX、虚拟仿真等，都是工程语言在不同阶段的表现形式，也是工程教育在不同阶段的表达方式。

1794年，以法国数学家加斯帕尔·蒙日《画法几何学》为代表的画法几何，成为当时工程语言的代表，在平面上用图形表示形体和解决空间几何问题的理论和方法，让建筑图纸等能以一定规范、标准打通工程师间的沟通与交流。1980年CAD——计算机辅助设计技术、1990年OOD——面对对象绘图技术等出现，成为20世纪工程语言的代表，OOD将建筑各构件（梁、板、柱、墙、门、窗等）视作整体，CAD通过计算机软件在图形化开发界面上进行管理软件的设计，形成能3D立体建模、动画演示的建筑图纸软件。将静态建筑图纸转变为计算机软件中的动态呈现，促使工程语言表现形式在画法几何的基础上有了质的飞跃。随着新技术的不断进步，2002年BIM——建筑信息技术出现，其是应用于工程设计、建造、管理的数据化工具，通过对建筑的数据化、信息化模型整合，在项目策划、运行和维护的全生命周期过程中进行知识共享与传递，是工程语言敏捷化发展的一大进步。未来人工智能时代的VR（虚拟仿真技术），以一个网络技术搭建的场景模仿另一个真实实践场景的技术，使工程语言表达更加可视化、场景化。建筑信息表达技术发展过程如图6-4所示。

工程语言是工程的血脉，是教育的精神家园，是将工程实体世界映射到虚拟世界的渠道。工程知识表达方式是工程教育发展最基本、最深层、最持久的力量。工程语言代表着工程教育独特的精神标识，是建设工程不断壮大、向前发展的丰厚滋养，是ICT时代工程知识

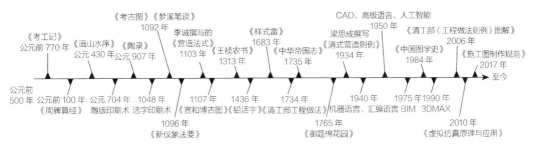

图6-3 工程语言发展历程

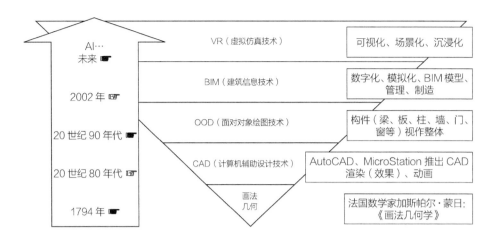

图 6-4 建筑信息表达技术发展过程

表达的工具和方式,是提高工程教学过程效率的重要途径,工程语言将有力地促进工程文字的规范化和标准化,使工程中通用语言文字在社会生活中更好地发挥作用。同时,工程语言对全面提高工程质量、文明施工、提高施工效率和加快施工进度、增进各不同项目部门之间的交流与沟通均具有重要意义。

6.1.2 工程语言与教学效率

工程语言形态各异、种类繁多,但在当前的工程教育应用中却很"少见"。对于学生而言,没有途径、没有平台、没有老师教授一个具有完整体系的工程语言;对于老师而言,没有足够时间和合适工具展示、传递工程语言。工程语言没有成为独立的特殊教学内容。就目前而言,学校对于工程语言的重视程度不够,反将制图识图作为符号体系的一个部分远远不够。当工程语言没有成为教学内容时,老师和学生会忽视工程语言的作用,由此影响教学内容、进度和质量等,对毕业生之后在工程方面的交流影响极大。为提高交流能力、夯实基础,关于工程语言的教学与培养势在必行。

工程语言是专业化象征,是工程学科独特特性的体现,是工程教育中重要的一部分。一方面可以促进教师教学敏捷,提高老师的表达能力;另一方面可以促进学生敏捷受教,提高学生的理解能力,从这两个方面共同提高工程教育效率。

1. 教师教学敏捷

教师教学敏捷,是指教师在授课过程中通过适当应用工程语言,将阐述变得简明扼要、通俗易懂、准确生动,把概念与本质核心内容形象准确地传递给学生。有利于学生将理论知识与工程实际进行转换,使学生在应用时能更加高效,减少适应工作岗位时间,学生更加容易接受老师所传达的内容与知识。同时,让学生们在面对不同人群交流时得心应手,能随时将需要表达的内容在工程实际—工程语言—形象语言之间转换自如,实现敏捷教学效果。

2. 学生敏捷受教

运用工程语言教学,不仅能使教师提升敏捷教学过程,也能使学生敏捷受教。一方面提升知识接受能力；另一方面能够快速响应，敏捷反应。

以《工程力学》为例，这门课程理论性强、逻辑性强、概念繁多而且很抽象，很多学生在学习时会感到吃力。工程力学与实际联系比较密切，是经过多年学习经验和知识积累才得以完成，但学生缺少该方面的知识，很难从老师的表述中熟记这些知识点，并应用于日后工作。在工程力学中应用工程语言，将复杂的力学理论简化成图形与模型（例如简支梁等），教师在形象生动地展示力学理论与概念时，学生也能更快、更清晰地受教。工程语言就是一把钥匙，带领学生走进工程世界的钥匙，了解工程力学并熟练地运用工程力学。

工程教育要围绕人才培养目标和特点，充分利用工程语言优势，搭建多层次、多模块的教学平台，运用新技术、新科技实现各类学习场景、学习资源、学习任务、学习时空、线上线下等无缝、自然地转接和交互，从而促进深度学习。

6.2 工程教育特性

随着经济全球化趋势不断加深，产业的转移、转型和升级对工程人才的需求呈现出新的变化，为适应这种变化，教育部于2010年启动了"卓越计划"，该计划的出台对理工高校的工程教育提出了新标准。其要求工程教育要具备工程性、创新性、敏捷性、权变性、个性化和时代性等特征（图6-5）。这就要求注重工程人才培养的系统观念、人文素质的整体提高。

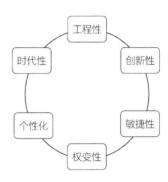

图6-5 工程教育的六大特性

6.2.1 工程性

工程教育是工程和教育这两个系统和概念的结合，因此，工程教育既具有一般教育的共性，又具有显著的工程特性，即工程性[①]。工程性是卓越工程师培养特色的职业特征，反映出工程类型人才培养与其他类型人才培养特色的根本区别，主要包含两方面内容：一是突出工程的实践性；二是强调工程综合能力的培养。

工程教育的根本特性来源于工程，因此，工程教育具有工程性的同时，也具有实践性与综合性的特征。

1. 实践性

实践性是工程教育的本质，工程是一种特定的社会实践活动，工程师是从事这种造福人类实践活动的主体，是工程人才培养成功的关键。因此，以培养该类工程人才为目的的工程教育在本质上也必须具有实践性。其是与实际生活对接中理论实效的一种展现，目的是把理工科教育理论与实践更快更好地结合起来，发挥对生产生活最直接的促进作用。与此同时，

---

① 林健. 卓越工程师[M]. 北京：清华大学出版社，2013：256-257.

实践性可以体现在从教育教学理念更新、课程体系改革、教学方式改革、实践教育体系建立到本科生毕业设计或研究生学位论文选题等各个方面。

现代工程教育注重实践与理论的紧密结合,其促使的各种改革、变化皆是为了研究如何更好地处理实践与理论之间的关系。目前有两种选择:一种是理论必须成体系,而实践只能用于验证理论的正确性;另一种则是旨在通过实践做出实物、模型来对学生进行完整的工程训练,而理论则是用于为实践提供方向和某些原理性的支撑。在理论与实践的关系中,突出实践的主导地位,这也正是工程教育区别于传统科学教育、复归自身本质属性的关键所在。工程教育"回归工程"的实质在于其主导地位由实践取代理论。

2. 综合性

工程综合能力的培养是工程教育的核心,工程创新具有复杂、综合、交叉等特征,这意味着以培养创新人才为本的工程教育必然具有综合性,即工程教育应当培养具备综合性知识背景和在工程创新实践中整合各种知识能力的工程人才。综合性可以表现在对于工程问题的发现能力、分析能力和解决能力,也可以表现在工业产品或工程项目的研究设计、开发、生产维护和管理等各个方面,还可以表现在工程实践能力、工程设计能力、工程集成能力和工程创新能力等方面。

在现实的工程实践中,随着资源、环境、气候、科技的发展等变化,以及现代各种疑难问题的出现,许多工程问题的解决来自交叉学科多方面的渗透和融合,遇到的很多问题已不仅是单纯的工程和技术问题,而是需要意识到整个社会工程的系统性,反思人与社会、自然的关系问题,需要依靠综合思维能力来支撑整个社会发展的"大工程"并解决相关问题。这就让当前工程教育观念必须要从大社会、大科学、大工程的宏观视野来探讨行业内的教育改革。因此,工程教育综合实践要从世界、国家发展的总体背景,资源能源的大环境来综合考虑科学教育的规划,要更加注重科学研究人的情感、意志、信念、责任等人文价值的考量,更加注重科学研究人的因素、人与自然的关系、人与社会关系的协调与可持续。工程教育的综合思维与能力就是新时期工程人才需要有的系统化观念、创造性思想、面对挑战和机遇有持续改进的积极乐观品质,还需有团队合作意识、有效沟通能力,以及关注职业道德的胸怀[①]。

卓越工程师培养特色的工程性要求高校重视工程教育的本质特征,彻底改变以往按照科学教育方式开展工程教育,按照科学教育要求聘任、考核和评价工科教师的状况,建立支持工程教育改革的制度环境和政策机制,激励和要求教师重视学生工程实践、重视学生工程能力培养。

6.2.2 创新性

工程教育创新性与工程教育培养的创新能力是"卓越计划"的另一项核心。创新是民族进步的灵魂,科学的本质在于创新,创新是在某些领域里的更新、发明和创造。"卓越计划"

---

① 张玉阁. 工程教育的特性与大学生的人文素质培养[J]. 辽宁科技大学学报, 2013, 36(5): 545-548.

就是要培养一大批创新能力强、适应经济社会发展的各类高素质工程人才,这也是适应中国高等工程教育改革,培养高质量人才的重要举措。

创新能力是指人们通过创造性思维和创造性实践,形成新产品的能力。其包括:创新意识、创新思维、创新实践和创新素质等,即获取知识的能力、观察力、想象力、分析判断力、表达力、处理问题的能力等[1]。工程教育的创新思维是指以独特视角提出问题,探求多因素间的相互关系,在错综复杂的问题中分析主要矛盾;能突破思维定式,在短时间内产生大量设想,能不断调整和修正,最快解决问题的思维状态。具体表现为:积极的求异性、敏锐的观察力、创造性的想象、独特的知识结构和活跃的灵感[2]。

工程教育的创新实践是积极参与创新实践活动,是尝试用创造性的方法来解决实践中的问题。具体包括:信息加工能力、动手操作能力、熟练掌握和运用创新技法的能力、创新成果的实现与表达能力等[3]。中国高校以往的工程教育普遍存在着重理论、轻实践,重知识传授、轻能力培养,重科技知识、轻人文素质的现象。在现今的工程实践中,随着生物技术和信息技术为主要特征的新技术飞速发展,科学发现、技术发明,以及商品化、产业化越来越快的趋势,科技在高度分化的基础上又呈现高度综合的态势。各学科间的相互交叉,自然科学与人文学科的相互渗透以及彼此影响,已经越来越影响着科技的发明和创造。

6.2.3 敏捷性

工程教育需要敏捷性,这是由综合复杂的因素决定的,具体内容将在本书第7.1.2节中展开。

敏捷(Agile)概念起源于20世纪90年代初的制造业,是一种有效应对不断变化竞争格局的战略。敏捷经常被应用于企业背景,因此,敏捷通常被描述为组织能够及时感知和应对环境变化的能力。其既可以是名词,也可以是表示程度的副词。敏捷性则讨论敏捷的综合属性。

"敏捷性"一词进入研究领域,最早源于"敏捷制造技术"。20世纪90年代,美国在公开发布的《21世纪制造企业发展战略报告》中首次提出"敏捷制造(Agile Manufacturing)"概念,提倡企业应依托现代信息技术建立虚拟企业动态联盟,系统性集成先进柔性制造技术和高素质从业人员,提高制造业响应客户需求并及时交付新产品的敏捷性,以更好应对技术变革、个性化需要和市场激烈竞争形势。"敏捷性"含义从最初的单一追求制造技术"质量竞争第一"转向"市场响应速度第一",引申到泛指组织能够及时察觉机遇并有效地响应服务对象需求,以获取和保持核心竞争力的理念与行为[4]。

---

[1] 高雅平. 浅析大学生创新能力培养[J]. 天津职业院校联合学报,2007,9(4):103-106.
[2] 张建林. 基于创新能力的研究生培养机制改革探索[J]. 中国高教研究,2008(3):34-38.
[3] 童洪志,邓文卓. 研究生创新培养模式研究[J]. 科技与管理,2009,11(6):138-141,144.
[4] 孔欣欣,贾庆超,郭楠楠. 提高地方本科高校食品专业新工科建设敏捷性的研究与实践[J]. 现代食品,2021,(17):35-39.

"敏捷性"延伸到工程教育领域新工科建设中，可以释义为：组织建设者及时察觉机遇并有效地响应相关工程行业（建设对象）需求，以获取核心竞争力和保持人才培养质量的理念与行为。结合教育组织特点，以专业为基本分析单元，本书提出敏捷性有六个维度，分别为需求敏捷侦测、内容敏捷整合、耦合敏捷提速、表达敏捷新法、环境敏捷改造、评价敏捷实施，如图6-6所示。对高校而言，敏捷性反映的不仅是教育活动被动适应动态环境的能力，更强调教育活动快速主动把握社会需求机会的能力，以及迅速开展教学资源整合、高效实施教学的能力，敏捷性是隐含在新工科建设与高等工程教育举措之中的重要内驱力。

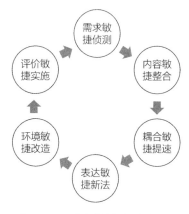

图6-6 工程教育敏捷性建设内容构成

6.2.4 权变性

权变是灵活应付随时变化的情况，"权"指职责范围内支配和指挥的力量，"变"指性质状态或情形和以前不同。权变性是指个人或群体为实现既定目标，制定各种可供选择的方案并决定采取某种方案的过程。权变管理理论具有悠久历史，中国《易经》是典型权变思想的瑰宝，其"简易、变易、不易"至为在理。权变是在不断实践检验中得到充分认可的，管理者通过对权变管理理论的认识，能自觉地加深对外部环境和内部要素的了解。目前，外部环境变幻莫测，能及时跟随环境变化而变化才能及时抓住机遇，避免危机。当对外部环境和内部要素具有充分认识时，有利于对未来形式发展做出更准确的预测，提高决策者的判断力，提高决策的正确性[①]。管理上已经形成权变管理理论流派。

工程教育管理的权变性原则表示工程教育管理活动必须根据不同情况确定和采取不同措施、方法，实行动态调节，使教育管理更具有针对性和适应性。课堂教学是一个相当需要掌握和具有权变特征的过程控制。从内部环境角度来看，包括教学管理计划、教学管理制度、课程结构体系、评价监督系统等要素，这些要素都存在着不同程度的复杂性、不确定性与随时可变性。因此，工程教育权变理论认为，当教学内部要素和外部环境发生变化时，管理要素和环境将形成一定的函数关系，这时就要采取最优的管理原则和方法来实现教育既定目标，要发挥权变性，灵活应付工程教育随时变化的情况。

当前存在的主要问题有：培养计划陈旧、教育内容过时、师资知能结构不适应需要、课堂教学不能随机应变，症结是缺乏"与时俱进"的权变策略，内在原因则错综复杂。权威人士批评的"刻舟求剑、缘木求鱼"，指的就是情景已变，方式不变的落伍做法。

---

① 吕芳华. 大学教学管理制度的权变性问题研究[J]. 云南社会主义学院学报，2014（4）：202-203.

6.2.5 个性化

早在几千年前孔子就提出了因材施教、有教无类的教育思想。可见，因材施教、个性化教育是培养人才的重要途径。千百年来，个性化教育理想一直备受推崇。无论是民族还是个人，如果缺乏个性，思维模式固化，那么创新精神、创新意识和创新能力必然受到禁锢。

工程教育的个性化，指通过对工程教育对象进行综合调查、研究、分析、测试、考核和诊断，根据社会或未来发展趋势、工程教育对象潜质特征和自我价值倾向以及工程教育对象的目标与要求，量身定制教育目标、教育计划、辅导方案和执行管理系统。

一直以来，高校教师执行既定教育目的、办学模式和评价方式，以课堂授课为主对学生进行教育，强调对学生的"培养"和"塑造"，忽视学生的个性化发展，整齐划一的流水线模式已成为工程教育的普遍现象。

在"互联网+"时代，高校必须顺应社会发展趋势，基于学生的认知、兴趣、能力、性格价值观等进行整合，有针对性地开展个性化工程教育，弥补传统教学模式的不足。工程教育的内涵式发展，就是在扩大教育规模的同时，不断提高人才培养质量。借助互联网技术，打造优质、公平、均衡的个性化教育生态，在开放、互联、互动的多元建构中，利用"互联网+"支持学生真正意义上的差异化学习，实现每位学生的个性全面发展，提升我国工程教育质量[①]。

个性化教育与规模化教育之间的矛盾是一个将长期存在的结构性矛盾，而敏捷教育就是试图探索解构这个矛盾的方法之一。

6.2.6 时代性

教育，从诞生到现在，已经拥有数千年历史。人类社会生产关系改变，生产力发展总会催生教育新形态出现，承担新使命，教育的本质属性具有时代性。时代性来自教育为时代所需、所要求、所约束、所使用。所谓时代性，实质上就是追求先进性和科学性，与时俱进，引领时代主潮流，体现新世纪、新风貌、新内涵和新水平。工程教育的变革总是伴随着外部社会环境的变化，如工业革命兴起，市场化思潮，经济全球化、信息化、城镇化、多元化等社会环境因素，均对世界范围内的工程教育变革影响极大。因此，认识工程教育活动和工程教育改革所处的时代环境，对理解教育活动和教育改革过程的历史必然性，认清教育改革在社会变革中的历史使命，以及把握教育变革发展周期以做出积极应对具有非常重要的现实意义。

处于快速变革时代，引领就是要面向未来，不主动求变，就会被"淘汰"，教育亦是如此。进入21世纪以来，全球科技创新空前活跃，新一轮科技革命和产业变革正在重构全球创新版图、重塑全球经济结构。信息、生命、制造、能源、空间、海洋等领域的原创突破为前

---

① 张磊."互联网+"背景下高校学生个性化教育研究[J].湖南工业职业技术学院学报，2022，22（2）：122-124.

沿技术、颠覆性技术提供了更多创新源泉。学科之间、科学和技术之间、自然科学和人文社会科学之间日益呈现交叉融合的趋势。中国科学院院士、清华大学党委书记邱勇指出，迅速变化的世界为工程与工程教育的发展提供了难得的发展机遇。因此，工程教育要与时代同频共振，适应科技、产业、社会和组织变革的快速步伐，这就要求工程教育要具有时代性、具有"新的思维、理解和技能"。

工程教育改革与发展的关键是把握与时代变革之间的关系，探索变革发展规律，认清自身的时代使命，每一次教育的变革都是时代变革和技术发展的产物，新兴技术可以是也应该是教育发展的驱动力，这对于工程教育发展意义重大。

6.3 工程教育理论

6.3.1 工程教育前瞻性战略

党的十九大确立了我国到2035年跻身创新型国家前列的战略目标。这一战略目标必然要求：创新处于核心地位、成为第一动力，人才是创新之源、成为第一资源，教育是人才之本、成为第一要务。创新型国家需要各种类型的人才支撑，科学家、工程技术专家、高素质技能人才、管理专家等，借鉴世界其他创新型国家的经验，最关键、需求量最大的一类人才正是工程技术人才。工程技术人才培养，核心载体是大学，集中体现于工程教育。

科学发现、科学与工程结合对世界各国保持竞争优势至关重要，这很大程度上取决于将科学与技术紧密结合的工程教育。一些国家和地区因工程教育强而成为全球未来产业技术引领高地，很多国家和地区也因没有好的工程教育而在国家竞争中持续落后。工程科技改变世界，工程教育领跑创新。同时，世界顶尖工学院也开始尝试卓越引领型人才培养的探索，希望从根本上改变顶尖工学院的工程教育格局。如美国的顶尖工学院一直在不断进行工程教育改革，并在很多领域培养出高科技人才并取得领先。当下，美国已制定"卡脖子"清单，限制我国在高科技领域内的发展。因此，制定工程教育顶层战略及挖掘高效人才培养模式已成为我国应对国际挑战的关键。

工程教育前瞻性战略应是超前发展、主动创新、敏捷教育。因为教育具有慢变量、滞后性，如果工程教育不把超前发展、主动创新、敏捷教育作为基本特征，工程教育培养出来的人就是落后于时代发展的人。因此，工程教育理念要新、内容要新、标准要新、方法要新。创新是高等教育的本质特征，是存在和发展的生命线[①]。主要包括以下四点内容：

1. 响应国家重大发展战略

响应国家重大发展战略，在信息技术飞速发展与激烈的国际竞争中大力发展工程教育，培养高端工程科技人才。面对欧美国家的技术封锁，一方面，我国应坚定不移走自主创新道

---

① 吴岩. 新工科：高等工程教育的未来——对高等教育未来的战略思考 [J]. 高等工程教育研究，2018，（6）：1-3.

路，突破高端芯片制造等"卡脖子"难题，抓住中国在人工智能、5G等技术上的优势，大力发展和运用人工智能、区块链等技术，在新技术竞争中培养顶尖工程科技人才。同时，也要在工程教育中大力推广采用新技术，如虚拟现实等，丰富工程教育教学方式。推进工程教育信息化，以信息化促进我国工程教育转型升级，提升我国工程教育国际竞争力。另一方面，我国工程教育应该张开双臂，更加积极开展国际工程教育合作。我国的产业升级，需要大量具有理论联系实际、能在国际环境下工作，并解决实际问题能力的高质量复合型人才。工程教育机构要积极参与校际、国际合作，努力提升人才培养与科学研究的国际化水平。引进全球工程教育顶尖人才，吸引优质生源，参与国际组织与国际研究合作。

2. 调整高校战略结构与竞争态势

调整高校发展战略结构与竞争态势，促进工科院校深度合作，引导高校间形成良性竞争。国家应该在制度层面引导高校形成良性竞争，调整当前过度以科研为导向的竞争模式，把人才培养放在高校评价的首要位置，激励高校改进教学工作，切实提高教学质量，培养更高质量的工程人才。管理部门应适当放权，给予高校在战略规划发展上更大的自主权，各院校在发展过程中则需发挥主观能动性。推进世界一流大学和世界一流学科建设，破除高校身份固化壁垒，形成良性竞争。工科院校应依据自身学科特色和发展基础制定个性化、差异化的发展战略。鼓励工科院校间深度合作，建立有国际影响力的工程教育共同体，在招生、培养、科研等各个层面进行交流合作，形成富有成效的互动机制。

3. 加大教师资本投入

加大对工程教育人力资本的投资，提高工程教育教师队伍素质，贯通专家在工业界与学界的流通渠道，改进工科教师评价机制。长期以来，我国学校人员经费占比低于国际水平，教师收入水平相对较低（同时，经费浪费严重，设备等闲置且普遍使用效率低），这造成了高层次工程人才的流失，极大地影响了工程教育教师队伍建设。同时，工科教师也长期被诟病缺乏实践经验。应该提高教师待遇，吸引更多优秀人才充实工程教育教师队伍。改变分类考核体系，贯通专家在工业界与学界的流通渠道，让有实际工程经验的工程专家能够更容易进入教师队伍。

4. 改进教育培养方式

更新工程教育培养理念，改进培养方式，增加社会对工程教育的认可度，提升学生选择就读工科专业的意愿。高校应该以面向未来的创新型复合型工科人才为培养目标，采取跨学科培养方式，着重培养通用技能，提高学生解决问题的能力、应变能力、团队合作能力、沟通交流能力，即便不去工程界，依旧能够具备在多个行业立足的竞争力，从而提升学生选择就读工科专业的意愿。同时，积极推进"强基计划"，专门选拔有志于服务国家重大战略需求、有基础学科特长的拔尖学生。另外，要继续推动工程教育专业认证，加强工程教育质量保障，进一步提高我国工程教育在国内和国际上的认可度。同时，推崇尊重技术、尊重工程师与技术人员社会风尚，提高工程师的待遇与社会地位。国际社会越来越重视工程行业、工程教育与工程人才，采用多种方式提高公众对工程的关注度与认可度。

6.3.2 工程教育理论

所谓工程教育，指的是工程技术人员应接受的全面素质教育，包括道德养成、能力训练、理论知识传授和实践水平提高。高等工程教育在工程建设输送工程人才、实现工程创新、解决工程难题、建立规范等方面功不可没。

1. 传统工程教育理论

1）TRIZ理论

TRIZ理论（用拉丁语表示为Teoriya Resheniya Izobreatatelskikh Zadatch，其英文为Theory of Inventive Problem Solving，缩写为TIPS，意译为发明问题的解决理论）是1946年苏联阿奇舒勒和其小组总结的能够为人们发明创造以及解决工程难题做出指导的系统化创新方法，提炼自250万件高水平发明专利。当前TRIZ理论的实效性在很多应用案例中得到了充分证实，其表明在产品创新方面利用TRIZ理论，能够加速产品研发进程，通过展开创新研究研发出高质量产品[1]。我国TRIZ理论也叫"萃智理论"，取其"萃取智慧"或"萃取思考"之义。当前TRIZ理论已经从传统的机械、电子、化工、生物、建筑等领域向着教育、管理等领域发展，很多高职院校工程专业教育教学中将TRIZ理论作为一项重要的工程设计方法，并对其有着非常高的重视度。

在建筑专业课程体系中，TRIZ理论的应用能够提取当前专业教学中的各类知识点，利用分割原理对知识点进行离散处理，建立知识数据库，将冗余数据和重复知识点剔除。重视对当前行业发展动态和前沿技术的把握，在数据库中加入新知识。与TRIZ动态性原理相结合，使数据库具备动态性特点[2]。对知识点优化后，利用TRIZ组合、局部优化等方式，将知识点整合为完整的建筑专业课程，更好地满足学生实践能力训练需要。TRIZ教育体系在实际应用中更加重视培养学生的工程知识应用能力和岗位操作能力，通过对TRIZ组合原理的合理运用，采取"双轨运行"模式，构建一体化教室和课程，让学生在学习过程中训练，实现实践和理论的有效融合。

2）CDIO工程教育模式

CDIO工程教育模式是国际工程教育改革的成果。从2000年起，麻省理工学院和瑞典皇家工学院等四所大学组成的跨国研究获得Knut and Alice Wallenberg基金会近2000万美元的巨额资助，经过四年的探索研究，创立了CDIO工程教育模式，并成立了以CDIO命名的国际合作组织。2008年，教育部高等教育司发文成立"CDIO工程教育模式研究与实践课题组"；2016年，在教育部原"CDIO工程教育改革试点工作组"基础上成立"CDIO工程教育联盟"。

CDIO代表构思（Conceive）、设计（Design）、实现（Implement）和运作（Operate），其

---

[1] 韩宏彦，张莉，谷洪雁，等. 基于TRIZ和CDIO的工程创新教育理论在教学中的应用[J]. 教育现代化，2019，6（90）：27-28.

[2] 张雪，乔冰. 基于CDIO工程教育理念的AUTOCAD课程教学改革新探[J]. 黑河学院学报，2015，6（6）：69-71.

以产品研发到产品运行的生命周期为载体，让学生以主动的、实践的、课程之间有机联系的方式学习工程。CDIO培养大纲将工程毕业生的能力分为工程基础知识、个人能力、人际团队能力和工程系统能力四个层面，大纲要求以综合的培养方式使学生在这四个层面达到预定目标。

2. 工程教育理论转变

随着高等教育的转型，高校人才培养也从强调知识型人才向强调实践与创新型人才转变。在工程教育领域，传统的TRIZ理论、CDIO工程教育模式建立在知识核心基础之上，可以称为科学范式的教育理论。这种范式指导下的人才培养过程以知识为主线，教师教知识、学生学知识、考试考知识，容易导致学生理论学习与实践创新脱节，实践能力和创新能力比较薄弱。为了解决这一问题，从根本上提高高等工程教育质量，提出了一种新兴教育范式——工程范式[1],[2]。工程范式的基本内容是：按照工程教育特性即工程性、创新性、敏捷性、权变性、个性化与时代性确定培养目标，然后根据培养目标确定毕业要求，再根据毕业要求反推课程体系、重构教学内容，采用相应的教学方法实施教学，进而改革课程的考核评价方式，保障人才培养质量的提高[3]。

工程范式是工程教育中由重知识传授向能力培养转换的一种教育理念。在这一范式的指导下，课程目标指向能力培养而非知识传授。这一能力目标既要基于专业培养要求来制定，还要遵从认知规律。在教学实施过程中，教材只是教学实施的主要参考，不应该成为课堂教学的主要内容；教学内容应该根据课程目标重构，将知识与能力、经典与前沿有机整合，实现新旧知识衔接。同时，还要改革传统的教学方法，采用体现应用和探究特点的新教学方法，实现知识向能力的转化。工程范式的教育模式能够在实际教学中充分激发学生主观能动性，利用课程与工程实践之间的关系，引导学生展开工程技术和各类理论的学习，充分发挥各类教学资源优势，提高工程教育的科学性和合理性。

3. 敏捷化工程教育理论构成

工程教育越来越强调对学生实践与创新等应用能力的培养。工程范式是有效解决工程教育中重知识传授向能力培养转换的一种教育理论。基于这一范式，工程教育必须变革传统的教育理念，在教育实施过程中，本书融合竞争理论、知识组织理论、知识全生命周期理论、目标管理理论、供求理论、分工协作理论、组织行为理论、系统工程理论、仿真理论、绩效考核理论、流程牵引理论、精准管控理论，形成敏捷化工程教育理论。

1）竞争理论

竞争是个体或群体间力图胜过或压倒对方的心理需要和行为活动，最大限度地获得个人利益的行为。竞争理论常指经济学上的波特竞争理论，是企业在拟定竞争战略时，必须要深

---

[1] 林松柏. 基本工程范式的高等教育人才培养体系研究［J］. 山东建筑大学学报，2017（2）：201-204.
[2] 林松柏. 转换高等教育范式构建应用型人才培养体系［J］. 齐鲁师范学院学报，2017（3）：1-5.
[3] 王胜春，林松柏，王晓伟，等. 基于工程范式的工程教育理论与实践刍议［J］. 教育教学论坛，2021，（38）：26-29.

入了解且决定产业吸引力的竞争法则。

在教育领域，首先是基于国际的竞争。国内则随着人口结构的变化，近年来参加高考的总人数逐年增加，学校之间的竞争加剧，竞争的局面将促使各学校更多地研究社会对人才的需要，逐步认识到需求的多样性，以及消融学校趋同化的重要性。在工程教育中也促使各学校在提高工程教育质量与办出教学特色上下真功夫。能够通过及时调整教学制度、教学内容、专业课程、师资队伍、教务管理等推动规范化变革与建设，促使工程教育理论与方法不断优化与进步，使工程教育逐渐在向更快、更强的发展上起到重要导向作用。生源的变化，促使敏捷管理的理论方法获得更多关注与应用。

2）知识组织理论

知识组织是指对知识客体进行诸如整理、加工、引导、提示、控制等一系列组织化过程及其方法，目的是对存储的知识进行整序和提供。工程是具有海量级知识的行业，工程教育领域是典型的需要强调知识管理应用的行业，是对工程知识进行选择、传递、分享、创新的创造性活动过程。工程教育目标也是为了培养满足符合当前社会信息化、经济化时代的全面发展型卓越工程师。对工程教育知识管理的研究与应用，在促进工程教育改革上将具有很大的启示作用。

3）知识全生命周期理论

生命周期一词来源于生物学，是指生物的生命发展过程遵循着产生、成长、消亡等一系列生命过程。"知识生命周期"这一词语最初起源于知识管理领域，知识的发展同生物的发展相同，也具有生命周期，生命的发展也具有阶段性。知识生命周期是指从一个知识被组织模糊了解，到其被组织明确掌握，并在组织内部传播，直到知识被用于工作中为组织创造价值，然后随着其创造价值能力的逐渐降低而最终被组织遗忘的整个时间间隔。

教育知识也具有生命周期，社会实践的发展推动了知识的产生并且不断检验新知识。由此，新知识的生命历程便开始产生，在知识被使用的阶段，其价值实现了最大化。随着社会的进步与发展，往日的新知识逐渐老化，利用价值不断变小，无法满足现有社会的需求。于是，经创新得到的"更新的知识"再次产生，开始新的知识运动过程。将生命周期理论运用到工程教育领域，对工程教育知识的管理、创新过程起着促进作用。在工程教育实践活动中，工程教育经验、工程教育思想、工程教育理论三者构成的整体是工程教育知识的来源。工程教育知识生命周期管理是基于信息管理技术的开发来辅助学校进行知识管理的工具，目的在于服务学校进行知识管理，探究工程教育知识生命运动的特征和规律，促进教师个人的知识更新与专业发展，提高教育教学的有效性，培养学生探究式的学习方式，最终提升学校的核心竞争力。强调知识的生命周期，就是要突出其时效性，保持前沿，鼓励创新。

4）目标管理理论

目标管理理论是由现代管理大师彼得·德鲁克，根据目标设置理论提出的目标激励方案。目标管理是以实现目标为中心的一种管理方式，即组织内部的各个部门以至于每个成员都要根据组织的总目标制定各自的分目标，确立行动方案，均衡分配资源，安排工作进度，有效地组织实施，并对成果进行严格考核的管理方式。工程教育管理目标是在工程教育系统中和在一定时期内通过一系列管理活动,有效地发挥人、财、物、时间、空间、信息等资源的作用,使工程教育目的得以实现、取得预期成果的目标。

5)供求理论

教育供求问题是研究教育与经济关系的重要理论问题。教育是一种培养人的活动,从其本身来看,确实有别于纯粹的商业性活动。但在市场经济条件下,其产品是具有商品属性的。因而,教育同其他任何商品生产部门一样,都存在供给与需求的问题。

工程教育供给是指社会为了促进经济、社会、个体以及工程行业的发展,培养卓越工程师,而由各教育机构提供给学生受教育的机会。其包括"狭义"和"广义"两个方面。狭义的工程教育供给是指正规教育机构(诸如普通大、中、小学等)提供的教育机会;广义的教育供给还包括许多非正规教育机构(诸如成人教育、职业教育、在职培养等)所提供的教育机会。工程教育需求是社会、企业和个人对教育机会有支付能力的需要。按照需求的主体来划分,工程教育需求可以分为三类:个人对工程教育的需求、建设单位对工程教育的需求和国家对工程教育的需求。

高校作为培养人才(供给方)的组织,其自身也是各层次人才需求(师资、管理人员、其他工程技术人才)旺盛的单位。

6)分工协作理论

分工协作理论指组织内部既要分工明确,又要互相沟通、协作,以达成共同的目标。

工程教育过程中,为提高教学管理的专业化程度和工作效率,应把教学的任务、目标分成各个层次,明确各个层次,各个部门乃至各个人应该做的工作以及完成工作的手段、方式和方法。同时,在教学过程中,明确部门与部门之间以及部门内部的协调关系与配合方法,相互协调、相互学习、互为补充、共同提高、共同完善。协作教学是一个不断完善的教育过程,不同专长的教师自愿组合在一起,面对学生学习过程中的问题,探讨并研究出各种方法,并在实施过程中随时监控,及时改进。合作教学不单纯是一次具体协作教学模式,而是一整套实施程序。

工程教育既需要分工又必须密切协作,这取决于工程的复杂性、交叉性,工程知识的广博性、专业性,以及卓越工程师知能结构的丰富性、灵活性。

7)组织行为理论

组织行为理论认为,人是组织中的灵魂,组织结构的建立是为了创造一个良好的环境,使这个组织中的人比较顺利地实现组织的共同目标。任何一个组织,其成员的行为都会影响该组织的结构和功能,并影响该组织所适用的管理原则,组织成员不仅为组织工作,而且他们本身就是组织。从动态的角度出发,以建立良好的人际关系为目标,寻求建立一个符合人际关系原则的组织。

工程教育中的教学行为是一种行为组织管理的过程,是根据教学管理过程中已经确定的目标、制定的计划,按照一定的结构形式和职能分工,把有关教学部门和师资合理地组织起来形成一个系统整体的管理活动,以达到最佳的教学管理目标。教学组织管理的任务:①制定政策、学校教学工作计划,明确教学工作目标,保证学校教学工作有计划,保证教学管理有良好的运行机制，有条不紊地运转；②建立和健全学校教学管理系统，建立内部机构和职能部门，明确职责范围，合理安排职、权、责、利的关系，发挥管理机构及人员的作用；③加强教师的教学质量和学生的学习质量管理；④组织开展教学研究活动，促进教学工作改革；⑤深入教学第一线，加强检查指导，及时总结经验，提高教学质量。

8）系统工程理论

系统指的是由相互联系、相互依赖和相互作用的若干要素或子系统结合而成的具有确定功能的有机整体。每个系统由若干个"子系统"组成，子系统里面还有子系统，系统外面还有更大的系统。系统工程（Systems Engineering）是在系统论思想的指导下，用现代科学方法组织管理各种系统的学问。"系统工程"中的"工程"一词并不单指某项工程技术，而是关于"事理"的工程技术，即人们办事的技术，泛指完成一项任务，也就是"将人类的理性、意志、情感融为一体的综合、创造、实践活动"。著名科学家钱学森指出："在现代这样一个高度组织起来的社会里，复杂的系统几乎是无所不在的，任何一种社会活动都会形成一个系统，这个系统的组织建立、有效运转就成为一项系统工程。"钱学森曾明确地把教育系统工程列为诸多部门系统工程之一。

因此，工程教育不外乎为一种社会高度组织的系统活动，是用系统工程理论来研究工程教育，并将工程教育的一系列过程、环节、要素组成统一的整体。工程教育要有"工程观、质量观、系统观"，要不断提高教育质量和教育水平，不仅要加强对学生的工程知识教育，而且要切实加强对学生的思想政治教育、品德教育、纪律教育、法制教育。老师作为"人类灵魂的工程师"，不仅要教好书，还要育好人，各个方面都要为人师表。加强和改进工程教育工作，不只是学校和教育部门的事，家庭、社会各个方面都要给予关心和支持。只有加强综合管理，多管齐下，形成一种有利于学生身心健康发展的社会环境，年轻一代的"卓越工程师"才能成长起来。

9）仿真理论

仿真理论是在已经建立的系统模型雏形基础上，对系统模型进行测试和计算，并根据测试和计算结果，反过来对系统模型进行研究、改进，如此反复进行，直至得到满意模型为止。从仿真理论中衍生出一种新的教学方法——仿真教学，这是一种将理论与实践相结合的新教学手段，更是未来智能化教育的基础。仿真教学是具有综合作用的教育手段，学生置身于仿真环境中，可以充分调动感觉、运动和思维，极大地提高了学习效率。

工程教育的仿真理论教学可以分为三种：①实验仿真——使用计算机技术模拟工程力学、材料学等实验环境，从而替代或补充了传统的实验教学手段。②实训仿真——由计算机技术完全仿真一个真实工厂或建设工地，通过控制模拟实训器，产生逼真操作环境，可以在节约很多训练时间和经费的前提下达到同等效果的训练目的。③管理模拟——计算机模拟在工程管理领域中对于成本、质量、进度等的计划、控制手段，有助于学生在管理决策方面的能力和素质的培养。

将真实工程世界映射到虚拟世界，可以帮助完成工程设计、模拟施工，实现过程模仿。这种方法极大地提高了工程"构建"效率，预防了各种风险，实现良好协同，也极大地减少了亲临现场的成本和安全管理难度（尽管仿真不能替代现场实习和实际体验）。虚拟仿真是工程教育的有力工具，也是敏捷工程教育的基本方法。

10）绩效考核理论

通常，绩效考核是企业为了实现生产经营目的，运用特定标准和指标，采取科学方法，对承担生产经营过程及结果的各级管理人员完成指定任务的工作实绩和由此带来诸多效果做出价值判断的过程。

工程教育绩效考核主要针对师资力量的评价，突破以往师资考核评价标准单一化的局限，持续推进教师岗位分层分类管理，建立科学合理且颇具特色的考核评价标准，逐步搭建各类教师之间转换的条件和平台。实施多元考核机制，完善以业绩贡献和能力水平为导向的考核机制，促进师资多元发展。把作风建设、技术技能水平、实践经验纳入考核评价指标，发挥学校、二级单位、服务对象、社会等多元考核主体的作用，促进形成各支队伍多维发展的师资人才生态。

11）流程牵引理论

流程牵引理论[①]指出：组织以流程为牵引动力，整合资源，实现目标。实现目标是组织的基本方式和根本任务，高校实现培养人才的目标，既是出发点也是目标点。通过流程体系的设计、执行达到输出合格人才的目标。流程具有表达组织行为、贯通全过程、维系全要素资源、突出风险环节、分析判断组织效率和成本等功能，并成为实现持续改进的基准。其是用确定性的方法，逼近和消除不确定性。

12）精准管控理论

精准管控理论[②]指出：组织提高实现目标的效率，全员参与（积极主动、完全覆盖），持续改进（消除模糊、减少浪费）。并且详细阐述了以下九个维度，即逻辑、时间、空间、价值、主体、资源、信息、属性和要素，进行诊断、优化，以达成综合效率的提升。对于工程教育如此复杂的系统工程，精准管控的思想精髓，具有十分的针对性和巨大的实用价值。在后文的阐述中，将呈现诸多的针对性模型，以指导实际改进工作，获得工程教育敏捷性。

基于科学范式向工程范式转换的进程，融合应用十个已经广为熟知的理论和流程牵引理论与精准管控理论，使各理论之间相互联系、相互影响、相互协同，将传统工程教育理论逐渐转变为敏捷化工程教育理论。敏捷化工程教育理论将知识与能力逐步有机整合，实现知识向能力的高效转化，实现新旧知识的衔接与更新，促使工程教育理论更具积极性、有效性与敏捷性。工程教育理论的构成关系如图6-7所示。

---

① 卢锡雷. 流程牵引目标实现的理论与方法：探究管理的底层技术 [M]. 北京：中国建筑工业出版社，2020：69-70.

② 卢锡雷. 精准管控效率达成的理论与方法：探索管理的升级技术 [M]. 北京：中国建筑工业出版社，2022：68-77.

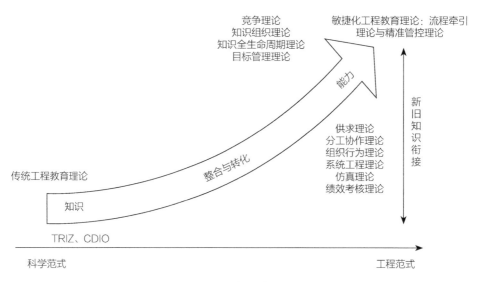

图6-7 工程教育理论的构成关系

6.4 工程教育敏捷化追求

敏捷性的追求在企业管理、软件项目开发、产业供应链优化、应急公共事项知识传递等领域应用已久。从管理学的发展演化来看，敏捷性是实现"效率追求"目标的思想延伸和补充，具有"理论的正当性"。

6.4.1 工程教育敏捷化的需求

与全球工程领域发展突飞猛进同步，我国在最近30多年发展中，既有尖端技术、领先工程的突破，也有普遍制造业、建筑业等工程相关产业的形成和蓬勃发展。高等工程教育在工程建设输送工程人才、实现工程创新、解决工程难题、建立规范等方面功不可没。尤其是新世纪以来，社会高速运作环境下的教育形态由低速传输环境向更快、更好、更高、更省的高速传输环境发展，以激烈变化的手段和方式，即快速发展、成熟中的新兴技术手段和智能化、智慧化的教育方式，促使工程知识处于知识体量增大、更新迭代加快、知识间不断交叉融合的知识易获得环境。这些变化同时导致工程教育需求复杂化、动态化，诸多问题也随之暴露出来，工程教育效率问题便是核心之一，从而也引起工程教育的被动和主动变革。教育敏捷升级的必要性分析如图6-8所示。

1. 敏捷化追求

1）新技术层出不穷

随着信息与通信技术的不断发展，通用新技术层出不穷，在教育中应用也越来越普遍。传统教育技术形态发生显著变化，对人们长期以来所形成的教育思维定势带来强烈冲击。物联网技术、虚拟现实技术、BIM技术使工程教育达到了更新的高度，推动着工程教学模式、工程教学内容及工程教学方法的深刻变革。然而，由于工程教育技术使用与机理认识不够，

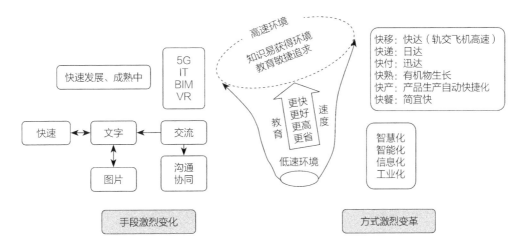

图 6-8　教育敏捷升级的必要性分析

致使如此丰富的资源在教育中应用受限，造成教学效果没有很大提高。

2）工程认知不足

对工程本身的认知、工程特有知识属性、"科学、技术、工程"的关系认识不足，是工程教育落后于现实需要，以及培养教育机制不够敏捷的原因之一。工程是在科学发现的规律和技术发明的规则基础上，结合PESTecl（政策、经济、社会、技术、环境、竞争和时空）实现，是规律检验和技术实践的复杂工作，具有"集成、创新、实践"的特性，以追求低消耗、少排放，与自然和谐、人类友好、社会包容，结构简单、功能简约、流程简化为综合目标。同时，要认识到"科学、技术、工程"的关系在悄然发生变化，工程教育已逐渐从"科学范式"转向技术和"工程范式"。

3）工程环境激烈变化

近年来，建筑业相关政策频出，涉及绿色建筑、装配式建筑、智能建造、全过程工程咨询等方方面面新兴工程。技术层面，以云计算、人工智能等为代表的前沿技术，已经融入并改变着施工现场的管理和生产方式（如智慧工地、智慧工厂）。工程环境激烈变化，积极引导着建筑业高质量发展，中国建筑业转型升级已经进入了关键时期。同时由于图文处理、计算机、互联网、移动通信和智能终端、数字化等技术的发展，工程知识生态环境快速变化，已经实现了"知识易获得"，体现在获取知识的"时空限制少、数量多、准确性高、获取方式与渠道多、成本低、速度快捷"等方面[①]。工程环境激烈变化、工程知识生态环境快速变化，都在加速推进工程教育敏捷化。

2. 工程教育敏捷化的需求

在审视环境及需求变化基础上，分析工程教育规律与特点，认真研究工程教育问题的产

---

① 卢锡雷，姜屏，李娜，等. 顺应知识易获得特性的高等工程教学方式变革思考［J］. 高等工程教育研究，2018（2）：147–151.

生原因，寻求解决问题敏捷化的路径、方法与工具，论证敏捷高等工程教育的紧迫性。从全球范围来看，工程教育已由"工程技术"到"工程科学"，且正在向"敏捷引领"转变，这将从根本上改变工程教育的格局。未来建立工程教育敏捷机制，不仅非常必要，而且已经十分紧迫。不能快速转变以适应新需求，只有衰落和消亡，这是高等工程教育界共同面临的巨大挑战。

1）寻求敏捷化的路径、方法与工具

工程教育敏捷化的基础，就是需要寻找适合工程教育敏捷化的路径、方法与工具。为实现敏捷的快速、适应性、动态联盟、不断改进、高效利用、组织调整等特点，需要一系列模型化、模块化、虚拟化、结构化以及新兴技术等工具支撑，需要三化教育法与HWM、TIE、IPC、七步统筹——"理、标、疑、牵、撑、实、绩"等路径共同推进。具体实践过程见本书第6.4.3节和第8.2节。

2）建立工程教育敏捷机制（敏捷高等工程教育理论体系）

敏捷工程教育的核心是从高校教育理论、教学模式改革入手，从机制体制上解决高校如何适应社会需求的变化，快速、低成本地对社会需求的变化做出响应的问题，促进向敏捷工程教育转型。因此，建立工程教育敏捷机制是工程教育敏捷化最终、最重要的需求。从敏捷的需求逻辑、目标逻辑、管理逻辑、产品逻辑、资源逻辑出发，确立敏捷决策、实施敏捷设计，包含培养目标、方案，实践过程和成果效果，教务管理等工程教育全要素内容。

工程教育敏捷化追求与需求的达成，能促使工程教育快速转变适应新环境，对新技术层出不穷、工程认知不足、工程环境激烈变化的现象做出快速响应、变革与适应。工程范式教育理论与敏捷化追求两者之间相互结合，有利于对现有工程教育创新教育模式进行优化和完善，更好地满足创新思维和创新能力，提升教学敏捷化。

6.4.2　工程教育僵化到敏捷化的转变

在现代工业全球化发展趋势下，推动工程教育面向产业、面向世界、面向未来培养一大批综合素质优良、专业基础扎实、具备国际视野和跨文化合作交流能力的高素质人才，已经成为我国教育界与工程界的共识，21世纪初启动的工程教育专业认证以及"卓越计划"就承载着这样的使命与责任[①]。

1. 工程教育僵化现状

僵化是指思想凝固不变，刻板不灵活，思想停止发展。在当前工程教育中，教学方式固定不变，教学思维刻板不灵活，即工程教育僵化现象严重。其结果的突出现象是：前沿领域需要人才时，总是极其短缺。僵化主要表现在以下三个方面：

1）工程教育仍偏重学科属性

我国工程教育仍偏重于学科属性，导致所培养学生的数理和专业基础扎实，逻辑思维能力较强，但欠缺工程思维能力和综合运用能力，团队合作、沟通与交流能力较弱。具体表现

---

① 高文豪. 工程教育要破除僵化机制［N］. 光明日报，2016-9-13（18）.

在：教学多依靠传统的基于课程导向的模式，单纯地强调传道、授业、解惑，将教师如何教好作为中心；学生基础知识扎实，但集成知识解决实际及复杂系统工程问题的能力弱；擅长解题式的个人英雄，工程实践中的团队合作缺乏训练；全局观弱，缺乏系统化思维，提不出系统化解决方案；书面交流能力薄弱，缺乏撰写研究报告、论文的训练等。

2）教师聘任、评价机制僵化

当前工程教育教师聘任制度、评价制度等机制僵化，体制机制尚待完善。具体表现在：师资队伍建设上，由于片面强调学历，高校聘请的基本都是具有博士学历的人员，甚至必须具有相应的留学经历才有资格进入综合性、高水平高校。博士是一个特殊群体，有优势也有劣势。实践环节的系统性设计存在缺陷，在带来前沿知识的同时，也加剧了脱离实际的矛盾，导致工科师资没有工程师资质的现象发生。在评价体系上，强调理论学习和考试成绩，忽视对工程实践能力的考察，缺乏建设界的评价。注重学生的学术成果目标，忽视对人格和实践的培养，导致学生对工程实践的认知也逐渐减弱。

3）对工程师价值观和伦理道德教育重视不够

目前，欧美国家的工程伦理教育不仅制定了完备的伦理课程内容和课程体系，而且在教学方法、教学模式上积累了丰富经验。与欧美国家相比，我国工程伦理教育开展并不久，学科体系也不够成熟。传统的高等工程教育主要内容是传授专业技术理论、劳动技能和实践经验，注重大学生技术实效性和科学逻辑性的培养，而与工程原理相关的社会学、法律、美学、伦理学等非工程知识领域的课程几乎是一片空白。爱因斯坦曾尖锐指出：用专业知识教育人是不够的。专业教育并不能使学生成为一个和谐发展的人。要使学生对价值有所理解并且产生强烈的感情，必须使其对美和道德上的善有鲜明的辨别力。

2. 向敏捷化转变

工程教育要破除僵化机制，向敏捷化转变是有效手段。敏捷化是一种快速战略响应能力，是一种在不确定的、持续快速变化的竞争环境中生存、发展并扩大竞争优势的能力[①]。

1）加强实践

要培养多样化的卓越工程人才，就要突出培养学生解决复杂工程系统问题的能力，并将其贯穿于大学四年本科教育中，在教学过程中加强实践，在实践中发现问题，利用扎实的专业理论知识结合实际工程问题，培养工程思维能力、综合运用能力和集成知识解决实际及复杂系统工程问题能力。增强工程教育敏捷化能力，使学生能够将数学、自然科学、工程基础和专业知识用于解决复杂工程问题，识别、分析复杂工程问题，并且能够针对复杂工程问题设计解决方案。

2）完善敏捷协同育人机制

要进一步破除体制机制障碍，完善敏捷协同育人机制。深入开展高校与科研院所、行业企业协同育人，教育部门与行业部门共同推进全流程敏捷协同育人，建立培养目标协同、教学团队协同、资源共享以及敏捷协同机制，使教学更加贴近行业和产业的需求。

---

① 边江，徐向. 基于敏捷供应链的应急决策知识供给机制[J]. 经济研究参考，2011（65）：62-69.

高等工程教育要秉持一种基于成果（目标）导向的教育理念，以学生为中心，建立基于学生学习结果的评价标准。学术排名与教育质量评价标准不能混同于高等工程教育质量的评估，其不同于科学研究的质量评估，也不同于大学科学研究评估。因此，要建立与国际工程教育专业认证评价标准相符合的基于学生学习结果的评价标准，评价标准高度要聚焦于人才培养，而非单纯的学术评价。

3）加强价值观和伦理道德教育

要进一步深挖卓越工程师内涵的建设，不仅要重点培养学生的工程思维能力、工程专业知识及技能，更要注重学生相关价值观的培养和对伦理道德的教育，增强学生的人文素养和情怀。具体而言，工程伦理的培养要符合社会主义核心价值观的根本要求，在工科类的大学开设工程伦理学课程，培养工科大学生的工程伦理素质，使其具有工程伦理意识、掌握工程伦理规范，并提高他们的工程伦理决策能力。

数据显示[①]，我国已经成为高等工程教育大国，工科专业在校生总量占总体在校生总量的比例已经超过1/3，毕业生占总体毕业生总量的比例已经接近1/3；与美国、英国以及欧盟相比，每年培养的工科专业毕业生总量更为庞大，占世界工科毕业生总数的比例已超过1/3，但我国还不是工程教育强国。

当前，如何利用好我国新一轮宏观战略布局调整为工程教育发展提供充足的空间，迎头赶上信息技术、生物技术、新能源技术、新材料技术等交叉融合正在引发的新一轮科技革命和产业变革，对于中国工程教育而言，是实现工程教育大国向工程教育强国迈进的关键，而让工程教育回归工程，是我国成为工程教育强国必须调整的第一步。

6.4.3 敏捷化创新路径

工程教育僵化的现状促使当前教育亟需向敏捷化转变，探寻工程教育敏捷化的创新路径就成为当务之急。工程教育的服务主体是学生、工程师，因此，从工程学习方法论出发，本书提出敏捷化的创新路径从HWM、TIE、IPC、七步统筹——"理、标、疑、牵、撑、实、绩"着手，包含一系列的工具、方法和理论，全面提高和保障工程教育效率的同时达到工程教育敏捷化。

1. 从知识到知能HWM的转变

知能结构是指知识与能力融合一体的综合内涵，区别于知识，是进一步包括能力在内的结构。知识与能力既关联影响又各有侧重，甚至无法断然区别。知能结构包括知道如何实现以及实现的内容和需要的方法的知识和能力，如图6-9所示。

新经济的发展对传统工程专业人才培养提出了挑战。相对于传统工科人才，未来新兴产业和新经济需要兼具思考力、整合力、执行力的工程实践能力、创新能力，不仅在某一学科专业上学业精深，而且还具有"学科交叉融合"的特征，不仅能运用所掌握的知识去解决现有问题，也有能力学习新知识、新技术去解决未来发展出现的问题，具备国际竞争力的高素

---

① 高文豪. 工程教育要破除僵化机制 [N]. 光明日报, 2016-9-13（13）.

质复合型"卓越工程师"①。卓越工程师应具有自主针对性学习各层次知识（基础知识、常规知识、科技知识、管理知识）、主动获取与整合（整合力）、对照与寻机、设计并计划（思考力）、动手实施（执行力）的知能结构，如图6-10所示。

工程的规模、复杂性、综合性②，要求工程师的知能结构具有以下特点：

（1）知能结构强调：跨界知识、批判性知识、思维知识、创新知识、实践知识。

（2）知能结构的完整性与系统性。

（3）融合实际的综合应用。

工程师是以应用工程规则（技术规范与管理规范）构建工程实体为主要职责，其中了解和应用技术规范的能力是知能结构能力的重点之一。

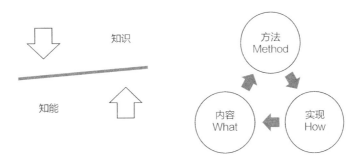

图6-9 知能HWM的构成

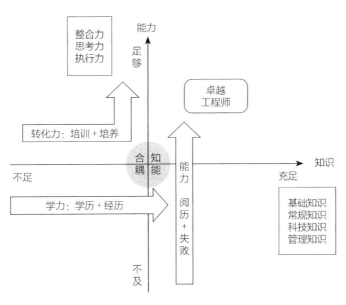

图6-10 知能HWM的体系结构

---

① 包信和，王庆环. "新工科"新在哪儿［N］. 光明日报，2017-4-3（5）.
② 朱高峰. 论工程的综合性［J］. 高等工程教育研究，2011（2）：1-4.

不仅如此，快速重构（补充、整合）新的知能结构能力，以适应新的工程环境的需要，比起僵化的技能变得更为重要。这一特点，对高等工程教育提出了向"以基本知能为基础、突出工程思维训练、强化应变工程环境重点"的教育方式转变的要求。如智能化工程测量、建模，效率与传统测量相比，已不可同日而语。无人机遥感测绘测量、激光扫描智能测量、3D建模等技术，基本都是最近几年发展成熟得到应用的知能。

2. 三大能力 TIE 的培养和训练

新时代的技术特点，归结到工程教育上，最突出的是知识具有"易获得性"，在这个特性下，教育的知能结构培养，应以"知识整合能力、工程思维能力、实践执行能力"为主。

"知识整合能力、工程思维能力、实践执行能力"，即三大能力TIE：思考力、整合力、执行力的培养与训练。通常成才通路是从具有执行力（低责任基层岗位）到整合力（中责任管理岗位）再到思考力（高责任决策岗位）的能力螺旋上升的，如图6-11所示。

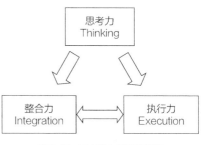

图 6-11　三大能力 TIE 的结构

1）思考力

思考力是指对问题进行观察、记忆、想象、探究、分析、判断等一系列心理活动，在对核心问题有一定了解和收集大量资料后，能在自己的脑海中梳理出一系列分析问题的框架思维的能力。

目前，工程教育模式都是知识灌输型，不容易激发大脑思考，也不利于思维训练。网络时代知识很容易获得，所以不缺知识，缺的是思考力的训练。实践论里面提到"感觉解决现象问题，理论解决本质问题"，如何将感觉转化为理论？这就需要培养思考力。正所谓"学而不思则罔，思而不学则殆。"学习之后就要思考，在思考的基础上再进行实践，即实践、理论、再实践、再理论，如此反复，这就是思考力、成长性思维。

2）整合力

"整"，整体、整理，"合"，协调。所谓"整合力"，就是将内在和外在的全部资源，根据完整性与有序协调的原则进行整合，以达到最佳的效果。

在时代特征上，互联网传播，自媒体发展，如上所述，信息知识易获得程度大大提高，每天能够接收到的知识量非常巨大，但同时也出现信息知识"冗余"、碎片化程度增加等情况，导致信息知识识别困难，分散了时间精力。

在工程知识特性上，工程知识有很多是隐性的、经验性的，同时分散在不同主体、不同成员之间。能以多大范围、多高层次、多强密度去整合这些资源，形成工程知识库、价值创造、发展力量，是一种能力、一种创新、一种气度。提升整合能力，实现资源优化组合，能够由小做大、由弱做强，能使优势更优、强者更强。培养训练整合力，整合内外部各类资源，实现资源利用效率最大化。

3）执行力

执行力就是在既定战略和愿景的前提下，组织对内外部可利用的资源进行综合协调，制定出可行性战略，并通过有效的执行措施从而最终实现组织目标、达成组织愿景的力量。

在一项目标或任务下达之后，一个人响应、执行和完成的全流程，反映了一个人完成目标或任务意愿的强弱、能力的高低和对事情的整体把控能力。执行力是进步的核心，不管多重要的决策或规则制度、方式方法，都需要落到实处，在实践中检验和修正，执行力促进不断进步。

执行力可以通过三化工具得以实现，即产品化、项目化、任务化，具体内容详见本书第8.2.2节。

3. 识—习—验 IPC

识—习—验IPC结构是认识、练习、验证的英文缩写，如图6-12所示。在敏捷化的工程教育中，对一项目标或任务的思考与完成，应具备识—习—验的思维模式。

认识是认知知识，即人脑反映客观事物的特性与联系，并揭露事物对人的意义与作用的思维活动。练习是加深理解记忆以及获得熟练技巧而经常进行的某种动作及行为。验证是经过工具、方法检验并得到证实。

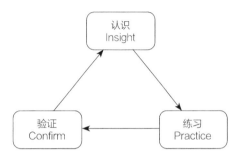

图6-12 识—习—验 IPC 结构

开展一项目标或任务首先是收集大量相关资料来了解这个任务，通过阅读大量书籍、文献等资料，对其有充分的认识。其次经过自我思考，找出问题所在，并在海中梳理出一系列分析问题的框架思维，找到合适的方法工具来不断尝试解决问题，这是持续练习的过程。最后对自己梳理的框架思维与解决问题的效果进行验证，检验自我认识与练习过程的有效性。

4. 七步统筹——理、标、疑、牵、撑、实、绩

七步统筹是教育反思方法论的一种，包括：理论引领、目标导向、问题启程、流程牵引、工具支撑、实践验证、绩效评价，如图6-13所示。

图6-13 七步统筹

从理论引领的基础到绩效评价的反馈，是全过程的工程教育路径，通过七步统筹，形成工程教育敏捷化的创新路径。

6.4.4 企业竞争引擎——敏捷与数字化

企业和高校追求工程教育的敏捷化同样重要。在企业发展进程中，数字化是持续发展

的，因此，敏捷与数字化相辅相成，持续为企业提供竞争引擎，提升企业核心竞争力。

所谓数字化，是指由大数据、人工智能、移动互联网、云计算、区块链等一系列数字化技术组成的"数字综合体"。数字技术对企业传统组织模式产生了巨大冲击，组织必须时刻保持与外部环境的动态匹配，促使企业始终适应环境需要，并不断提升竞争引擎。国际知名咨询公司埃森哲2021年底发布的《2021埃森哲中国企业数字转型指数研究报告》显示，80%的中国企业正在尝试通过数字技术让企业运转变得更加高效，带动业务的增长；其中，仅有4%左右的企业真正释放了数字化的潜力。

1. **数字化与敏捷性**

企业敏捷性是指企业在无法预测的、不断变化的环境中迅速发展，能够对环境变化做出快速反应能力，即强调企业对动态复杂的外部环境的适应性及企业自我演变能力或进化能力。数字技术要求企业时刻保持与外部环境的动态匹配，而敏捷性就是对环境变化做出快速反应的能力，因此，敏捷性正逐渐成为企业数字化转型的推动力量[①]。

在数字化转型如火如荼的进程中，也要认识到转型过程中存在的困难，2021年中国有80%的企业尝试数字化转型，但只有4%做到了，阻碍转型进程的因素不容忽视。企业数字化转型进程中，在企业调整内部结构的同时，各部门之间的联系并没有因转型变得紧密，反而起了反效果，弱化了各部门之间的协作与连接。这一结果导致企业不能及时、敏捷响应外界变化以及客户需求，对数字化时代敏捷性的忽略是造成管理者推进数字化转型的障碍之一。

2. **数字化转型中提升企业敏捷性的对策**

敏捷作为一种思想理论与追求，能够推动企业转变现有工作方式，快速查看和响应各种不可预测的情况和不断变化的目标。这种灵活的应变能力将改变企业员工的思维模式，使他们能快速适应新思维、新需求、新变化，提高创新的可能性，从而催生企业创新能力。

1）快速迭代

通过迭代，将数字化转型的各步骤、各过程细化，用"小步子快走"的方式让整个业务流程更加灵活。如果按照传统管理方式，转型过程中发生更改的成本很高，且有可能将之前的努力变成无用功。敏捷则会及时变化，如果需求发生改变或者出现了更优解，更改业务流程的成本会非常小。

2）持续反馈

在敏捷实践中，团队会在上一个迭代结束到下一个迭代开始前，进行工作总结及反思，将上一个迭代中做得不好的部分在下一个迭代中加以改进。这不会让团队因前进的步伐过快而迷失正确方向。在反馈过程中，团队各个成员能够共享成功或失败的心得，推动整个团队提升能力、经验。

3）价值中心

看板方法论强调泳道中的工作项要承载价值，由下游拉动上游价值流动。同样，数字化

---

① 王玮，綦振法. 数字化转型对组织敏捷性提升研究［J］. 山东理工大学学报（社会科学版），2017，33（5）：12-16.

转型过程同样也要遵循价值的流动原则。数字化转型本质就是价值重构，通过创造价值、敏捷传递价值来实现业务需求与客户需求。

4）可视化

敏捷实践可以通过ERP、看板等工具实现业务的可视化。可视化的业务流程能够让团队所有成员，包括利益相关者，都有机会了解工作的进展以及状态。数字化转型过程也可以尝试让业务流程可视化，提高团队的工作效率，增加协作性。

5）创新思维

不论是数字化还是敏捷，都鼓励拥抱创新。在积极、创新的团队文化基础上，在团队自组织、自管理背景下，团队成员思维活跃，能够独立思考，主动尝试创新，这是企业能够成功实现数字化转型，提升自身价值的前提条件。相反，在一个常规守旧的氛围内，创新思维就无法生根发芽。

企业工程教育的敏捷化追求，通过敏捷的快速迭代、持续反馈、价值中心、可视化与创新思维，能够推动企业数字化转型往更高更远的方向发展。将敏捷与数字化结合，在数字化转型中追求敏捷，是企业竞争的引擎，提升企业敏捷性是提高企业竞争力的核心。

企业作为用人单位的代表，是工程师普遍任职的组织。在研发单位、运行单位、维修单位等同样适用。

第 7 章
敏捷高等工程教育理论

本章逻辑图

图 7-1 第 7 章逻辑图

所有教育目标的追求,用抽象而概括的一个词来形容,就是"敏捷"。其不仅指快速高效,还有高度的组织调整、内容整合、人才培养生态链的适应能力。事物发展达到"与时俱进"的权变状态,这是教育的底层逻辑和终极追求。

7.1 敏捷思想概念讨论

讨论之前，我们来回顾邓小平的两次感慨。第一次是在日本乘坐"新干线"列车（1978年10月22日），他意味深长地说："就感觉到快，有催人跑的意思，所以我们现在更合适了，我们现在正合适坐这样的车。"[①]第二次是在深圳到珠海的船上（1992年南方谈话），他走到码头船边，突然转过身来回走几步，高声说道："你们要搞快一点！"[②]从贯穿15年的两个"快"字，可以深切体会到老一辈革命家对于发展的紧迫感和走出困境的思路，所强调的"快"既是决心也是路径。对于当今的工程教育仍然是很切合的。寻求人才培养的快速发展之路，首当其冲就是要有"快捷"的速度，因为快捷是敏捷性的核心之一。

7.1.1 敏捷

"敏捷"一词，最早出现于《汉书·酷吏传·严延年》，文中以"延年为人短小精悍，敏捷於事"形容严延年反应迅速快捷。诗圣杜甫也曾在《不见》一诗中用"敏捷诗千首，飘零酒一杯"形容诗仙太白才思敏捷，作诗似泉涌。可见，敏捷一词最常用的语境即用来形容人反应迅速快捷。而敏捷一词，最早运用于教育领域，是美国人艾伦（Allen）于2012年在美国培训与发展协会论坛上提出。此后，业界对其关注度逐步提高。美国人才发展协会甚至连续四年（2012～2015年）将其列为年会主旨议题[③]。

敏捷一词通常被描述为组织能够及时感知和应对环境变化的能力，是一种通过创造变化和响应变化在不确定和混乱的环境中取得成功的能力。而对于运用在教育行业的"敏捷"一词，其应是指一种有效应对不断变化的竞争格局的战略，是一种方针型的战略布局。

7.1.2 敏捷高等教育

世界经济一体化，知识经济"大爆炸"，数字经济发展得如火如荼，这些促使我国的高等教育如同30年前的世界制造业一样，进入了"大批量生产"的大众化教育阶段。高校作为为企业输送人才的主要机构，还是存在一些较为明显的问题，如：其内部以"学科"标准对专业进行划分而不考虑实际就业的需求是不合适的。学者刘小强与王峰[④]认为我国传统的专业制度具有封闭、死板和实体性等特点，要改革专业的实体模式，回归知识和能力的组合；学者叶飞帆[⑤]认为，因学术资源、知识的快速发展与更新，简单依靠学科的调整和更新来应对社会人才需求的迅速变化是无法实现的。综上，针对高校高等教育如何根据外部快速的变

---

① 央视网. 我们走在大路上 第八集 伟大转折. http://tv.cctv.com/v/lv/VIDETdTPxSXoyprWsc6FBe9i190927.html.
② 陈锡添. 东方风来满眼春——邓小平同志在深圳纪实［N］. 深圳特区报，1992-3-26（1）.
③ 段春雨. 敏捷课程开发的缘起、特征与模式［J］. 数字教育，2020，6（4）：8-14.
④ 刘小强，王峰. 关于60年来我国专业制度的反思［J］. 高等工程教育研究，2010（1）：57.
⑤ 叶飞帆. 学科为体，专业为用，构建敏捷高等教育［C］//中国高等教育学会，重庆市人民政府. 质量提升与建设高等教育强国——2011年高等教育国际论坛论文集. 重庆：西南师范大学出版社，2011：80.

化进行自己内部调整的问题，有学者提出了"敏捷高等教育"的理念。

高等教育实际上是一个人才生产系统，虽然"体量"并没有制造业大，但作为为社会提供人才培养服务的机构，也需要应对需求变化进行不断调整，及时响应新出现的社会人才需求。多年前，在面对迅速变化且难以预测的市场需求时，人们提出了敏捷制造的理念。Bohdana Sherehiy曾对敏捷性做出论述，认为敏捷性是指在一定的资源约束条件下，系统对外界的变化做出快速而又及时响应的能力。将"敏捷"这个概念应用于高等教育，则可以使高等教育具备"敏捷性"。

学者叶飞帆[①]将"敏捷高等教育"定义为以市场需求为导向，以柔性人才培养模式为特征，以高素质、协同良好的工作人员为核心，动态地组织学校内外资源，建构内外合作的人才培养机制，积极地培养出满足多样化人才市场需求的、具有较强适应能力的合格人才，并对市场需求的动态变化有一定响应能力的教育体系。除了以工作人员为核心之外，也需要老师与学生的积极参与。同时，加强毕业学生、老师与企业之间的交流对接，提升高等教育与社会、企业需求之间的联系能力，通过学校内部的快速调整，实现更加敏捷的效果。

7.1.3 敏捷高等工程教育

本书在开篇就对"工程学"这一概念和内容进行了介绍，工程学包含内容之多、涉及范围之广、系统极其复杂等特点已众所周知，所以对于工程知识、工程体系等的学习相比于其他学科更为复杂。对于高校工程教育而言，一方面，外对社会进步、企业需求，内对工程知识、工程技术、工程材料等不断创新；另一方面，在本书第1.6.3节已阐述了高等工程教育中存在的一些问题需要解决。如何将高等工程教育更好地开展，本书大胆提出"敏捷高等工程教育"这一理论设想。

首先是对于敏捷高等工程教育中的敏捷性内涵探讨，在此，本书借鉴与改进学者Rick Dove的理论，提出新的敏捷性内涵，包括：快速、适应性、动态联盟、不断改进、组织变革、高效利用六个方面，如图7-2所示。

1. 快速

毫无疑问，敏捷性的关键在于快速地量产，即基于价值驱动交付，项目团队快速机动地给客户交付可以使用的产品，并尽早让"产品"投入市场从而产生可观的商业价值，这是敏捷提倡的核心价值。在高等工程教育中，快速则表现为培养人才周期更快捷，即快捷、高效培养社会所需人才。

2. 适应性

需求市场是在发生客观变化的，同时，用户的期望和要求也是在变化的，因此，"产品"的适应性一

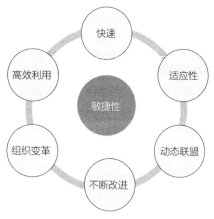

图7-2 本书提出的新的敏捷性内涵表达

---

① 叶飞帆. 敏捷高等教育初探——基于学科与专业视角[J]. 高等教育研究，2011，32(12)：28-33.

定程度上决定着"产品"的价值。在高等工程教育中,适应性表现为短期的试岗时间与长期的适岗能力,即在变化的内外环境下,能够快速、高效地适应。

3. 动态联盟

动态联盟,即战略联盟,是指为快速响应某一市场机遇,通过信息高速公路,将产品涉及的不同企业临时组成一个没有围墙、超越空间约束、靠计算机网络联系、统一指挥的合作经济实体[①]。高等工程教育的动态联盟表现为通过互联网高效、便捷地将高等工程教育的参与主体连接起来,形成近乎实时的动态调整的联盟,构成工程教育供应链,提高综合竞争实力。

4. 不断改进

敏捷性提倡不断调整和优化,并在每个迭代回顾会议中进行分析、讨论、总结。找出当前迭代开发过程中需要改进或者需要提升的地方,进而在下个迭代中改进、调整和优化。高等工程教育的不断改进表现为对于培养体系、方案不断完善和改进,这也是遵循客观事物发展规律的体现,只有不断改进才能更好地适应变化的环境。

5. 组织变革

组织变革是指组织根据内外环境变化,及时对组织中的要素(如组织的管理理念、工作方式、组织结构、人员配备、组织文化及技术等)进行调整、改进和革新的过程。对于高等工程教育而言,组织变革主要体现在对于师资队伍的改革、高校教务管理的改革以及高校评价机构的改革。组织管理不是一成不变的章程,顺应时代、趋势的改革才是符合客观规律的发展,同时,有效的改革能给组织注入新的活力,生生不息。

6. 高效利用

不容置疑,敏捷性的目标应是在高效利用下创造价值。基于高效利用让价值驱动,促使项目范围灵活调整,这就给项目带来了很多的灵活性,使其可以根据市场不断调整需求范围、变更内容以及优先级等等。高等工程教育的高效利用主要表现在对于高校传授的理论知识与实践能力能在工作中高效利用起来,同时也让培养的人才受到社会的"高效利用",也正是因为如此,敏捷性才如此为本书所提倡。

而敏捷高等工程教育,则是指从事工程教育的高校,充分利用先进ICT手段,遵循知识供应链产生、传播规律,通过调配教育技术、教务管理等资源和调动师资、学生各方积极性,以有效和协调的方式快速响应复杂需求,建设工程教育的敏捷性,以实现目标并获得预计价值。本书认为,敏捷高等工程教育总体思路通过问题启程、目标导向、系统规划、严谨执行、科学运营、绩效对标等步骤,完整构建理论、方法、工具、绩效、案例的教育教学新体系,以解决工程教育中多年不能很好解决的问题,提高工程教育(在校、适岗、适用)的效率,提供让学生、教师和企业、学校、社会多方受益的敏捷工程教育方案。对敏捷高等工程教育的研究,就是要对工程教育中存在的一些问题进行探讨与解决,就是要将高等工程教育主体多元化、内容复杂化、技术动态化、方式激变化等特点所带来的负面影响转变为其更

---

① 王隆太. 先进制造技术[M]. 北京:机械工业出版社. 2017:16.

大的优势，发挥更大的作用。通过敏捷高等工程教育体系的构建与使用，使工程教育脱离"固化""封闭"等"帽子"，让其在对基本工程知识教学之后，还可以使高校、教师甚至是学生拥有"适应环境变化而导致的需求变化的调整"能力，以此来应对知识迭代快、工程环境变化激烈、应用知识集成与专业知识细分之间的矛盾等问题。

因此，探索敏捷高等工程教育的内涵、机理、路径，寻找敏捷高等工程教育的方法、工具，建立敏捷高等工程教育的思想体系，均具有重大意义和紧迫性。

7.2 敏捷高等工程教育思想体系

"敏捷"概念广泛兴起与提及，而工程教育又面临环境复杂多变、教学需求复杂、工程语言与表达技术更新迭代快等一系列问题。因此，将敏捷、敏捷性的概念引入工程教育，形成敏捷高等工程教育思想体系的重要部分，来提高工程教育的逻辑认知和机制创新是十分迫切且必要的。

7.2.1 敏捷高等工程教育必要性

正如前文所述，敏捷高等工程教育的内涵本质是从敏捷制造、敏捷高等教育演变发展而来的。敏捷性（Agility）概念于1991年被提出是为了应对当时美国工业界认为的"商务环境变化的速度超过了企业自身调整的步伐"。这和当前知识环境变化速度超过高校组织及教育内容调整步伐异常类似。

经典敏捷性是指响应市场需求。而对于教育的需求，是一个复杂的问题。新工科提出响应"产业"需求，本书认为，这个需求没有考虑到工科教育需求的复杂性，产业需求不等于教育应当承担的综合需求。但是，当前的敏捷高等教育研究（敏捷工程教育可以视为其细分与深入）的最大欠缺是：①需求研究不够，未指出教育产品需求的构成、复杂性及动态性，甚至是不协调性（需求之间的矛盾，价值背离等因素）。②响应机制的建立。理论必须指导和用于实践，建立响应机制不仅仅依靠"虚拟组织"的运营，还包括"虚拟组织"运营绩效的衡量与评价，敏捷性的构成与支撑手段，敏捷性追求的价值与紧迫性原因，敏捷性实现的方法和工具，知识存在的环境及认知科学发展的影响，敏捷教育实践与效果检验，敏捷性实现的机理等。这构成了今后敏捷教育思想体系形成和实践指向的重要内容，也是当下迫切需要更多团队进行深入研究的内容。

敏捷高等工程教育的内容由三大部分组成，如图7-3所示。

（1）工程思维，即正本清源，提升思考维度。包括工程地位（自然界的组成、产业纽带、人类影响）、工程内涵（内涵、属性、目标、情景、伦理等）、流程范畴（流程是结构与功能的耦合机制）。

图7-3 敏捷高等工程教育内容构成

（2）需求快反，即关注环境，加快需求反馈。包括知识链变化、复杂需求构成与耦合、师资成长、组织变革。

（3）敏捷技术，即回归教育，优化敏捷技术。包括敏捷工程教育目标、问题、内容、表达、体验、效果及资源、平台建设等。

从上述内容中可以看出，敏捷高等工程教育从认知上提升思考维度，需求匹配快，适应环境响应程度快，回归到教育本身。同时，由于当前存在工程教育大环境的复杂激烈变化、工程教育问题的亟待解决、追求效率的必然性与体现国家竞争力优势的需要等现象，也让敏捷高等工程教育思想体系的建立异常必要。

1. 工程教育大环境的复杂激烈变化

工程教育大环境在自身的工程特性、知识的变化、新技术的出现、教育方式的滞后等都发生了激烈的变化，敏捷高等工程教育思想体系的建立迫在眉睫。

工程特性的复杂环境主要体现在：工程自身的强实践性；构建、集成、创新的特性与结构功能流程的耦合属性；追求低消耗、少排放等环境目标，与自然和谐、人类友好、社会包容的结构简单、功能简约、流程简化的综合目标；工程的变化主要是工程、科学、技术、工程的关系变化；教育也从"科学范式"转向技术和"工程范式"。同时工程自身的发展也进入了一个大体量、技术高复杂性、工艺高难度性的"复杂工程"时代，如三峡发电机组、航母推进系统、FAST工程与光机电系统、千米级超高层建筑、蛟龙号深潜器、纳米级微型生命探测设备、5G通信标准产品、超级物联网、量子传输技术等等，土木、机电、生化、物流各工程无不进入了知识跨界、交叉、融合的崭新阶段。这些预示着工程教育、新的时代特征的到来。

知识的复杂环境主要体现在知识量的增长绝对数加大、增长速度加快、期间不同科目知识的交叉程度与融合程度也在上升，由于不断出现新的知识，所以其迭代的速度也在加快。同时各类新技术层出不穷，促进知识更易获得，但教育方式仍然是滞后的，由于互联网教育应用的局限性，教师教学中对于认知规律的应用不够，教学中对于教育技术的使用以及使用机理认识不足。而且师资力量存在缺陷，当前教师缺少实践知识，结构尖深而不是平宽、思维偏向科学研究型而不是工程师型，敏捷工程教育思想体系的建立具有紧迫性，如图7-4所示。

2. 工程教育问题的亟待解决

中国工程教育规模世界最大，但是也存在一些问题，甚至存在一些根本性

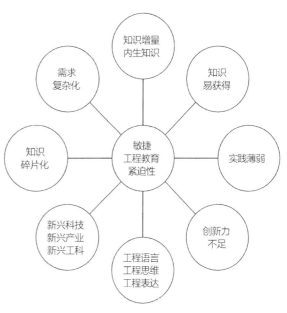

图7-4 敏捷工程教育的紧迫性体现

问题，具体体现为：当前工程教育开发课程缺少实践性，教育公平与教育卓越的平衡性问题，教学模式偏重于传统的灌输式教学，宏观教育政策中的供求关系问题，多数毕业生面临一毕业就失业，教学成果缺乏完善的评估标准与体系，课程教学中实践与理论的交叉融合不足，教师知能结构糟糕，课程体系涵盖率不高、前沿性不足、需要完善等问题，学生自身存在学习效率低下与沟通能力不足、保姆式管理等问题。这些问题都促使探索新的、系统的、完整的思想体系的诞生。敏捷高等工程教育思想体系，不仅面对的是学生主体，还有教师与社会、国家方面的内容，发展不同的、针对性的工具与方法，有效解决当前宏观、中观、微观工程教育中存在的问题。无可争议，其不能包治百病地解决上述所有问题。

3. 追求效率的必然性

管理科学发展的历史，就是追求效率的历史。无论是《国富论》提出分工，还是泰勒从工序动作分析中归纳出《科学管理原理》以及工程领域不断应用的 PDCA、CM、PERT、TQC（M）、PM、ERP、BIM等管理工具的发展，以及BPM、BPMN的普及，都是在追求劳动的效率。相比之下，工程教育的效率追求，仍然是一个隐晦的命题，似乎也仍然是一个"提倡教育效率"必然损害"教育为什么人"的伪命题。当前的社会发展和工程需要充分说明了敏捷工程教育不仅具有必然性，而且是一个非常紧迫的命题，需要立即深入研究、细致设计、严密规划、切实实践、总结推广。

4. 体现国家竞争力优势的需要

国家竞争力的核心是科技创新力，产业竞争力则是国家竞争力的体现，工程是产业竞争力的支柱。工程教育毫无疑问承担着为产业输送源动力的责任，其竞争力具有重要意义。工程教育的敏捷性，也就很自然地被赋予了重要角色和重要责任。

高校工程教育的竞争力体现在能够提供合格工程师的苗子，能够随着需求变化调整自己的培养方式等，即能够持续培养合格的工程师。前半部分包含工程教育的基本能力，后半部分则强调了"适应环境变化而导致的需求变化的调整"能力，这也是敏捷性的要求之一，强调敏捷性是高校的基本能力，并强调"师资、学校组织（学科、专业）、教育技术"的结合是非常重要的。这意味着，不仅关切的核心在这三个方面，同时提高敏捷性的建设方向，也应该着重在此。

总之，工程教育需要加快敏捷教育的步伐。甚至可以说，当前的问题，已经到了火烧眉毛非抓紧解决不可的严重程度。这就是敏捷工程教育的必要性。

7.2.2 敏捷高等工程教育可行性

面向未来高度复杂、高度集成的工程教育发展趋势，面对知识量剧增、知识更新迭代加快、需求复杂化的工程教育紧迫性，工程教育将打破传统实践薄弱、不能适应复杂多变新环境的教育局面，推进提出敏捷高等工程教育。促进学生养成善于发现问题、提出问题、定义问题、渴望和尝试解决问题的习惯与能力，将科学研究思想、过程与实践全面融入课堂十分必要且可行。敏捷高等工程教育如何达成与实践，将从政策推动、环境影响、理论引领、方法工具支撑与技术运用五方面来阐述。

1. 政策推动

我国具有举国之力办大事的组织机制和管理实践经验。2018年9月，教育部、工业和信息化部、中国工程院联合印发《关于加快建设发展新工科实施卓越工程师教育培养计划2.0的意见》（教高〔2018〕3号），重点强调树立工程教育新理念。"卓越工程师教育培养计划"是教育部专门针对工程教育实行的项目，旨在通过工程教育改革和创新，全面提高我国工程教育人才培养质量，培养以造福人类和可持续发展为理念的现代工程师，促进我国从工程教育大国向工程教育强国的转变。一方面，党和国家高度重视工程教育发展，围绕工程教育培养出台了一系列政策，不断加快工程教育变革，推动敏捷高等工程教育应用与发展；另一方面，敏捷高等工程教育的提出，也响应与践行了"卓越工程师培养计划"政策，以敏捷化的工程教育培养方式与路径，改革创新工程教育新机制体系，培养敏捷化的卓越工程师。

2. 环境影响

前文阐述了工程教育大环境复杂激烈的变化：知识量增长与迭代加快、教育方式滞后、互联网教育应用局限、新技术层出不穷、新管理模式显现、工程环境激烈变化、师资结构性缺陷等。一方面影响工程教育的发展，另一方面促使新环境下，新工程教育方式不断变革，推动工程教育向敏捷化改革，促进工程教育向敏捷化发展，以适应复杂多变的环境影响。新环境下新兴技术的发展改变了传统产业管理、技术等方面的模式，促成了产业结构的重整，许多传统的工作岗位发生了巨大的变化。而在工程教育中，工程新技术、工程教育新技术的逐步运用，为敏捷化创造了路径，满足了工程教育敏捷化的方法、工具与路径需求。

3. 理论引领

敏捷思想是一种管理理论，强调灵活性和适应性[1]。敏捷思想的存在，促使敏捷高等工程教育有科学的理论指导与引领。敏捷教育运用敏捷思想，能够使学生敏捷受教、教师敏捷教学。本书融合竞争理论、知识组织理论、知识全生命周期理论、目标管理理论、供求理论、分工协作理论、组织行为理论、系统工程理论、仿真理论、绩效考核理论共十大理论，同时在"流程牵引"和"精准管控"理论指导下，形成敏捷工程教育理论。敏捷工程教育理论将知识与能力逐步有机整合，实现知识向能力的高效转化，实现新旧知识的衔接与更新，让工程教育理论更具积极性、有效性与敏捷性。在敏捷工程教育中，学生有目标定位和职业定位，还有以实现目标为中心的决心；教师通过工程教育给学生树立"工程观、质量观、系统观"，不断提高教育质量和教育水平，建立科学合理且颇具特色的考核评价标准，同时满足个人对工程教育的需求、建设单位对工程教育的需求和国家对工程教育的需求，相互协调、相互学习、互为补充、共同提高、共同完善，用系统工程理论研究工程教育，并将工程教育的一系列过程、环节、要素组成统一的整体；学校从教学制度、教学内容、专业课程、师资队伍、教务管理等规范化变革与建设，促使工程教育理论与方法不断优化与进步，向敏捷化转变。

---

[1] 周琳. 高职院校教育管理中敏捷思想应用初探［J］. 黑龙江生态工程职业学院学报，2011，24（4）：86-87.

4. 方法工具支撑

经过理论与实践的不断应用与检验，本书创新提出了工程教育的系列方法与工具，"三化"教育法、模型化工具、模块化工具、虚拟化工具、结构化工具、实践体系等，通过这一系列的工具与方法能够建设工程教育的智能体验室、实展室、教育支撑平台以及教学质量的评价体系等，而这一系列的工程教育建设成果又能够促进敏捷的达成。"三化"教育是工程教育的有力支撑，通过"产品化""项目化"与"任务化"保障敏捷高等工程教育顺利实施。"六实"体系根据工程学科强实践特性，依据认知自觉思维规律，由浅入深，从抽象到具体，由知识验证到岗位履职，形成连贯一致的教育完整体系，是锻造工程人才的实践体系，通过"实验""实展""实工""实仿""实习""实训"保障敏捷高等工程教育迅速、敏捷地对工程师全方位的实践能力进行培养与锻炼。"七步逻辑"评价方法是一条不断向前且闭环的链，能够持续不断改进与提高工程教育目标，以及保证敏捷高等工程教育的实施效果与质量。

5. 技术运用

随着互联网经济的快速发展，新兴技术不断涌现，世界正加速迈向以ICT为支撑的经济时代，促使工程教育也向智能化方向发展。在新兴技术发展运用中，工程教育也涌现出大批教育新技术：新的硬件设施、新的软件工具、新的表达方式、新的传播渠道等。例如将虚拟仿真技术（VR）融入工程实践教学中，让传统的工程实践教学平台扩展为虚实结合、理实一体化、实践课程多层次的教学平台。一方面拓展工程教育平台，丰富工程教育新形式；另一方面使学生更接近工程项目本身，学生可以在虚拟世界中体验最真实的感受，从而更好地衔接理论到实践的过程。运用工程教育新技术，能够在提高工程教育效率的同时促进敏捷高等工程教育的达成。

敏捷高等工程教育从问题启程，以目标为导向，以敏捷教育理论指导、敏捷教育技术为保障，以敏捷组织变革为辅助，实现知识体系的优化，教育流程再造，教学环境重塑，采用教育新技术，对重要的实践教育进行较为彻底的重构。理性上逻辑贯通，方法和工具上成熟且有探索性实践，支撑平台上讲求与实践对接，资源有效利用。教育技术采用、局部组织变革，需求构成及响应机制建设，教学环境建设、教育资源的远近整合，智能手机、白板、沉浸式体验室、实展室建设、虚拟仿真、支撑平台建设、评价方法建立，这些都是对工程教育完全的、系统性的"反思"，是在此基础上进行的新方法的构建，是在发展纲要（2010）、卓越计划（2010）、WA（2016）、新工科（2017）思想基础上的凝练与提升，这些内容从工程教育的政策推动、环境影响、理论引领、方法工具支撑与技术运用角度，证实了敏捷高等工程教育具有理论探索价值和实践可行性。

必须指出，以往所有研究，在单层次、单要素和小阶段局部上，取得了很多成果，给本书研究提供了很多借鉴，但是，只有从"全培养周期、全利益主体、全内容要素、全过程管控"上建立理论联系实际的思想体系，方能扩大理解问题的视野、增加解决问题的途径、支撑解决问题的工具。

7.2.3 敏捷高等工程教育体系

敏捷性建设,对于高等工程教育,同样是一个复杂的系统性、跨界融合的课题,既具有情势所迫的必要性,也具有政策、技术、管理的可行性。在前人探索实践的基础上,本书提出了更系统更全面的敏捷高等工程教育思想体系,其是摒弃了单向度构设、单学科视角的跨视野多角度的归纳和总结,结合了工程哲学、工程管理学、教育学、流程(过程)管理学、信息技术、工程学等前沿学科发展的成果。

1. 体系建设流程

敏捷高等工程教育体系的建设流程如图7-5所示,首先需要对环境进行分析,明确时代背景,调查分析评估需求,对需求进行整合重构,从而改变教学模式,重构办学组织、知识体系,提升教育技术,改善教学环境,更进一步地将敏捷高等工程教育体系化,提出敏捷目标、理论、方法、工具、实践、平台和绩效,并对体系进行评价,验证其有效性,改进效果不佳的方法与工具,从需求开始对体系进行重构,"持续改进",不断优化。

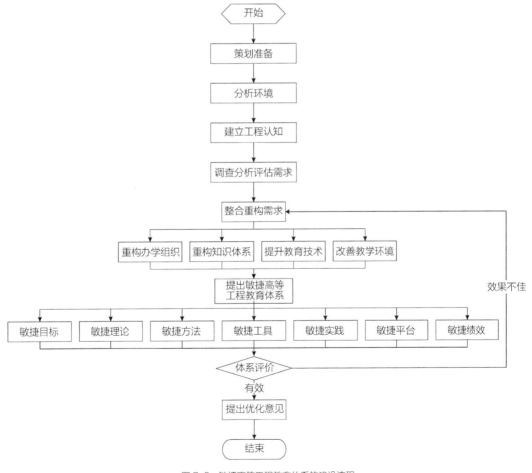

图 7-5 敏捷高等工程教育体系的建设流程

最需要达成共识的是：摒弃一劳永逸的静态管理思想，建立动态的与时俱进的机制；建设"持续改进"的闭环螺旋上升的机制，建立基准，放弃动辄另起炉灶的做法，构设制造新概念，发起新运动，进行一轮又一轮原地打转式的变革；激发采用新理论实施新变革的勇气、胆略和担当，采取确立以师资建设为核心的循序建制，排斥不正确的方法论。

一切检验的标准是：基于实际、基于实践、基于工程，以人才成长、国际竞争力为判别指标。

2. 敏捷高等工程教育内容体系

如图7-6所示，敏捷高等工程教育体系总模型图根据"流程牵引"理论的"L模式"改进、细化而来，包括环境与需求评估、战略（目标）确立、管理模式、过程实施、偏差纠正和信息支撑六大模块，有机地融合成一个体系。

该模型描绘了外循环与内循环的完整过程闭合环路，以实现"持续改进"。核心内容包括：基于发展和竞争的工程教育环境生态、知识发展规律的认知、工程认知与思维、敏捷工程教育基本逻辑及目标体系、基于复杂工程教育需求的构成及权重、需求与内容的耦合机制、动态的工程教育内容体系、师资培养、动态教学实施过程管理、工程教育新技术、教育教学资源保障、教学实践与案例、教学效果评价方法与工具等。本书第15章将围绕该核心内容展开，引发教育工作者思考，为工程教育提供理论支持。

1）工程教育环境生态

工程教育环境分为外部环境和内部环境，外部环境即PESTecl，政治、经济、社会、技术、自然环境、竞争和时空，这七个因素协同作用，对工程教育的方方面面产生影响；内部环境主要涉及政策、知识体系、师资等，其中知识是极为关键的因素。当前正处于一个知识爆炸的时代，知识产生、类型、组织方式、表达工具都影响着工程教育的效率；知识传播途径、知识更新速率、知识更新模式影响着工程教育的教学模式；知识体量变化、知识产权管理、知识表达技术变革决定了知识发展趋势；知识存在媒介多样化的环境、知识易获得的环境、知识获取渠道与工具多样的环境以及知识创新竞争的环境都直接、间接地影响着工程教育环境生态。

2）工程认知与思维

想要做好工程教育，首先要对工程有明确的认知，有正确的工程思维，了解知识发展的规律，从工程类型出发，明晰工程作用、地位、内涵、目标、价值、特性、属性、流程、要素、情景、环境、演化、失灵、语言、信息、思维、教育、科技、管理、主体、伦理、智慧、文化、工程产业链、生态链、知识链、价值链、工程新需求、新形式、新模式、新生态等32个内容。只有对工程有了详细的认知，才能做好工程教育，工程认知既是工程教育的开端，也是工程教育最终要达到的目标。

3）基本逻辑及目标体系

敏捷高等工程教育的基本逻辑包括需求逻辑、目标逻辑、管理逻辑、产品逻辑、资源逻辑以及敏捷性管理所需要的"问题集、方案矩阵和满意评价"逻辑，这些错综复杂的逻辑，形成了敏捷高等工程教育的特殊网络，也是整个研究将涉及的方方面面。结合时代背景、行

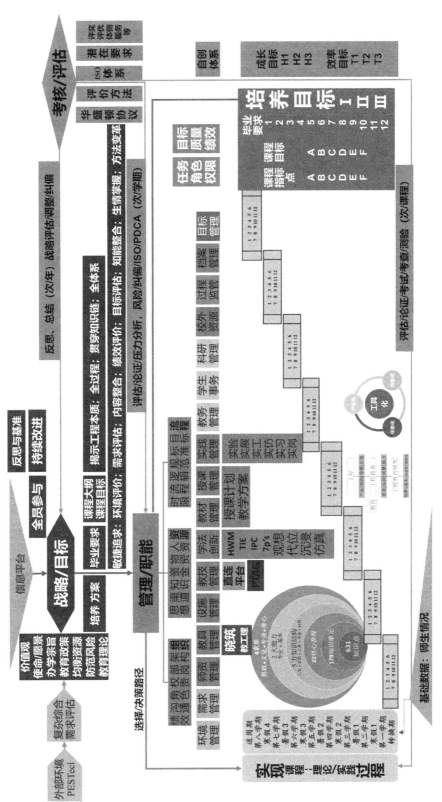

图 7-6 敏捷高等工程教育体系总模型图

业前景、知识现状、学生特征等维度对工程教育进行深入思考与分析，创新性地提出了敏捷高等工程教育特有的目标体系为"3H3T"。"3H"即身体成长、心智成熟、知识增长，"3T"即提高在校培养效率（缩短在校培养时间）、缩短适应岗位时间和延长知识适岗时间。

4）需求与内容的耦合机制

工程教育的需求极具复杂性，体现为需求的多方、多变、快变，即构成需求项目复杂、需求主体复杂、需求间关系复杂、影响程度动态复杂、分配比例调整复杂、响应机制复杂等。对复杂需求进行体系化分析，可得出需求由11大需求组成，以国家需求为引领，主管政策、社会趋势、工程趋势、师资能力、家长定位、企业需求、学生需求、知识内生、教育惯性和社会需求共同组成了工程教育复杂需求，对需求进行分析研判，匹配相应的教育内容，即将需求与内容进行耦合，建立耦合机制，培养高质量的工程复合型创新人才。

5）工程教育内容体系

工程教育内容体系包括国际和国内工程理论知识体系、国内实践教育体系等，以建设工程为例，其包含《国际项目管理专业资质标准》《项目管理知识体系指南》《受控环境下的项目》《建筑工程项目管理规范》《建筑工程项目总承包管理规范》《中国工程项目管理知识体系》《全过程工程管理咨询知识体系》等内容。而敏捷高等工程教育理论则是融合竞争理论、知识组织理论、知识全生命周期理论、目标管理理论、供求理论、分工协作理论、组织行为理论、系统工程理论、仿真理论、绩效考核理论、流程牵引和精准管控理论等形成的，通过知识体系和理论指导工程教育敏捷化的探索之路，改变工程僵化现状，走通敏捷创新路径，实现敏捷化的高等工程教育。

6）师资培养

想要有一个良好的教育成果，对于师资的培养尤为重要，除了教师自身的教育水平外，还需要对师资的组织结构进行合理安排，保持科研与教学的平衡，除专任教师外还需聘请兼任教师，保证足够的知识面，将学校教育与企业教育相结合，给予学生更多的机会，同时也让教师能够了解更多。在师资培养时应正视现状、反思机制、科学管理、多项改进，调整师资组织，师资合理搭配。提升师资力量，为敏捷高等工程教育提供更强有力的支持。

7）动态教学实施过程管理

教学过程的管理是按照教学过程的规律来决定教学工作的顺序，建立相应的方法，通过计划、招待、检查和总结等措施来实现教学目标的活动过程。教学过程的精准管理是实现敏捷高等工程教育不可或缺的一步，对教学过程各要素加以统筹，加强工程教育教学过程管理，保障教学过程的组织与实施，确保教学过程的稳定，建立教学及管理工作的长效机制。实现教与学的智能化过程，对于过程进行经权管理，按一定的原则进行课程内容的选择和组织，确保课程内容组织的连续性、顺序性、整合性。

8）工程教育新技术

现处于知识快速传播的知识爆炸时代，以及以物联网和数据平台为支撑的新经济时代，工程教育正在向智能化方向发展，教育新技术蓬勃发展，新的硬件设施、新的软件工具、新的表达方式、新的传播渠道等层出不穷。以三化教育法为指导，通过模型化工具、模块化工具、虚拟化工具、软件工具等进行工程教育，以物联网、BIM、云技术、MOOC、B站等教育技术辅助工程教育，将自媒体、微媒体更好地融入教育，提升教育效果。

9）教育教学资源保障

优化教育资源配置，促进教育均衡发展，是一项长期而艰巨的任务，教育教学资源保障包括思想资源、软硬件、制度及管理，通过师资队伍建设、教学经费管理、教学设施建设实现教育教学资源的优化配置。建立工程教育实践理论体系，做到习而学、知而践，通过虚拟仿真消除知识失真，建设"六实"体系，通过工程直播平台进行教育，拆除围墙并消灭产学研的弊端。

10）教学实践与案例

在课堂教学中坚持落实以学生为中心，进行实践化呼吁，践行工程教育回归工程、创新人才培养、教师教学改革主力和工程教育国际化理念，探索产品工艺逻辑下的敏捷高等工程教育方法，对工程分类、模型、材料、结构、功能、流程、价值、管理、装备等进行理解。探索知识结构化和显化隐性知识，进行体系化应用、流程化表达、智能化开发，在应用型地方高校进行实践，培养卓越的人才。

11）教学效果评价方法与工具

对教育体系进行探索是为了达到更好的教学效果，培养更杰出的人才，教学效果需要检验，主要可分为在校阶段和实业阶段，在校阶段应注重成本管理、安全管理、质量管理意识和能力的检验，实业阶段应注重目标管理、技术管理、绩效管理意识和能力的检验。同时，应增加教育的后服务，做到导师带岗——夯实专业理论技术，岗位项目实践——提升风险思维管控能力，工作坊研修——拓展核心工具方法应用。做好工程教育的后评价，进行质量监控、跟踪反馈、社会评价。

3. 探索意义

敏捷高等工程教育体系是一次系统性的诊断与重构，涉及思想、理论、方法、工具、实施方法论与效果检验，以及对于组织的敏捷化变革、学科和专业的关系处理、虚拟组织与实体专业的关联。组织变革关系到项目实施者的共识认知、领导力、任期与耐受力、利益的调整分配，受限很多困难很大，却恰恰是成功的关键部分。敏捷性的获得，还可以从知能结构逻辑优化、教育技术提升、实践环节重构、平台项目支撑、表达方式改进等方面进行，促使项目成功取得进展的途径有更多保障。

敏捷高等工程教育体系从细化"理论准备、方法探讨、工具建设、平台支撑、资源保障、绩效验证、评价体系"方面入手，打破不断出现新概念、不停尝试新方法的教育教学改革试验，建立一套比较长效的机制，实现应对需求变化、响应环境激烈变动的外部和内部主体需要的新情况，从而将精力放在持续改进上，满足核心竞争力建设的终极目标。

归结起来，敏捷工程教育要充分体现——实的思想：基于实践，源于实际，归于实操；流的理法：事物都是在矛盾中演进变化发展的，流是其动态特性的表征，以流程为理法器，刻画与规范组织行为，体现教育服务于工程的价值、审美，满足人们的需求；链的工具：在运作的网络中，消除单点、孤线、平面，以知识链、产业链、价值链、生态链的链网生态，形成大工程观下的系统工程知能；人的本源：一切以培育人的成长为本源，服务于人、便利于人，友好与人类，和谐与自然，包容与社会。

敏捷高等工程教育体系的提出尽管超出了一定的现实实际，但在持续改进、完善和共识提高的前提下，必将发挥重大作用。"雄关漫道真如铁"，相信该理论的巨大生命力，也必将长远影响中国的工程教育建设。

第 8 章
工程敏捷教育方法及工具

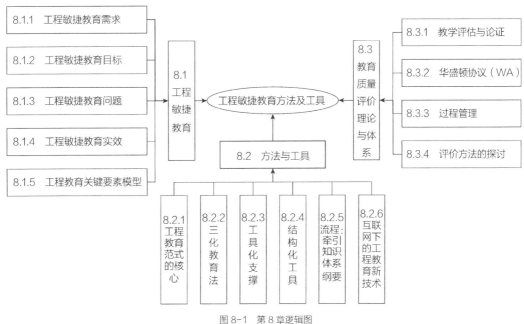

图 8-1　第 8 章逻辑图

8.1 工程敏捷教育

8.1.1 工程敏捷教育需求

工程敏捷教育是指从事工程教育的高校，充分利用先进ICT手段，遵循知识供应链产生、传播规律，通过调配教育技术、教务管理等资源和调动师资、学生各方积极性，以有效和协调的方式快速响应复杂需求，建设工程敏捷教育，以实现目标并获得预计价值。

前文提到工程教育需求主要包括"十大需求"和国家需求，"十大需求"分别是主管政策、工程趋势、家长定位、学生需求、社会需求、知识内生、教育惯性、企业需求、师资能力、社会趋势。而工程敏捷教育的需求则是在此基础上影响工程教育敏捷性的需求，包括教育环境中的各类教学指标按照相关规范实施，对学生的专业划分标准进行细化、调整，教师以学生为中心进行教学并对教学内容的更新频率和传播速度以及知识覆盖的范围提出更高、更快、更广的要求，同时积极有效使用新兴技术，让学生拥有自主学习的能力，培养一个被社会需要的优秀工程师。

2019年末开始的新冠肺炎疫情严重影响了人们的出行与日常交流活动，但科技的进步速度并没有因此减慢，各种新技术仍旧处于高速发展状态，对工程敏捷教育也提出了更高的要求——积极有效使用新兴技术。

我国从"985""211"的开展到新工科标准的构建，从加入WA到产生各类教学标准规范，如《本科专业类教学质量国家标准》《教务标准化说明》，都鲜明地体现出我国对于教育的重视程度，不仅对学生提出要求，对高校和教师都提出相应的要求。未来随着科技的发展，学生的专业划分标准也会相应地改变，对专业设置细度、难度调整等内容的细化程度要求会更高，应当及时进行更新和完善。

同时工程知识也处于暴炸的状态，知识体量增大、速度加快，面对激烈的知识更新和生产方式的环境变化，对于教学也提出了更高的要求：内容更新频率要求变高、传播速度要求更快、知识覆盖面要求更广等。在更短周期的工程教育模式下，培养适应社会要求的人才，紧跟社会步伐，不被无情淘汰。

从教育的本体出发，以学生为中心，进行授课的同时对于学生本身也提出了更高的要求：在自主学习环境学习的同时，实时跟进学习手段技术，拥有自主学习能力，学会举一反三，提高解决问题的能力和协同合作的能力，并进行反向思考，做一个能够知能转换的敏捷工程师。

8.1.2 工程敏捷教育目标

"目标"具有维系组织各方面关系、构成系统组织方向的作用，是活动的预期目的，为活动指明方向。一个严密的目标逻辑可以使组织和个人在实现目标的过程中更加具有指向性，在目标实现后对主体的提升具有显著作用。

关于教育目标的理论，目前在国际上较具代表性的有：①目标分类（布卢姆），以认知领域（知识、领会、运用、分析、综合、评价）、情感领域（接收、反应、价值化、组织、加值系统个性化)、动作领域(知觉、定向、有指导的反应、机械动作、复杂的外显反应、适应、创新)的教育目标来培养和评价学生;②学习结果分类(加涅),通过态度、运动技能、言语信息、智慧技能、认知策略五方面目标的确定,以及阐述每类学习过程、条件和相互间的层次关系进行设立;③日本学者梶田叡一通过树立"达成目标""提高目标""体验目标"中的认知领域、情谊领域、动作技能领域等共12个目标,制定培养模式并确立目标。另外,还有SMART、OKR等目标逻辑,此处不再赘述。

综上,毋庸置疑,教育目标可以有多种逻辑,是立体的、多面的。但与其他门类的高等教育相比,高等工程教育拥有重实践、讲究实景实况等特点,所以工程教育的目标应当遵循以下逻辑,如图8-2所示。

笼统地论述,深化后的目标可以归纳为五个层次或者方面:"宏观目标、中观目标、微观目标"层面,未能就宏观叙述与落地效果进行无缝融合;"高效学习、快速适应、长效在职",是人才成长的三个不同阶段的目的和一致目标;"知能体系、能力集成、交叉创新",要求知识学习的体系化、能力的集约融合,以及具有的交叉、复合型创新发挥;"科学发现、技术发明、工程创新",工程并非只有造物,还有科技发现和发明的问题来源、工具支持和验证场景;"学科评估、专业论证、国际对标",是管理主体面对的"政策性""强制性"和"资源性"目标。

其中,高效学习、快速适应和长效在职的最终目标是培养思维转换和解决问题的能力,而这一工程敏捷教育目标主要靠学习方式的转变而获得。国外的教育的学习方式已经逐渐向自助学习方式转变,在芬兰,他们的学习方式可以是以小组为单位,在规定时间内完成自找材料,搭建房子的任务;在英国,一篇课文可以学习一天,因为他们还要进行角色体验、表演、对话和改变原文意思进行重新创作;在新加坡,他们已经不再关注PISA的排名,而是注重学生解决实际问题的能力培养和遇到问题的思维转换。比如:他们进行的任务驱动式合作学习方式,根据新加坡的气候条件和地质特点,建造一栋绿色环保的大楼,用什么材料、如何施工、怎样的流程等等,在合作学习中擦出很多创造性的火花[①],即通过自主学习的方式加强思维能力和解决问题的能力。

而"知能体系、能力集成、交叉创新"与"科学发现、技术发明、工程创新"等工程敏

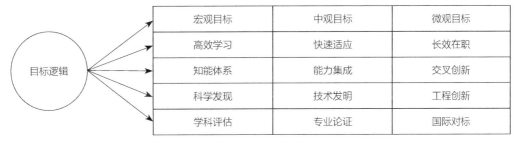

图8-2 敏捷教育目标逻辑示意图

---

① 张克运. 全球主流教育方向已变,我们还在纠缠起跑线[J]. 华人时刊·校长版, 2019(2): 15.

捷教育目标的基础支撑便是学习科学及工程的知识，尽可能地学习工程技能，学会使用ICT，同时也是未来工程师应具备的能力。不仅要求其传授工程知识还要传授工程技能，如工程制图能力、计算机编程能力、有限元分析能力、实验与试验系统设计及实施能力、数据采集与分析能力（信号处理能力）、机械设计、电路设计、单片机系统开发、可编程控制系统开发以及产品设计与开发能力等，培养工程师成为社会需要的一流人才。

前文阐述了"3H3T"的教育目标也正是工程敏捷教育目标的基础逻辑，本节对"3H3T"中的一些指标进行阐述。

（1）身体成长：①身体健康；②持久的适合自己的锻炼方法；③心理健康；④解除挫折的可行方法。

（2）心智成熟：①从被动到主动；②从依赖他人到相对独立；③从有限行为方式到多样行为方式；④从多变、肤浅、注意力分散、兴趣快速转移，到相对持久、专注、精力集中、兴趣稳定；⑤从只顾及眼前到长远谋划；⑥从家庭与社会中的从属地位到与他人处于基本平等的地位甚至领导他人的地位；⑦从缺乏自觉到自觉自制。

（3）知识增长：①专业知识的增长；②广域知识的增长；③社会知识的增长。

（4）缩短在校培养时间：①环境关注度；②需求关注度；③响应关注度；④内容关注度；⑤需求内容整合策略的关注；⑥实践对接效果；⑦项目锻炼经验；⑧表达技术的关注；⑨创新创业能力。

（5）缩短适应岗位时间：①基础知识扎实程度；②新技术了解程度；③企业运营了解程度；④动手能力；⑤解决问题内容；⑥沟通交流能力。

（6）延长知识适岗时间：①工程思维训练；②系统全面解决问题能力；③新知识获得程度；④能力体系全面程度。

上述各项评价指标的综合适用，如图8-3所示。

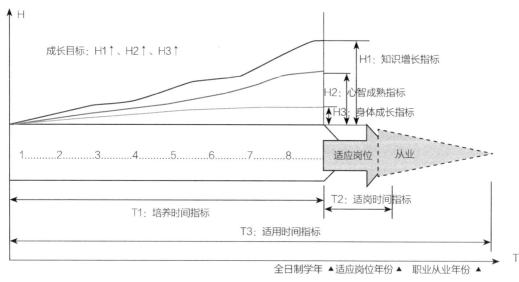

图8-3 "3H3T"培养

工程敏捷教育目标是能够彻底、全面、快速地系统思考和改进的标杆，在此基础上建立长期的保障机制，才能满足后工业时代创造性、融合性、敏捷性的工程教育需要。培养快速响应需求，培养具备合格知能水平的工程师。同时，提升教育效率，包括在校短、适岗快、在岗长，采用先进ICT手段，节约教育成本，提高各方满意度。

8.1.3 工程敏捷教育问题

中国工程教育落后于实际需要的最大原因，是工程教育研究僵化、贴合实际不深、影响决策力度不够，社会实际需求侦测落伍，培养教育机制不够敏捷，指出问题不到位、解决问题没有效率。本书第5.2节中明确了学者余寿文、杜玉波等提出的各个工程教育存在的问题，将其总结为认知缺损、认识肤浅、链路短缺、远离景况、特性偏离、创新疏离、跨界无能、手段落后，而工程敏捷教育问题则是在此基础上产生的对工程教育敏捷化影响最严重的问题，即远离"实景实况"、部分师资糟糕和技术手段落后。

工程教育中的实景实况是应用新技术打造工程产品的实际场景（设计、制造建造、施工），以及工程产品形成过程中的实际管理情况（策划、组织、监督、纠偏），应用新技术构建"实景实况"。目前工程传统教育存在大量失真现象，进而导致虚景虚况而远离实景实况，实景实况下外文教材或不同语言教材的书本、著作翻译过程存在失真现象导致后期教材存在偏差；教师对于教材中文本、图片、视频等的"翻译"错误而导致上课的教案产生偏差；教案经过老师的表达应用于课堂学习过程中，因个人经历或环境等情况存在偏差，进一步导致学生理解产生偏差。每一次微小的偏差堆砌成了最后背道而驰的结果，如图8-4所示。

部分师资糟糕也是工程敏捷教育要解决的核心问题之一。教师的知识结构、年龄结构、能力结构存在缺陷，如：缺少师资培养过程、评选教师一般按发表文章数量进行，评价考核时轻视了实际处于工程项目上的时间。由于片面强调学历，故高校有资格聘请的教师，基本上都是具有博士学位的人员，甚至必须有相关的留学经历才有资格进入综合性、高水平高

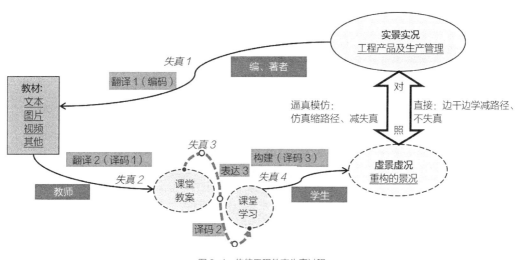

图8-4 传统工程教育失真过程

校。但博士这个特殊群体，有优势也有劣势，部分存在"高学历、低教学"的现象。对于博士教师来说，实践环节的系统性设计存在缺陷，他们带来前沿知识的同时，也加剧了脱离实际的矛盾。尖端毕竟少，普及才是真，在科研指标、职称期望下，应用型师资和"双师型"师资队伍，很难建成，结构性缺陷在短时间内很难克服。结构性，意味着不仅仅是由于个人原因所导致。

ICT的缺乏也是工程敏捷教育的问题之一。没有及时跟进信息技术，教育的质量和效率得不到保障。ICT（Information and Communications Technology，信息与通信技术）是一个涵盖性术语，包括云计算、物联网、大数据、移动网络、人工智能、区块链、元宇宙、5G技术等。目前建筑业有6D-BIM（三维+时间+成本+能量）、各种物联网技术、传感识别技术与资源共享技术，以及各种软硬件设施和传播渠道等，但这些都只在小范围内进行使用，未进行普及，不能有效提高学生对于工程项目的了解与后期执行，不能充分发挥信息技术的优势提高学生系统性思维和全局观念。熟悉并跟进当下的信息技术，同时应用到教育领域，是工程教育改革的有力保障也是工程敏捷教育的急迫要求。

综上，现今环境对于工程敏捷教育的发展不容乐观，对学生进行系统性的思维培养，更应该要先注重构建师资队伍的问题，利用好信息技术确保实现工程敏捷教育，促进以学生为中心的知识转换，保证教学效率的同时也保证教学质量。

8.1.4 工程敏捷教育实效

检验实效是完善方法、方案的重要环节，工程敏捷教育是否有实际效果同样需要进行实践检验。对于工程敏捷教育实际效果检验，本书提倡从学会提问、高校教育主体导向、自主学习能力、教务管理的效率四个方面进行验证。

学会提问是教育的目标之一，也是工程敏捷教育所展示的成果之一，主要从任务九要素、全周期提问、6W3H2R（2WHR）等内容进行提问，考验学生的系统思考能力，对于工程是否有全局观念，进行事项安排时间是否合适，以及人员、物资安排是否足够等。

任务九要素是指明确任务名称、资源、职责、各方、成果、信息、组织、依据①，如图8-5所示。任务九要素是管理标准化、工作有序化的重要基础，将所需资源在流程的牵引作用下，进行归拢、聚集、整合、融通，指向并实现目标。

全周期提问是指建筑产品形成的全生命周期，本书将其称为"9阶12段"（参见表8-1），是一个

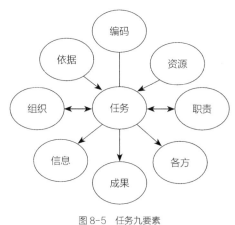

图8-5 任务九要素

---

① 卢锡雷. 流程牵引目标实现的理论与方法——探究管理的底层技术［M］. 北京：中国建筑工业出版社，2020：69-96.

集"城市规划（总规、区规、详规、控规）；土地管理（储备、获取、整理、交易）；策划决策［投资意向与决策、项目立项（建议书、可研、立项）、立项审批（各项审批）］；融资采购（融资、采购交易、招标投标）；勘察设计（勘察、方案设计、技术设计、施工设计）；营建监管［营建施工（策划与准备、现场施工、预制运输装配、交工、竣工、验收、备案、结算），监管（监督、监理、过程及结算审计）］；运营维护（运营、维护）；审计评价（审计、项目各阶段评价）；拆除复用（工程改造、工程拆除，土地、材料、设备、场所回复利用，绿色建筑）"为一体的建筑知识体系。从全周期进行提问，有利于连接各自碎片化、个体化的知识，使其形成完整的思想，也有利于知识的系统化，有助于系统规划、实施、管理工程。

任务不可缺少的要素是"为什么做（成果）；谁做（职能，组织、责权和岗位）；根据什么做（依据）；做的条件（资源）；做的要求（职责）；和谁相关（各方）；利用、产生、存留哪些信息（信息管理）"，称为5W2H。比5W2H更全面的管理信息，本书将其升级为6W3H2R。6W3H2R分别是：Why——为何做；What——做什么；Where——哪里做；When——什么时候做；Who——谁做；Which——在什么位置做。How——怎么做；How much——消耗多少资源；How long——做好的时限。Result——成果，结果；Responsibility——责任人，职责。任何事情只有分析到原因，确定责任人，形成方案才能真正解决问题。形成流程牵引思维，在思考问题时重新梳理系列流程，构建全新的框架，将"界定、聚焦、分解、解决"解决问题的基本执行到底，更好地形成系统性想法，将全周期过程中涉及的任务要素进行协同和管理。

Albert Einstein（阿尔伯特·爱因斯坦）："教育不是要记住各种事实，而是要训练大脑如何思考。"[①]工程敏捷教育的实际效果之一便是考察高校教育主体能否由TC（以教师为中心）转换到SC（以学生为中心），如图8-6所示。不同阶段的主体发挥作用的方式和价值是不一样的，其随知识链环节而变化，并非SC决定全过程。传统授课过程为教师借助BIM、VR、

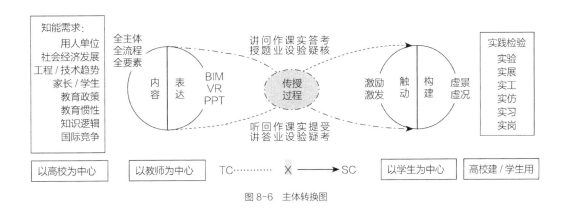

图8-6 主体转换图

---

① 赵炬明. 论新三中心：概念与历史——美国SC本科教学改革研究之一［J］. 高等工程教育研究，2016（3）：35-56.

PPT等新技术进行全主体、全流程、全要素内容的表达,学生主要任务是听讲、回答老师问题、写作业、完成课设、实验、提出疑问和接受考试。而SC式的工程敏捷教育是重视学生需求、让学生成为最大受益者,授课方式与TC有所不同,以学生为中心进行授课,学生也可以自己讲课,之后老师进行补充,从构建的实景实况中激励、激发学生内心的想法。

同时,自主学习能力也是工程敏捷教育实效的有效体现,主要有对工程知识的转换吸收和从知识内线的优化组织考察工程敏捷教育实效,包括:知识搜索能力、动手测量能力、识图能力等。知识搜索能力包括对百度百科、各类学习网站和App中普通知识的搜索,以及对中国知网、维普、万方、EI、SCI等网站的专业知识搜索;动手测量能力包括本科生、硕士研究生、博士研究生在读期间使用各类实验器材进行测量,工地项目实习中对全站仪等测量仪器的使用,以及对各类建筑构件数量和材料配合比等的测量;识图能力是获取信息的重要能力,包括本科期间对教材和习题中的构件、材料和施工机具的认识,对实际图纸中剖面图、平面图和立面图等的认识,以及对CAD和BIM图纸中土建、安装、装饰等的理解。这三大能力有助于提高对于工程知识理解后的集成与创新。

教师教育效率的提高主要体现在教务管理琐碎程度的改变和教师授课内容可视化程度和灵敏程度上,教务管理效率的提高主要体现在以往需要重复填写各种类型的表格,而如今可以做到相关信息只填写一次,通过运用新技术提高教学质量、学校排名,有利于提高学校招生的人数与质量等。教师授课内容可视化程度和灵敏程度主要体现在工程语言和工具方法的使用上,充分利用各种工程语言将晦涩难懂的工程项目内容进行可视化表达,再借助新兴技术和各种管理方法对授课内容进行灵敏性展示,提高授课质量。工程敏捷教育在社会方面的实效主要体现在是否培养出合格的工程师,培育的工程师是否在企业中发挥自身的价值、促进社会建设。工程敏捷教育在国家方面的实效主要体现在是否促进国家技术进步、是否促进教育界对学生成果的检验与评估方式的发展,以及是否提高教育质量等。

8.1.5 工程教育关键要素模型

达成工程教育的宏观目标、中观目标、微观目标等需要模型的支撑,而构成模型的关键要素是构建模型的主体内容,其是进行工程教育质量评估的标准内容。从工程教育全流程中归纳出的关键要素主要包括"目标、内容、师资、过程、条件",详见本书第7章的图7-6。

工程敏捷教育强调的是以学生为中心、以教师为核心的教育模式,具体表现在目标、内容、师资、过程、条件五个方面。目标包括形成学生的价值观、学校的办学宗旨、均衡资源、有教育理论支持等,列明培养方案、毕业要求、课程大纲、课程目标等,整个过程需要全员参与,并持续改进。内容指工程教育中的所有核心课程及其蕴含的知识模块,如管理学原理、经济学原理、建筑力学、建筑结构、管理运筹学、会计学、工程财务管理、工程经济学、工程管理概论、工程合同管理等。师资是指教师的科研能力和教学能力。过程是指本科授课的第一学期到第八学期期间、每年寒暑假期间整个过程涉及的所有课程和实践过程。条件为达成敏捷教育的环境条件和工具条件,如学校的组织架构和各类资源、流程,还有创新的学习方法与工具,HWM、TIE、IPC、7p's、沉浸式教学、仿真教学等。前文的图7-6清晰地表述了达成工程敏捷教育的目标的先后顺序：制定目标→了解所需内容→配置师资力量教学→过程管控，同时进行条件跟进，促进工程敏捷教育目标落地。

8.2 方法与工具

8.2.1 工程教育范式的核心

20世纪90年代初，以美国为代表的发达国家提出了"工程教育回归工程"，即工程教育的"工程范式"，随后提出"创新融合"的工程教育范式，当前随着信息技术革命兴起，互联网逐渐成为创新驱动发展的先导力量，有力推动了社会发展，在此基础上提出工程范式的核心为HWM、TIE、IPC。前文利用HWM、TIE、IPC三大核心方法，有利于实现工程范式的本质内容，即培养具有工程实践性、创新性、综合性、社会性等属性的人才，突出学生的创新能力和实践能力。工程范式的三大核心内容作为提高学生综合能力的各项方法与工具，并不是空中楼阁凭空而生，需要相关理论与工具进行支持。

作者通过多年研究，认为应将流程牵引理论与精准管控理论作为引领范式核心达成的统领性理论：流程作为处理事务的底层技术，应当成为学生向范式的三大核心提升的牵引动力，当确定目标后应当组织过程中的一切有用资源，按既定流程更加快捷高效达成；而在达成的过程中需要关注工程教育开始前的精确计算、精细策划、综合预测教育、学生的发展趋势，将学生的独特性考虑在前，因材施教；在教育实施中进行精准管控、精准教学并构成闭环，实施与管控并行，精准使用各项基础理论与实践支撑、提升学生的综合能力，减少不必要的资源浪费与学习过程中的弯路；精确评价体现在教育过程中的及时修正与教育后评价的反馈、反思与改进。

除流程牵引与精准管控之外，十大理论的作用也十分重要。例如：当系统工程理论融入学生的学习，从系统工程视角出发认识工程，使学生在学习时有意识地将学习内容、工程模型、工程实践等形成系统的思维进行学习，以此避免割裂工程的整体性，从系统思维工程的生命发展规律和流程的整个系统出发，对知识进行学习，从中也可提高学生的整合力、思考力与认知能力；运用目标理论对学习、工作、实践等设置正确的目标，制定一个好的目标对学习有良好的激励效果，能提高管理、控制的效率，还能反过来帮助学生更加明确自身的状况，此方法可以使学生在达成目标的过程中实现自我思考、自我提升，为达成目标加强过程中的思考力、选择合适的方法与工具解决问题，并在不断的反馈中提升自己的执行力。

12大理论对于工程教育范式核心的引领或支撑作用是交织在一起的，并未特指达到某一个能力必须使用特定的理论。重要的不仅是在学习过程中学会提升自己，更应该选择合适的方法精准、快速、长效地提升自己，这才是"敏捷"想要达到的目的。

8.2.2 三化教育法

三化教育法是顺利进行工程敏捷教育的有效保障，包括产品化、项目化与任务化。

产品化就是把工程敏捷教育的过程和内容标准化、规范化、结构化，形成一种可大规模复制授课的形式，其主要体现的是内容的复用性和可移植性，成果一旦产品化，就可以真正转化为生产力，体现工程敏捷教育培养优秀工程师、对教育师资结构提出建议等功能，实现规模效益，通过效率最大化实现其价值，即利润和回报的最大化。

项目化是将达成工程目标整个过程所涉及的编码、任务名称、组织机构、任务信息、任务依据、任务职责、任务各方、成果等资源安排妥当。

执行力的损耗、人力物力的浪费，来源于目标不明确、协同不充分，最关键的是分工不明确，任务化则是"把工程目的目标、依据、资源、职责、相关方、信息和需要的成果尤其是涉及最佳的逻辑路径描述清楚"，明确责任方，大大提升执行能力和效率，在绩效上，所有人依据对目标的贡献进行考核，对任务成果负责，如图8-7所示，任务是有目的地工作，而流程是任务的有序组合，对项目进行任务化的关键便是将工作整个过程流程化，使其顺利达成团队目标。

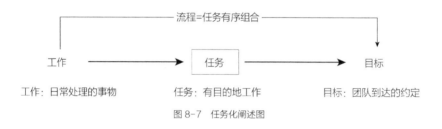

图8-7　任务化阐述图

传统教育将授课内容划分为不同的科目，科目内容与组成被分割成各种简单的任务，并根据任务组成各个职能管理部门，教师们将精力集中于本科目个别任务效率的提高上，而忽视了学校与年级的整体目标，对学校发展战略和快速变化的竞争环境无法形成有效支撑。而以三化教育法为主导的运作思路：强调整体全局最优而不是单个环节或任一科目的最优，强调管理要以学生为对象，产品化、项目化、任务化在工程敏捷教育过程中反复出现，将决策点定位于全部教学内容执行的地方，最大限度地发挥教师授课资源的作用，达成目标。

8.2.3　工具化支撑

工具不仅仅是人类能力的外在延伸，更是人类实现自身追求的途径。工具化背后蕴含着丰富的工程思维：精准思维、效率思维、共享思维、模块思维、结构思维，达成目标亟需工具支撑，其也是三化教育法的重要支撑，如图8-8所示。工程管理的工具有6σ、精益生产、JIT等，而工程敏捷教育的工具有模型化工具、模块化工具、虚拟化工具、软件工具、实践体系等。将无形的知识显性化，留下知识管理的痕迹，使之拥有系统性、完整性的

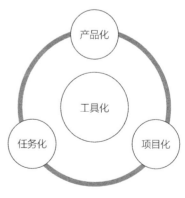

图8-8　工具化支撑三化教育法

知识体系，只有留下知识管理的痕迹，业务活动才能被"说透""理清""做好"。必须严肃地指出，由于长期工具思维的缺乏，我国的工具研发尤其是软件（系统）工具的数量、质量，严重落后于蓬勃发展的工程现实，也必受制于人，十分值得警觉，应当起而疾行，迎头猛追。

1. 模型化工具

对于一个复杂的生产过程，如果针对实物进行理论分析和实验研究，通常是非常复杂和困难的，有时甚至是不可能的，这时就需要一个实物模型作为研究对象，通过对模型的研究，可以得到对实物同样适用的结论或推测。模型化工具是指教学当中的实体模型，有同等比例缩小的比例模型也有1∶1模型的实体模型，对于建筑施工过程涉及的材料、设备等都有相关的实体模型，统筹划分为三维和平面、剖面和全局模型等，促进学生对复杂项目的理解，提高教师的授课水平与质量。

2. 模块化工具

模块化工具是将项目施工全过程进行模块划分，逐一击破，形成高质量教学的过程。BAVS（Building All Virtual System，建筑全业务方虚拟运营平台）是一款面向建筑工程教育行业的，区别于传统单专业实训，融合多专业各课程，使学生在学校就能体验到建筑各业务方实际岗位工作内容和工作流程的平台。

图8-9为BAVS的页面图，从中可以看出BAVS将施工全过程划分为城市规划、土地管理、策划决策、立项审批、融资采购、勘察设计、策划与准备、现场施工、竣工验收、运营维护、审计评价、拆除复用共12个模块。

并将每个模块中的内容进行细化，形成流程，将各个过程可视化便于学生理解。每个模块包含的内容如表8-1所示。

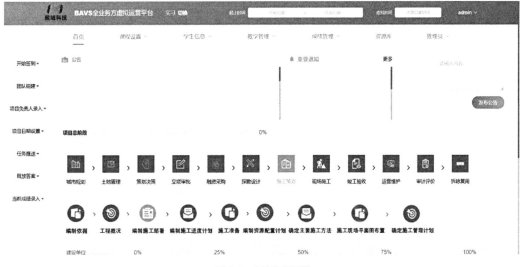

图8-9 BAVS页面图

模块内容统计表 表8-1

模块名称	具体内容
城市规划	政府城市规划、项目详细规划、法律法规归集
土地管理	土地储备与交易、获取土地
策划决策	确定投资意向、项目投资决策、项目策划
立项审批	审批制项目、核准制项目、备案制项目
融资采购	融资需求分析、融资计划、融资谈判、融资执行、招标投标
勘察设计	项目勘察、图纸设计、施工图审查、规划许可证办理、竣工图完成
策划与准备	确定施工单位、项目策划、现场准备
现场施工	施工工艺管理、施工职能管理
竣工验收	验收资料准备、办理验收、结算与决算
运营维护	运营规划、运营管理、销售租赁管理、维护策划、维护管理
审计评价	审计评价法律法规、制定审计评价目标、资源及管理制度、审计评价实施
拆除复用	工程拆除、拆除物料的分类、循环利用及运输、绿色建筑

3. 虚拟化工具

虚拟化工具是指对现实存在或即将存在的场景进行虚拟视觉展示，并在教学过程中予以实现同时体验实景实况。当下主要适用的虚拟化工具有VR、AI、ARIS、DT、AR、MR、BIM等。

VR（Virtual Reality，虚拟现实技术）是一种可创建和体验虚拟世界的计算机系统，包括计算机、电子信息、仿真技术，其基本实现方式是计算机模拟虚拟环境从而给人以环境沉浸感。将虚拟和现实相结合，目前部分学校将此技术形成的设备带入了课堂，学生可以在虚拟世界体验到最真实的感受，其模拟环境的真实性与现实世界难辨真假，让人有种身临其境的感觉；同时，虚拟现实具有一切人类所拥有的感知功能，比如听觉、视觉、触觉、味觉、嗅觉等感知系统[①]，具有超强的仿真系统，真正实现了人机交互，使人在操作过程中，可以随意操作并且得到环境最真实的反馈，同时也能增强学生学习的好奇心，提高教学质量和学生的永久记忆力。VR及AR/MR对于工程教育而言，带来的是知识传递路径的改变从而敏捷响应的效率提升，对师资实践经验缺乏也是个补充。

AI（Artificial Intelligence，人工智能）是研究、开发用于模拟、延伸和扩展人的智能的理论、方法、技术及应用系统的一门新的技术科学。当下有很对基于人工智能打造出的设备、机器等，可以对人的意识、思维等信息进行模拟。相关技术主要应用于机器视觉、指纹识别、人脸识别、视网膜识别、虹膜识别、掌纹识别、专家系统、自动规划、智能搜索、定理证明、博弈、自动程序设计、智能控制、机器人学、语言和图像理解、遗传编程等，其中

---

① 石宇航. 浅谈虚拟现实的发展现状及应用［J］. 中文信息，2019（1）：20.

机器视觉、语言和图像理解等方面若应用于教育领域，则可以促进工程教育的敏捷性。

ARIS（Architecture Itegrated Information System）是德国Scheer教授提出的一种面向过程的、集成化的信息系统模型框架。ARIS有一套标准的、可相互集成的软件工具集来支持建模及仿真分析，并可与SAP R/3（由德国SAP公司所研创）等企业资源计划系统（ERP）商业套件集成在一起，提供BPR（Business Process Reengineering，业务流程再造）、ERP系统实施，企业流程监控及持续改进等一体化的解决方案。

4. 软件系统工具

软件系统工具是指在教学过程中应用于课堂及课后学习工程知识时使用的诸如广联达、ERP、CAD、思维导图、Visio等工程管理软件。借助理论、方法和软件工具的支撑，促进学生形成完整的管理思想体系。

1）CAD

CAD是Autodesk（欧特克）公司首次于1982年开发的自动计算机辅助设计软件，用于二维绘图、详细绘制、设计文档和基本三维设计，现已经成为国际上广为流行的绘图工具。

2）ERP

ERP（Enterprise Resource Planning，企业资源计划）由美国 Gartner Group公司于1990年提出，应用于企业和高校中，可以对生产过程中的资源进行划分，软件系统中包含制造、财务、销售、采购、质量管理、实验室管理、业务流程管理、产品数据管理、存货、分销与运输管理、人力资源管理、定期报告等分配功能，使用者可在ERP中进行模拟实操，有效了解教学内容。

3）思维导图

思维导图（The Mind Map）又名心智导图、脑图、心智地图、脑力激荡图、灵感触发图、概念地图、树状图、树枝图或思维地图，是一种图像式的思维工具以及一种利用图像式思考的辅助工具。利用记忆、阅读、思维的规律，能够有效地将各级主题的关系用相互隶属与相关的层级图表现出来，把主题关键词与图像、颜色等建立记忆连接。如图8-10所示，每一个节点代表与中心主题的一个连结，而每一个连结又可以成为另一个中心主题，再向外发散出成千上万的节点，呈现出放射性立体结构，而这些节点的连结可以视为记忆，就如同大脑中的神经元一样互相连接。

4）Visio

Visio是一款图表绘制软件，支持制作流程图、组织架构图、网络图、日程表、模型图、办公室平面布局图、电器电信规划图、工厂布局图、甘特图等，有利于用户就复杂信息和流程设计进行可视化处理，促进执行者对系统和流程的了解。

Visio具有如下功能及特点：

①创建可视化图表：在常用浏览器中，通过模板、新式UI和熟悉的Office Online体验，可以快速绘制流程图、日程表、规范和说明语言（SDL）图等图表；

②专业、便捷：使用 Visio 内容生态系统中符合行业标准（例如BPMN 2.0、UML2.5和IEEE）的现成模板和25万种形状，创建专业图表；

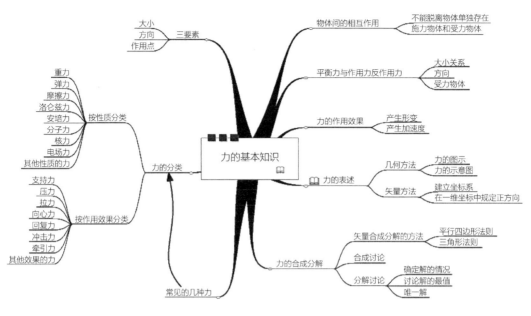

图 8-10 力的基本知识

③协作：通过基于Web的安全链接、附件、图像或PDF等形式共享图表，并在线回复评论，也可以使用共同创作、评论、注释和Skype软件与他人协作；

④图表生动：借助数据重叠、颜色和图形让图表更加生动，纳入一步到位的Excel数据可视化功能，使数据易于理解。

5）MES

MES是"Manufacturing Execution System"的英文缩写，译为"制造执行系统、生产实施系统"，是制造业不可缺少的软件系统，是面向车间的生产过程管理与实时信息系统，主要解决生产任务的执行问题。MES的常见功能有：工序作业计划、生产调度、车间文档管理、数据采集、人资管理、质量管理、工艺过程管理、设备维修管理、产品跟踪、业绩管理。实现即时细度的现场管理；快速准确的现场数据采集；自动发布的电子看板管理；透明规整的仓库物料存放管理；产能平衡的生产任务分配管理；及时准确的仓库管理；明晰正确的责任追溯管理；基于数据分析的绩效管理；实时的统计分析。其发展有从专业系统为集成系统所取代的趋势。

6）实践体系

实践体系是本书为促进理论与实践相结合提出的"六实"体系，分别是实验、实展、实工、实仿、实习、实职。经过"六实"体系的教学模式，有利于解决工程教育的培训上岗时间过长、企业适应时间过长、习得工程理论脱离实际、掌握先进理论技术不足等敏捷性问题。关于"六实"体系的作用详见本书第9.2节。

另外，广联达系列软件也是目前十分常用的工具，为使用者对工程项目的全生命周期过程出现的设计、造价、施工、运维、供采、园区等领域提供数字化解决方案的工具。涵盖工具软件、解决方案、大数据服务、移动App、云计算服务、智能硬件设备、产业金融服务等多种业务形态，实现建筑的全过程、全要素、全参与方的数字化、在线化、智能化，构建项目、企业和产业的平台生态新体系。

8.2.4 结构化工具

结构化是管理的基本方法，学生对知识的学习只有实现概念化、条件化、结构化和策略化之后才能真正促进问题的解决。有研究表明优等生和差等生的知识组织存在明显差异①。优等生头脑中的知识是有组织、有系统的，知识点按层次排列，而且知识点之间有内在联系，具有结构层次性。而差等生头脑中的知识则水平排列，是零散和孤立的。结构化对知识学习具有重要作用，因为当知识以一种层次网络结构的方式进行储存时，可以大大提高知识应用时的检索效率②。结构化是指将逐渐积累起来的知识加以归纳和整理，使之条理化、纲领化，做到纲举目张。形成结构化的思维框架，流程如图8-11所示。

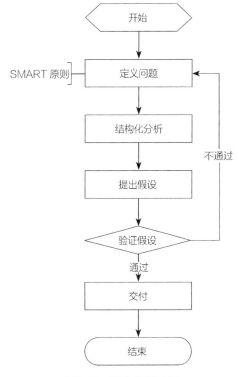

图8-11 结构化思维框架图

图8-11中的定义问题从SMART原则出发，分别是：具体（Specific）、可衡量（Measurable）、能落地（Action-oriented）、相关（Relevant）、时间性强（Time-bound）。先了解项目背景的具体信息；明确项目成功的标准，进行标准化、规范化；策划项目时的执行力；明确解决方案的限制条件与有利条件和相关责任人等，分配好相关资源的利用，且在限定时间内。帮助形成结构化思维的内容有：以PESTecl环境为基础思考工程建设、使用BIM工具进行细节分析与全局展示、利用"XBS"等工具进行要素结构化。

1. 以PESTecl环境为基础思考工程建设

工程建设环境指的是对工程建设过程产生有利或不利影响的各类外界要素，工程环境主要由七大要素：政策（Policy）、经济（Economy）、社会（Society）、技术（Technology）、环境（environment）、竞争（competition）、时空（location）组成，缩写为"PESTecl"，其作为环境基础，促进工程师对建设工程的结构化认识。政治、经济、社会和技术这四个分析角度是企业分析宏观环境必须涉及的方面，是影响企业的主要外部环境因素，根据英文缩写，称之为PEST分析法。而随着时代的进步、技术的发展，除了PEST等方面的变化，自然环境、

---

① 石宇航. 浅谈虚拟现实的发展现状及应用[J]. 中文信息，2019（1）：20.

② 莫雷. 教育心理学[M]. 教育科学出版社，2007.

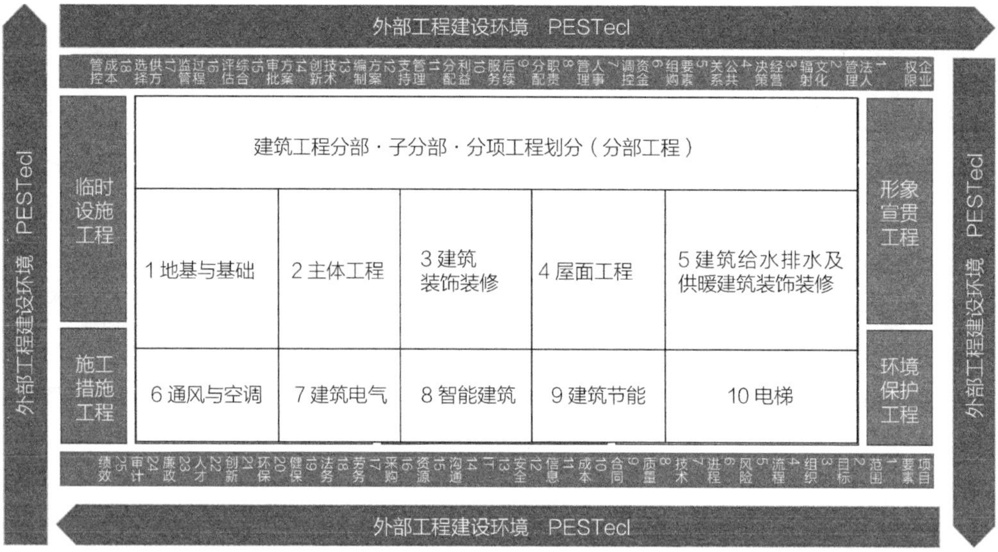

系统观：规划能力——WBS

外部工程建设环境　PESTecl		
临时设施工程	建筑工程分部·子分部·分项工程划分（分部工程）	形象宣贯工程
	1 地基与基础　2 主体工程　3 建筑装饰装修　4 屋面工程　5 建筑给水排水及供暖建筑装饰装修	
施工措施工程	6 通风与空调　7 建筑电气　8 智能建筑　9 建筑节能　10 电梯	环境保护工程
外部工程建设环境　PESTecl		

图 8-12　建设项目环境内容结构化图

竞争、时空等变化也对建筑行业未来的模式产生影响，形成了 PESTecl。图 8-12 为建设工程的规划过程 PESTecl 所能涉及的内容。

在工程建设项目过程中要有系统观，也就是一定的规划能力。除了了解建筑工程的内部划分，如地基与基础、主体工程、建筑装饰装修、屋面工程、建筑给水排水及供暖、通风与空调、建筑电气、智能建筑、建筑节能、电梯等，还包括外部的政策，如关于创新创业、环保、劳动法、新技术的使用及相关法令法规等，也包括"四库一网"中的相关信息。这些不仅指目前出现的建筑业热点，还包括有史以来影响重大的决策。从国内经济和国际经济角度分析建设项目的经济基础。实时了解建筑技术，有利于减少工作浪费并且节约时间，促使传统建筑业焕然一新，推动建筑成本降低、工期缩短、质量提高。在与自然和谐相处的前提下进行项目建设，减少建筑占据土地资源和自然空间，影响自然水文状态、空气质量，对环境产生负面影响，由于建筑对资源的大量消耗和生态环境的负面影响等现象的产生，施工方在建筑规划设计、施工、运行维护和拆除或再使用的全寿命过程中应考虑环境影响，促进资源和能源的有效利用，减少污染，保护资源和生态环境。同时，工程受时间与地域（空间）的限制，面对工程"当时当地性"的特点，相同的工程在不同的地域需要考虑不同的问题，在不同的时间也会面临不同的压力，时空要素的复杂多样，导致工程项目管理需要考虑的因素各不相同，管理人员在进行决策时应综合考虑，辩证对待，在工程实施过程中也应及时进行监测、纠偏，因时制宜，动态管理施工过程，保证工程质量和安全。

从教育出发，由于在对工程建设项目时，必须综合考虑"PESTecl"，故在培养学生时，应注重对其系统观、全局观、协调各个因素等方面的培养，才能达到在施工中优化工艺流程，发挥各地的环境优势，创造出各具特色的工程项目。

2. 使用BIM工具进行细节分析与全局展示

BIM（Building Information Modeling，建筑信息模型）是Autodesk公司于2002年率先提出的概念，目前是建筑学、工程学常用的工具软件，已经在全球范围内得到业界的广泛认可，其可以帮助实现建筑信息的集成，是一款应用于工程设计、建造、管理的数据化工具，通过对建筑的数据化、信息化模型整合，在项目策划、运行和维护的全生命周期过程中进行共享和传递，使工程技术人员对各种建筑信息做出正确理解和高效应对。设计团队、施工单位、设施运营部门和业主等各方人员可以基于BIM进行协同工作，有效提高工作效率、节省资源、降低成本，以实现可持续发展。

BIM是回归自然"物质、能量、信息"三大主体之一的信息本质。BIM是我们认识世界的新方法和工具；BIM远远还没有发挥其技术、管理应有的作用。如图8-13所示，从操作层面，在授课和工作时，为复杂结构清晰的细部可视化描述和表达整合提供技术手段，提升学生学习的热情与激情，提升员工岗位绩效；从技术层面，BIM形成完整的技术体系之后完成信息的有效传输，应用于各类建筑系统，必然将极大提高产品形成的效率，形成组织绩效链，同时保持可持续改善的状态，并应用于学校的教学系统和软件中，使学生更加有效地学习从施工前到竣工的整个施工过程，了解完整的工程信息；从管理层面，对学生进行不同阶段的管理思想培养，如计划、组织、协同、领导、控制、自动化等，实现管理价值链的高效增值；从产业层面，会形成新兴推动工业化、绿色化的信息产业链，毋庸置疑，当下正在形成爆炸性增长；从哲学层面，BIM会演变成工程哲学本体论的研讨，更大的革命是正在重构工程（师）语言。从最基本的操作层面培养，结合自身技术体系，进一步培养管理能力，以至于实现产业的绩效增长，进而上升哲学层面，充分展现了工程敏捷教育的培养过程、培养实效。

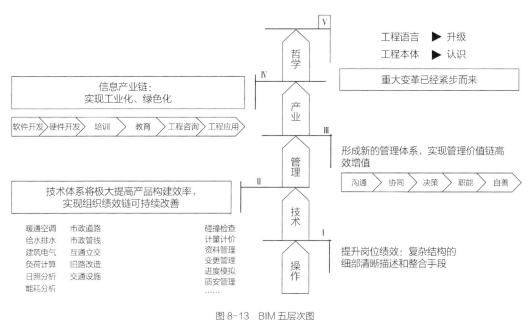

图8-13 BIM五层次图

3. 利用"XBS"等工具进行要素结构化

"XBS"可被认为是一种结构化的思维方法，因为当管理形式以一种层次网络结构的方式进行工作时，可以大大提高教育的精准度以及效率，避免零散、孤立的思维。常见的要素分解结构有：WBS（工作分解结构）、OBS（组织分解结构）、RBS（资源分解结构）、w/pBS（流程分解结构）、MBS（物料分解结构）、FBS（资金分解结构）PBS（项目分解结构）和IBS（信息分解结构）等。本书主要介绍WBS（工作分解结构）、OBS（组织分解结构）与RBS（资源分解结构），如图8-14所示。

1) WBS——工作分解结构

WBS工作分解结构是"XBS"结构化思维方法中最常用的方法之一，WBS工作分解结构与因数分解是一个原理，是把项目工作按阶段可交付成果分解成较小的、更易于管理的组成部分的过程。WBS基本定义：以可交付成果为导向，对项目要素进行分组，其归纳和定义了项目的整个工作范围，每下降一层代表对项目工作更详细的定义。在工程教育中分解每阶段的教学工作，确定每阶段教学内容与顺序，规定职责，精确责任到人，教师能够快速响应到自己的工作范围，促进教学工作更加严谨清晰等，实现工程教育敏捷化。

WBS总是处于计划过程的中心，也是制定进度计划、资源需求、成本预算、风险管理计划和采购计划等的重要基础，同时也是控制项目变更的重要工具。WBS能够准确说明项目的范围，便于确定工作内容和工作顺序，进行结构化的思考，为各独立单元分派人员，并规定相应的职责，精确做到责任到人；且针对各独立单元，进行时间、费用和资源需求量的估算，提高时间、费用和资源估算的准确度；为计划、成本、进度、质量、安全和费用控制奠定基础，确定项目进度测量和控制的基准；同时将项目工作与项目的财务账目联系起来，估算项目整体和全过程的费用。

2) OBS——组织分解结构

组织分解结构是项目组织结构的一种非凡形式，描述的是负责每个项目活动的具体组织单元，其将工作包与相关部门或单位分层次、有条理地联系起来，促使组织结构逐级细化到最底层，形成结构化思维。其目的是提供一种框架来总结组织单位的绩效，识别负责工作包

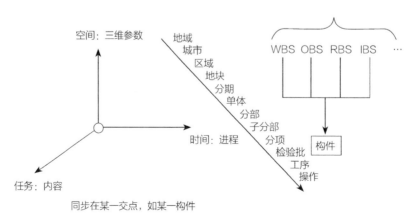

图8-14 同步分解到例如构件级

的组织单位，并将组织单位与成本控制账目关联起来。通常以层级模式按越来越小的单位定义组织的可交付物。即使项目完全由一个团队完成，也有必要将团队结构分解，以指派预算、时间和技术性能方面的责任，并可与工作分解结构相整合。工程教育主要使用在对教师与教务管理人员等建立明确的组织结构，进行合理分工、分组和协调工作，促进教学活动的交流等。

组织分解结构分解方法与WBS类似。二者区别在于，组织分解结构不是按照项目可交付成果的分解而组织的，而是按照组织内现有的部门、单位和团队而组织的，把项目活动和工作分列在现有各部门下。相关部门只需找到自己在组织中的位置，就可洞悉承担的所有职责。

3）RBS——资源分解结构

资源分解结构是按资源种类和形式而划分的资源层级结构，是项目分解结构的一种，通过RBS可以在资源需求细节上制定进度计划，并通过汇总的方式向更高一层汇总资源需求量和资源可用量。RBS表格样式如表8-2所示。

RBS表格样式　　　　表8-2

工作	资源分类								相关说明
	资源1		资源2		资源3		……		
	可用量	需求量	可用量	需求量	可用量	需求量	可用量	需求量	
活动一									
活动二									
活动三									
……									

资源分解结构是项目成本预算的基础，项目执行过程中需要使用各种资源，因此，项目各类资源会影响完成时间。资源分解结构告诉我们执行时资源的种类与控制管理方式，资源可用系统分析评价中的权重观念来控制。同时，RBS也同样适用于工程教育，主要对教学资源的层次进行分解，使其按需合理使用资源，高效利用教学资源等。

8.2.5　流程：牵引知识体系纲要

流程是研究、描述过程的重要工具，而"世界是过程的集合体"[①]。可以从多个维度加深对流程的理解：从哲学角度，流程是结构与功能的耦合机制；从组织行为角度，流程是组织的行为方式；从管理角度，流程是任务的有序组合；从运营角度，流程是有序组合的任务进程。流程的本质是组织管理的内在逻辑，包含技术逻辑和管理逻辑。具有无形性、客观性、目的性、普遍性、整体性、动态性、结构性、层次性、可分解性、多要素性、时序性、逻辑

---

① 中共中央马克思恩格斯列宁斯大林著作编译局. 马克思恩格斯选集　第四卷 [M]. 北京：人民出版社，2012：250.

性、关联性和可测性等多种特性。流程牵引理论表达为:"组织以流程为牵引动力,整合资源达成目标"[①],如图8-15所示。

流程是业务开展时执行任务的"安排"。如果没有业务的进行,制度就没有作用、成本就不会发生、职责就没有落实的地方、各方互不相干、成果不会产生,目标无法达成,战略也就成为空话。而业务的开展,流程起到了整合资源、协调各方、产生成果、规范要求的作用。工程教育的大多成果下的学生存在知识碎片化、知识体系不完整等问题,利用流程的牵引作用,不仅有利于教师授课过程将上、下课程中的内容进行串联,学生也可利用流程形成自己独特的思想体系,形成独立思考的能力。

进行工程教育过程中涉及的流程有招标投标流程、施工组织设计流程、施工工艺流程体系、毕业设计(实习)流程、课程教学流程、教务流程体系、ERP模型使用流程、全过程咨询知识体系、工程管理知识图谱使用流程等。对于这些流程进行充分的了解,对于其中步骤进行深刻解读是踏入社会工作的首要准备工作。本书主要对招标投标流程、施工组织设计流程、施工工艺流程体系等流程进行具体介绍。

招标投标流程是项目实施过程中的重要一步,本书应用流程的牵引作用,清晰地展现出建设项目开发招标、勘察设计招标、施工招标、材料及设备供应招标和其他招标实施过程的依据与成果以及主要负责人,选择勘察、设计、监理、施工等单位是开展建设项目的关键性工作,如图8-16所示。

施工组织设计是指在建筑项目施工组织的大纲性文件批准后,作为建筑项目施工组织的重要方案依据,是组织工程建设施工的总体指导性文件。运用流程的牵引作用,将施工组织设计整个流程中的关键步骤进行标识,并按照关键步骤实施,遵守合同规定、科学组织施工,从而达到预期的质量目标和工期目标、提高劳动生产率、降低消耗、保证安全。施工组织设计流程如图8-17所示。

图8-15 流程牵引目标实现的理论与方法阐释图

---

① 卢锡雷. 流程牵引目标实现的理论与方法:探究管理的底层技术[M]. 北京:中国建筑工业出版社,2020:69.

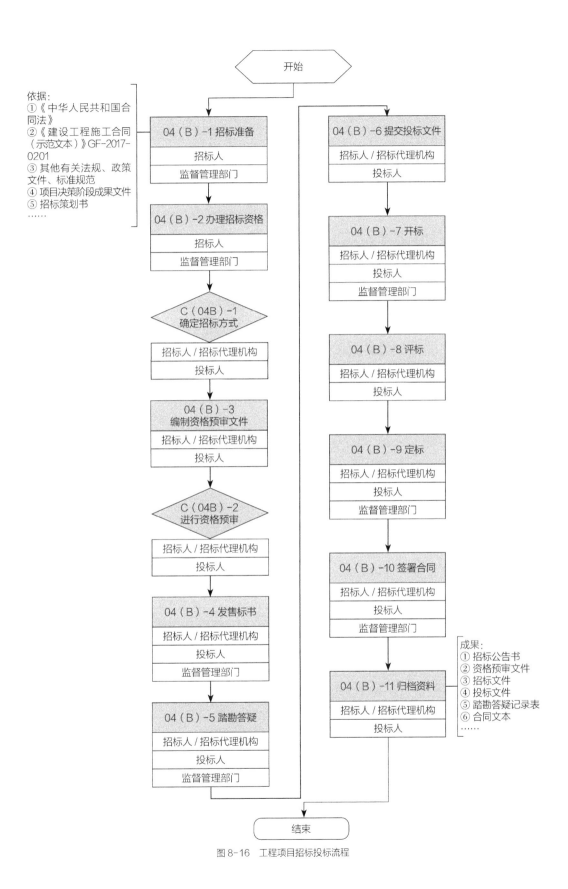

图 8-16　工程项目招标投标流程

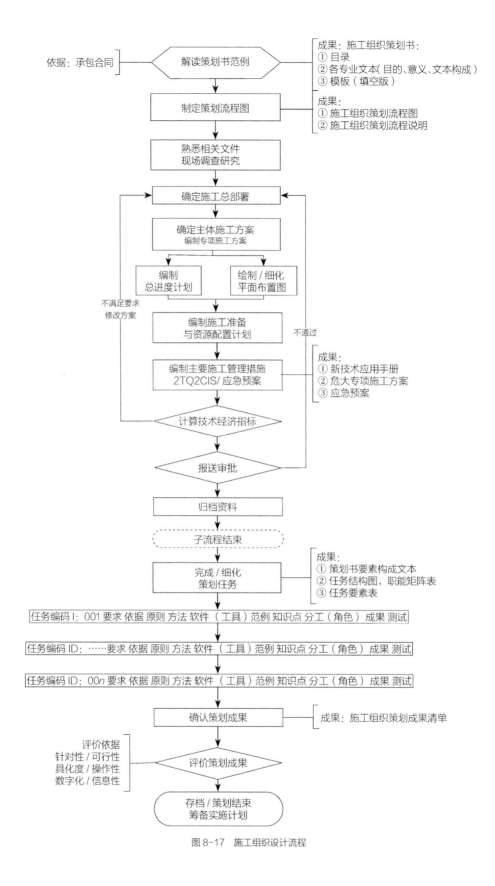

图 8-17 施工组织设计流程

施工工艺是做某项工程的实际要求、规范。运用流程的表达方式将施工工艺流程体系包括建设项目施工工艺流程、成孔灌注桩施工工艺流程、干挂石材幕墙施工工艺流程、土建基础施工工艺流程、混凝土施工工艺流程、墙板柱施工工艺流程等进行可视化展示,且具有先后的牵引作用,流程作为施工工艺知识体系的牵引绳索,除了保证各工艺流程顺利实施,也避免了各工艺流程实施环节的互相碰撞而影响施工质量,对各施工工艺进行协调。保证落实施工计划和技术责任制,按管理系统逐级进行交底。建设项目施工工艺流程如图8-18所示。

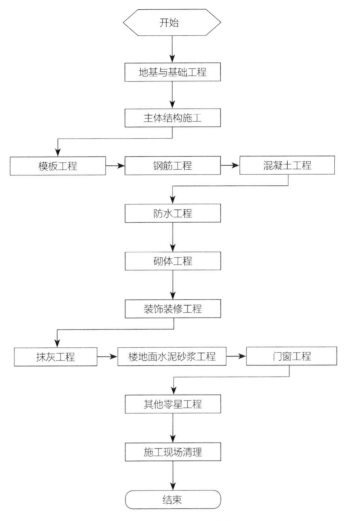

图 8-18 建设项目施工工艺流程

8.2.6 互联网下的工程教育新技术

随着互联网经济的快速发展,世界正加速迈向以物联网和数据平台为支撑的经济时代,工程教育也在向智能化方向发展。教育新技术具体有:新的硬件设施、新的软件工具、新的表达方式、新的传播渠道。智能化终端在不到十年的时间里已经普及;教育管理系统平台层出不穷；MOOC、B站等互联网教育平台发展迅速；自媒体、微媒体高效适用。教育是让一群基本没有专业基础的孩子们掌握知识，工程教育则不仅让他们懂得工程，还让他们学会如何"构建、集成、创新"新的工程产品。

教育新技术层出不穷，荀子在《劝学》中讲道："君子生非异也，善假于物也。"工程教育中善用各种工具能够极大地提高工作效率，如同工程建设中装备进步极大改变工程技术工艺、工作效率、工程质量一样。BIM、VR、CAD等软件设施和PPT等智能表达方式在前文进行了详细介绍，这里就不过多赘述，下文主要以物联网、云计算等硬件设施，以及MOOC、B站等互联网教育平台为重点进行介绍。

1. 物联网

物联网是运用各种信息传感器、射频识别技术、全球定位系统等装置与技术，实时采集任何需要监控、连接、互动的物体或者过程，采集其声、热、位置等数据信息，通过接入网络，实现物与物、物与人的连接，从而实现对物体或者过程的智能化感知、识别和管理[①]。物联网打通了理论与实践的"知识鸿沟"，是建筑工程中其他设备的基础技术支撑，也是进行工程实地教育的保障，促进了工程敏捷教育走向的可操作性，同时还是培养具备实践经验的工程师的工具，以及达成缩短适应时间和延长知识适岗时间目标的有效手段。其主要应用分析如表8-3所示。

物联网主要应用分析表　　　表8-3

序号	一级应用点	二级应用点	主要应用分析
1	安全管理	安全教育管理	实名制认证系统、VR/AR模拟不安全行为
		违法作业管理	远程视频监控、声光报警系统（传感器）
		隐患排查	拍照上传施工现场隐患和问题，为塔式起重机等设备布置传感器，实时监控设备运行
		危险源监控管理	制作危险源信息二维码
2	人员管理	实名制和考勤管理	规范员工作业行为以及加强安全管控
		人员定位跟踪	应用装载智能芯片的安全帽进行人员定位跟踪，设置进入危险区域报警提醒，加强人员安全管理
3	质量管理	材料管理	RFID跟踪材料位置，及时定位不合格材料
		施工过程监控	在隐蔽工程安装监控设备，随机抽查施工过程是否符合质量要求
4	环保管理	扬尘噪声检测	设置环境检测仪，实时监测温度湿度、噪声及PM2.5
		废水监测	排水口设置污水感应传感器
		废弃物监测	废弃物堆放点安装监测仪器
		废气监测	工地现场设置废气传感仪器
		能耗监测	水、电端口设置智能水表、电表

---

① 刘陈，景兴红，董钢. 浅谈物联网的技术特点及其广泛应用[J]. 科学咨询，2011（9）：86.

2. 云计算

云计算是一种能够提供资源的网络,使用者可以随时随地从"云"上获取所需资源,只需要按照所取资源的数量进行付费即可[①]。云计算具有数据交换、数据共享与数据备份的特点,在工程中与BIM结合应用,可以真正实现协同教育,目前云计算应用方向如表8-4所示。与物联网新技术结合在一起是工程教育中促进学生进行"构建与创新"的基础。

云计算应用预测分析表　　　　　　　　　　　　　　　表8-4

序号	项目	应用说明
1	工程造价、预算决算	云计算具有强大的计算能力,将造价等复杂的任务交给云计算可以大大地节省时间和成本
2	资源共享	实现不同设备之间的数据和应用共享,国内的设计和建筑单位可以查询到国际有名的设计和建筑理念,且能够参考一些设计模型,并且国际上的设计人才可以进行交流沟通,促进建筑行业发展
3	节约成本	将成功项目的档案资料存储在"云"中,无需人工管理,且不必担心数据丢失或病毒入侵。企业将业务外包给云计算供应商,优化企业业务流程,节约企业信息存储成本
4	BIM+云计算	克服对企业硬件要求高、投资大的困难,且能够使BIM应用实现真正的协同,使设计过程中各专业实时协同,且不受地点限制成为可能

3. MOOC

MOOC(Massive Open Online Courses,大型开放式网络课程)是2012年美国的顶尖大学陆续设立的网络学习平台。在网上提供免费课程的Coursera、Udacity、edX三大课程提供商的兴起,给更多学生提供了系统学习的可能。这三个平台的课程全部针对高等教育,并且像真正的大学一样,有一套自己的学习和管理系统,而且其课程均免费。MOOC涉及专业课程,如理、工、农学等具体课程,涉及文、史、哲、法、外语等具体课程,内容广泛且有深度,具体内容如表8-5所示。

MOOC涉及具体课程统计表　　　　　　　　　　　　　表8-5

序号	课程	具体内容
1	计算机	大数据与人工智能、程序设计与开发、计算机基础与应用、计算机编程(Python)、前端开发、软件工程、网络安全与技术、软硬件系统及原理等
2	外语	口语、听力、语法、阅读、写作/翻译、文学与语言学、综合小语种、四六级、雅思、专升本课程、考研英语、万词班、专四/专八课程、留学背景提升、对外汉语、跨文化交际等
3	理学、工学、农学	数学、物理、化学、天文学、地理科学、生物科学、电气信息、土木水利、力学、材料、交通运输、化工与生物制药、能源矿业、轻纺食品、航空航天、植物学、动物学、机械工程、大气与海洋、农林黄金、考研等

---

① 魏鲁双,姜华,彭运动. 虚拟仿真技术在大型桥梁工程中的应用[J]. 华北水利水电学院学报,2010,31(5):16-20.

续表

序号	课程	具体内容
4	文、史、哲、法	文学文化、新闻传播、哲学、历史、考研政治、法学、思政、社会学等
5	医学保健	体育教育、基础医学、临床医学、公共卫生、口腔医学、中医学、儿科学、妇产科学、急诊与灾难医学、医患沟通与伦理学等
6	教育教学	教学方法、教学能力、信息化教学、职业素养、学科教学、素质教育、体育教育、学前教育等
7	音乐与艺术	设计课程、艺术学、美术学、戏剧与影视、设计学、音乐与舞蹈等
8	考试	公务员考试、事业单位考试、计算机等级考试、教师资格证、财会证书等

MOOC具有工具资源多元化、课程易于使用、课程受众面广和课程参与自主性等特点：①MOOC课程整合多种社交网络工具和多种形式的数字化资源，形成多元化的学习工具和丰富的课程资源；②突破传统课程时间、空间的限制，依托互联网世界各地的学习者在家即可学到国内外著名高校课程；③突破传统课程人数限制，能够满足大规模课程学习者学习；④MOOC课程具有较高的入学率，同时也具有较高的辍学率，这就需要学习者具有较强的自主学习能力才能按时完成课程学习内容。

4. B站

B站是"bilibili"的简称，中文名称是"哔哩哔哩"，是中国年轻人的文化社区和视频平台，成立于2009年6月，除了学习知识还有动画、番剧、国创、音乐、舞蹈、游戏、生活、娱乐、时尚、放映厅等15个内容分区，并开设直播、游戏中心、周边等业务板块，如表8-6所示。在直播和学习课程时，充分利用"弹幕"这个优势，可与主讲人进行充分交流，有困惑或有新的想法时不仅可以与主讲人进行交流，还能了解其他有同样想法的人的数量，实时展现数据。

B站涉及板块具体内容统计表　　　　表8-6

序号	板块	具体内容
1	专业用户	游戏、音乐、生活、学习、国风、创作激励、付费视频等
2	专业机构	国创、番剧、纪录片、综艺等
3	社区文化	弹幕、会员注册、会员制度、小电视等
4	主要业务	直播、游戏、广告、电商、漫画、电竞等
5	年度活动	拜年纪、线下演出、主题漫展、原创发布会、线下颁奖、跨年晚会、动画角色人气奖

以物联网、云计算、大数据等为教育平台和软件系统的支撑技术，大型开放式网络课程如MOOC和B站利用计算机动画对于色、形、动、声的联合表达技术，成功实现了一种高端的线上知识交换，有利于提高资源的贡献度，适用于各学科间的交流学习以及特别教育的学习模式，任何学习类型的信息都可以通过网络传播，而网络课堂可以带来很多益处，让每个人都能免费获取来自名牌大学的资源，可以在任何地方、用任何设备进行学习。

8.3 教育质量评价理论与体系

8.3.1 教学评估与论证

质量是"客体是否能够满足主体的需要及其程度",是"实体与设定的规格或标准的一致性程度,即质量是对预设的规格或标准的符合"[①]。教学质量与教育目标都需要按照一定的标准进行评价。

敏捷工程教育质量标准具有多样性和差异性的特点,建立高等敏捷工程教育质量标准进行教学评估和论证有助于促进高等教育发展与社会发展、学科分化相适应。首先,确立多样性的质量标准不仅能有效地促进各级各类高等教育共同发展,而且顺应了现今社会及学科发展既高度分化又高度综合的趋势,使培养出的人才可以更好地适应社会发展和学科发展的需要。其次,有助于促进高校各安其位和办出特色。差异性的质量标准有助于鼓励那些目前实力相对较差的高校,在专业设置和学科建设上要针对本地区特有行业的特殊需要,充分发掘自己的优势,扬长避短,努力培育和形成自己的学科特色与专业品牌,以促进不同层次、类型的高校各得其所、各展其长,都能发挥自己的优势,确保自己的质量。最后,有助于满足国民不断增长的高等教育需求。质量标准能比较充分地考虑到市场中不同主体对质量的需求,更好地促进具有不同条件、不同志趣的人的发展。工程敏捷教育的教学质量标准的内容如图8-19所示。

在教学质量大数据库中有校内专项检查数据、校内专项评估数据、课堂教学评价数据以及教育部的状态数据等,每个状态数据下都有相应的教学数据、评价指标、专家数据、评估任务数据及检查数据等进行教学质量的评估。

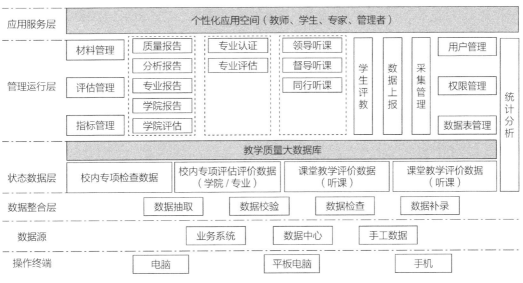

图8-19 工程敏捷教育的教学质量标准的内容

---

① 林永柏. 关于高等教育质量概念的界定[J]. 教育科学,2007(12):32-36.

以ABET（美国工程与技术认证委员会）的评估标准为例，在评估工程专业的教学质量时，主要考查学生是否拥有以下11项能力：

（1）应用数学、科学、工程学知识的能力；

（2）设计和实施实验，以及分析处理数据的能力；

（3）设计满足需求的系统零件或工艺的能力；

（4）在多学科团队工作的能力；

（5）识别、表达、解决工程问题的能力；

（6）能认识职业道德和责任；

（7）高效沟通的能力；

（8）经过足够的教育，了解工程方案对全球和社会的影响；

（9）能认识终身学习的必要性并有能力为之；

（10）了解当代社会存在的各种问题；

（11）为满足工程实践要求，拥有并能使用必需的技艺、技能和现代化工具。

对于ABET提出的评估标准也在电气工程专业、单片机课程POL教学实践[①]、机械类专业、理工科课程改革[②]中分别进行了论证，从培养目标、评定机制、需求对接、能力培养等多视角，提出对电气、机械等相关专业的教学评估标准思考。借鉴美国本科工程教育的理念，对本科学生专业课从内容编排、课程评价、教学方式等方面进行了实践，促进我国教育的发展，同时论证了ABET的评估标准具有可实践性、可操作性等特点。

此外，前华南理工大学校长王迎军在访谈中就提高教学质量提出了相关建议：①加强校企合作，建立多种产学研结合的人才培养模式，如密切校企关系，结合经济社会需求设置培养方案；相关的企业和行业主管部门也请来参与制定人才培养目标，确定教学内容和课程设置，开展教学质量评估等。②学校通过与企业共建研发中心和联合实验室、联合建立教学实训基地、开展基于项目的合作等途径，创造新实践教育平台，在开放的环境中培养学生的创新实践能力。③学校立足于提高自主创新能力，建立拔尖创新人才培养体系。面向创新型国家建设，华南理工大学近年来坚持育人为本，紧紧抓住"观念、机制、平台、氛围"创新教育四大关键要素，以四轮驱动促进拔尖创新人才培养。"十二五"期间，华南理工大学进一步完善了研究型大学创新人才培养体系，以促进人的全面发展、适应社会需要作为衡量人才培养质量的根本标准，把学生创新精神和实践能力培养贯穿于人才培养的全过程，以实施产学研合作教育、加强国际化教育和创新创业教育为重点，注重内涵发展，进一步提升教学水平和人才培养质量[③]。

---

① 赵硕峰，吴征彦，潘志方，等. 基于ABET认证的单片机课程POL教学实践［J］. 电子技术，2022，51（1）：242-243.

② 李霓，布树辉，汤志荔，等. 基于ABET理念的工科课程改革实践与思考［J］. 高等工程教育研究，2022（1）：42-47，109.

③ 姜嘉乐. 提升我国高等工程教育质量的若干战略思考——华南理工大学王迎军校长访谈录［J］. 高等工程教育研究，2013（1）：1-7，39.

8.3.2 华盛顿协议（WA）

《华盛顿协议》（Washington Accord，WA）是一个有关工程学士学位专业鉴定、国际相互承认的协议，针对国际上本科工程学历（一般为四年）资格互认，确认由签约成员认证的工程学历基本相同，并建议毕业于任一签约成员认证的课程的人员均应被其他签约国（地区）视为已获得从事初级工程工作的学术资格。WA是国际工程师互认体系的六个协议中最具权威性、国际化程度较高、体系较为完整的"协议"，也是加入其他相关协议的门槛和基础[①]。

WA于1989年由来自美国、英国、加拿大、爱尔兰、澳大利亚、新西兰六个国家的民间工程专业团体发起和签署。2013年，我国成为WA预备成员，2016年年初接受了转正考察。燕山大学和北京交通大学代表国家成为WA组织考察的观摩单位[②]。2016年6月2日，中国成为国际本科工程学位互认协议——WA的正式会员。

我国加入WA表明我国工程教育质量及其保障能够得到国际工程教育界的认可；意味着能够为工程教育类学生提供具有国际互认质量标准的"通行证"，为将来走向世界打下基础；标志着我国工程教育国际化迈出重大步伐，能够促进我国工程制造业走出国门、走向世界。WA毕业生属性档案有12个要素，如表8-7所示。

WA毕业生属性档案　　　　　　　　　　　表8-7

要素	具体要求
工程知识	应用数学、自然科学、工程基础知识和WK1～WK4中规定的工程专业知识，分别解决复杂的工程问题
问题分析	利用数学、自然科学和工程科学的基本原理，识别、阐述、研究文献并分析复杂的工程问题，得出有根据的结论（WK1～WK4）
解决方案的设计/开发	为复杂的工程问题设计解决方案，并设计满足特定需求的系统、组件或流程，并适当考虑公共卫生、安全、文化、社会和环境因素（WK5）
调查研究	使用基于研究的知识（WK8）和研究方法对复杂问题进行调查，包括实验设计、数据分析和解释以及信息综合，以提供有效的结论
现代工具的使用	创建、选择和应用适当的技术、资源和现代工程、信息技术工具，包括预测和建模，解决复杂的工程问题，并理解其局限性（WK6）
工程师和社会	应用基于情境知识的推理来评估社会、健康、安全、法律和文化问题以及与专业工程实践和复杂工程问题解决方案相关的后续责任（WK7）
环境和可持续性	理解和评估专业工程工作在社会和环境背景下解决复杂工程问题的可持续性和影响（WK7）

---

① Development of Low-Cost Thermal-Fluid Undergraduate Laboratory Exercises Complying with the Washington Accord's Graduate Attributes [J]. International Journal of Innovative Technology and Exploring Engineering, 2019, 8（12S2）.

② Pakistan Becomes a Washington Accord Signatory [J]. Engineering Insight, 2017, 18（4）.

续表

要素	具体要求
道德标准	应用道德原则并致力于职业道德和工程实践的责任和规范（WK7）
个人和团队	作为个人，以及作为不同团队和多学科环境中的成员或领导者，能够有效地发挥作用
沟通交流	与工程界和整个社会就复杂的工程活动进行有效沟通，例如能够理解和编写有效的报告和设计文档，进行有效的演示并给出和接受明确的指示
项目管理和财务	展示对工程管理原则和经济决策的知识和理解，并作为团队成员和领导者将这些应用到自己的工作中，以管理项目和多学科环境
终身学习	在技术变革的大背景下，认识到独立和终身学习的必要性，并做好准备和有能力参与其中

表8-7中的"WK"为"The Washington Accord Knowledge"的缩写，WK1~WK8的具体内容如表8-8所示。

WK1~WK8的具体内容   表8-8

WK1	对适用于该学科的自然科学的系统的、基于理论的理解
WK2	基于概念的数学、数值分析、统计学以及计算机和信息科学的形式方面，以支持适用于该学科的分析和建模
WK3	对工程学科所需的工程基础进行系统的、基于理论的表述
WK4	工程专业知识，为工程学科中公认的实践领域提供理论框架和知识体系；许多学科都处于学科的前沿
WK5	支持实践领域工程设计的知识
WK6	工程学科实践领域的工程实践（技术）知识
WK7	理解工程在社会中的作用，并在该学科的工程实践中发现问题；道德和工程师对公共安全的专业责任，以及工程活动的影响——经济、社会、文化、环境和可持续性
WK8	参与本学科研究文献中的选定知识

WA作为教育质量评价的重要标准，对我国各阶段进行教育质量评估起着不可估量的作用，是国际工程界对工科毕业生和工程师职业能力公认的权威要求，是评价工程教育专业认证的学生是否能取得工程师职业资格证的衡量标尺，也是国际认证的工程师的通行证。

在工程教育专业国际互认方面，以美国、英国等为代表的国家互认体系除了上述协议外，还有《悉尼协议》和《都柏林协议》[①]。

《悉尼协议》签订于2001年，是国际学历互认的权威协议之一，该协议主要是针对国际上学期为三年的工程技术人员的学历资格的互认。该协议由代表本国（地区）的民间工程专业团体发起和签署，目前成员有澳大利亚、加拿大、爱尔兰、新西兰、南非、英国及中国香

---

① 张庆久. 工程教育专业认证相关概念及主要协议解析[J]. 学理论，2013（33）：262-263.

港共七个国家和地区。

《都柏林协议》是为适应经济全球化发展的需要，于20世纪80年代在美国等国家发起并开始构筑工程教育与工程师国际互认的体系，其内容涉及工程教育及继续教育的标准、机构的认证，以及学历、工程师资格认证等诸多方面。《都柏林协议》签订于2002年，其是针对学期一般为两年、层次较低的工程技术员的学历认证，目前正式成员有加拿大、爱尔兰、南非和英国。

三大协议之间存在异同，如表8-9所示。

三大工程教育专业互认协议比较　　　　　　　　　　　　表8-9

名称	领域	对象	时间	成员	影响和作用
《华盛顿协议》	学历互认	本科工程学历（4年）	1989年	21个	体系完整、国际化程度高，已起作用
《悉尼协议》	学历互认	本科技术学历（3年）	2001年	7个	参与程度不足
《都柏林协议》	学历互认	技术学历（2年）	2002年	4个	处于研究、协商阶段

8.3.3　过程管理

为了推动工程教育不断改革创新，以适应国家战略的发展需要和国际竞争的新形势，我国分别于2016年、2017年加入了《华盛顿协议》与提出"新工科"建设思路[①]。在新形势下，工程教育的教学理念将与时俱进地做出调整，强调"以培养目标为导向""注重教育产出和成果"及"持续改进人才培养质量"[②]，实施"以学生为中心"的教学理念。过程管理是达成工程教育目标和工程敏捷教育目标的重要环节。过程管理是突破管理难点，切实提高教学质量的有效手段；过程管理是凝练过程要素，扭转过度关注结果现象的重要方法；过程管理是实现过程自整定，保持教学系统稳定的有力保障，是整个过程最重要的一点，也是后期进行评价的主要内容，"木桶理论"中的补短板和精英教育便是过程管理教学的最好体现。

"木桶理论"由美国管理学家彼得提出，又称"水桶原理"或"短板理论"[③]。所谓"水桶理论"也即"水桶定律"，包含长板、短板与桶箍，其核心内容为：一只水桶的盛水量，并不取决于桶壁上最高的那块木块，关键取决于桶壁上最短的木块以及保证木桶整体形状的桶箍。根据这一核心内容，"水桶理论"演变出两个推论：一是只有桶壁上的所有木板都足够高，水桶盛水量才大。二是只要此水桶一块木板缺乏高度，水桶便不可能盛满。如果木板长短不齐，那么木桶的盛水量便不是取决于最长那一块木板，而取决于最短的那一块木板。即构成组织

---

① 张清祥. 探索实验教学载体，培养学生实践创新能力［J］. 实验技术与管理，2012，29（2）：130-133.
② 杨学军. 加强实践动手能力培养改革创新人才培养模式［J］. 高等教育研究学报，2013，36（1）：4-7.
③ 赵奇钊. "木桶理论"与高校图书馆创新人才培养模式对接研究［J］. 高校图书馆工作，2011，31（6）：16-17.

的各个部分往往优劣不齐，而劣势部分往往决定整个组织的水平。所以在教授知识的整个过程中要注重短板的劣势补齐，注重本科四年、硕士研究生三年和博士研究生整个学习过程对于实验、论文、具体细节的深刻理解。与此同时，桶箍作为管理手段、达成目标过程的方法与工具也是重要一环，在慢慢修理短板的过程中又保持长板必然需要方法与工具的支撑，在整个过程管理中让学生自身素质得到提高的同时也需保证学生对于资源的有效使用分配和与他人的沟通相处能力。教育的过程管理就好比木桶原理中的长板、短板与桶箍，修补劣势的同时也应当时刻保持自身优势，合理地借助方法工具进而培养出更加适应社会的现代化管理人才。

从经济社会发展需求、教育规律、学生个性化特点与能力出发，人才培养模式可以划分为"精英教育"和"素质教育"两种，分别体现人才培养中专业技术能力强和有一技之长能发展两个不同侧重点的培养目标[①]。

下文主要介绍"精英教育"模式。"精英教育"模式是基于产教深度融合开展校企合作育人的教育模式，强调人才培养目标在专业技术方面的高、精、专、深，突出专业知识的储备、技术应用和创新能力。采用"精英教育"模式，一方面能够降低人才培养趋同化，满足社会对高素质技术技能型人才多样化的需求，另一方面有利于"以学生为中心"教育理念的实施，为学生提供更适合的教育，促进学生个性化发展、自我成长。

8.3.4 评价方法的探讨

建立高等工程教育质量标准体系有利于促进高等工程教育质量评价的科学化，促进高等工程教育质量管理的民主化，有助于提高高等工程教育质量，对建设具有中国特色、世界水平的高等工程教育质量标准体系具有重要的指导意义。高等工程教育质量标准体系评价研究在完善高等工程教育质量标准体系管理知识体系的同时，还能较好地满足对高等工程教育质量标准体系管理环节开展创新管理的内在需求。

WA的评价方式就普遍接受教育的本科生而言不具适用性，就评价方法、评价标准而言，提出以下几点建议：①起点是有区别的。②过程的控制。难以掌握性，教育培养过程是十分复杂多变的。③目标的等齐。标准统一，却有不可衡量性，同时等齐的目标考核，是不科学的。并且针对该协议制定标准的不足之处，结合我国国情对我国现有的评价方法进行讨论，提出适应我国教育国情的评价方法。

国兆亮[②]提出基于人才培养目标的不同，高等工程教育质量标准分为创新型、应用型和技能型三类；基于CIPP模式和人才培养全过程，标准的维度分为培养目标、教学过程、保障条件和结果评价。欧玉芳[③]创新性地提出了高等教育质量标准化评价模型，由程序过

---

① 王兴，宁先平. "适合的教育"理念下高职人才分层培养模式构建与实践[J]. 中国职业技术教育，2018（29）：39-44.

② 国兆亮. 我国高等教育质量标准的基本认识与框架设计[J]. 现代教育管理，2020（12）：72-78.

③ 欧玉芳. 高等教育质量评价与提升——评《高等教育质量标准体系评价与创新研究》[J]. 评价与管理，2019，17（3）：30，44.

程研制、内容结构编排、预期目标制定和可行预测调控四个指标构成。王铭[①]根据中国特色高等教育将我国高等教育质量标准分为"五个度":社会需求适应度、培养目标达成度、师资和条件支撑、教学和质量保障有效度、学生和社会满意度。

2014年11月,原教育部高等教育教学评估中心发布的《中国工程教育质量报告(2013年度)》以"五个度"为框架,分析和评价了我国工程教育质量。2016年4月,教育部发布的《中国高等教育质量报告》《全国新建本科院校教学质量监测报告》均采用"五个度"的撰写框架。由此,本书就王铭的"五个度"教学质量评价方法进行讨论。

质量标准"五个度"具有体系性,各度之间存在联系,评价每个"度"是否达成需要通过比较得出,如图8-20所示。社会环境决定办学定位与目标办学,定位引导培养目标;目标达成需要师资条件支撑;教师决定有效教学;质量保障体系确保教学、人才培养质量和定位目标达成度;人才培养质量反映定位目标达成度,决定学生和用户满意度,体现社会需求适应度,社会环境再反馈回定位目标。

"五个度"评价方法从量化评估和质性评估两个方面出发,进行教学质量的评价,具体流程如图8-21所示。

本书在其他工程教育评价方法及王铭的"五个度"教学质量评价方法中的"办学定位、评估审核、问卷调查等实际经验"的基础上进行融合归纳,得出"七步逻辑"评价方法,如图8-22所示。

"七步逻辑"评价方法分别是理论引领、目标导向、问题启程、流程牵引、工具支撑、实

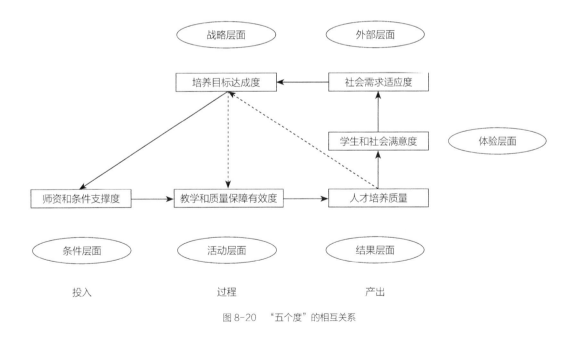

图8-20 "五个度"的相互关系

---

① 王铭. 我国高等教育质量标准"五个度"的分析、评价与操作化研究[J]. 高教探索, 2016(11): 21-26.

图 8-21 "五个度"教学质量的评价流程

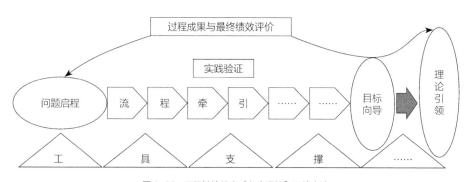

图 8-22 工程敏捷教育"七步逻辑"评价方法

践验证、绩效评价。教育的复杂性、动态性、多主体性、过程性、多学科交叉性等特点导致当前工程教育理论缺乏成熟稳定的归纳。其需要经典理论引领,如系统工程理论、流程管理理论、精益建设理论等;以我国的新工科标准和美欧标准,如以WA、《悉尼协议》等为目标导向;以本书第8.1.2节中提及的过程敏捷教育问题:远离"实景实况"和工程教育部分师资糟糕为问题启程;以突出过程管控的流程管理思想、知识逻辑流程、实践逻辑流程、系统性的管理体系建设、毕业设计流程、课程教学流程为流程牵引;以VR工艺沙盘/建筑实体模型、BIM建筑信息模型、ERP项目管理信息系统、BAVS基于岗位角色的管理流程、2WHR分析法等为工具支撑;在实际项目中进行检验;最后带有反馈式的绩效考核,在一定程度上循环往复。

第 9 章
敏捷工程教育实践体系

本章逻辑图

图 9-1　第 9 章逻辑图

9.1 工程教育实践理论体系

工程人才需要自主创新,才能更好地适应世界教育、产业等发展新形势,更好地满足我国建设创新型国家、人才强国的需要。创新不能仅凭简单的理念与口号,其需要工程领域的教育和实践,每一个环节都能扎实地培养工程人才的深基础,以及知识的转化和自主创新思维理念的环境塑造。这要求处于工程教育前线的教育部门、学校要立足现实,面对工程教育的发展切实地为我国工程人才的培养不断地思考和变革教育策略。

9.1.1 习而学:茅以升工程教育思想

20世纪20年代茅以升执教期间,认识到旧教育的弊端主要在于通才教育与专才教育脱节,科学教育与实践相脱节,理论与实际脱节,以及由于过分追求理论教育的"质",而忽视了人才培养的"量";对于学生毕业条件,是一切分数及格,绝大多数都是指理论课程的分数。鉴于这些弊端,茅以升比较和借鉴国外教育的实际,结合我国当时国情,反思我国工程教育体系,明确提出了教育的培养目标,尤其是工程教育的培养目标,即"工程教育之最大目的在培植工程上之有为人才"[1]。并对未来工程师提出了八项具体要求:①善于思考;②善用文字;③善于说辩;④明于知己;⑤明白环境;⑥科学知识,知其所自来及之运用方法;⑦富于经济思想;⑧品德纯洁,深具服务精神[2]。工程师不仅需要专业学识、技能,还要具备良好的品质和经济管理能力[3]。这样的能力要求对专才与通才的教育,课程设置中理论与实践的调配和教学方法,以及理论与实践教学的平衡提出了新要求[4]。茅以升作为工程大家和教育者,他用自己严谨、科学、踏实的治学态度和深切的爱国精神,为工程教育者做出了典范,并指出了前进的方向。

1. 通专结合的教育思想

近代以来,通才教育和专才教育已形成以美苏为代表的两大高教体系,世界上大多数国家在工程教育上都仿效其一。但茅以升不赞成承袭美国工学院毕业生只有塔底而无塔顶的通才教育模式,他认为中国工程教育应"配合我国国情,来拟定我们的方针与方法"。这个方针就是"培养专门性的工程师,造就高度熟练的专家"。同时,他倡导参考苏联"专才"教育制度的精神,而不主张对该制度全盘采用。因此,他强调"通"与"专"之间并不存在根本的冲突,所谓"专"也应是建立在"通"基础上的"专"[5],即工程教育虽然强调训练和培养专才,但并非工程师应以专才为满足,相反,工程师的知识应当力求广博。工程往往是由

---

[1] 杨阳. 茅以升:务实的工程教育家[N]. 中国教师报,2020-6-3(13).
[2] 茅以升. 工程教育之研究[C]//北京茅以升科技教育基金会. 茅以升全集(第6卷).天津:天津教育出版社,2015:3.
[3] 曾甘霖. 茅以升工程教育观及其当代价值[J]. 高等工程教育研究,2018(5):196-200.
[4] 茅以升. 习而学的工程教育制度[M]. 北京:北京交通大学出版社,1951:81.
[5] 眭依凡. 习而学的工程教育——茅以升工程教育观研究[J]. 高等工程教育研究,1990(1):39-44.

多种制约因素构成的综合系统。解决工程技术问题，需要综合运用多种专业知识，要掌握十分广阔的科学技术、工程技术知识面。任何生产工作，都需要多种工程的配合，任何一种生产专家，应是相关工程的通才。因此，工程师绝不能满足于专门知识和具体经验的纵向累积，必须有意识地将各类知识融会贯通，构成有机知识网络。他提倡学生要文理结合、培养全面的素质，主张"通专互补、精博结合的教育思想"。

未来社会面临很多重大问题都不是某个专业能独立解决的，任何一个问题，都有可能需要综合多个学科、多个专业的知识和力量，会涉及工程方方面面的领域。因此，需要树立变专才教育为"专才+通才"的工程教育理念，以培养面向未来的高素质复合型工程人才。

2. 课程与教学的改革方法

为使工程人才培养的专精、通博两方面都不受损，茅以升认为应从课程设置入手。课程为实施教育的主要工具，欲求教育之实效，自当首谋课程之改进。课程设置是教学计划的核心，其合理性往往直接关系到人才培养质量，而课程本身也为"实施教育之主要工具"。因此，茅以升提出要精简课程，增加实习，改编教材；主张在实践中培养学生自主学习、自主研究的习惯和能力。以桥梁专业为例，在高等学校里，大学一年级先学习施工条例，大学二年级学设计规范，大学三年级学结构力学，大学四年级再学微积分、线性代数、概率、物理等知识，读至大学四年级的学生毕业后还可以进行研究工作等。这样不仅不会因在开学之初学习较为枯燥的数学物理基础而扼杀了一部分同学的学习热情，还可以使即将步入工作岗位的同学，尽早地掌握技能，投入建设之中。而继续研究的同学也可以在有一定实践经验的基础上再学习理论知识，在日后的理论学习中可以更好地应用于实践。

在教师教学方式上，他反对"填鸭式"教学，提倡"启发式"教学，将学生由"受体"变为"主体"，把传统教学中"教学相长"和西方教学重视培养独立研究有机结合，灵活运用。同时，茅以升创造性地提出"考先生"的教学法，即每堂课有一名学生向老师提出一个问题，如果把老师问住了，就直接给满分。这样的方法，直接地反映出学生个体对知识的领悟程度，也间接地反映出老师授课过程中对知识的讲解效果。结合这种授课方式，他对课程考试方法也进行了改进，将学生日常提问题的深度和水平反映在平时成绩或考核成绩，同时推行开卷考试，鼓励学生不将学习知识作为应付考试的"60分万岁"，而是将考试真正作为"鉴别学生之个性，测验教育之效率"的真实应用。

工程为应用科学，故工程教育的特点也就多少有别于其他教育，必须重在应用。事实上，"工程上最困难的问题，不在理论本身，而在如何应用此理论。"茅以升对课程设置与教学的改革，就是将各种纯粹科学置于专门科学之前，理论必先于实验的做法加以辨析，提出与"先学后习"的传统教育思想和方法完全相悖的"先习后学"新思想。对工程教育而言，实践—理论—实践的认识程序更应是应用性学科教育原则。

3. 习而学的工程教育思想

茅以升在通专结合、课程设置与教学方法改革上都主张"实验先于理论""掌握学习方法"的"先习后学"新思想,这一思想被誉为"习而学"的工程教育思想①。"习而学"的思想萌芽于他在1925年的执教期间。这一思想源于"四书"中《大学》"致知在格物"的观点。在南洋大学(今上海交通大学)30周年纪念刊上,茅以升提出了这一主张。1950年,他重提这一主张并解释了其内涵:"先习而后学,便是先知其然,再知其所以然。"先习后学,便是先"知其然",再"知其所以然"②;先习后学是先读专业理论,后读基本理论;先习后学,习的是工程实际,是用理论来贯串实践,实践如是"串",理论便是"贯",先有了串再去贯。先有了实际经验,再学高深理论,对理论的了解,将是格外的透彻和巩固,因而学生也更有创造力。

先习而后学,是为了获得最全面的知识,在实践和理论方面,有彼此呼应、由浅而深的步骤,因为实践必须要有规律、有层次,于是理论也跟着成为有系统、有条理的知识。先习而后学,于主要任务而言,并非习时不学,或学时不习。茅以升注重实践教学、实际教学,实践教学是指理论贯穿于实践,理论与实践相互呼应;实际教学则是指工程实际,使学生能够累积经验,总结理论,应用于实际。工程人才不能闭门造车,要与同行同业者广泛接触,相互学习,参加各种学术活动,通过学术交流进一步提高工程人才的科技水平。

茅以升的工程教育思想,概括起来就是"习而学",是一种基于20世纪我国工程教育实践提出的建议和构想,建立于他对当时世界先进工程教育实践、教育理念的认识以及对我国实际的思考,其提出和应用,对我国培植高等工程人才起到了积极作用。"习而学"的核心,在于强调"实践—理论—实践"。所以,尽管茅以升倡导的工程教育理念历经了几十个春秋,但高等工程教育强调理论与实践相结合的追求没变、强调通专相结合的追求也没变,"习而学"的工程教育思想,在工程教育人才培养、教学内容及方法改革上有启迪意义,是一条切实可行的道路。

近年来,从"卓越计划""新工科"的研究与实践,到"敏捷高等工程教育"新理念与研究的转变,以及从"科学范式"到"工程范式"的工程教育方式转变,都是要回归到工程本身。工程的本质是造物、是设计,敏捷高等工程教育与工程范式下的教学理念,重实践、重设计,具有工程的本质,满足对工程人才的需求。由此可见,敏捷高等工程教育理念与茅以升倡导的重视实践教学理念不谋而合。

但科技在变、时代在变、环境在变、教育手段在变,在知识经济时代,面对庞大的知识体系,如何高效地管理与运用,逐渐成为新的工程教育问题,影响教育敏捷性。因此,对工程教育实践教学体系的要求还在不断增加。

在作者执教的《土木工程概论》课程教学中,特别安排4学时进行1:1实体建筑模型参观,让学生第一时间获得感性认识,尽管处于"习"之前的"识"环节,也即认识建筑的

---

① 茅以升. 习而学的工程教育[C]//北京茅以升科技教育基金会. 茅以升全集(第6卷). 天津:天津教育出版社,2015:67-70.
② 茅以升. 工程教育的方针与方法[C]//北京茅以升科技教育基金会. 茅以升全集(第6卷). 天津:天津教育出版社,2015:86-87.

"在",对所呈现效果也已经十分欣喜!"识—习—学",是提升现代工程教育效率可探索的捷径。

9.1.2 知而践:虚拟仿真消除知识失真

在新兴技术持续发展的新环境与互联网下,工程教育的方法与工具在不断敏捷化改进的同时,教学方式也在不断变化,工程知识传播途径也逐渐丰富化。但在丰富知识传播途径时,知识在多方的"实践—理论—实践"过程中传递逐渐失真,这是知识从应用到实践过程的难点。在新兴技术兴起的环境中,应用新技术来消除知识失真现象,是不断完善工程教育实践体系的一大工具。

1. 知识失真的产生与程度

知识失真,就是在知识共享过程中,被共享的知识从知识提供者中通过传递环节到达知识接受者时,知识接受者所共享到的知识与被共享知识比较出现知识的异化或知识不完整[①]。

知识共享的目的,就是知识接受者通过知识共享过程从知识提供者中获取、掌握相关的知识。知识共享过程,是知识的传递过程。作为经过人脑加工处理过的系统化了的信息,知识也具备信息的相关特性。在知识通过知识共享链条传递的过程中,知识也会出现失真现象,导致知识共享的效用降低。主要表现在:知识共享不完全、传递过程中知识量递减、隐性知识转化为显性知识的效果影响知识共享的成效、知识共享链中的知识延迟、知识共享链条传递中的无规律知识失真、知识共享提供方和接受方的知识局限[②]。知识传递是一个不断失真的过程,量与质上均存在,而每一次失真就会导致知识丢失与教学效率下降。如图9-2所示,一般存在四次失真:第一次失真存在于编、著者从实际生产管理工程中提取知识并编

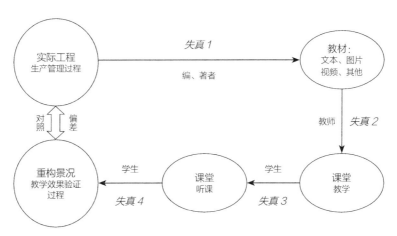

图9-2 传统工程教育的四次知识失真

---

① 张正. 知识共享过程中的知识失真研究[J]. 图书情报工作,2010,54(2):123-126,65.
② 占玉林,许江辉,何畏,等. 智能建造虚拟仿真实验教学平台建设与探索[J]. 实验技术与管理,2022,39(6):227-232.

著成书稿等教材的过程，其发生是因为编著者的认知局限、偏好和表达能力；第二次失真存在于教师将教材输出到课堂教学的过程，其发生是由于课时局限、理解消化能力、态度方法；第三次失真存在于学生从教师的课堂教学中吸收提取知识点的过程，其发生在于教师表达能力、学生状态和能动性、环境氛围；第四次失真存在于学生将所学知识进行景况重构，构建虚拟工程景况或应用到其他实际工程的过程，其发生在于学生的知识面、识和习程度、重构方法。

通过不同途径方法传递实现知识共享是高校工程教育的主要方式。知识失真是在知识共享过程中发生的，存在于知识传递的环节，要降低知识失真率，就必须改良知识共享传递环节与方式，以实现知识共享的最大效用。

2. 虚拟仿真的认知机理

虚拟仿真，又称虚拟现实（Virtual Reality）；仿真（Simulation）技术，或称为模拟技术，就是用一个系统模仿另一个真实系统的技术。虚拟仿真实验教学项目主要包括两类：一是虚拟仿真软件项目，即通过虚拟仿真技术建构模型、制作动画、搭建平台，用户无须外部连接VR硬件设备，通过互联网即可完成虚拟仿真项目体验；二是软硬件交互虚拟仿真项目，即通过头盔、眼镜、手柄、数据手套、红外高分辨摄像机等VR体感交互设备，采集用户行为信息传输至软件平台进行解析[①]。相较于软硬件交互项目，虚拟仿真实验教学软件项目无需外部硬件设备或环境支持，使用方仅需简单配置网络环境，即可随时随地反复多次进行实验项目体验，具有更出色的共享性和扩展性，逐渐成为开放共享的主流类别[②]。

3. 虚拟仿真在工程教育中的应用

虚拟仿真是变革教学方法、改善教学效果的重要手段和途径，尤其可应用在高等工程实践教育中。将虚拟仿真技术融入工程实践教学中，推动传统的工程实践教学平台扩展为虚实结合、理实一体化、实践课程多层次的教学平台[③]。

1) 虚拟仿真实验教学体系构建

传统教学方法和实验手段已无法有效解决上述知识失真问题，无法适应新的人才培养需求。与工程领域相关企业接轨，融入物联网、大数据、云计算、人工智能、智能装备等新技术，构建形式丰富、高度还原实际工程的虚拟仿真实验系统，已成为人才培养方案的重要需求。在此背景下，针对卓越工程师培养中实践教学要求，逐步建设并构建了"一个平台、四个板块、八大系统"的虚拟仿真实验教学实验资源体系，如图9-3所示。

2) 虚拟仿真实验教学体系实践

以智能装备与施工板块为例展开介绍，该版块建设装配式建筑BIM知识共享平台，平台包括知识库、操作模块和管理模块三个部分，可以辅助建筑设计、BIM建模及装配式构件深

---

① 刘亚丰，苏莉，吴元喜，等. 虚拟仿真教学资源开放共享策略探索［J］. 实验技术与管理，2016，33（12）：137-141，145.

② 杨慧婕，赵娟娟，汪颖，等. 虚拟仿真实验教学项目开放共享探索与实践［J］. 西部素质教育，2022，8（11）：102-105.

③ 蔡宝，朱文华，顾鸿良，等. 基于虚拟现实的工程实践教育探究［J］. 高教学刊，2021（3）：84-87，91.

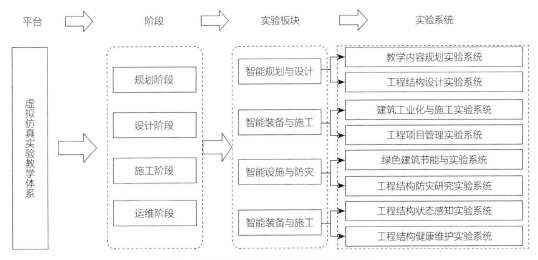

图 9-3 西南交通大学高校虚拟仿真实验教学体系图

化学习。通过该平台，学生可以方便地获取课程设计建模所需构件及关联知识，培养查看遵循规范与图集的意识，企业提供的行业最新资料可以开拓学生眼界。通过远程访问，学生可以查询与对比构件、阅读构件相关图集及设计知识、下载构件使用，学习装配式建筑、BIM技术知识，教师也可以在该平台管理学生、共享构件与发布相关知识。该平台服务于"房屋建筑学""建筑施工技术"等课程。

3）虚拟仿真实验教学体系作用机制

虚拟仿真实验教学平台实现了实验教学资源整合、虚拟化和共享，体现了信息化、智能化的实验教学模式，以及更具开放共享的条件和持续服务的特点。以虚拟仿真实验体系为基础，为实现"教学—学习—应用"衔接需求和"知识—能力—素养"培养目标要求，在长期教学实践活动中，形成了"一条主线、两个阶段、三类课堂"的虚拟仿真教学体系："一条主线"指以实际工程产生的数据为主线；"两个阶段"指支撑本科生阶段的"应用"与研究生阶段的"研发"；"三类课堂"指虚拟仿真实验教学活动面向学生的课内实验（实验课程和课程实验）、专业实践（认识实习、生产实习、毕业设计）和课外创新活动，如图9-4所示。

虚拟仿真具有"缩短传递路径，减少失真次数，降低失真率"的效果。一方面，以专业实践来认知实景实况，边干边学，减少知识传递路径，避免知识失真。另一方面，对照专业实践的实景实况，进行课内实验的虚景虚况，逼真模仿、仿真实践，尽量缩短知识传递路径，减少知识失真。

4. 虚拟仿真应用核心价值：消除知识失真

映射真实的工程世界，是虚拟仿真的实现方式。其在一定程度上，具有消除知识失真的功能。

以工程数据及信息为核心，构建"土建复杂工程—信息集成—数字孪生—智能建造"的虚拟仿真实验教学逻辑与内涵。针对土木工程"强综合、周期长、难全面、难重复"的特

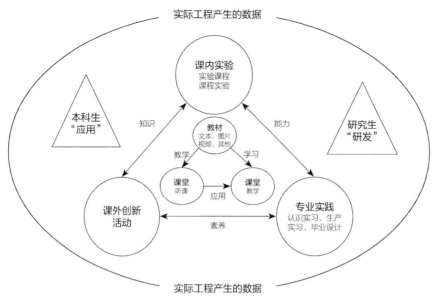

图 9-4 虚拟仿真教学的作用机制

点,融合BIM技术、大数据、物联网、人工智能等新技术,最大程度还原土木工程的科研及工程全生命周期各阶段的实际场景,系统整合了"土木基础—专业交叉—学科融合—技术创新"的虚拟实验项目,为学生的体验和参与创造条件,有效解决了实验教学过程与真实现场脱节严重的问题,使学生在虚拟仿真环境中开拓视野、增长知识和提升能力,避免舟车劳顿和安全风险。

虚拟仿真基于VR的实践教学,有别于传统的PPT式课堂教学和MOOC网络课程教学,其借助计算机图像显示技术,是一种启发式、自主式的学习方式,尤其可应用在具有实践性质的工程操作教学课堂,可以在一定程度上弥补知识传递过程中的知识失真现象,进而带来有趣、生动的课堂体验,给学生视觉、听觉的聚焦与强刺激,提高效率。

同时,统筹规划、合理调度,有效避免资源浪费。虚拟仿真实验教学项目开放共享有助于统筹规划全国高校虚拟仿真实验教学项目建设方案,合理调度高校资源,实现分批次、有序化建设,有效避免重复建设和低水平建设,切实保障虚拟仿真实验教学资源建设的可持续发展。

9.2 "六实"体系阐述

9.2.1 建设"六实"体系

2022年9月16日,习近平主席在上海合作组织成员国元首理事会第二十二次会议上强调"当前,世界百年未有之大变局正在加速演进,世界进入新的动荡变革期。"这表明当前社会对具有创新思维和创新能力的人才,以及高端工程管理人才求贤若渴。高校成为向社会输送中高端工程管理人才的重要基地；同时，培养创新人才也是高校的必然选择。开展创新实训可以调动学生的探索精神，改变学生被动实训的心态，提高实训的教学效果和质量。这就要求指导教师在实训教学中以学生发展为中心，运用多元化的教学方法，为学生营造广阔空间，使学生的学习过程充满自主性和创造性。

由此，"六实"体系应运而生，根据工程学科的强实践特性，依据认知自觉思维规律，从感性认识到理性认知，从能触能摸，到抽象的工程语言表达，由知识验证到岗位履职，形成连贯一致的教育完整体系。"六实"体系是锻造工程管理人才的流程，即"实验、实展、实工、实仿、实习、实训"，如图9-5所示。在工程教育过程中建设实践环节，软硬结合，详细内容见表9-1。

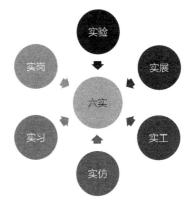

图9-5 "六实"体系内容构成

"六实"体系具体内容　　　　　　　　　表9-1

"六实"体系	具体内容
实验	全部实验室规范建设并逐步开放，增设实验项目 实验项目清单，构建实验室：管理模拟、虚拟仿真
实展	包括材料实展、设备实展、施工工艺实展、比例模型实展（有条件时增设工程安全实展）、安全管理实展
实工	基本的土木工程设计、施工操作项目，包括装配式、构件、混凝土、钢筋、预应力张拉、脚手架、模板、螺栓对接、配合比调整等
实仿	包括实验仿真、实展仿真（材料、设备、工艺、模型）、实岗（施工仿真、管理岗位、造价岗位）仿真等
实习	流程实习、力学实习、材料实习、设备实习、工艺实习、管理实习、整体实习、工期管理、资料实习、试验实习、采购实习、质检实习、安全管理实习、沟通管理、秘书实习、计划实习、人资实习、BIM实习、技术管理等
实岗	企业实岗、项目实岗、十员实岗等

1. 实验

实验是指通过实践操作来检验某种科学理论或假设，是为了考察某事结果或某物性能而从事的某种活动，是实现掌握知识的必由之路，是帮助学生或科研人员理解知识，培养动手能力、设计能力和创新意识的重要手段。工程教育中实验的目的是使学生验证和加深理解所学工程知识，科学地验证知识的准确性，培养动手动脑能力，以及观察、分析判断和管理能力。工程教育实验教学的指导思想是把学生放在实验教学主体位置，充分发挥其创造性，培养思维能力和动手能力。当前，实验课时、空间、设备、设计、管理，存在种种不足，甚至基本办学条件不完备，需要特别加强改进。

2. 实展

实展是指实体展示，学校开展可参观、可见、可触碰的实体展示模型平台，例如开放实展室，在该教室内展示工程常用、常见的原材料、工艺构件、设备模型等。借助实展材料、工艺、设备样板模型，来观察、触摸工地常用原材料的组成与形式、工艺构件施工情况与形态等各方面。实展的内容包括有材料实展、设备实展、施工工艺实展、比例模型实展（有条件时增设工程安全实展），形成材料实展清单、设备实展清单、施工工艺全流程实展清单、比例模型实展清单、安全管理实展清单等成果。

在工程教育中，高校学生不仅可以通过学校的实展室参与实践，还可以通过参加工地观摩会，参观各施工工艺等部分的实展，系统地了解各构件的施工工艺，将所学的工艺理论进行描述，并在实展中加以验证，学习新技术新工艺在具体实践中运用情况，做到理论与实践相结合的教学效果。同时可以了解项目安全文明的施工形象状态、常态化安全管控措施等的管理实践。

实体工地施工工艺样板实展的主要作用就是核查施工过程是否按要求进行，以确保工程的质量，在实际的施工过程中，质检经理和相关工程师要勤检查，每次的检查形成必要的书面记录和音频、视频资料。不能因人或者事情而有松懈，严格坚持以样板进行检查。

3. 实工

实工是指学生处于学校，学校提供资源、设施让学生可以对整个工程界的施工、建造、制作、制造进行实际动手制作/构造/操作的教学培养模式，培养和锻炼学生独立分析问题和解决问题的能力。通过实工了解建筑构造、结构体系及特点，了解某些新建筑、新结构、新施工工艺、新材料和现代化管理方法。例如装配式建筑、智能建造等，丰富和扩大学生的专业知识领域。实工还可以使学生对土木工程的单位或分部工程的结构构造，施工技术与施工组织管理等内容进一步加深理解，巩固课堂所学内容；了解拟定典型分部分项工程的施工方案和控制施工进度计划的方法。通过现场实工了解建筑业企业的组织机构、施工项目经理部的组成、施工成本的控制以及生产要素的管理等。灵活运用已学的理论知识解决实际问题，培养学生独立分析问题和解决问题的能力。

4. 实仿

实仿是指实践教学仿真，传统实践无论在时间、空间都对学生实际活动开展有所限制。例如，高校实验室存在实验仪器昂贵、数量少、操作风险大等因素，致使实践教学质量难以得到保障。随着高校信息化建设的发展，仿真成了实践教学发展的一个重要方向，弥补了传统实践教学存在的不足。针对高校各种课程，特别是工科课程，一些科研公司或科研人员，已经开发出了相应的仿真实践系统，例如Matlab、CAD、BIM、CIM等，设计高度仿真的实验设备和工具，学生可以像在真实的实验室一样完成各种实践项目，同时可以做一些创新性的实践，达到"学习—研究"一体的教学效果。工程教育实仿包括实验仿真、实展仿真（材料、设备、工艺、模型）、实岗（施工仿真、管理岗位、造价岗位）仿真等，具体内容如图9-6所示。

实验仿真是将网络技术、计算机技术、软件技术和实验仪器结合起来，将传统实验以虚拟的形式展现出来，模拟实验的真实操作过程。实验仿真包括实验前相关知识的预习、实验过程指导、实验后自动批改和实验过程管理等。

实展仿真是通过仿真技术展示实体模型，仿真实体模型可以360°看到模型内部构造、组成等，能够更进一步了解施工工艺。实展仿真包括工程设备仿真、工程工艺仿真、工程模型仿真等。

实岗仿真是聚焦管理的仿真，通过仿真技术设定各岗位，真实模拟各岗位任务与工作内容，加快了解岗位的工作职责，通过实岗仿真加强"实践—理论—实践"的融合运用。实岗仿真包括施工仿真、管理岗位仿真、造价岗位仿真。

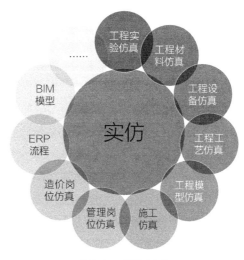

图9-6　工程教育实仿

5. 实习

实习，顾名思义，是在实践中学习。在工程教育中，实习指高校学生在老师带队下，开展工地现场或课程设计实习实训，并由带队教师进行课堂讲授的教学环节。实习的目的是在经过一段时间的学习之后，学生需要将自己所学的理论知识应用于实践，与实际工程联系起来。这也正是茅以升所提倡的将理论贯穿于实践，理论与实践相互呼应的"习而学"工程教育思想。因为任何知识都源于实践，归于实践，所以要付诸实践来检验所学，实习是用来强化学生动手能力的一种实际训练。

实习是专业基本理论知识教学与生产实践、工程设计等相结合的重要体现，是锻炼学生实践动手能力、团队协作能力、综合所学理论知识应用于解决工程实际问题的有效措施，对高校培养适应性强、创新能力和综合素质高的创新型、实用型、复合型人才具有不可替代的作用[①]。其包括流程实习、力学实习、材料实习、设备实习、工艺实习、管理实习、整体实习、工期管理实习、资料实习、试验实习、采购实习、质检实习、安全管理实习、沟通管理实习、秘书实习、计划实习、人资实习、BIM实习、技术管理实习等。

当前实习管理存在诸多困难。根据作者调查，高校实习时间普遍较短（毕业实习2～4周）、实习单位和学校都怕担风险、没有专人导师带领、放任甚至虚假实习，实习效果差。加强实习管理势在必行，尝试设计实习管理信息系统，是较好改善的途径。

6. 实岗

实岗是指把学生直接安排到工作岗位上，一岗一则，校企合作融合。在工作中学习，更适合以动手操作为主的职业训练。具有很强的实战性，是根据企业真实岗位需求（模拟企业的实际操作环境），针对性进行项目开发训练，让学生经过培训后，有能力直接胜任工作，是职业化培养的重要环节。其包括企业实岗、项目实岗、十员实岗。

企业实岗：学生在企业中实践专业、管理等技能。

---

① 谢昭莉，李楠，郑洁，等. 对工科类专业实践教学模式改革的思考［J］. 实验室研究与探索，2013，32（11）：452-455.

项目实岗：学生在具体工程项目上实践工艺。

十员实岗：学生在十大员（施工员、质量员、安全员、资料员、定额员、器材员、试验员、机械员、现场用电管理员、测量员）中，具体角色具体实践相应的内容。

实践是检验事物的标准，工程教育通过"六实"体系的培养教学，可以迅速、敏捷地对工程师全方位实践能力进行培养与锻炼。

9.2.2 工程直播平台

1. 建立工程直播平台的必要性

建设实习、课程设计以及毕业设计是工科类专业本科生在校学习期间不可或缺的实践教学环节，是高校培养训练学生综合运用所学理论知识分析和解决工程实际问题能力的重要载体。长期以来，工科类专业的建设实习一直采用"课堂讲授+现场参观"的模式，即实习过程中由带队教师进行课堂讲授，同时聘请工地相关技术人员进行现场指导[①]。学生们通过深入施工现场，熟悉构件施工工艺流程、典型设备及主要技术资料，了解工地的工作制度和施工设备工作原理、操作方法、应用场合及使用特点，为后续毕业设计打下坚实基础。然而2020年以来，受新冠肺炎疫情影响，各大高校无法有效开展现场实习实践教学。本书对疫情影响下实践教学模式改革进行深入思考，提出了"工程直播平台"的工科实习新模式。

工程直播平台是"六实"体系中实习的一种方式，可以理解为"云实习"直播课堂。其是指老师在工地现场进行直播的教学形式，同时邀请现场施工员、相关技术人员、工程师参与指导交流，相互配合，实时解答重难点问题。直播进工地，使学生直面实景实况，达到理论与实践融合，打破先课堂讲授后现场参观导致时效滞后的问题。

2. 工程直播平台实现：项目组织方式

1）硬件设备

流量充足的高速网卡：为了流畅地直播，需要选择信号稳定、流量充足、网速快的上网流量卡。因此，首先要看当地运营商基站的布局情况，选择覆盖较广、信号稳定的网卡。

相机/手机：手机是当下最方便、最快捷的直播设备，但由于手机型号不一样，配置不一样，效果也就不一样。因此，手机直播最需要的首先就是一部内存充足、摄像头像素高、性能稳定的手机。

耳麦/小型麦克风：直播时音质控制极为重要，为了减少噪声和获得较清晰的声效，可以使用手机自带耳麦，有效提升音质；不过由于是有线耳麦，多少会受范围控制，如果周围有朋友协助拍摄或使用脚架固定，拾声灵敏度高，即插即用，智能降噪的无线手持麦克风也是不错的选择。

手持稳定器：直播教学难免会四处走动，手机摄像头的防抖功能有限，要有稳定设备辅

---

① 李长庚，孙克辉，盛利元，等. 理工类专业生产实习模式改革的实践[J]. 理工高教研究，2003，22（2）：68-69.

助，以保证拍摄效果和画面稳定性。

多个适宜容量的充电宝：无线路由及各种附件，用电量都巨大，所以需要随时补充电量。

2）软件设备

工程直播可借助例如钉钉、腾讯会议、金山会议等软件会议室加以实现，指导教师预定会议，开启直播模式，并生成邀请码，邀请学生参与，形成线上、线下云直播，即工程直播平台。

3）组织流程（图9-7）

直播前，指导教师提前对教学形式、内容把控等方面进行运营策划，形成一系列有深度、有内涵、有特色的直播课程清单，并向学生转发直播清单内容，收集他们想了解的知识点，形成问题清单。直播时，运用问题解析、定向推送、互动答疑等教学方法与线上运营方式，增强直播内容的针对性与实效性。

首先，教师向学生们介绍工程项目的基本概况，然后回顾相关知识点，接着将课堂上的理论知识点（模板工程、钢筋工程、混凝土工程）逐一结合现场实体进行讲解（钢筋连接方式；对拉螺栓；模板安装；脚手架搭设；主梁、次梁、柱钢筋的连接，混凝土成型表面等）。在讲解的过程中逐步解析学生的问题清单与想了解的知识点。

同时邀请现场工程技术人员、工程师通过实际工程案例和亲身经历，向学生介绍工地运营模式和工程经典案例，用镜头带同学们走进各个工地现场，生动地介绍企业工艺流程、设备型号及配置特点、施工行业指标等具体情况，在工程设计、施工中引入城市规划设计、市

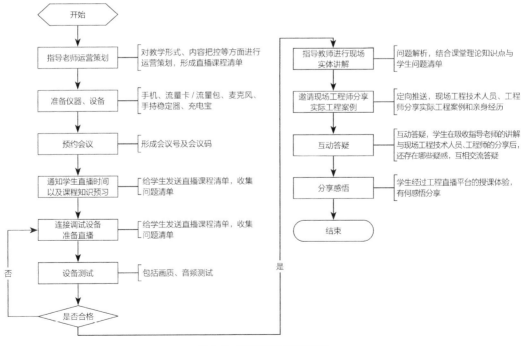

图9-7 工程直播平台组织流程

政景观综合设计、BIM技术等新理念、新技术。

最后，学生可以就直播教学的内容，例如框架结构钢筋焊接、钢筋骨架成型、搭设施工支架、混凝土施工技术等方面，向指导教师和现场工程师提出问题，互动答疑，在线交流探讨，并谈自己的感悟。

3. 工程直播平台的优势

现场直播教学"云实习"的方式极大地丰富了学生对建筑行业的了解，加深了学生对专业知识的理解，提高实践认识，开拓专业视野。工程直播平台让资料能够留存本地，可反复多次学习；同时以直播形式，学生学习的时间地点自由，可以随时观看回放，实现实景实况的体验。

1）录制资料留存

工程直播平台的录播功能能够以本地录制、云录制的形式保存视频资料，即直播回放功能。如果无法参与直播或忘记某个知识点，学生可以通过回放工地直播讲解视频，随时随地、多次地回顾学习，自主学习，学生学习知识的途径更广泛。

2）突破时间地域局限

直播平台是当今信息传递速度最快的形式之一，突破了时间地点等因素的局限性。学生可以不用在特定的地点参与学习，同时直播平台的录播回放功能，也让受教不再受时间限制，老师和学生只要通过一台电脑或一部手机就可以开展教学活动。同时，直播的形式可以方便老师与学生进行沟通，没有座位的限制，相当于大家都是直接面对老师，更好地拉近老师和学生之间的关系。

3）体验实景实况

直播平台形式实现教师的教学方式自由，通过了解工地现场实际施工管理情况，以及邀请施工技术人员对现场工艺、构件实时讲解，使学生充分体验实景实况，能够解决在校、在课堂实践困难的问题。

充分发挥线上教学优势，让学生在"云端"实现理论知识与现场实践的有机融合，解决实践困难问题，使学生直面实景实况，打破先课堂讲授后现场参观导致时效滞后的问题，为今后信息化教学的推广提供思考与支持。

9.2.3 拆除围墙消灭产学研

从20世纪中期开始，特别是近二三十年，科学技术知识在生产实践中得到更多的实际应用，这就要求学校为社会培养具有实际工作能力的应用型人才，产学研合作教育应运而生。从教育理念的角度而言，早在2500多年前我国教育家、思想家孔子就曾说过"学而时习之，不亦说乎""学而不思则罔，思而不学则殆"，这两句话就已经阐明了学习和实践，学习和思考研究的关系[①]。

1992年4月，原国务院经济贸易办公室、国家教育委员会和中国科学院共同组织实施

---

① 赵婉淇，赵伟. 我国产学研合作教育的问题与对策探索［J］. 产业与科技论坛，2016，15（9）：124–125.

"产学研联合开发工程",标志着我国产学研合作正式诞生[①]。

1. 产学研合作教育理念

从大的范畴看,产即产出,生产实践,其包括生活、工作中的一切活动;学即教和学;研即思考、研究、创新。产学研的合作,从客观上看是生产、教学、科研的合作;从主观上看是个人学习研究实践的过程。产学研合作,是指企业、高校和科研机构以技术、人才、效益为结合点,按照一定的分工原则和运行机制达成局部或整体结合,在充分发挥各自优势的基础上,达到资源共投、风险共担、效益共享,从而形成各方优势互补、互利共赢、共同发展的合作关系。

产学研合作教育是学校与企业合作,共同培养人才的一种教育模式。高校人才培养目标是培养适应生产、建设、管理、服务第一线的高等技术应用型人才,关键在于培养学生解决实际问题的能力,使教育过程"所学"与就业职场"所用"相互配合。其本质是以教师在课堂上传授理论知识为主的课堂教育与以应用知识为主的实践教学相结合。

2. 我国产学研合作教育现状及存在的问题

近些年,我国产学研合作教育理念被学术界广泛研究,出现了很多论著和论文,产学研合作呈现积极发展趋势,合作各方认识到了产学研合作教育的重要意义,正在努力进行产学研合作实践,并且取得了一定实效。例如我国大部分省市政府和国有大中型企业都与高校建立了合作关系;高校为适应社会的需求在学校建设了一些研发基地、产业化基地、国家重点实验室、国家工程研究中心、产学研合作中心、技术开发中心等用于产学研合作教育的科技基地。

在积极进行产学研合作教育的同时,也要认识到我国产学研合作教育中存在问题:

1)理论教育、实践、科研割裂

产学研合作模式强调学生在课堂中学习理论知识,在企业及科研机构实岗中再进行实践,割裂了理论学习与实践相互同步的关系,导致理论与实践间出现脱节。不能在理论学习全部结束后,再展开实践,理论与实践应是相结合、相同步的。本书敏捷化工程教育提倡在学校培养期间就锻炼学生实践动手、独立思考的能力,让实践与理论知识融会贯通,使学生在毕业到岗时就具备能够解决复杂系统工程问题的能力。

2)学校教授推动"产学研"的经验与能力不足

学校里的部分教授没有实际工作经验,他们生活的环境一直就是学校,对业界和社会的了解基本来源于与人交流,缺乏亲身体验。这就导致了某些教授的产出大多数是脱离实际的,需要有人将成果"翻译"后再进行使用。他们实际上还缺乏管理团队和商业运营的能力,他们本身的能力范畴决定了他们无法达成"产学研"闭环。没有达成"产学研"闭环,就意味着教授们只能处于"经常输出成果,偶尔才能获得反馈"的状态,久而久之就会脱离实际生产需要或者是因为反应不及时而导致失败。

3)产业部门对产学研结合认识不足

在目前的产学研合作中,不少企业在寻求合作伙伴时,首先考虑名校、名专业,对一些

[①] 李德明、江文娟. 产学研合作中存在的问题分析与对策研究[J]. 科技信息,2007(34).

非名校弃之不顾。并且在合作过程中，也往往停留在项目支持、科技成果转让、提供实习基地和员工培训等方面，忽略了合作的另一项重要内容——人才培养的在岗培训实践。不少企业对市场经济观念认识不够，重眼前利益而非视长远发展，重实际生产而非开发研究，没有充分认识到技术开发对企业生存与发展的重要性。企业在与高校进行合作时，也只是把重点放在那些时间短、见效快的科技成果上，而不愿意投资那些时间长、耗资大，需要长期开发研究的项目。不少企业对"学""研"单位的科技能力持怀疑态度，对如何提高企业技术能力缺乏长远考虑，更不愿意在人才培养上投入更多资金。

3. 改善产学研合作教育的对策[①]

1）消除标签，不再将产、学、研区分开来

工程教育实践、校企融合不仅需要也很重要，但不能把产、学、研隔离区分开来，而是将产、研的组织、人才、知识结构、资产与学的组织、人才、知识结构、资产相融合。在学中包括对产、研的培养，集中统一于一个培养过程。

2）长远的产学研机制

产学研合作能否持续，关键取决于长期合作中双方的各种保障机制是否健全。因此，要建立起保证学校教学科研活动和企业生产经营活动顺畅、有效运转的长远的产学研机制，把完成教学、科研、生产任务统一于一个过程之中，有机地结合起来。产学研合作各方要制定必要的规章制度，明确双方的权利、义务及相关责任，以保证产学研合作健康、有序地进行[②]。

首先，健全统筹协调机制。成立"产学研结合协调小组"，从科研立项、政策制定、资源分配，到职责范围、利益保障、成果转化等一系列环节搞好顶层设计，做好统筹安排，实现不同职能部门的密切配合与良性互动，使产学研结合工作在统一领导下有序运行。

其次，健全利益协调机制。健全共同投入、成果分享、风险共担的利益协调机制，是产学研合作健康发展的重要保障。高校和科研机构作为技术成果的供给方，企业作为技术成果的需求方和成果产业化的执行方，都要充分考虑技术研发过程中可能出现的困难，以及成果转化过程中可能带来的收益和风险，采用技术入股、技术持股等多种分配办法，将高校和科研机构应得的报酬与企业的经济效益挂钩，形成风险多方共担、利益多方共享的分配机制。

最后，健全信息沟通机制。搭建产学研合作信息平台，及时发布高校和科研机构的最新科技成果信息，同时公布企业对技术的需求信息，加强信息对接。发挥科技园、孵化器等中介机构的桥梁作用，促进知识流动，构建高效便捷的技术转移通道。

长远的产学研合作教育机制以"合作育人、合作办学、合作就业、合作发展"为理念，把理论学习和实践训练较好地统一起来，充分利用学校、企业、科研等多种不同的教育环境

[①] 赵婉淇，赵伟. 我国产学研合作教育的问题与对策探索[J]. 产业与科技论坛，2016，15（9）：124-125.

[②] 李晓雪. 我国产学研合作存在的问题与对策研究[J]. 重庆科技学院学报（社会科学版），2012，（3）：162-164.

和教育资源以及各自的优势，把以课堂传授间接知识为主的学校教育与直接获得实际经验、训练实践能力为主的生产、科研实践有机结合于学生的培养过程中，较好地弥补了学校教育功能之不足。

4. 高度融合的产学研实现路径

"消灭产学研"不是隔断产学研的联系和融合，而是大学实现高度开放，"主动打开围墙，深度地融入社会"，与科技前沿、社会需求、人民需要、国家安全紧密地结合在一起，实现无缝衔接，是消灭形式主义的长过程、高消耗、低效率的"产学研"。

王树国教授尖锐地指出：①知识垄断已不复存在，不可能将知识垄断在校园内，呈现"知识易获得性"。②产业结构变化催生出新的学科组织方式。现在任何一个产业学科，甚至任何一个装备，任何一个工作岗位，都需要多学科交叉融合，而不是单一学科能够支撑的。而现在的大学还沉浸在细分的、非常陈旧的学科框架内培养人才——与社会需求脱节太多。③知识更新的高频节奏催生出新的培养模式。现在知识更新太快，技术更新也太快。在这样的背景下，原有慢节奏的、长周期的人才培养模式，适应不了社会发展的需求。④市场对新技术的高度敏感性，催生出科研方式的转变。这种状况下，大学想继续引领社会，没有其他的路可走，必须主动融入社会，利用大学多学科相互交叉优势，利用大学基础研究优势，和企业未来需求紧密地结合起来，共同推动社会进步，共同培养社会未来发展所需要的人才。这是大学的新模式、新形态。这种形态不仅是学科之间的交叉融合，也是行业、领域之间的交叉融合，还是自然科学和人文社会科学的交叉融合。

实现"理想化"的产学研融合，在认知上要以大工程观为指引，在融合对象上要以工程造物为对象，以"构建、集成、创新"为手段，管理上要以流程思想和理论为工具，以要素集成为纽带，实现过程中的交叉，实现多种类资源的多维度融合。尽管如此，以长期细分、割裂的知识体系形态，思维上"山头主义"阻隔、组织间利益分配障碍、管理上"职能墙"耸立、过程中"数据篱笆"分裂，要实现高度融合与充分协同，还有很多现实的困难及发展的障碍。

工程实践是理论知识的源泉，也是回归。高校教育是卓越工程师培养的基础阶段，受教育者充分了解工程，是本阶段不可缺少的内容。虚拟仿真等手段，逼真程度即便越来越高，也不能够替代真实场景的感受、触发、交互、构建、集成和创新，正确处理"真与虚"之间的关系，是学习者需要建立的认知。通过虚拟了解真实，模仿真实，是为了更好地回归真实。

第 10 章
敏捷工程教育探索试验

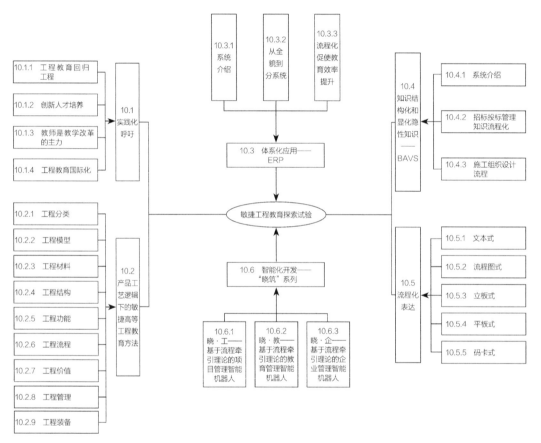

图 10-1　第 10 章逻辑图

10.1 实践化呼吁

美国现代工程教育改革先行者麻省理工学院（MIT）的成功经验具有非常现实的示范意义，MIT的成功得益于第一任工学院院长V. Bush于1945年提出的工程科学化运动，强调科学在教学和研究中的作用，强调加强教学中数学和科学的地位，由此导致MIT，甚至波及整个美国的工程教育改革运动，这场改革在20世纪60年代苏联卫星率先发射成功之后达到高峰。到20世纪80年代，MIT又针对高校过分强调理论，提出了"回归工程"的口号，完成了高等工程教育改革的一次螺旋式上升的历程，确保了MIT在美国高等工程教育界的领先地位。

中国的工程教育体系并未发生本质的变化，20世纪50年代的教学模式和教学内容经历了40年沉淀和积累，很难在几年内得到根本改变。而且，由于文化传统，工程教育中依然盛行分数至上的教育，这种教育思想仍旧根深蒂固地渗透在我国工程教育体系中，使培养的学生缺乏科学精神和创新精神。改革者缺乏对工程教育进行系统和深入研究，大多数只是停留在考察、调研和引进国外先进的教学模式和教学内容上，急功近利地就某些课程提出一些局部性的改革措施，并没有从历史演化的角度分析国外先进教学模式的发展过程，找出核心和本质的内容，然后与中国实际情况结合，提出系统的、符合我国特点的应对方案。因此，在工程教育改革中，一定要辩证地处理好科学主导与工程回归的关系，过分强调一方而忽视另一方都不可能将工程教育改革真正推向成功。

10.1.1 工程教育回归工程

工程教育自古有之，历史悠久。彼时工程教育的主要形式是师徒传授的学徒制，师父将纯经验性、技艺性的操作技术、技能传授给徒弟；工业革命以后，随着现代工厂的出现，出现了体系化的现代工程教育，手工技能、工艺等实践经验逐步提升到工程科学理论知识水平。大学将科学的理论与实践相结合，大规模、分门别类地培养各种现代工程技术人才，有力地促进了现代工业的发展。新工科背景下，人才培养的各主体之间的关系也发生了深刻变化，培养创新型人才以及合理利用人才培养的各主体之间的关系，对人才培养回归工程实践具有不可忽视的重要作用。

在认识工程时，需要认真分析和研究工程要素、工程活动的过程和阶段、工程共同体、工程思维等问题。苏轼曾在《题西林壁》中写道："横看成岭侧成峰，远近高低各不同。不识庐山真面目，只缘身在此山中。"这是一首含义深远的诗。将其类比于工程，之所以"不识庐山真面目"，也是因为只习惯于从某一个要素或方面看工程，而未能从"远近高低"的全境来认识工程。工程活动是造物活动，但工程活动不同于自然过程，工程活动中有思维活动渗透和贯穿其中，工程活动中的思维活动称为工程思维。

回归工程是我国工程教育由大变强的重要途径，也是必经之路。高等工程教育是以工程和技术科学为基础的学科，以应用型研究、工程职业训练、工程技术服务和应用为主要功能的高等教育类型。以"成果导向教育"为抓手，就是明确工程教育目的、人才培养目标，并以此为据优化课程结构,建立多维度评价体系。工程教育目的最终体现在服务性上,通过工程设计实现技术与人的沟通,从而更好地为人服务。

中国工程教育的培养目标正在从培养工程科学家转变为培养各类工程师,教学内容也在从学科体系向工程体系转变,这是在"回归工程"的思想指引下发生的改革。由于工程实践缺失等因素的存在,工程教育界提出了"回归工程"的工程教育改革思想,如朱高峰院士曾提出,"回归工程"的实质在于主导地位由实践取代理论的变化,而并非课程数量、课时比例的调整。他还强调,理论课教学,也要在实践主导下将理论与实践相结合,真正让理论教学接受实践的主导[①]。教师作为教学改革的主力,首先要加强自身实践修养,应重视学生工程实践能力的培养,引领工程教育改革的潮流。强化实践教学环节,重视学生工程实践能力培养。回归工程实践并不是简单地增加工程实践教学训练,而是教育理念、培养模式、教学方法、课程体系等多方面的综合改革。

刘丰"山与等高线"的比喻,形象地说明了回归工程的道理。山是本体,具有立体、形象、生动、多彩、动态等特点,等高线是从二维的角度来描述山的"知识"。回归工程就是接近"工程本体",逼近真实而现实的智慧。作为工程教育,不仅应当教授知识,解读与解惑"等高线与山"之间映射、描述的对应关系,更应当传道,传授接近本体、本质的智慧。"失真"的知识充斥着工程教育,如今已经到需要彻底改变的关键时间点了。

目前,我国高等工程教育规模位居世界第一,但却并不是工程教育强国;是建筑业大国,但并未成为世界领先的建筑业强国。很大一部分原因是我国工程教育与欧美等发达国家相比还有较大差距,尤其是在工程教育理念与教学模式等方面,主要体现在:

(1)人才培养模式与工业界需求不匹配;
(2)课程体系的配置与工程需求不匹配;
(3)工程设计和工程训练严重不足;
(4)工程教育的培养体系不健全。

工程教育与工程实践的关系问题,涉及教育认识问题、教育思维问题和教育辩证法问题。我国高等工程教育中的工程实践环节,既要加强,又要适度。目前,世界上的新技术、新知识,层出不穷,在知识更新周期越来越短的大环境下,仅在四年大学中学生无法掌握大量解决各种工程问题的具体方法。因而,还需通过基本的工程实践训练,学习基础性技能和解决工程问题的方法论。此外还要考虑学校层次与学科、专业类型的差异,不可一概而论。要多种模式、多种风格,生动活泼地对各专业的实践性教学环节进行改革和建设。

可见,"回归"是为了更好地突出工程教育的应用性,突出对工程应用型人才培养目标的要求,促进高校与行业企业紧密对接。主要就是吸收职业教育的成功做法,在教学计划实施过程中更好地与行业企业保持紧密联系,围绕产品生产周期设计教育教学环节。当前的高等工程教育改革,其焦点恰好就在于教学,包括如何处理好理论教学与实践教学的关系,如何更好地提高学生的动手能力、工程素养和解决实际问题的能力。

---

① 朱高峰. 关于工程教育和一般教育问题的再思考[J]. 高等工程教育研究,2021(1):5.

因此，"回归工程"的本质不再是简单地回归技术、回归实践或回归生产应用，而是强调工程教育的综合化、系统化，是建立在技术和科学基础之上的工程再造。新工业革命不仅是数字制造技术、互联网技术、新能源和新材料应用等技术层面的重大创新与融合，还包括生产方式、产业形态、制造模式、商业模式等方面的深刻变革，实质是产业形态、工程技术、商业模式的综合变革。在这种背景和环境下，工程教育不仅要体现"回归工程"的要求，同时要体现产业形态和商业模式的要求。亦步亦趋的改革已经不能满足新工业革命的要求，中国工程教育必须大胆创新[①]。

10.1.2 创新人才培养

"创新"一词是由奥地利学者熊彼得在20世纪初提出，原指通过技术创新促进经济增长。但近年来我国社会上对创新赋予了越来越广的含义，从技术扩展到科学，从科学技术领域扩展到人文领域，从物质领域扩展到精神领域。现代大学的使命是培育具有国际视野和国际竞争力的创新型、应用型、复合型一流工程科技人才，以服务国家战略需求和行业企业需要，推动我国从工程教育大国走向工程教育强国，从而更好地为我国社会主义现代化建设助力。为适应时代发展、提高工程教育质量，我国适时提出了开展"新工科"建设，吹响了新时代工程教育改革的号角，对新时代工程人才培养提出了新要求。

新工科建设强调利用先进理念与技术对传统工科进行改革，新工科理念下的工程管理专业创新型人才培养必须借助新一代信息技术的力量，重构专业培养目标，创新专业培养方式，更新专业课程体系，提高专业毕业要求，促使新工科工程管理专业创新型人才培养模式的形成。在新工科建设背景下，工程管理专业创新型人才除了具备研究和解决工程系统重点、难点和关键问题的能力之外，还要具备一定的工程伦理精神和社会责任感，这也是对新工科人才的内在要求。同时，还要以立德树人为初心，重视思想品格的塑造，培育积极进取、开拓创新的现代精神，培养良好的人文素养和人文关怀意识。

在新工科建设背景下，以工程管理专业创新型人才为培养目标，围绕"怎样培养人"的核心问题，探索面向智能建造的工程管理专业创新型人才培养模式，以此来解决传统工程管理专业培养模式中培养目标"同质化"、培养内容落后、培养技能不同步、校企深度融合不足等突出问题。基于现有工程管理专业人才培养模式，面向新工科建设与智能建造双重驱动下工程管理专业人才的市场需求，明晰面向工程管理专业创新型人才培养模式的构成要素，主要从重塑专业人才培养方案、重构专业课程体系、强化创新创业教育、增强校企合作力度等维度进行改革，如图10-2所示。

人才培养是一项长周期的教育活动，需要构建稳定合理的行为模式。因此，人才培养模式自然就成为工程教育的核心问题。人才培养模式十分多样化，不同国家、不同学校、不同专业的人才培养模式可能都不一样；专家学者们对人才培养模式的定义也多种多样。人才培养目标需要相应的教学内容作为支撑，教学内容一般通过课程体系来表达。在专业教育方

---

① 国家教委工程教育赴美考察团. "回归工程"和美国高等工程教育改革[J]. 中国高等教育，1996（3）：38.

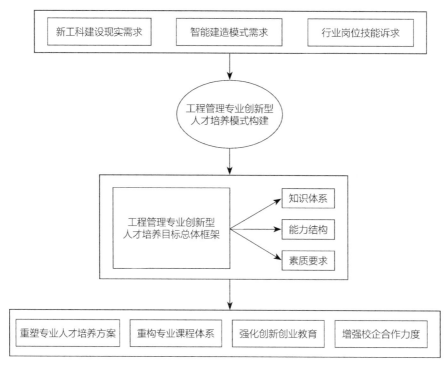

图 10-2 创新型人才的培养路径

面,部分高校按照公共课、基础课、专业基础课、专业课、专业选修课的层级序列来构建课程体系,这种课程体系又称为层级式课程。层级式课程按照学科体系来开设课程,有利于学生掌握学科知识体系。在培养目标和课程体系确定之后,需要相应的培养制度作为保障。例如,专业设置制度、选课制度、学分制度、导师制度、实习制度、分流制度、日常教学管理制度等等。

新时代的一流工程人才,不仅需要具备扎实的专业知识和能力,还应追求卓越、精益求精,持续钻研和创新,成为行业领军人才,这需要依靠自身研究能力、创新能力、自主发展能力等驱动。为此,可以将学生综合能力的培养与课堂教学、科学研究、实习实训、创新创业教育等有机结合起来。为增强学生跨学科学习能力和跨文化交往能力,需要改变传统工程教育学科体系固化、不能很好适应产业转型升级需要等问题,加强学科布局的顶层设计和战略规划,有效整合学科资源,科学统筹学科建设。首先,要不断加强传统优势特色学科的内涵建设,使传统优势特色学科在纵向发展的同时,紧跟国际学术和科技发展前沿,吸收、融合最新科技发展成果,并转化为优质教育资源。其次,要积极探索培育新兴学科,应立足科学技术发展前沿,结合学校自身情况建设特色新兴学科,持续构建和完善紧跟需求、结构合理的工程人才培养体系。最后,要大力促进学科之间交叉融合,应以系统思维看待新时代工程人才培养问题,强调跨学科知识运用与合作能力的培养,突破原有的学科边界,推动学科之间的交叉融合,形成有特色的工程教育;不断拓展学生视野,使学生成为同时具备多学科知识背景的复合型人才。

10.1.3　教师是教学改革的主力

我国教育模式虽然历经了多次变革和更新，成绩斐然，但始终未能摆脱传统教育模式的束缚。回首过去，20世纪上半叶，我国高等工程教育进入较快发展时期，主要原因就是一大批留学于欧美工业强国的高学历工科人才回国，这支接受了当时世界上最先进的工程教育的人才与师资队伍，为推动中国高等工程教育的发展居功甚伟。但传统的课堂教学模式主张以教师为中心、以传授知识为直接目的，并形成了教师单向灌输、学生被动接受的局面，学生在学习中的主动性被忽视。这种教育模式过于重视知识传授，忽视对学生能力特别是创新能力的培养，只注重对学生的知识记忆储存，而不注重发展综合素质。不利于培养学生的创造性思维、发散性思维、批判性思维，也不利于适应知识经济时代"创新人才"的培养，不能适应新时期教育所需。在工程教育专业认证理念推动下，工程人才输出质量明显提高，但仍存在不足，例如：

（1）教育教学过程忽视学生的主动性，学生主体落实不到位；

（2）实践模式老旧，综合职业能力不足；

（3）企业参与教学的合作流于形式，企业积极性有待提高；

（4）过于强调理论知识的传授，忽视实践能力培养。

解决这些不足应"双管齐下"：一是通过课程整合重组，教学内容更新优化，改革课程体系，提高课程的含金量和教学内容有效性，提升课程教学的产出和成效；二是利用互联网和信息技术推动人才培养模式的改革，在丰富教育教学资源的基础上，通过线上线下自主学习和课上参与式学习等多种形式的混合式教学方式，更好地实现教师教育教学主导作用的充分发挥和学生个性化学习主体地位的有效彰显，既减轻了教师的工作负担，又提高了教学质量和学习效果。

知识经济时代是一个不断创新、创造的时代，创新是国家经济可持续发展的重要基石。一个具有延续创新能力和大量知识资源的国家，才可能具有进一步发展知识经济的巨大潜力；相反，若一个国家缺少科技知识储备和创新能力，就会失去知识经济带来的各种机遇。一个国家、民族要有创新能力，就必须具有大量的人才，而人才的培养就必须依托教育、教师。教室里有什么样的老师，就有什么样的教育，就有什么样的学生。教师不仅是传道、授业、解惑的严师，而且还是拓展心灵的师傅。因此，作为教学改革主力的教师，就必须首先提升素质。

教师要建立新型的人才观。长时间以来，广大教师使用一个标准、一个模式要求所有学生，采取"划一主义"，忽视了学生个性，压抑了学生的创造性。这类人才观并不适应当代科学技术迅猛发展对人才的要求，更难适应知识经济的挑战。为此，教师必须破除这类观念，建立不拘一格的人才标准。一方面，要重视学生个性培养，为学生个性发展和张扬提供广阔的生活空间、创造良好的文化氛围、建立可靠的制度保障。另一方面，要打破传统观念的束缚，真正把创造性、创新精神作为衡量、培养人才的核心内容，积极鼓励学生质疑问难、标新创新、勇于进取。

教师要用探索、研究式的教学方法。在教学工作中，教师正确而恰当地应用探索、研究、发现式的教学方法，对增进学生智力发展、培养学生的创新能力都具有积极意义。同时要及时把握时代信息，紧随时代潮流，积极引导学生。作为学生，很容易被各种各样的信息冲击和左右，所以更需要老师的正确引导，只有这样才不会被一些错误、有害的信息伤害。信息时代各种各样的信息通过不同传播工具及传播方式遍及我们的日常生活。新冠疫情虽然迫使高等教育借助互联网和信息技术开展线上教育教学活动，但在很大程度上推动了高等教育信息化的发展，这种情形会在"后疫情"时期得到延续。教育信息化是目前社会发展的需要，也是我国教育信息化发展的重要组成部分。因此，教师需要学习、把握各种现代化的教学技能，使用现代化的教学工具。作为一位教师，应把握并熟练使用现代化的教学技能，能够使用多媒体教学，力求在授课进程中形象、生动、出色。在信息化的时代要与时俱进，不断充实自己的专业知识。教师只有不断充实自己才能在教学的进程中游刃有余。

10.1.4　工程教育国际化

随着科学技术的迅速发展，全球化正从根本上改变世界范围内各国经济的设计、生产、销售、消费及服务模式，工程领域处于发展趋势前沿，工程力量已引起越来越多的国际关注。在全球化、信息化的时代背景下，工程科技的发展水平体现着国家的核心竞争力。在认识到国外教育共性的基础上，也应保持我国特有的教育模式，表现为教育规模快速扩张，教育结构发生积极变化，教育投入大幅提高，教育质量有所提高，教育教学改革在积极开展，国际合作在不断推进。

纵观西方国家，如德国、法国和美国等，其工程教育模式可谓是高等工程教育的成功典范，且各有特色，如德国有"文凭工程师"制度；法国有严格的入学选拔制度；美国有"大工程观"理念。但他们的教育模式有共同特点：

1. **注重基础学科的学习**

学生对知识的应用能力很大程度上取决于对基础知识的掌握情况，掌握扎实的基础理论知识至关重要。法国教育的突出特点之一就是非常注重基础知识，如数学、物理科目的学习，基础知识学习的时间也比较长，学生选择专业方向比较晚；美国的高等工程教育也很注重基础学科，教育课程的每次改革，都特别注重学生学习基础知识，美国很多高校都规定了学生必须学习及掌握的基础知识，如工程技术、实验课程等；以培养"成品工程师"为目标的德国工程师教育，要求学生必须通过最基本的理论知识的学习才能取得相应的学位。

2. **注重能力培养**

科技日益发展，国际竞争愈演愈烈，竞争根源其实是人才的竞争，是能力的竞争。因此，人才能力的培养是教育内容的重中之重。法国的教育，特别强调学生思维能力的发展，学习中的测验题目不单是课本内容的简单提出，大多是学生没有见过的、新颖而复杂的问题，这种教育方式是为了锻炼学生的思考、创新能力。美国高等工程院校也同样非常注重学生能力的培养，教学内容、方案的调整，教学方法、理念的改进，教学仪器、设备的配备等，都是以学生能力培养为基点。

3. 注重与企业的密切结合

学校与企业密切结合，共同培养未来的工程技术人才。法国对于工程师的培养非常注重与企业结合，教学大纲中包含邀请企业的工程师承担部分课程的教学。每位法国工程师学生，在第二或第三年里，有两段长达4~6个月的企业实习经历。实习结束时，他们一般都要完成相关报告，企业相关人员会被邀请来对报告进行评价。在德国，工程师教育目标是培养"成品工程师"，除了严格的理论学习，他们非常重视实践，特别是企业实践经历，注重理论联系实际，提高学生实际操作水平[①]。

中国的劳动密集型产业面临着向服务业和知识密集型产业转型升级，这对中国以培养工艺型和技能型人才为主的工程教育构成了巨大挑战。中国的产业向价值链上端转移，中国的工程教育目标也要做出相应转移，也要向创业和创新型人才培养目标迈进。我国的工科大学从现在起就应当建立国际化的教育环境，以吸引大批留学生前来就学，并使本国学生在校园中就有机会享受国际化的教育环境，与外国留学生共同学习和工作，感受不同文化和思维方式，了解各国社会和民情。中国应当积极引进国外工程教育的优秀资源，开展合作办学，使中国的工程教育与国际接轨，培养学生具有国际视野，掌握多元文化以及拥有与不同国家的同行交流沟通和合作共事的能力，实现国际化。国外许多大学长期坚持"做中学"，即探究式科学教育，产学合作与国际化，不断改进，积累工程教育经验，与企业建立紧密牢固的合作关系，培养出大批国际化的创新人才，值得我们借鉴。当然，任何经验都是相对于具体条件所产生，不可能原封不动地照搬。中国也要根据本国国情吸收国外先进经验，真正形成适用于中国环境下行之有效的国际化工程教育，使我国不仅成为中国工程师的摇篮，也成为国际工程师的摇篮。

要有意识地推动中国工程教育研究的发展，采取适合我国发展的手段，来培养国际化人才。我们要加强宣传，使各级领导和社会各界提高认识，看到继续教育在新形势下的重要作用至少不亚于院校教育。要建立终生教育观念，扩大继续工程教育的规模。建议全国人大对继续教育立法，明确政府、企业和个人的责任、权利和义务。企业是继续教育的主体，应建立规范化的继续教育制度。大型企业应建立专门的培训机构，并加强与高校合作；中小企业应加强与学校、学（协）会及社会的联系，由政府推动建立公共性培训机构。高校要重视继续教育，重点院校要积极承担较高层次的继续教育任务，继续教育的形式应灵活多样，要积极采用各种现代化教学手段，面授与非面授结合，长短结合[②]。

毫无疑问，工程教育不仅关系到一个民族的昌盛，而且关系到整个世界的繁荣。工程教育必须进行国际化的改革，才能满足全球化时代产业和经济发展需要。语言环境是工程教育国际化要面临的实现问题。在现代国际社会中，大多数国家公认的国际语言是英语，在工程技术领域更是如此。经济全球化要求未来的工程师能与不同文化和语言背景的同事共事，理解他们的思维和行为方式，因此，用他国语言进行交流沟通的能力是工程教育国际化培养目

---

① 许灵艳，黄文貌. 对中国工程教育的再思考［J］. 企业技术开发，2012，31（28）：118.

② 朱高峰. 论我国工程教育的问题与对策［J］. 高等工程教育研究，1998（4）：3.

标的重要部分之一。改革开放以来，中国大概是世界上在外语学习方面花时间最多的国家，但是效果与付出不成正比。主要原因是没有应用环境，只是单纯地书本学习，以考试成绩论效果。经验证明，必须彻底摒弃"应试"导向，改变"课堂英语教学"的传统模式，提倡"用英语讲授专业课"，使学生在英语环境中既学会专业，也学会使用英语——这也是"做中学"或"用中学"。中国有世界上最丰富的优秀工科生源和最大的工科教育资源，也有巨大的人力资源市场和人才需求，只要全面改革工程教育，实施"国际化""产学合作"和"做中学"的战略，提高工程教育质量，中国完全有机会成为国际工程师的摇篮，不仅满足国内企业的需要，也可以向国际产业输出工程人才，这将大大加强中国对世界经济发展乃至全球社会文化发展的影响。

工程教育国际化是双向的，学习国际先进经验，也要向国外输出我们的经验，引进国际标准，也要向国际社会介绍我们的标准，走出去学习，居留国外，也要创造条件，引入国际人才。资源的单向引入和人才的单向输出，目前是不均衡的，要努力向更均衡发展。

10.2 产品工艺逻辑下的敏捷高等工程教育方法

10.2.1 工程分类

工程作为科学、技术之外独立的人类活动，迫切需要基于大工程观构建系统全面的知识体系，而对工程进行分类便是起点。工程分类作为一种研究方法，一方面能够展示学科知识发展途径与演化过程，另一方面是细致化、深入化的工具，能够挖掘工程内涵，指导工程教育，指引工程学未来的发展方向。阐述工程分类不仅是学科知识形成体系的需要，也是接轨交流口径一致的需要，对理清内涵、外延有十分重要的意义。工程分类是以人类为对象，以服务于人类生产生活方式不同目的的分类。工程分类是研究不同工程之间的联系和区别的基础，任务是将工程根据人们的认识水平，按其在实际应用中的不同作用进行划分，以实现"工程以类聚"，工程分类的合理化程度也反映了本国的工程研究发展水平。合理的工程分类具有如下作用，如图10-3所示。

（1）构成完整的工程类型框架，指导建立国民经济统计分析的总基准。

（2）对接国际工程类型，参与统一标准的市场活动。

（3）服务于国内产业门类，减少混淆的概念和因不同类属与体系导致的困扰。

（4）理清学科层级，构成清晰的划分，能够较好地对应所选、所学、所用。

（5）较好地构成全国性的工程知识体系，实现共创、共享、共用，利于交叉融合发展。

《建筑业企业资质标准》将建筑产品分为13类：建筑

图10-3 工程类型划分功用图

工程产品、公路工程产品、铁路工程产品、港口与航道工程产品、水利水电工程产品、电力工程产品、矿山工程产品、冶金工程产品、石油化工工程产品、市政公用工程产品、通信工程产品、机电工程产品、民航机场工程产品。

敏捷高等工程教育下的工程产品分类，打破了传统学科间的割裂现象，精细化分类助力敏捷教育的推行与实现。根据工程产品分类，学校开设课程更具有针对性，体现了高效教学、敏捷教育的理念，实现知识点逐个击破。敏捷高等工程教育下的工程分类，注重在教学中差异化教学，例如在力学课程中，房建与桥梁对于动荷载的考虑侧重不尽相同，故在方向性教学时应摒弃笼统教学。笼统教学对于学生而言是不利的，应更具有针对性地培养学生能力。差异化教学大大提高了学生学习、就业的敏捷性，对后续工作衔接起到正向作用。在信息化时代，将建筑产品根据特点进行分类再进行相应编码，可以助力教授者和学习者快速查询，提高效率。通过敏捷高等工程教育方法将13类建筑产品的各个方面进行流程化，并对所需机械、材料等进行标注，能为学习者提供极大方便，让其更加高效地获取知识。

10.2.2 工程模型

工程模型分为物理模型和虚拟模型两大类。物理模型由实体材料按等比例或一定比例制成；虚拟模型则采用软件构建，具有成本低、速度快、形象直观、易建易拆等特点。

1. 物理模型

普莱斯大厦，位于美国俄克拉何马州，是由建筑大师弗兰克·劳埃德·赖特在1954～1955年设计的。赖特相信，建筑应是一个由自然的材料以及技术组成的有机整体。普赖斯大厦被设想为一个巨大的树，包含许多分支，楼板由中心的十字核心筒发散出来并形成悬臂支撑（图10-4）。为在工程实体拔地而起之前对其理念进行验证，赖特通过实体模型的搭建来完成力学分析等事项，促使项目有序完工（图10-5）。

敏捷高等工程教育方法推崇将工程实体模型运用于工程教育中，即学生在教师的帮助下，通过相关工艺操作流程，等比例构建实体模型，使学生在课堂学习中掌握工程实体的外

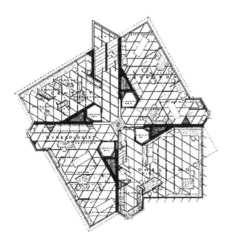

图 10-4 十字核心筒平面图

图 10-5 普莱斯大厦实体模型

形、结构、色彩、材料等详细内容，让学生将学到的理论知识与实践进行初步结合，延长知识储存于人脑的时间。

2. 虚拟模型

北京大兴国际机场，于2019年9月25日正式通航，总建筑面积为140万m^2，航站楼面积达70万m^2，作为现代建筑的杰出代表，具有建筑功能复合，专业系统众多、协调环节密集，质量标准严格等特点。通过BIM软件对机场的整体体系进行建模，再将BIM主模型架构分为主平面系统和专项系统两部分，在主平面系统中，运用AutoCAD平台上成熟的协同设计模式快速推进设计，并随设计节点创建和更新建筑、结构、设备全专业的Revit模型，同各专项系统、外围护系统模型一起在Navisworks、Stingray中进行三维校核及漫游演示，如图10-6所示。

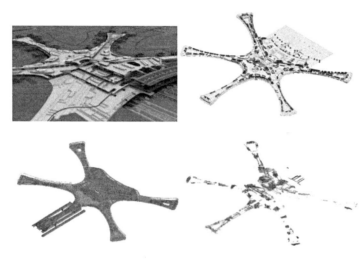

图10-6 大兴机场虚拟模型

通过表10-1的分析，可以清楚地看到，虽然近些年来的建筑项目建设时间是以前的3~4倍，但规模达到了以前的几十倍，其中一个重要的原因就是BIM等虚拟模型的使用，让工程建设质量与效率都得到了提升。

工程产品对比表　　　　　　　　　　　　　　表10-1

产品类别	名称	规模	项目建设时间
建筑	美国五角大楼	高22m 建筑面积60.8万m^2	1941~1943年
	上海中心大厦	高632m 建筑面积57.8万m^2	2008~2016年
桥梁	武汉长江大桥	1.67km	1955~1957年
	港珠澳大桥	55km	2009~2017年
铁路	京张铁路	200km	1905~1909年
	青藏铁路二期	1142km	2001~2006年

在敏捷高等工程教育中，教育者利用BIM贯穿于施工全过程的思想对所有知识点进行串联，例如通过单个构件的教学阐述相关特点；通过渲染使学生对材料的颜色、外观有所了解；通过三维视图更加直观地对建筑结构进行讲解。再提高一个层次，通过对5D-BIM等的学习可以将成本、进度融于教学，使学生对工程有更加宏观的认识，并对统筹思想进行锻炼，在进入工作岗位后可以快速适应工作环境，无须再逐步进行学习，从而降低岗位教育成本。虽然BIM技术现在主要应用于土木工程，但其贯穿于项目的全生命周期，并与进度、成本等思想一样，可以应用于航天航空甚至是原子弹等工程项目。

10.2.3 工程材料

工程材料用以制造工程构件和机械零件，指的是用于机械、车辆、船舶、建筑、化工、能源、仪器仪表、航空航天等工程领域的材料，也包括一些用于制造工具的材料和具有特殊性能的材料。工程材料是工程建设的重要物质基础，从工程角度出发，通常材料的费用在工程总造价中占相当大的比重。因此，选用符合工程设计要求（如强度、耐久等）和经济、实用的材料十分重要。

通常根据工程材料不同的化学成分，将其分为金属材料、非金属材料、高分子材料和复合材料。通过该分类可以正确甄别工程材料所适用的项目、部位等。但是仅划分清楚各种建筑材料所属种类是不全面的。在敏捷高等工程教育方法下，提倡以流程的思维串联材料的知识逻辑，构建端到端的知识链教学，具体示例（水泥生产工艺流程）如图10-7所示。

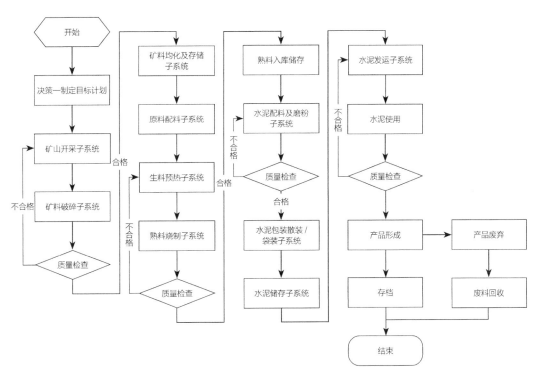

图 10-7 水泥生产工艺流程

本文总结出针对材料进行学习的"六分法",即材料分类、材料细致分类、材料来源、材料去向、材料性能、材料作用,具体如表10-2所示。通过分类、细类、来源等联系其性能与作用,实现对不同材料教学时,可以根据组成物质以及分类推测主要的性能、功能甚至是应用的部位等。在实践中亦可通过分类对其去向(废弃或是再生)做出预先判断,提高其利用效率,推动教育敏捷化发展。

材料"六分法" 表10-2

方法 材料	材料分类	材料细致分类	材料来源	材料去向	材料性能	材料作用
预应力混凝土	复合材料	金属和非金属复合	在混凝土结构中张拉钢筋而成	可用于制造再生混凝土等	抗裂性好、抗疲劳性好、耐热耐火性差	用于提高其他构件的稳定性等,常用于建筑、桥梁等工程
PVC	有机材料	高分子材料	在过氧化物、偶氮化合物等引发剂或在光、热作用下按自由基聚合反应机理聚合而成	焚烧或再生为其他产品(PVC瓶、电缆等)	耐腐蚀性好、绝缘性优良、力学性能好、耐热性差	制作地板、管道、防水材料、保温材料等
普通混凝土	无机材料	非金属材料	由胶结材料、水、集料、外加剂等混合而成	填筑海岸、充当基础垫层等要求较低的部位	包括强度、黏性、塑性、和易性、耐久性等	用于土木工程的主体建设等
石油沥青	有机材料	沥青材料	由多种高分子碳氢化合物以及氧、氮等混合而成	可就地再生	包括黏滞性、塑性、温度稳定性、大气稳定性、溶解度等	用于道路路面或车间地面等工程
沥青混凝土	复合材料	非金属与有机复合	由沥青材料与矿料、碎石、矿粉等混合而成	就地再生、路基填料等	水稳性好、抗侵蚀能力高、耐久性好	主要用于公路、桥梁的铺设
木材	有机材料	植物质材料	对自然界的木材进行加工而成	深加工后形成人造板材、再生家具等	弹性韧性高、绝缘性好、导热性低、湿胀干缩大等	制造木地板、木饰面板、仿木等
石灰	无机材料	非金属材料	用石灰石、白云石等碳酸钙含量高的产物烧制而成	废弃、再利用等	可塑性、保水性好,硬化缓慢、耐水性差等	配制砂浆、生产硅酸盐产品、加固软土地基等
碳素钢	无机材料	金属材料	在钢中加入一定的量的碳、硅、锰等元素	废弃、再生后用于要求较低的部位	包括拉伸性能、冲击韧性、冷弯、耐疲劳性等	制造较为重要的部件,如钢绞线、高强度螺栓等

10.2.4 工程结构

(土木)工程结构是指在房屋、桥梁、铁路、公路、水工、海工、港口、地下等工程的建筑物、构筑物和设施中,以各种材料制成的各种承重构件相互连接成一定形式的组合体。除满足工程所要求的功能和性能外,还必须在使用期内安全、适用、耐久地承受外加的或内部形成的各种作用[①]。在土木工程结构中,按照结构受力体系分类,工程结构类型可分为框

---

① 《中国大百科全书》总编委会. 中国大百科全书[M]. 北京:中国大百科全书出版社,2009.

架结构、剪力墙结构、筒体结构、桅式结构、墙板结构、膜结构、悬索结构、板柱结构、充气结构、网架结构、壳体结构等。按其构成的形式可分为实体结构与组合结构两大类：坝、桥墩、基础等通常为实体，称为实体结构；房屋、桥梁、码头等通常由若干个元件连接组成，称为组合结构。其实植物的根、茎和叶，动物的骨骼，蛋类的外壳这些自然界中的天然结构早在房屋、桥梁等这些人造工程结构出现之前就已经存在。通过研究，可以发现它们的强度和刚度不仅与材料有关，而且和它们的造型样貌有密切的关系。很多工程结构正是受到自然界中天然结构的启发而被"仿生"创制出来。人们在结构力学研究的基础上，不断创造出新的结构造型。例如仿照甲虫的翼箱而建成的Elytra灯丝亭（图10-8），建筑的"鞘翅"由上壳和下壳组成，它们通过支撑元件（小梁）相互连接，在支撑元件中，两个壳的纤维连续不断地进入彼此，以此来减少所需模板的数量，并保持最大自由度。

随着时代不断发展，环境要求、人们需求、技术进步等外部环境不断变化，工程中对组合结构进行选用来达到提高承载力、满足审美等要求。信息技术的发展给建筑业带来了极大便利，最显著的一点就是将庞大实体模型搬入图纸中成为2D模型，再通过BIM、Revit等软件还原成电脑屏幕中的三维模型，无论是从业者还是从学者都可以更加清晰地观察结构并学习。如图10-9所示，通过楼房三维图，可以很清晰地看到由梁板柱、基础等构成的楼房，也可以很直观地学习到梁板柱的安装顺序、连接节点方式等。三维视图的产生让学生可以更加直观地看到房屋内部结构，提高了知识的接纳能力。

从整体结构图进行剖析，可以对每个构件放大进行认识学习，可以对每个构件的样式、构成等进行直观认识，通过图形来进行知识点的串联学习，会比阅读纯文字的知识点效果更好，部分构件如图10-10所示。

除了对结构的外观进行认识以外，还可以对相关参数进行了解，以及通过调整参数进行深入学习，无论是对教育者还是学习者都提供了极大的方便，如图10-11所示。

宏观工程除土木工程外，还包含其他领域的工程结构，例如机械工程结构。汽车发动机

图10-8 伦敦维多利亚和艾伯特博物馆的Elytra灯丝亭

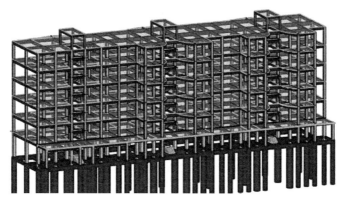

图 10-9 楼房三维图

（a）二阶独立基础　（b）三桩三角形承台　（c）两桩承台　（d）混凝土矩形柱（带防撞条）　（e）混凝土T形柱

（f）预制空心楼板　（g）装配式轻质连锁隔板墙　（h）带钢筋、预制门窗墙　（i）装配式预制墙

图 10-10　BIM 构件模型示意图

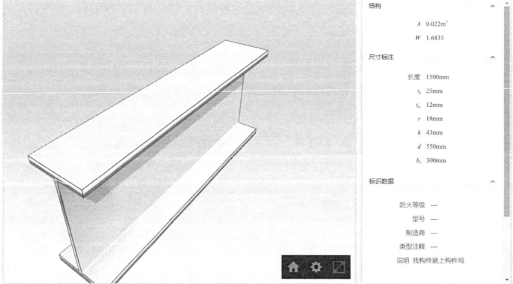

图 10-11　构件参数图

是由许多机构和系统组成的复杂机器,其由机体和曲柄连杆机构组成,而机体和曲柄连杆机构又由机体块、活塞、连杆、曲轴和飞轮组成。无论是汽油机,还是柴油机;无论是四冲程发动机,还是二冲程发动机;无论是单缸发动机,还是多缸发动机,为了完成能量转换,实现工作循环,保证长期连续正常工作,都必须具备如图10-12所示的结构和系统。

在前文已提到,工程行业的知识相较于其他行业,除了共有的显性知识和隐性知识外,还存在特有物化知识。房屋、桥梁、发动机等物体都是由一个个结构组合构成。敏捷高等工程教育推崇知识结构的体系化,即基于对结构的剖析、组合与延伸的教育方法。以房屋建筑中的"梁"结构为例,可以对其材料、内部钢筋组合、受力等进行结构化学习;同时,延伸对梁的质量、成本控制等的学习。实现知识体系的结构化,进而提高知识获取的敏捷。

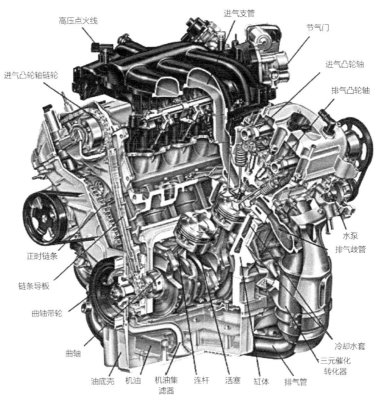

图 10-12 汽车发动机的结构组成

10.2.5 工程功能

功能是指对象能够满足某种需求(物质需求或精神需求)的一种属性。凡是满足使用者需求的任何一种属性都属于"功能"范畴。美国通用电气公司工程师L·D·迈尔斯在第二次世界大战后首次提出了购买产品不是产品本身而是产品功能的概念。

当工程作为一种产品而产生的时候,相对应的功能也会产生。工程的功能,必须首先基于人类的"生存结构",工程为人类的生存、繁衍和发展创造条件。工程也是人类价值实现的方式，工程功能是必然的价值体现。例如从本书第10.2.1节中的13种工程产品分类来看，建筑工程的基本功能是为人们提供生活、居住、生产等活动；水利水电工程的基本功能是用来防洪、灌溉、航运等。根据工程性质的不同，可以将功能分为具象功能和抽象功能。

工程具象功能是指工程具有客观物质性的功能，组成整个工程的每一个构件都有独特功能，常见功能有抗弯、抗拉、抗扭、抗拔、抗剪等；当所有构件以不同方式组合在一起形成工程时，也被赋予了衍生功能。常见的有防水、防洪、防火、防爆、抗震等功能。例如都江堰作为一个从古代就建立起来的伟大工程，统筹考虑了供水、防洪、排沙等水资源、水生态、水灾害问题，根据江河出山口处特殊地形、水脉、水势，乘势利导，无坝引水，自流灌溉，使堤防、分水、泄洪、排沙、控流相互依存，共为体系，保证了防洪、灌溉、水运和社会用水综合效益的充分发挥。都江堰水网成为一个有机整体，开发利用布局体现了尊重自然，维持了自然与人类共同发展的功能要求，使综合功能更加强大。

工程抽象功能是指从哲学视角，工程具有主观精神性的功能，即除了以上所提出的居住、防洪、抗震等具象功能以外，工程还具有"生存需求""城市集聚""经济价值""综合功能"等功能，这些就被称为工程抽象功能。特别地，工程抽象功能还具有艺术追求、文化内涵、价值导向等应用。例如青藏铁路的建成，除了通过运输功能降低西藏货物运输成本以外，对于青、藏两地的经济发展提供了更广阔空间，使优势资源得以更充分发展。同时，国家的巨额投资，直接拉动青海、西藏两地的经济发展，并促进产业结构合理调整，加快城镇化和工业化、现代化进程，实现"跳跃式"发展。再如苏州园林，将古典园林宅园合一，具有观赏、居住、旅游等抽象功能。这种建筑形态的形成，是在人口密集和缺乏自然风光的城市中，人类依恋自然、追求与自然和谐相处、美化和完善自身居住环境的一种创造。苏州古典园林所蕴含的中华哲学、历史、人文习俗是江南人文历史传统、地方风俗的一种象征和浓缩，展现了中国文化的精华，在世界造园史上具有独特的历史地位和重大的艺术价值。

综上，工程产品功能牵连甚广。因而，在敏捷高等工程教育下的工程功能教学，不只是单一地分析工程实体功能，而是基于大工程观、大视野，以链式思维，通过识别结构与相似产品的功能进行转换，达到触类旁通的境界，并培养学生通过使用不同的方法创造、挖掘新功能，提升创新意识。同时，重视对抽象功能的教学，具象功能与抽象功能的结合，塑造完整的功能知识链。

10.2.6 工程流程

流程是处理一切事务的底层技术，任何事务都离不开流程，大到航空母舰的制造，小到家庭烹饪等事项，流程让行动有序，进而提升效率。迈克尔·哈默[①]最早提出，业务流程是把一个或多个输入转化为顾客有价值的输出的活动。但哈默的理解是从企业角度出发对流程

---

① Hammer Michael.Reengineering Work: Don't Automate, Obliterate [J].Harvard Business Review, 1990, 68 (4): 104–112.

进行解读的。作者在《流程牵引目标实现的理论与方法——探究管理的底层技术》[1]一书中提出：流程是任务的有序组合，是有序组合任务的进程，是组织的行为方式，是结构与功能的耦合机制。从哲学、组织行为学、管理学、运营学四个角度对流程做出更加普适的定义。显然，流程具有目标导向、可设计、可测量，有层次和结构，可分解等特点。

工程流程是指在工程构建过程中，为了达到规划和构想的目标而将工作任务进行有序的组合。工程流程构成了体系化的工作秩序。工程管理流程规划了实现工程目标的路径，通过任务和逻辑关系，明确了工程系统的范围与技术路线，其也可以作为管理计划制定和成果考核的依据，借由每个任务的责任确定了工程共同体成员之间的责任、义务，以及分歧产生时的沟通途径和解决办法，是工程产品（造物结果）形成的管理保障。工程活动是复杂思维、经济衡量、生产组织管理、创新变革的综合性活动，且工程存在体量庞大、工期长、涉及知识点海量等特点，工程流程的产生与发掘，无疑对工程活动起了十分重要的作用：工程流程以任务为纽带指出了各工程主体承担的相应责任和物质材料、设备、资金等的需要数量，起到了较好的协同作用；工程流程记载了工程内容、逻辑关系、工程方法等重要知识，让工程计划有了工程范围、目标、总体部署、资源消耗等基本依据，成为计划的基础条件；每一个工程流程都是在多次迭代下沉淀积累下来的基础，系统性创新和局部环节突破创新，都可以在对工程流程全面分析、研判和权衡的基础上进行，既有对比标准，又可创新评判；除此之外，工程流程还可以保证执行力、控制风险、作为检查考核标准等。

工程流程是选择和建构工程的手段与工具，是实现工程活动的能动因素。无论是航天工程还是化工工程，都存在大量的工程流程，虽然制造业与建造业在体量、规模上存在一定的差距，但是以流程牵引工程进行工程活动的思想是不会变的。敏捷高等工程教育，以流程牵引思维串联工程教育，实现知识的平移与回溯。掌握知识获取的方法与思维，高效地获取知识，实现教育教学的敏捷。这也是敏捷教育的核心诉求。以将土木工程的整个生命周期梳理为一条流程为例，将其称之为"9阶12段"，如图10-13所示。（图中数字相同的为一阶，所以共9阶、12段）

从图10-13中可以清晰地看到，从城市规划到拆除复用为主线形成工程流程，其管理思想体现在：将工程的全生命周期形成一条主逻辑工程流程，然后再对每个阶段进行深化、拆分，拆分到需要达成的目标，例如对质量、风险的控制，对混凝土浇筑工艺的体现等，继而对该工程流程中的每个任务块进行责任到人的分配，形成大有目标小有负责。值得一提，"9阶12段"中每个阶段都是共生伴随，并不独立存在，也是不可或缺的关键环节。立足于"9阶12段"有利于对市场、管理、营销等各个方面进行了解，完成分工合作过程中的定位和协作任务的安排，促进其在工程流程的牵引下上升为一种使组织高效和管理优化的手段。

以"9阶12段"作为主逻辑对课程、知识点进行统筹安排，更加符合工程在实际中的操作，现阶段高校教育存在课程无逻辑安排的现象，例如在大三进行××概论的教学，明显与

---

[1] 卢锡雷. 流程牵引目标实现的理论与方法——探究管理的底层技术［M］. 北京：中国建筑工业出版社，2020：238-239.

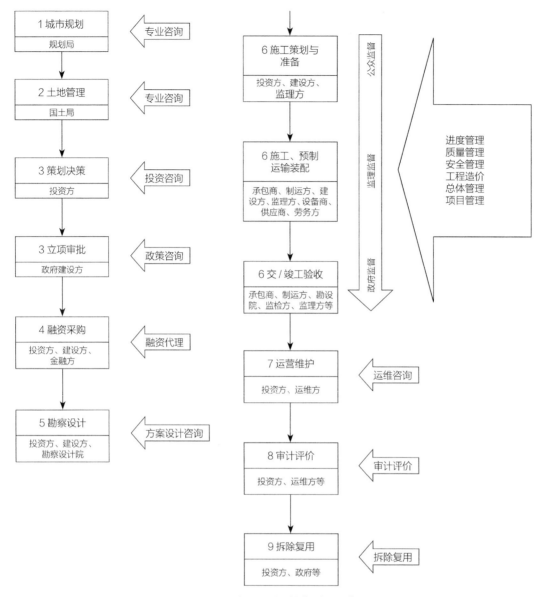

图 10-13 建设工程流程的"9 阶 12 段"

工程实际不符。只有在教育中贯彻工程实际流程,才能毕业后在岗位上更快适应。

　　清晰的行动流程可以促进工程的运行、管理效率的提升。从图10-14～图10-16中可以看出,无论包含的要素是否齐全,以流程思想对工程的各个部分进行梳理,可以让各个任务模块以及逻辑顺序清晰明了。

　　而随着ICT的不断发展,"云大物移智区元"等新兴技术深刻影响着整个社会的生存状态,而将流程管理进行信息化、数字化,对工程流程也有极大影响:一是对工程流程促使工程产品形成过程产生影响;二是对工程流程的设计、应用、评价产生巨大影响。信息化与生产融合,在生产自动化和管控精细化方面,将发挥巨大效益。

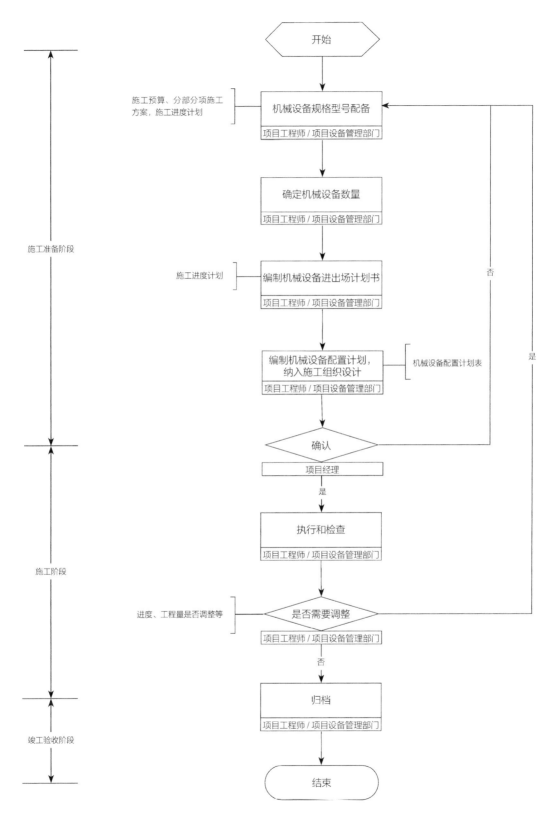

图 10-14 机械设备配置计划编制管理流程

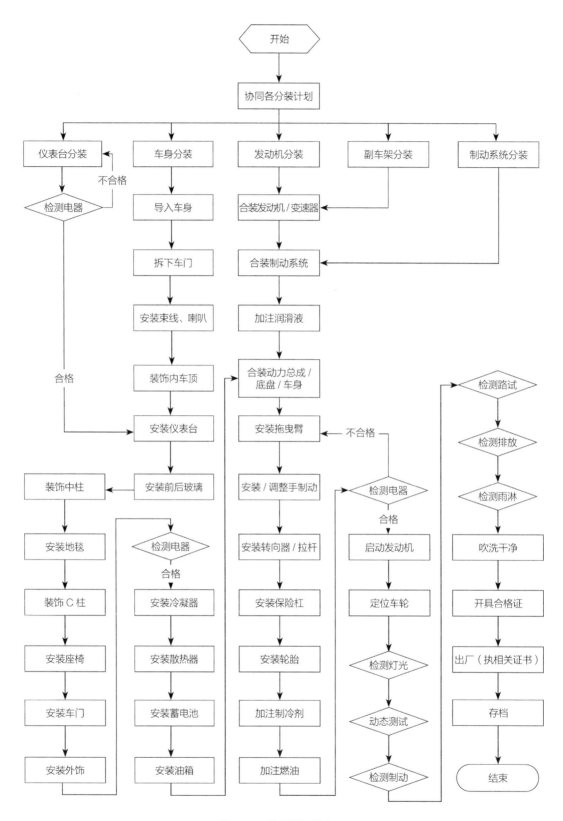

图 10-15 汽车总装工艺流程

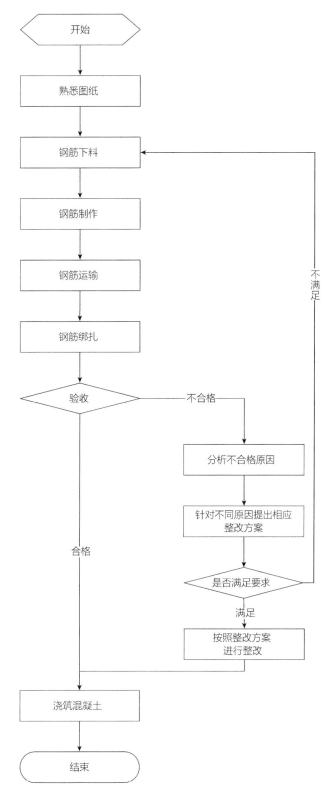

图 10-16 钢筋工程施工流程

结构与功能，在哲学上是一对称为"范畴"的概念存在。一种结构可具有多种功能，一种功能可有多种结构，其关系如图10-17所示。如何更好地将结构与功能进行耦合是一个极为重要的思考点，对于工程产品而言，其就是在建造中不断地修改、深化以追求"满意的决策"，不断地进行优化选择和变化后的调整，就构成了"过程管理"的独特机制，类似于运筹学的优选过程，即"流程"，也即如何选择最优途径达成目的的问题。以此在工程教育中提早对流程进行教育，使学生养成流程思维，对从业是有极大帮助的。

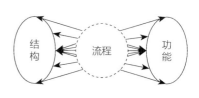

图10-17 结构与功能的关系

10.2.7 工程价值

价值，泛指客体对于主体表现出来的积极意义和有用性。可视为能够公正且适当反映商品、服务或金钱等值的总额。工程价值是工程活动创造出来的一种特殊价值，它反映了工程活动及其成果满足了人类何种程度上的需求。人们通常会从自身对工程的价值预期出发来开展特定工程活动，在完工之后对工程价值进行评价，检验与预期目标的差距。无论是工程的经济价值、生态价值、社会价值等都十分重要，若在事前对其进行更为全面且细致的分析则可以更好地减少价值偏差。

对于工程价值观的教育至关重要，但如何进行呢？工程化能力是工程价值的重要体现，内涵是将工程系统化、模块化、规范化的过程，但是工程化往往包含大量学科和学科分支的知识，是一个复杂的系统工程过程，在进行工程教育时应做到以下三个方面：

1. 工程教育系统化

按照基本逻辑对工程的基本知识进行教学，将知识系统化，更有针对性地教予学生，使其在学习过程中认识到无论是机械进场还是材料的使用等都与工程的价值息息相关，从而培养价值意识；学习工程知识后大力开展产学研的实践环节，使学生通过实践更加直观地感受到工程的每个环节对于周边环境、工程自身、社会影响的价值所在。

2. 工程教育模块化

目前课程教材通常以"章—节""单元—课"的逻辑进行排列，这种内容组织模式虽然存在一定内在逻辑，但本书认为可以采取更加有逻辑性的模块，例如教材《土木工程概论》的目录所示：章节为"土木工程材料""基础工程与地基处理""建筑工程""道路工程"等，此方式虽然涵盖了该课程所需的知识点，但逻辑性并不强。若将第1章变为"土木工程概述"，阐述土木工程的概念、分类（建筑、道路、桥梁）等，后续章节如"建筑工程"，以其全流程为逻辑线，以每个阶段作为模块进行"人机料法环"的教授，使学生们通过各个模块的学习，明白每个模块的价值所在，并在工程实践中按这种方法进行价值偏差的控制，每个模块的价值偏差减小，在工程完工后所产生价值与预期也不会很大。

3. 工程教育规范化

规范化并不意味着死板、一成不变，但对于工程价值的影响是毋庸置疑的。IBM的网站开发规范有数百页，一架飞机的各种文档有几十吨，把工作做细，把工作规范化，才能在有限的时间里做出尽量好的产品。若无规范，形成的产品外观、质量等参差不齐，也就不必讨论其产生的价值了。所以在校加入规范化的教育，可以使学生更早地认识到规范化的重要性，在后续工程实践中才能更加注重工程价值。

工程化过程中，资本投入、物质条件输入、知识集成运用、劳动力及技能保障、社会稳定、管理要素发挥积极作用等等都是必不可少的条件，将学校中的工程教育内容按工程价值的三化内涵进行教学后，使学生明确工程产品价值的内涵，在后续工程产品的实践中则可以更好地进行创造。

10.2.8 工程管理

建筑业作为庞大且错综复杂的行业，良好有序的管理对建筑业的发展起到了极大的推动作用。通过构筑宏大的工程认识观，能高效掌握建筑业内外部、主体、运作等知识，以精细化的分类，实现敏捷教学与敏捷受教。

本书通过总结多年的项目经验与教学经验，绘制了建筑业知识体系总图，如图10-18所示。可以看出建筑业以外部环境的变化来不断调整自己的战略和目标，以ERP和BIM为支撑体系，以流程、精准管理、ISO等为管理手段与工具，以审计兑现、反馈调整为纠偏手段对项目管理25要素、企业管理18项，以及前文第8.1.2节中所述的任务九要素（图8-5）等进行管理。

1. 项目管理25要素

结合长期的实践经验和新技术发展现状，归纳出现阶段我国典型建筑企业工程项目管理

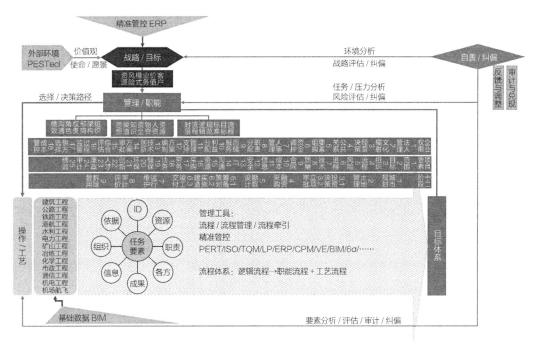

图 10-18　建筑业知识体系

的25项核心内容。粗略分为三类：第一类，管理战略类要素，包括明确范围、建立目标、组建组织、规划流程、辨析风险；第二类，工程核心要素，2TQ2CIS，即技术、进程、质量、合同、成本、信息、安全管理；第三类，保障、服务和发展类，包括采购、资源、健保、环保、沟通、法务、劳务、创新、廉政、人才、ICT、审计、绩效的管理。其中，"流程"与"沟通"两项尤为重要。

2. 企业管理18项权限分配

企业作为复杂的建筑工程主体，管理核心是权责均衡，这也是内部生态维系的重点内容。企业管理权限包含成本控制权、供方选择权、过程监督权、方案审批权、综合评估权、技术创新权、方案编制权、监理支持权、利益分配权、后续服务权、职责分配权、人事管理权、资金管控权、要素组构权、公共关系权、经营决策权、文化辅助权、法人治理权。这18个权限相辅相成，只有掌握成本控制权才有供方选择权，拥有人事管理权才有资金管控权，有过程监督权才有方案审批权，有经营决策权才能够营造公司文化，才能够执行文化辅助权和法人治理权，缺一不可。

浮于表面、照本宣科的教学方式，并不能将项目、企业的内在逻辑阐述清楚。工程管理作为工程知识体系重要的组成部分，其地位必须引起重视。敏捷高等工程教育通过对项目25要素、企业18项系统全面的讲解，阐述其内在逻辑，层层递进，从纵向（从项目、企业要素到任务要素）、横向（项目、企业的各个要素）两个方面深入，在全局的认知下掌握工程内在逻辑（包括管理、工艺等），再细化于任务要素，把控每个节点，不拘泥于传统死板硬套的模式。

10.2.9 工程装备

工程装备是指在工程实体建造全生命周期中需要用到的一些机械、设施等。根据是否在工程实体完工后依然存在的划分方式分为结构设施和措施设备。结构设施指维持、维护建筑正常运作、使用所需要的各种设备，主要包括建筑给水排水、建筑通风、建筑照明、供暖空调、建筑电气等方面，如图10-19、图10-20所示，在工程施工完成后依然对工程物发挥作用；而措施设备指的是在进行施工时所需要的临时设备，例如洗车池、工程概况牌、钢筋加工棚、临时水电、各类机械设备等，当完成使命后就会撤出施工现场，如图10-21、图10-22所示。

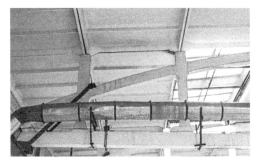

图 10-19 建筑通风

图 10-20 建筑给水排水

图 10-21　钢筋加工棚　　　　　图 10-22　混凝土拌合站

　　工程装备是施工现场的重要工具，为施工提供保障。敏捷高等工程教育对于措施设备，用最直观的方式教学，给予学生施工场地布置的图纸、沙盘模型、广联达等三维场布模型，让学生们了解各个设备的外形、结构以及功能，更重要的是训练学生们对于施工现场的场布安排，掌握排布方式的逻辑所在，例如应充分考虑材料堆放应在垂直机械设备的覆盖范围，以减少二次搬运所产生的成本；混凝土拌合站布置应该考虑成本和满足施工的正常供应等问题。通过措施设备的布置来串联进度、成本等要素，通过完整的布置图建立学生的全局观，既可以提高教育效率，又可以降低教育成本。

　　同时，针对结构设施进行现场教学，注重实践和实境实况相结合，要求学生边看边学，现场观摩，通过实训基地营造职场氛围，使学生有身临其境的感觉，力求在有限的教学时间内掌握职业岗位急需的专业知识和岗位技能，加入一些实践考核，例如图纸识图、虚拟模型建立等，通过检测来反映学生的实际掌握情况，并根据实际情况做出相应调整。

　　综上，在敏捷高等工程教育模型下，以遵循产品工艺逻辑为出发点，以学生敏捷受教为落脚点，以知识高效掌握为立足点，从内到外、以小见大，将工程产品的分类、模型、功能、流程、结构、价值、管理、装备、材料进行串联，打破传统割裂的教育模式，让学生们以统筹全局的思维，构建在大视野、大工程观下的工程知识体系。

10.3　体系化应用——ERP

10.3.1　系统介绍

　　ERP系统是企业资源计划（Enterprise Resource Planning）的简称，指建立在信息技术基础上，以系统化管理思想为企业决策层及员工提供决策运行手段的管理平台。因此，ERP具有软件和管理工具的双重属性。ERP系统通过软件把企业的人、财、物、产、供销及相应物流、信息流、资金流、管理流、增值流等紧密地集成起来，实现资源优化和共享，以及对整个供应链的有效管理，对于改善企业业务流程、提高企业核心竞争力具有显著作用。其是IT

与管理思想的融合体,即将管理思想借助电脑进行表现,以达成企业的管理目标[①]。

ERP系统存在以下几个特点,也是其优势的体现:

(1)集成性与实时性。ERP系统各个功能模块是"天衣无缝"的集成,是根据所涵盖业务的内在联系完整集成的系统,不同于多个子系统或分系统通过各种接口方式来实现的系统集成。数据模型高度集成,所存储的数据唯一与共享,源头数据可以方便地被不同模块直接引用和共享,不需要数据的传递和转换,减少了重复或冗余,保证了数据的一致性和实时性,从而使ERP系统能成为企业实时业务管理的综合系统。现实工作中的管理问题,是部门协调与岗位配合的问题。而ERP系统的集成性,可以将不同部门的数据、信息进行"实时动态配合"。当一个部门/岗位的数据出现变化时,ERP系统可以及时地进行更正,打破部门墙的限制,也避免了人工交流会出现的错误。

(2)完整性。ERP的核心管理思想之一是以流程为底层技术对企业的业务、财务流动等活动进行从开始录入到删除结束的完整安排,这样也使其逻辑性较为完整,在对错误等进行溯源时,可以追查最原始数据。

(3)开放性。首先,ERP系统的数据结构和算法是开放的,有利于不同软件彼此连接,使ICT更好地应用。其次,ERP不只是一个企业独有的系统,其不局限于企业的高墙之内,ERP系统会将一些必要的企业外部的相关信息,特别是供应链管理和电子商务等方面的信息,纳入处理范围,以此更好地适应环境的变化。

尽管ERP系统拥有众多优势,但ERP在推行过程中也存在一些难题。一方面,ERP的建置需要花费庞大开支(如软硬件及顾问公司等费用),往往只有大型企业才有能力引入,且其潜在成本较高,在数据转化和对企业内部人员进行培训的花费较高。另一方面,安全性也存在一定问题,为合乎一些企业的需要,整合企业所有功能部门在单一系统,坚实安全性在提供网络模块后会受到很大挑战,在此方面可以引入区块链的概念进行弥补。

10.3.2 从全貌到分系统

ERP作为企业的一项综合管理手段,必然需要适应企业内多种业务组合。由此,ERP分系统可以分为成本管理、财务管理、生产控制管理、物流管理、采购管理、设备管理、分销管理、库存控制、人力资源管理等,其构成如图10-23所示。当ERP系统存在于不同行业、不同企业时,所需要用到的分系统是不一样的。例如按照行业进行分类会有制造业ERP系统、电力行业ERP系统、媒体业ERP系统等,由于需求不同,在对分系统进行处理时也会有分系统的偏重、删减、特制等;对于规模不同的企业需要的分系统也会有所差别。所以在此不对所有的分系统进行一一赘述,仅详细对所有企业共同需要的分系统进行介绍。

1. 财务管理模块

企业的主要目的是盈利,盈利最主要的就是对成本、现金等财务状况进行管理,则财务管理模块不可或缺。除了基本的总账、应收账款、现金管理等模块,还包括财务计划、财务

---

① 梁欢. 浅谈ERP系统[J]. 黑龙江交通科技,2020,43(7):197.

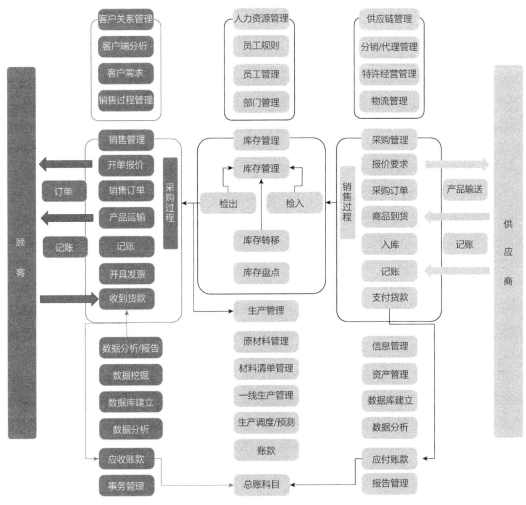

图 10-23　ERP 系统示意图

分析、财务决策等模块，这些模块可以根据前期财务分析做出下期的财务计划、预算，提供查询功能和通过用户定义的差异数据图形显示进行财务绩效评估、账户分析，可以对资金筹集、投放及资金管理做出相关决策。

企业财务工作一直是繁杂的，中小型企业在运行过程中如果仅仅使用手工进行财务管理，则数据处理的准确性和工作效率将十分低下。采用ERP系统进行财务管理，可大大提升数据的准确性，每当发生资金进出都会由各部门提交到系统当中即时反映，统一管理，充分保证了财务数据的真实性[1]。财务数据的真实性可以作为财务预算和风险决策时的充分依据，从而使财务人员做出更科学的决策。

2. 生产控制管理模块

生产控制管理是一个以计划为导向的先进生产、管理方法，其以流程牵引作为底层技

---

[1] 王艺多. ERP在中小企业财务管理中的应用研究 [J]. 低碳世界，2019，9（6）：287.

术。首先，企业确定总生产计划，再经过系统层层细分后，下达到各部门去执行，即生产部门以此生产，采购部门按此采购等等。可以根据实际情况汇总生成生产计划，通过强大的生产调度模块汇总生成最优的生产派工单，并通过系统自动分析生成物料清单，触发库存、采购模块，最快速地进行物料准备或采购，并且能支持生产中意外发生的物料应用。对实际生产中每一道工序所用的工时成本、物料成本进行日清日结登记累加，工序之间交接进行有效管理，能得到精确的产品生产成本。ERP生产控制管理模块包括产品生产工序设计、工序物料设计、生产计划管理、生产调度管理、内部/委外生产管理、物料损益管理、生产成本查询、标准数据报表等功能。

3. 物流管理模块

物流管理模块主要对物流成本进行把握，其利用物流要素之间的效益关系，科学、合理组织物流活动，通过有效地进行ERP选型，可控制物流活动费用支出，降低物流总成本，提高企业和社会经济效益。ERP系统物流管理模块包含物流构成、物流活动的具体过程等。

在ERP系统的推动下，企业产品物流业务可以借助先进工艺及方法，如生产集成化、区域化，优化产品生产物流过程，使各生产要素得到有效控制，并根据生产过程中所获取的订货数量、投产计划及技术信息等进行有效调整。对于企业物流管理而言，库存属于一种负债形态，日本企业最早提出精益生产"零库存"的概念，但从实际企业管理来看，距离此目标仍然遥远。由此，在企业仓储物流业务流程重组中，要打破传统管理思维的局限。需按照货物的数量、等级编号等进行审核，避免不合格产品的出现；对产品的原材料及零部件类型进行仓储规划，建立科学的仓储数据；围绕安全库存、季节性库存及促销库存要求，对货物进行编号盘点，提升仓储的管理质量。通过企业一系列的价值链再造，使ERP系统优势得到全面发挥，真正优化物流管理质量。

4. 人力资源管理模块

ERP人力资源管理模块中的功能主要是针对企业中员工管理工作进行开展，而在系统中，主要管理内容分为劳动组织管理、员工管理、时间管理、薪资与福利管理、财务管理以及报表六个方面。在企业中应用ERP人力资源系统可以实现企业管理工作化、数据管理标准化以及共享化发展，系统基于信息化技术与数据处理手段实现了对人力资源的有效控制，基于数据共享与规范化控制，保证了企业在人工成本增长过程中的控制与规范效果，进而更有效对人力工资、财务、员工信息以及工时等进行控制，还可以依照这些数据为决策者提供决策及规划的辅助，提高企业人力资源管理质量与管理效果。而且基于数据库中的数据及数据分析技术，可以实现对人力资源功能战略的最大化处理与分析，进一步深化人力资源管理的内容，为企业开展管理工作提供更多决策依据[①]。

在对项目进行管理时，ERP的使用者是以创新企业管理模式、提高企业运营能力，降低管理风险、提升企业管理效率为目的，核心业务主要覆盖合同、进度产值、成本、材料、发票、资金等，各项业务既相互独立，又相互关联。图10-24是绍兴某学校的ERP系统部分核

---

① 姚丽君. ERP系统在人力资源应用中存在的问题及对策［J］. 投资与合作，2021（7）：130.

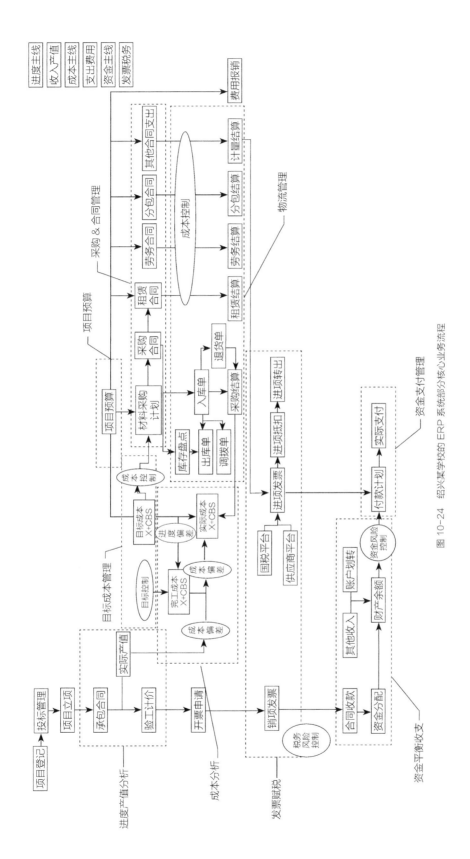

图10-24 绍兴某学校的ERP系统部分核心业务流程

第3篇 敏捷工程教育理论构建与变革实践 281

心业务流程，其中要素覆盖技术、质量、进程、合同、成本、信息、安全等核心职能，通过数据对运营效果进行展示（用数据说话是最直观的），宏观以流程为牵引动力串联各项职能达到预期的运营效果，微观对各项职能中的任务进行九要素（见第10.2.6节）的实时分析、控制，形成动态调节的系统，以此来面对内外部环境的不断变化。

10.3.3 流程化促使教育效率提升

追求效率是敏捷高等工程教育目标之一，教育效率是高校重点工作之一。特别是人才需求迫切的今天，如何提高教育效率，各高校都提出了自己的见解。如重塑高校管理机构、构建"互联网+"教育模式，以及重构管理体系等措施。除了上述所谈到的几种措施，流程化也能有效地促进教育效率的提升。

流程化是指通过流程牵引理论，运用规范化流程与章程，梳理教育脉络，合理调节运作机制，以实现教育、教学效率的提升。教育不是办企业，不能机械地、简单地比拟，除了知识传递，教育还兼有育人功能，具有长期性，甚至无法定量的复杂性。我们需要做的工作是将较为成熟的企业和运营领域的敏捷性知识，转换到教育领域中尝试采用并加以验证。应对动荡激变的环境和供应链快速响应能力的要求，工程知识教育与企业运营领域在这方面具有完全的可比拟性。

将ERP管理思想引入教育。管理上所谈到的部门之间不能很好协同的问题，与教育中知识体系的"碎片化"，实际是一个本质问题的讨论，即"界"的问题，责任之分界与知识之划界。"界"成了需要跨越的无形障碍，影响管理效率和知识体系性。跨越的最好工具是流程，穿越部门之界将价值传递到客户、连接碎片达成知识体系以具有解决复杂问题的能力。ERP以流程为底层技术整合企业零碎的业务、岗位，并牵引业务、信息、资金等的流动，以快速、敏捷的反应协调企业内外部的变化。

此外，当下部分高校院系中的教学管理工作仍存在诸多不足。如管理层次的岗、职、责、权、利不清晰，教学工作考核等工作缺乏规范性，教学管理程序没有真正做到科学、规范。引入流程管理，让院系教学管理实现"有序"，更新管理理念，全面实施院系教学管理流程化，提升教育教学质量。同时，规范工作流程，优化配置教育教学资源，提高管理能力，实现敏捷性。

当下，对于工程教育，外有快速发展、不断变化的物质世界、新兴技术，内有不断产生、迭代的知识。通过ERP系统辅助管理，以供应链的链式思维，梳理适用教育的固有流程体系，如前文所述，以项目管理25要素，串联相关知识（材料、设备、管理等知识），实现以实践的逻辑对知识进行传授，打破工程知识碎片化、零散化的学习模式。同时，推动教育形成成熟的流程化体系，构建庞大的数据库，实现个性化的定制学习。并且，由于流程体系的规范性，时刻保持工程教育的高质量、多样化和灵活性，从而实现教育敏捷化的效果。

10.4 知识结构化和显化隐性知识——BAVS

10.4.1 系统介绍

建筑全业务方虚拟运营平台（Building All Virtual System，BAVS），是面向建筑工程教育行业的、区别于传统单专业实训、融合多专业多课程、学习者体验建筑全业务方各岗位业务流程及工作内容的虚拟运营平台。以流程牵引理论为基础的BAVS平台从路径、依据、责任三个层面给出了完整的理论和方法。BAVS根据教学实践的应用需求，将系统分为16个主模块，每个主模块又包括若干个子模块，每个子模块之间相互关联，实现复杂的系统功能。实践教学管理平台系统功能模块图如图10-25所示。

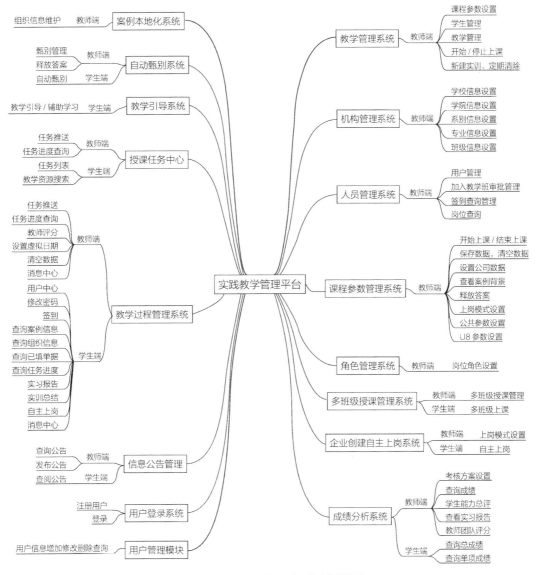

图 10-25 实践教学管理平台系统功能模块图

BAVS提供的实训课程都是基于真实建筑工程开发过程，学生通过实训系统提供的课程能够更真实、更贴切地参与到建筑工程项目中，方便学生进入企业后快速地适应建筑工程项目[①]。平台提供建筑行业的多种课程，使学生能够在实训过程中选择不同课程的知识点完成实训内容，通过多专业的结合使用，加深学生对知识点的掌握和融合。在学生参加BAVS提供的实训课程过程中，指导老师能够在管理终端实时查看进度以及学生对实训项目操作的科学合理性，方便对学生进行合理指导和错误纠正。

综上，BAVS无论在教育还是企业管理中都有十分显著的优势：①通过线上线下两种方式，实现了工作任务清晰化、管理要素系统化、施工过程高效化；将无形的管理流程变为有形的产品展现出来，侧重于管理流程的仿真，将无形的知识显性化。②运用流程牵引理论思想，对工程活动的实施流程体系进行了梳理。同时将梳理清晰的工程活动的知识、流程运用于教学流程仿真，探索工程内容与教学流程仿真的结合模式，研究与施工组织相关的新型教学方式，打破传统教学模式。③产品结合了互联网多次重复和无时空限制，以及线下具体、实物的可触摸、可感知优势。通过流程仿真技术实现工程内容的完整性、任务要素的齐全性、逻辑关系的正确性等问题，具有可视化的特点。

总的来说，BAVS对于责—权一致性分析、授权—活动体系分析、端到端知识点分析等管理要素级别的分析方法，给管理者带来了全新的视角和大量的创新思路以及系统的知识体系。而"想通""说透""理清""做好"的管理体系构建路径、覆盖在管理体系的所有阶段，是基于流程牵引理论的施工策划教学流程仿真的作业指导。

10.4.2 招标投标管理知识流程化

招标投标是在市场经济条件下进行工程建设、货物买卖、财产出租、中介服务等经济活动的一种竞争形式和交易方式，是引入竞争机制订立合同（契约）的一种法律形式。而建筑业的招标投标管理是招标人对工程建设、货物买卖、劳务承担等交易业务，事先公布选择采购的条件和要求，招引他人承接，若干或众多投标人做出愿意参加业务承接竞争的意思表示，招标人按照规定的程序和办法择优选定中标人的活动。在建筑业中的招标投标实质是交易行为，所交易的产品是建筑工程项目，在实施过程中，需要由招标单位开展相应的定标工作，邀请一些具备相应资质的单位进行投标，然后借助评标的方式确定最终的承包单位，签订招标合同[②]。在招标投标方式不断发展、完善下，逐步提升建筑报价的合理性，推动监管体系完善，降低建筑经营成本，进而提高市场管理效率。

招标投标一般可以分为以下几个阶段：①招标准备阶段；②资格预审阶段；③招标投标阶段；④开标阶段；⑤评标阶段；⑥定标阶段。而每个大的招标投标阶段之下又含有较多的子阶段。下面对文字化的招标投标的各个步骤进行展示：

[①] 郭忠金. 业务流程的内涵及业务流程变革模型综述［J］. 现代管理科学，2010（3）：111.
[②] 王炳智. 招投标在建筑经济管理中的重要性［J］. 冶金管理，2021（3）：111.

1. 招标人准备工作

1）项目立项

（1）提交项目建议书的主要内容有：投资项目提出的必要性，拟建规模和建设地点的初步设想，资源情况、建设条件、协作关系的初步分析，投资估算和资金筹措设想，项目大体进度安排，经济效益和社会效益的初步评价等。

（2）编制项目预可行性研究、可行性研究报告并提交的主要内容有：国家、地方相应政策，单位的现有建设条件及建设需求；项目实施的可行性及必要性；市场发展前景；技术上的可行性；财务分析的可行性；效益分析（经济、社会、环境）等。

2）建设工程项目报建

招标人持立项等批文向工程交易中心的建设行政主管部门登记报建。

3）建设单位招标资格

（1）有从事招标代理业务的营业场所和相应资金。

（2）有能够编制招标文件和组织评标的相应专业力量。

（3）如果没有资格自行组织招标的，招标人有权自行选择招标代理机构，委托其办理招标事宜。任何单位和个人不得以任何方式为招标人指定招标代理机构。

4）办理交易证

招标人持报建登记表在工程交易中心办理交易登记。

2. 编制资格预审、招标文件文件

1）编制资格预审文件

主要内容有：资格预审申请函、法定代表人身份证明、授权委托书、申请人基本情况表、近年财务状况表、近年完成的类似项目情况表、正在施工的和新承接的项目情况表、近年发生的诉讼及仲裁情况、其他材料。

2）编制招标文件

（1）招标文件内容：招标公告、投标邀请书、投标人须知、评标办法、合同条款及格式、工程量清单、图纸、技术标准及要求、投标文件格式。

（2）编制招标文件注意事项：①明确文件编号、项目名称及性质；②投标人资格要求；③发售文件时间；④提交投标文件方式、地点和截止时间。招标文件应明确投标文件所提交的方式、能否邮寄、能否电传，以及投标文件应交到什么地方、在什么时间。

3）投标文件的编制要求

内容包括：投标函及投标函附录、法定代表人身份证明或授权委托书、投标保证金、已标价工程量清单、施工组织设计、项目管理机构、其他材料、资格审查资料。

4）投标有效期

招标文件应当根据项目的情况明确投标有效期，不宜过长或过短。如遇特殊情况，即开标后由于种种原因无法定标，执行机构和采购人必须在原投标有效期截止前要求投标人延长有效期。这种要求与答复必须是以书面的形式提交。投标人可拒绝执行机构的这种要求，其保证金不会被没收。

5）投标文件的密封递交

（1）投标人应按招标文件的要求进行密封和递交。例如有时执行机构要求投标人将所有的文件包括"价格文件""技术和服务文件""商务和资质证明文件"密封在一起，有时根据需要也会分别单独密封自行递交，可根据实际情况而定，但必须在招标文件中明确。

（2）投标人应保证密封完好并加盖投标人单位印章及法人代表印章，以便开标前对文件密封情况进行检查。

6）废标

属以下情形者可按废标处理：

（1）投标文件送达时间已超过规定投标截止时间（公平、公正性）。

（2）投标文件未按要求装订、密封。

（3）未加盖投标人公章及法人代表、授权代表的印章，未提供法人代表授权书。

（4）未提交投标保证金或金额不足，投标保证金形式不符合招标文件要求及保证金、汇出行与投标人开户行不一致的。

（5）投标有效期不足、资格证明文件不全、超出经营范围投标的。

（6）投标货物不是投标人自己生产的且未提供制造厂家的授权和证明文件的。

（7）采用联合投标时，未提供联合各方的责任的义务证明文件的。

（8）不满足技术规格中的主要参数和超出偏差范围的招标公告等。

如上，我们可以看出利用文字对招标投标的步骤进行描述，仅仅陈列了前两个步骤却已经含有大篇幅的文字，而且其文字所体现出的在每个步骤中所包含的要素虽较为完整但不紧凑，进行阅读时常需要花费大量时间。在作者看来，一张流程图可以代替多页的纯文字叙述，如上述所示有大量的文字对资格预审阶段的步骤进行阐述。对于接收该知识的学生以及刚进入该行业的人而言，大量的文字对其接收效果不是很好，会存在不愿意阅读或者阅读后遗忘的情况，从另一方面，仅从其表现形式来看，当遇到并行步骤时就不能很好地对其进行分辨与执行，为知识的传递增加了阻力。而流程图不仅可以使一条主线清楚明了，且在其每个任务方块周围可以将相关负责人、所需文件、截止日期等清楚地表现出来，使人一目了然。

由于招标投标内容与知识点过多，在此摘取资格预审阶段对其知识流程化进行介绍。资料预审环节在整个招标投标过程中是一项必不可少的环节，其主要作用是在招标投标工作还未全面开展之前对潜在的和申请的投标公司进行筛选，其筛选主要考察项目的社会信誉、施工技术水平、资金实力等，考察内容全部符合标准后方准予参加有关投标。对于招标单位而言，资格预审这一环节有利于招标公司提前对投标单位进行更全面的了解，包括投标单位的经济、业绩、资质等软硬实力等情况。因此，此环节有利于招标单位更多了解到一些有实力的潜在投标单位，不但能减少投标时间，而且可提高投标质量，同时替日后的工程建设打下良好的基础。另外，投标人可以利用公开的各项资格预审文件，及时掌握各项资讯，了解自身是否可以参加招标投标。其流程以及相关要素如图10-26所示。

从教育的角度出发，将招标投标管理的内容流程化后，就是将其知识点进行串联，使教

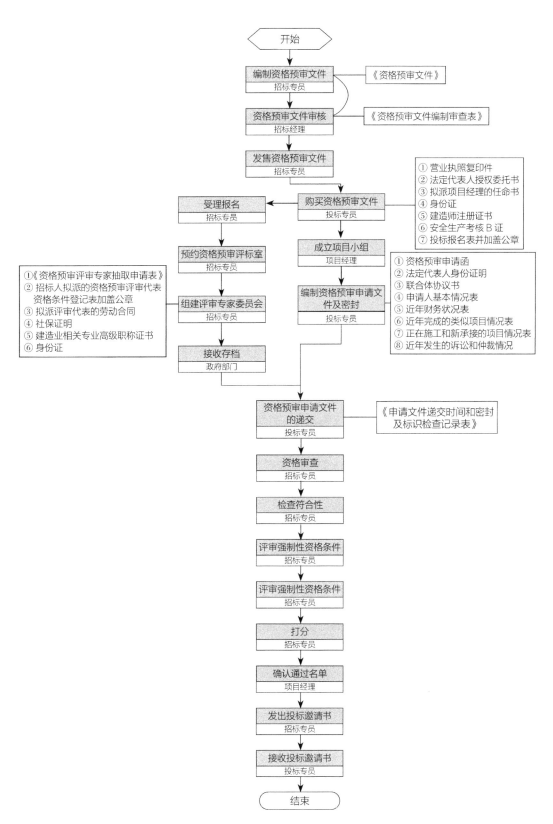

图 10-26 资格预审阶段流程图

师在传授该方面的知识时，简单化、体系化地教予学生，而学生也可以系统地进行该方面知识的学习，提高教学效率和质量，并且学生在学习时也不会觉得乏味。其与BAVS的结合应用，有以下几个优点：

（1）可以使学生对招标投标流程中的任何角色进行体验，对实训岗位、角色进行设置，能够实现根据不同实训目的进行设置实训岗位、实训角色，从而进行有针对性的实训。

（2）通过学生以往数据进行水平甄别，能够对实训任务进行自动甄别，降低授课难度，量化实训效果。

（3）根据开课要求大纲执行推送学习任务，让主讲教师能够根据课程表完成课程的讲授任务，让学生的学习过程可控、学习效果可预期；按照组织，查询该组的实训进度，让主讲教师能够多维度监督各组教学进度，更好地因材施教。

（4）学生可以明确实训任务中自己所处的招标投标阶段，通过该阶段预习、复习、关联、深化周边知识，使效率大幅提升。

10.4.3 施工组织设计流程

施工组织设计是以工程施工的各个环节为中心，以影响施工进度计划的各种因素为依托，以保证工程质量和安全区施工为前提，确保工程付出的成本最低，得到的回报最高，工期能够按既定要求时间完成的主要技术经济文件。建筑工程在施工过程中，施工组织方案的优劣不仅直接影响工程的质量，对工期及施工过程中的人员安全也有重要影响。施工组织是项目建设和指导工程施工的重要技术经济文件，可以对施工中人员、机器、原料、工艺等各种事项预先做出合理、经济的安排，也可以对施工过程中的矛盾进行调节，对施工组织设计进行监督和控制，才可以科学合理地保证工程项目高质量、低成本、少耗能的完成。施工组织设计可以对整个工程进行整体统筹，有助于施工管理质量目标的体现，对施工进度和成本控制，以及企业的整体效益有着重大的影响和意义。

但是施工组织设计的编制存在两方面的问题。从本身而言：动态性不足造成管理失控，踏勘工作不到位导致施工组织设计实际可操作性差；编制过程繁琐导致正常运转受到阻碍等。而从施工组织设计的教育方面而言，其知识体系复杂多样，在教育中仍存在着诸多问题，如知识点相对独立，与实践脱离，缺乏完整性，知识碎片化，导致学习者不明白自己的角色责任，不了解总体任务构成，不明确工作流程与要求，不清楚资源要素及来源，不知道沟通路径与方式等。虽然掌握了一定的理论知识，具备一定的专业技能，但缺乏实践，缺少一个工具将碎片化的知识衔接起来。

针对上面两个问题，基于施工组织设计流程化，结合BAVS系统形成专门针对施工组织设计教学的工具。

施工组织设计的本质是一条完整的、指导项目实施的流程，因此，要想理清其机理作用，首先需要构建施工组织设计的体系框架。"L模式"是作者团队经过多年研究创立的，如图10-27所示。

"L模式"由四大部分组成：第一部分为四类流程体系，战略流程、职能流程、工艺流

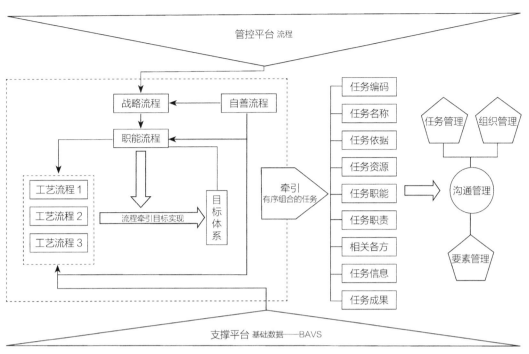

图10-27 "L模式"示意图

程和自善流程;第二部分是任务要素,对流程任务的要素进行细致分析,作为知识资产和执行的依据;第三部分是建立沟通管理中心,充分共享;第四部分支撑管控,信息化建设成为复杂管理中必不可少的平台,比如BAVS,本模式建立在基础数据的支撑之上,而管理控制建立在企业管理信息平台之下。

在施工组织设计中,主要对四类流程体系进行构建。战略流程主要包括施工部署,职能流程包括主要施工管理措施和施工总平面布置图,工艺流程包括主要施工方法以及配套的总进度计划与资源配置计划,自善流程包括技术经济指标。其中,战略流程通过指引职能流程实现对施工策划整体方向的控制,职能流程指导工艺流程方法的选择与执行,确保工艺流程高效、准确地实现目标,而自善流程通过对战略流程、职能流程、工艺流程的论证、分析,确保各流程的科学性、合理性,如图10-28所示。

应用"L模式"对施工组织设计进行规划,其优势主要体现在两点:

(1)工程知识结构化。知识结构化应有许多表现形式,如本书第10.1.4节中的系统功能模块图。而应用"L模式"对施工组织设计进行规划,其整个体系的逻辑关系更加符合企业、项目的管理,将海量的工程知识填充于体系内,可以使战略流程、职能流程、工艺流程、自善流程各自内部的知识和模块之间的知识以一定逻辑进行整合,更加快速、精准地进行应用,以该模式将工程知识教予学生,一方面可以通过结构化使知识在脑海中更加清晰明了,另一方面使学生在高校中提早与企业、项目接轨,提高就业时的效率。

(2)隐性知识显性化。隐性知识有默会性、非逻辑性等特点,常常存在于就业者的大脑之中。而基于"L模式"的施工组织设计可以通过"流程化"的方式将隐性知识进行汇总、

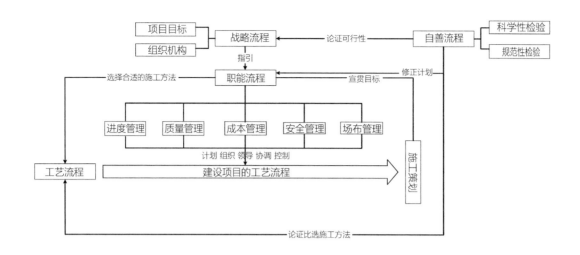

图 10-28 施工策划编制流程体系

组织，在原有显性知识中加入隐性知识进行补充，既可以对施工组织设计的整体进行完善，又可以让隐性知识存在逻辑，并使其呈现于书面文件之中。当用于教学时，学生可以通过显性的隐性知识对项目中的一些任务做提前准备等。

通过分析构建上文施工策划的体系框架，可以得到施工策划中各部分内容的相互影响关系，将施工组织设计的编制流程分为三级。

一级流程以相关文件和现场调查收集的基础资料作为编制基础，然后编制施工部署确定各项目标，根据施工目标及企业的实际情况，选择主要的施工方法以及对应的进度、资源计划，通过相应的施工管理措施和场区管理措施来保证施工过程的正常运行，计算施工策划的各项技术经济指标并对施工策划的科学性与合理性进行论证，及时调整不合理的内容，最后报送审批并进行资料归档。二级流程对相关基础资料、施工部署、施工方法、总进度计划、施工准备与资源配置、主要施工管理计划、施工总平面图、技术经济指标等进行流程化。三级流程是对二级流程中较为核心的流程进行更加细致的梳理。由于篇幅限制和流程图的数量较多，据此对最具有代表性的流程图进行展示，如图10-29所示。从图10-29中可以看出，主流程的左边是施工的依据，右边是需要提交的文件，该流程图的编制方式称之为"BLF"。通过这样的组织方式可以使施工更加规范，提交的文件更加清晰，减少错误，进而提高项目的效益。

如图10-29所示，将施工组织设计的内容流程化后，从阅读者的角度就可以很直观地感受到对施工作业的指导作用。通过BLF的流程图表达方式阐明施工作业中所需遵守的法律法规、每个阶段所需要提交的文件，让施工组织设计的设计者、审核者、执行者都可以一目了然，提高施工的效率。

将该思想融入BAVS进行教学后，对于教师而言，课程设置包括业务阶段设置、业务方查询、工程量设置以及还原数据四个方面更加便捷；教师可以根据上课的不同班级进行新班级的创建，创建之后可以对相应的班级进行课程讲解、发放作业和答案等操作；教师的教学

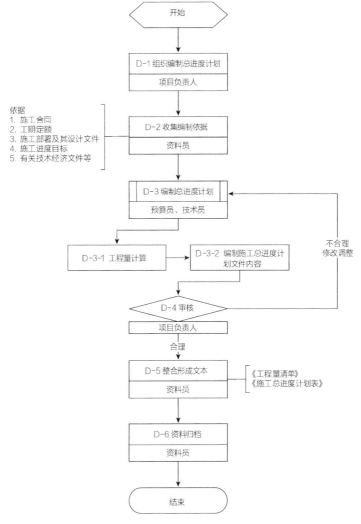

图 10-29 总进度计划编制流程图

内容包括总结分享、文件查看和教学游戏三个板块，在进行课程讲解的时候，相关的法律法规、表单、规范等可以直接超链接进相关的文件进行选取与教学，同时教学游戏可与线下教学一起进行，增强学生的记忆力以及理解力。

BAVS通过"管理要素"为所需人员构建"可视化、标准化、动态化、交互化、精准化、数字化、结构化、一体化"的管理体系模型。实现管理要素间的关联和整合，以及多管理体系的融合，解决教学中知识无形性、碎片化的特点。工具化模块通过将任务块具象化，将复杂的管理思想融入简单的产品中，将隐性知识显性化，留下知识管理的痕迹，使之拥有系统性、完整性的知识体系，将管理流程和工艺流程以及相关政策体系赋予每一个构件，实现各构件之间的逻辑关系、施工控制要素等都能被清晰地表达出来。而学生通过BAVS的操作对施工组织设计的宏观（整个体系）和微观（设计中的各个要素）进行了了解与体验，加深了学生对知识的掌握程度，进而提高学生的总体能力。

10.5 流程化表达

流程化表达是一种有力的工具，包括流程图绘制、说明性文字及表格的编制。但流程表达并不是目的，而是工具和手段。美国国家标准学会（ANSI）对管理流程设计已经有关于符号等的规定，而由于国内对流程研究本身就不够深入，流程表达也同样相当混乱，更没有上升到成为标准的阶段，这和当前流程被广泛应用和发生深刻影响的现实状况非常不匹配。

挂图是指将一些必要的信息如图片、文字等表达出来，使其悬挂于人群所处地点，可以起到宣贯、警示等作用。挂图方式应用的场所比较广泛，例如医院中宣贯洗手的步骤、施工场所注明安全帽正确佩戴方式等。

在流程化的表达方式中也存在许多挂图方式，例如文本式、流程图式、立板式等，不同的表达方式用于不同的场景，以指导相关活动的有序进行。下面对这些方式一一介绍。

10.5.1 文本式

文本式流程化表达方式是指将某任务的流程步骤通过文字表现出来，在文字中阐明所做任务的负责人、需要完成的具体事项等。该方法有纯文字的方式、文字加箭头的方式两种，下面列举实际的流程文字描述法。

实例1：政府采购办事流程

（1）公布采购信息。政府采购机关按照确定的采购项目方法编制采购资料，通过报纸电视等一定的形式向社会公布采购信息。采购信息主要包括：需采购项目的性能规格和数量，供货数量，供货时间，对供应商的一般要求，投标截止时间等。

（2）供应商提出申请。供应商根据政府采购机关公布的采购信息，在规定时间内向采购机关提出申请。

（3）政府采购机关对提出申请的供应商进行资格审查。供应商必须具有合法的经营资格，有固定的办公场所，具备完全履行合同的能力，有相应的技术力量和管理经验，有一定的履约业绩，无违法违纪行为。

（4）确定中标供应商。政府采购机关按照确定的原则和评标方法，对具备资格的供应商进行全面综合考评，择优确定中标供应商。

（5）签订采购合同。供应商确定后，政府采购机关、项目使用方和供应商签订采购合同。合同明确采购项目的名称、数量、规格和型号、供货地点和时间，以及采购价格、付款方式和违约责任等内容。

（6）合同执行。采购合同按《中华人民共和国经济合同法》有关规定执行。

（7）项目验收。采购项目完成后，政府采购机关要按合同组织项目验收，如发现问题，按合同有关条款办理。

如上所示，文本式的流程可以很好地将所需要做的步骤描述清楚，逐条表达分析内容，有条不紊。但是纯文字的流程表达方式对于任务较少的流程较为适用，当遇到步骤较多的流程，所用文本的篇幅就会显得较为冗长，造成阅读者的视觉疲劳。且文本式的表达在一些特定的场所有局限性。若将纯文本式的流程加入箭头，则会更加清晰、直观。

实例2：医院诊疗，治疗流程

（1）门诊病人就诊流程。导医处填写病人基本信息并进行分诊→挂号→各科就诊→医生开出检查、治疗单→收费处收费盖章→各检查科室检查→等候检查结果→回医生处看报告→医生开出治疗方案→到挂号收费处收费→到药房取药→诊疗过程结束。

（2）住院病人就诊流程。导医处填写病人基本信息并进行分诊→挂号→各科就诊→医生开出检查治疗单→收费处收费盖章→各检查科室检查等候检查结果→回医生处看报告→医生开出入院单→到挂号收费处办理住院登记→到病区护士站安排床位→通知病房医生查房→医生开出出院医嘱→护士整理好病历资料通知收费处→病人到住院处办理出院手续→护士检查各项手续齐全后病人出院→治疗过程结束。

由于文本式本身的特点，详尽的流程描述让篇幅尽显臃肿，简略叙述则可能导致流程缺乏相关的文件、步骤、责任人等信息，进而导致效果大打折扣，造成事倍功半。但我们对此并不全盘否定，将其与教育结合，教育意义在于培养学生的流程意识与思维。其需要明确的是流程的思维不只是一张流程图而已，应教会学生根据自己需要整理事务的内在逻辑，通过每个主要任务进行任务要素（责任人、起止时间、所需文件等）的关联，明确流程是思维而不是一纸流程图。

10.5.2 流程图式

随着流程、流程管理的发展，越来越多的纯文字表达方式逐渐被替代，其中最为普遍的为流程图式。首先对"图式"进行理解，所谓"图式"即是指物体、事件或命题被理解或认识所需的一系列相关属性的集合。例如，关于"铅笔"的图式即包括一系列属性，诸如其形状、功能以及当其作为书写工具时需要不时地切削等。希尔（Seel）[①]等人的观点："学习者对新信息的吸收主要是通过对头脑中现存图式的激活来实现的。"换言之，学习者通过使用现存图式感知新信息。流程图将做事先后顺序用直线、箭头进行连接，将流程的思想运用于图式中进行表达与推行。所以当形成流程图后对学习者进行宣贯，会使其更快地接收到新信息、新知识等。现存的流程图式包括工作内容流程图法、工作部门流程图法、泳道图流程图等，如图10-30所示。

从图10-31、图10-32中可以看出，相比于纯文字的流程化表达，流程图可以把各个任务的要点进行阐述，还可以清晰地展现出各个任务之间的逻辑关系；最主要的一个优势是其视觉效果简洁明了，不用对大段文字进行阅读。但是上述流程图也存在一些缺点，例如对于居民身份证办理流程，只是简要阐述可以办理身份证的地址，却没有阐明其负责人或具体岗位以及办理所需要带的证件；而泳道图虽然很清晰阐述了每个流程任务所对应的负责人，但是被框入矩阵内进行排列，在一定程度上限制了流程的灵活性。

---

① Ifenthaler D, Masduki I, Seel N M. The Mystery of Cognitive Structure and How We Can Detect It: Tracking the Development of Cognitivestructures Over Time [J]. Instructional Science, 2011 (39): 45.

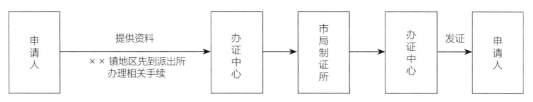

图 10-30 某地居民身份证办理流程图

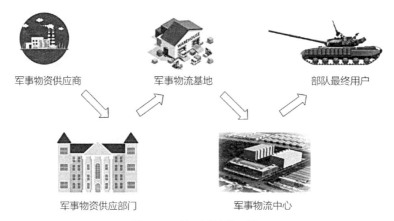

图 10-31 某军事供应链示意图

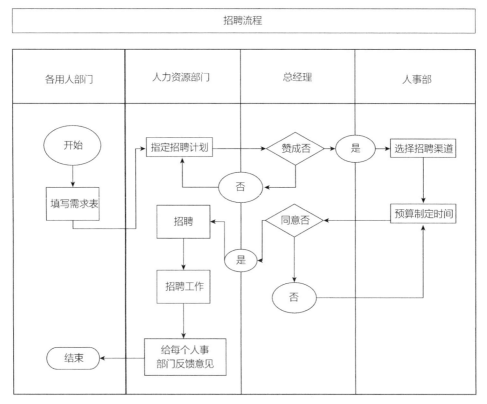

图 10-32 某部门招聘泳道图

作者团队根据多年的研究，提出了BLF的流程图式的表达方法。BLF流程图是流程牵引理论中制定的流程图绘制标准，BLF为标准、流程、范表三个词语的拼音首字母，也正意味着BLF流程图由以上三部分内容所构成。BLF流程图共分为三部分：中间为流程，是流程具体的表达，每一条流程由六边形的"开始"为起点，流向以圆角矩形的"结束"代表的终点，中间以矩形框代表着具体的工作流程，由动宾短语构成，菱形框代表着审核、自善流程，带有"是/否""通过/不通过"等流向，四种图形组合形成一个完整的整体。流程的左边为标准，是流程可参考的标准或依据，常见的内容有国家现行的法律法规、标准政策，或是行业中编制的行业规范，或是一些过往的实际工程案例、类似的成功案例，标准的作用是为流程的执行提供参考，增加流程的科学性。流程的右边为表单，是流程运行过程中产生的一些成果，常见的有各类表、图、手册等，例如工程量清单表、劳动力计划曲线、安全手册，通过对表单的规范化，增强流程梳理的权威性。在每个任务框的底部可以根据实际情况插入具体的负责人、负责单位、任务起止时间等，贯彻"责任到人"的理念，也使事后追责或文件溯源更加有针对性，具体的BLF流程图表达如图10-33所示。

前文提到，随着数字化大环境的发展，世界产生的知识量已经处于指数爆炸的状态，这也就意味着会有更多新知识、新工艺、新模式陆续产生。BLF流程图绘制的基本思想虽然不会变，但是也需要根据时代的发展做出调整与更新，并结合现代化手段使其更加具有使用的便捷性与敏捷性。

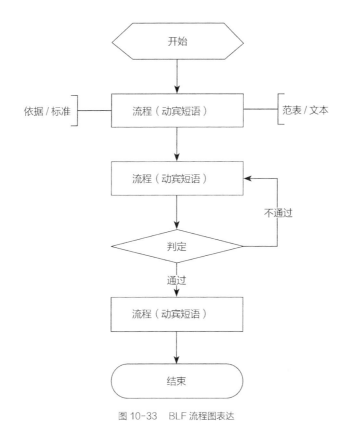

图 10-33 BLF 流程图表达

将其应用于教学中，对于教学本身的考虑，可以直观显示整个课堂活动所占比重，还可以清晰呈现出课程的重点和难点。在教学内容应用中，其与教案有相同的功能，将教学过程中的每个环节通过图标方式呈现出来，更具有逻辑性；其还可以作为评估教学质量的依据；好的教学流程图不仅更加美观，还可以开发教师的艺术潜质，让教学变得更有创意。

10.5.3 立板式

这是生活中较为常见的一种表达方式，其将任务模块具象化，可以让用户（企业的宣贯人员、老师）等进行直接操作，也可以通过知识接收者的自我操作激发学习热情以及新的思想方法，同时增加知识接收时的趣味性。产品蕴含复杂的管理思想，将复杂管理思想融入简单产品中，工具化地表达出来，使之更清晰明了。将无形的知识显性化，留下知识管理痕迹，使之拥有系统性、完整性的知识体系，只有留下知识管理的痕迹，业务活动才能被"理清""说透""做好"。

目前较为常见的方式为磁性贴板与背景软板，兼顾放置、取下的便捷性，同时也更具便携性。可应用于多种场景，如课堂教学、企业培训、召开讲座等，也可根据其不同用途，调整尺寸大小。如图10-34所示，该工具化模块是应用于课堂教学的，以120cm×300cm软白板为背景板，以9cm×15mm的磁板为任务块，以1.5cm宽的磁条为箭头，将多个任务块按逻辑关系进行连接，对流程进行了梳理，实现施工策划内容完整、任务要素齐全、逻辑关系正确等效果，且具有可视化的特点。

通过这种形式可以用静态和动态相结合的方式，以直观的效果展现施工策划的流程，加深学习者对已学理论知识的理解，并以此作为理论和实践之间的桥梁，可以使学习者将所学

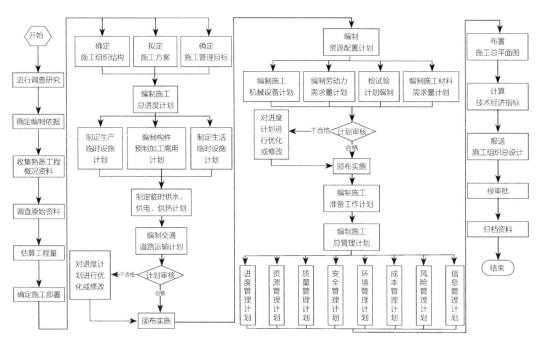

图10-34 立板式流程表达示意图

所想真正作用于实践、融入实践，从而解决学习者难以将理论与实际相结合的问题。另外，通过该方式的教学和实践，知识接收者可以将零散的施工策划知识进行系统化集成，将施工策划知识的无形性有形地体现出来，达到清晰明了、便于理解记忆的效果。但是该方式的局限性在于其因为箭头的形状与长短相对固定，只限用于少量类似的流程表达，对灵活性会有所影响，且还需花费一定的时间制作相应的模板等。

10.5.4 平板式

平板式表现形式与立板式大体相同，但其更像是一幅模拟沙盘。相比之下，若立板式的流程表达方式可以更直观地将成型知识传授所需之人或起到宣贯作用，则平板式就更侧重于知识接收者的思维能力。使用者可以自己组建简单、贴合实际的流程并付诸实践，感受实践中的不足从而反过来优化流程，形成"理论—实践—理论"螺旋式上升，调整、完善思维逻辑，寻找最适合于自己的流程，并提升自己的流程观、工程观。

但无论是传统的立板式还是平板式的流程化表达，在数字化的今天已经显得较为累赘。应与ICT环境下产生的新技术进行不断结合。例如与数字化产品开发电子材料，将物联网的芯片技术应用于仿真教育，在各个工具化模板中加入智能芯片，将工程设计、施工、运营等阶段的管理流程和工艺流程相结合，使工程全生命周期内的活动都能被清晰地表达出来；将智能芯片安装在装配式建筑的构件中，将管理流程和工艺流程以及相关政策体系赋予每一个构件，实现各构件之间的逻辑关系、施工控制要素等都能被清晰地表达出来。未来，对于其功能进行更深入的探索，进一步挖掘仿真软件的优势，将VR技术与之结合，使学习者能够体验实景实况，加深学习体验，增强工程认知，真正做到在踏入岗位之前已经对所有的知识熟记于心、熟练于行。

同时，企业或教学可根据实际需求构建相应的流程库，应用流程仿真软件通过人工智能、大数据等手段对公司所需要的流程进行建模，再结合平板电脑等电子设备进行流程和任务模块的组建，同时每个任务块可以拥有多个相似的替换选项，相对于传统的两种方式，其自由度更大，且不会受限于地域等条件，以最大限度地符合使用者的需求，进而进行仿真、预测等。

10.5.5 码卡式

码卡式的流程表达方式灵感来源于插卡式模型，表现形式为在一个平面中有若干卡槽排列成为一个大的矩阵，可以通过预先制成的任务卡片插入，同时在每个任务框的侧边设置未进行、进行中、已完成的状态栏，以此来展现流程进行的进度，最后进行逻辑线的绘制，即可快速完成一幅流程图的绘制。

但该流程图的表达方式存在一定局限，预先制成的任务卡片无法很好应对突如其来的任务变化，只能配以文字对发生改变之处进行说明；并且流程逻辑的正确性只有在流程实施后才能得以验证，可能存在运行过程中不断修改流程任务的现象。该方式较为适用于企业中较为核心的、不易发生改变的流程或是在教育中比较固定、得以沿用的流程。另外，一个组织的码卡式的流程表达方式越多，也就意味着该组织拥有的底蕴越深厚。

码卡式与平板式、立板式的流程表达方式类似，虽然存在一定的短处，但可以应用新兴技术的发展进行弥补。由于矩阵式排列的思想不变，将其录入电脑屏幕后通过拖动、修改任务块来应对时刻变化。当企业的流程库中存在一定数量逻辑正确的流程，面对新的目标导向时，依靠人工智能、深度学习等手段，通过分析问题所在，自我绘制一套流程，再对系统图进行分析，以达成纠偏或推荐更为合理的任务模块甚至整一条流程，同时，推荐相应的工具辅助以确保目标体系的完成。

10.6 智能化开发——"晓筑"系列

我国社会经济处于高速发展、高强度建设阶段，工程建设项目管理作为主要支撑方式，呈现了新的机遇和挑战，传统方式已难以满足大规模、"高大精尖"、结构个性化、高质量、绿色低碳的生产管理需求，智能系统管理作为项目管理转型升级的核心引擎，对建筑业产业链、价值链的数字化、智能化提升和优化具有重要意义。"晓筑"系列是顺应时代发展变革，基于流程牵引理论而开发的智能化系列机器人，也是敏捷高等工程教育的重要辅助工具。

以下三种机器人的提出是为了解决当前存在的问题。"晓·工"能够解决工程知识杂、乱，各单位之间关系协调的难度和工作量大等复杂性问题；"晓·教"能够解决工程知识碎片化，能较好地消除老师难教、学生难学的较大痛点等问题；"晓·企"可以解决由管理模式粗放造成员工不了解总体任务构成，内部管理职责不清晰造成员工不明白自己的角色责任等问题。

10.6.1 晓·工——基于流程牵引理论的项目管理智能机器人

"晓·工"是基于流程牵引理论为进行项目管理而研发的机器人，该设备结合现代技术，巧妙地将工程项目知识融入设备之中。通过清晰的流程展示、高精准的动态管理，让工程项目体系完整明了，任务环节清晰精准，工程进行更加高效，施工更加有保障。该产品在流程牵引理论指导下，将人工智能机器人与项目环境进行紧密结合，采用指导行动的先进的"流程体系"表达方式，将隐性知识显性化，可应用于各类工程施工现场，从工地入口到各个施工工位，覆盖项目开始到竣工验收等各个阶段，让管理者实现自上而下的智能交互管理模式。同时，"晓·工"的海量知识库还包含了从混凝土浇筑到模板支护及拆除等工艺相关知识内容，内容表现形式包括图片、视频、文本表单、规范等，实现施工工艺和管控流程的完整性、准确性，任务要素的齐全性、逻辑关系的正确性和使用者对任务角色的准确理解。各个有利因素的协同作用，使工艺操作逐渐达成标准化、规范化，促使项目管控效率得到极大提升，这是目前唯一以管理为核心的集可视化、智能交互、大型流程数据库于一身的产品。其强大的内置流程银行知识库、规范化表格库、法律法规等知识管理库，能让使用者高效、便捷地通过流程串联规范与表格，促使项目中的人可以更快地获得该任务块的完整信息，提升效率，如图10-35所示。

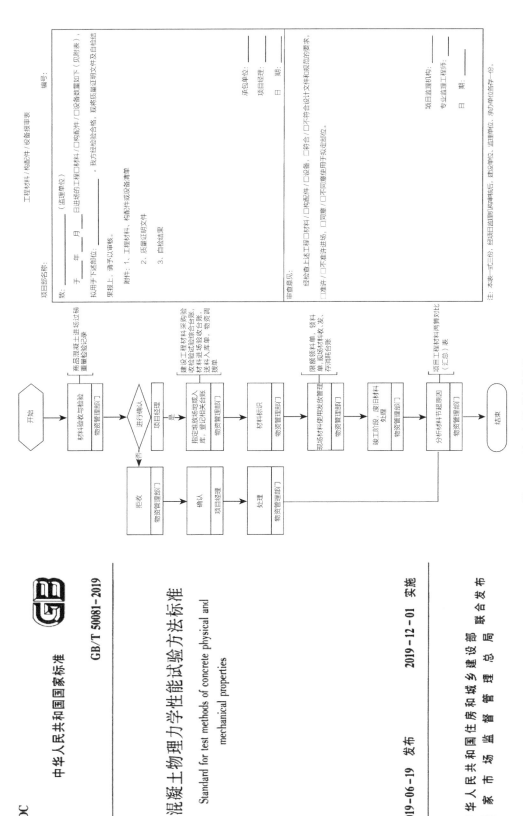

使用云终端存储空间，"晓·工"可直接将重要信息上传至云端并保存，不占用内置存储空间，防止资料丢失。其强大的功能还能运用于工程教学之中，提供工程实际相关范本、规范、资料内容、工艺视频等，几乎可涵盖现今所有工程，还能可视化、标准化、动态化、交互化、精准化、数字化地展现工程施工阶段的全流程、全岗位、全仿真、跨专业、信息化、智能化等特点；将零散的知识进行集成，化无形为有形，辅助工程教育，让敏捷高等工程教育更好地落地。

10.6.2 晓·教——基于流程牵引理论的教育管理智能机器人

世界工程教育的发展与最新潮流显示，工科人才培养与业态转型方向以及工业未来发展趋势保持高度一致，日趋复杂的工程实景将更紧密地嵌入工程教育过程。同样，由于知识体系复杂多样等原因，实际教学中仍存在诸如知识点相对独立、与实践脱钩、缺乏完整性、知识碎片化等诸多问题，让学生难以了解自己的角色责任等内容。同时，由于知识点分离的教学现状，学生往往接受"只见树木不见森林"的教学，使其难以在理解项目内容的基础上对实际项目问题进行实际解决。

基于流程牵引理论而研发的"晓·教"教育管理智能机器人，是一种由教师和工程智慧教学平台共同组成并面向高等工程教育的智能教学系统。同时，引入BAVS辅助教学，使学生、企业构建管理体系的能力提升到了一个新的高度。将隐性的知识显性化，即留下知识管理的痕迹，对管理流程进行仿真，将业务活动"理清""说透""做好"，有助于之后形成一个完整性好、逻辑性强的知识体系。

基于"晓·教"与BAVS的上课模式，能够可视化、标准化、动态化、交互化、精准化、数字化地展现了施工组织设计阶段的全流程、全岗位、全仿真、跨专业、信息化、智能化等特点。其由线上、线下两部分组成，线上是基于BAVS，线下是工具化模块将任务块具象化，用于课堂教学、培训新人、讲座讲解等多种场景，通过流程仿真技术实现施工组织设计内容的完整性，任务要素的齐全性，逻辑关系的正确性。通过线上、线下两种方式，实现敏捷高等工程教育推崇的"双师教育"方面相关新型教学方式，打破传统教学模式。以高校和企业教师为主，BAVS为辅，推进"双师教育"在高校工程领域教学中的运用，推动产教融合，以达到满足社会需求，缓解企业用工难，学生就业难的问题。提高培养学生的效度、优度，加强学生的实际能力的培养，致力推动高等工程教育自旧向新，为企业与学校培养符合现代工程实景人才提供新途径。

10.6.3 晓·企——基于流程牵引理论的企业管理智能机器人

基于流程牵引理论而研发的"晓·企"企业管理智能机器人，主要从企业各部门着手，将企业内部知识透明化，通过流程图为企业提供一个系统化、标准化、整体统一的技术方案，精细化到各部门所要承担的责任、角色、资源和沟通等，为企业提供了信息化管理平台，对企业技术路线图、项目任务与项目进度加以控制和管理，实时跟踪项目的进度和任务的完成情况，并节省资源，提高企业的竞争力。

通过线上、线下相结合的模式，"晓·企"可用于企业知识管理、人才培养、责任明确、生活管理等场景。将所需的管理流程库实时调用，可视化地展现，以及结合互联网不受时空限制、高效率、高精准度的优势，实现施工策划内容的完整性、任务要素的齐全性、逻辑关系的重要性等需求。从路径、依据、责任三个方面帮助学习者理清工作要求及工作流程；通过一对一或一对多的培训，再辅以一定的仿真训练，让学习者快速成长、尽早独立解决问题，尽可能地为企业减少培养人才产生的成本支出；对于突发事件，可在产品中查询对应专业的企业内部专家和联系方式，以便及时咨询。

同时，构建知识共享平台，有利于企业系统地积累、组织、存储、重组企业的知识，形成知识共享的企业文化。并且，将知识管理与人力资源相结合，可利用员工知识共享、知识创新次数的数据，实施鼓励员工进行知识活动的奖励机制。由此打破传统企业管理中的交流壁垒，推动企业知识更新能力。让职员知识获取无阻力，推动学习的敏捷化。"晓·企"智能管理机器人，是一个切合数字化转型，提升工程管理效率，必将对工程管理产生深远影响的重大创新；也是将难教难学的管理知识，通过仿真达到可视化、标准化、高效化传播的方法尝试。本产品扩大了企业创新的可能性，通过后续阶段的研发，使理论与实践相结合，促进企业管理与生产技术的创新，提高行业的信息化水平，也必将推动建筑业的技术进步。

"晓筑"系列的有机结合、交互使用（图10-36），使项目、教学、企业产生联动，切合数字化转型、提升工程管理效率，是对工程管理产生深远影响的重大创新，也是将难教难学的管理知识，通过仿真达到可视化、标准化、高效化传播的尝试。"晓筑"系统以强大的功能，为敏捷高等工程教育提供帮助。"晓·工"在敏捷工程教育探索可以做到项目知识的快速获得、使用，使结构化的知识摄入更完整、理解更深入，为工程实践人员营造了一个高效、敏捷的工作学习环境，有利于资源和信息的共享，提高相关人员的学习效率和学习积极

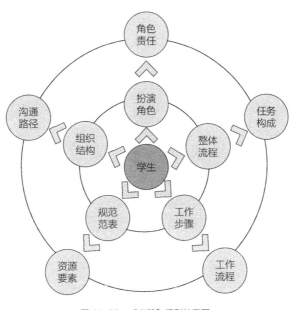

图10-36 "晓筑"系列效果图

性。"晓·教"则是通过人工智能技术实现人机间的智慧交互,智能帮助学生巩固薄弱知识点,让教学过程摆脱传统模式的千篇一律,面向不同学生实现精细化与差异化,促进教学过程更为标准化。"晓·企"通过崭新的工程管理知识组织方式,将机器人与企业管理相结合,使企业传统的职能式组织架构转化为流程型组织架构,使企业的工作更加系统化、全面化、全局化。"晓筑"系列能够激发员工工作积极性,为管理者提供了管理更优解,从而实现个人价值与企业价值的相互统一。

第 11 章
工程教育成效与绩效

本章逻辑图

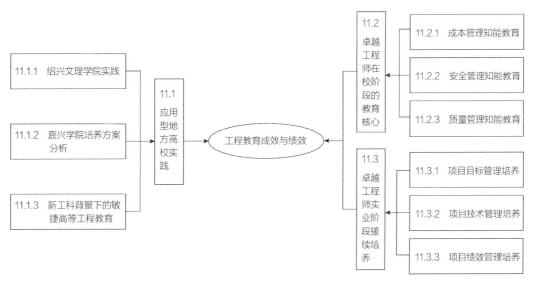

图 11-1　第 11 章逻辑图

11.1 应用型地方高校实践

新经济发展的趋势，迫切需要新型工科人才作为支撑。现代工程实践的社会化、综合化特性，使单纯的工程教育模式已无法满足经济、社会发展对工程技术人才的需求[①]。近年来，地方高校应用型人才培养的研究中也有许多亟待解决的问题，如地方应用型高校人才培养目标宽泛、趋同，本科人才培养标准在教学实践过程中存在"走样"与"偏离"现象；地方应用型本科课程体系不合理，课程目标未基于培养目标明确对应的能力要求，学生未达到应有的知识、能力、素质要求；课程设置零散、重复，重理论轻实践，通识选修课不接地气，创新创业课程偏少。同时，地方应用型高校专业对接地方经济发展需要的建设力度不足，专业人才培养能力不足，专业人才社会适应性较差，未形成持续改进机制。另外，地方应用型人才培养开放性方面也存在不足，"双师型"师资队伍培养能力不足，校企共建育人平台的建设力度不足。

11.1.1 绍兴文理学院实践

绍兴文理学院（Shaoxing University）位于浙江省绍兴市，是一所由绍兴市人民政府举办，并经教育部批准成立的普通全日制综合性高等院校，学校以立德树人为根本使命，大力推进应用型人才培养体系改革与实践，着力增强学生的社会责任感、创新精神和实践能力；以学科建设为核心、科学研究为支撑，积极推进协同创新，全面提升科研水平与社会服务能力。绍兴文理学院在向大众高等教育转型的过程中，与其他地方本科高校一样，存在着专业调整难和课程共享难的两大问题，并因此引发大学本科毕业生就业供求关系的结构性矛盾。同时，学科被专业割裂，既不利于学科建设，又难以使学科资源支撑本科教学。

从2010年开始，时任绍兴文理学院校长的叶飞帆将敏捷制造的原理移植到地方高校应用型人才培养，形成"敏捷高等教育理论"，并进行了一系列改革：

（1）遵循大学的学科逻辑，重组基层学术组织。将制造业中"一个工业产品需要多个部门联合生产才能成功"的思想引入学科分配中，解决专业调整难、跨学科专业建设难、学科资源整合难等问题。在实践应用中实现了本科专业的非实体化和学科的实体化[②]——学校按学科体系重组建立实体性基层学术组织，即学科组织；同时，把全校所有本科课程按照其学术领域而不是按照其所对应的专业，划归到相应学科组织，如图11-2所示。

基于上述理念与图示，绍兴文理学院千余名教师根据各自学术领域归属于唯一的学科组织，从而形成了多个学科支撑一个专业、一个学科支撑多个专业的资源配置架构，切割了特定专业与特定教师团队的利益关联。一个专业的停招不会从根本上影响教师的利益，因此，大大降低了专业调整的难度，显著改善了专业建设对社会需求变化的动态响应能力。此外，还杜绝了教师跨学科承担课程教学的现象，保证了教师的教学与科研在学术领域上的一致

[①] 李齐全，李虹，等．"新工科"建设中的工程文化教育探析［J］．安徽建筑大学学报，2017，25（4）：4.
[②] 叶飞帆．敏捷高等教育的理论与实践［J］．高等工程教育研究，2017（1）：78.

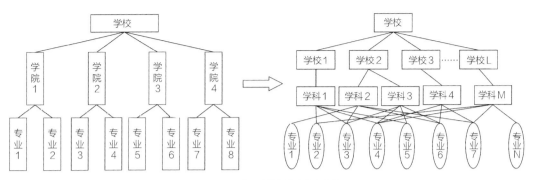

图 11-2 专业实体化转向非实体化

性,保证了学科资源对本科教学的支撑,提高了本科教学的质量。

(2)回归专业的课程组合本质,重建本科专业的形成机制。在建立非实体性学科组织的基础上,本成果根据"课程组合是专业的本质属性"这一原理,重建了专业的形成机制。课程建设的责任落实在学科组织,承担教学工作是学科组织的第一要务,每个学科组织只能开设属于自己学术领域的课程,全校所有专业所需要的课程都由相关学科组织分别提供,由此确立了学科提供课程、课程组合专业的专业设置与运行机制。一旦出现新的专业需求,学校可以从相关学科选择所需课程快速推出新专业,不再需要为这个新专业单独建立一个实体性的专业组织,从而大大提高了学术资源的利用效率。学校同时在若干相近专业中建立专业建设委员会,以协调相关学科参加专业建设和管理。这种专业构建机制可以依托有限的学科组织开设品种繁多的专业或专业方向,满足社会人才需求的多样性。

(3)贯彻课程资源开放原则,重构模块化课程体系。专业的去实体化为课程的开放共享创造了条件。改革中运用模块化技术,把全校所有专业的课程体系分成公共必修、专业平台、专业分流、选修四个标准模块。通过不同模块之间的灵活组装,能够充分满足社会对于多样性复合型人才的需求,为学生提供了更多的学习选择。同时也保持模块的相对稳定,有利于提高课程质量,控制办学成本。在专业平台模块上组合不同的专业方向模块可以有效增加专业品种。选修模块既可以实现专业教育的进一步拓展,也可以根据地方产业需要实施订单式培养,进一步提升了应用型人才培养的敏捷性。此外,本成果还强调选修模块的整体性,每一个选修模块必须实现特定培养目标,避免由于学生随意选课而导致选修模块成为一个大杂烩,从而充分发挥了课程的功效,提高了学生学习效率,进而提高人才培养质量。

通过上述教育改革措施,绍兴文理学院形成了学科支撑专业的运行机制,完成了本科专业的去实体化,解决了由于专业调整难度大、时间长、成本高等原因造成的专业与社会需求脱节的问题;建立了模块化课程体系,克服了专业之间的课程共享难题,解决了人才培养品种与办学成本之间的矛盾,有效落实了应用型人才培养的多样性、复合性;实现了学科的系统整合,解决了地方高校普遍存在的学科碎片化问题,在专业建设中突出动态性,在人才培养中突出多样性和复合性,实现了学校应用型人才培养的敏捷性,较好地解决了人才培养的结构性调整,有效实现了人才供给与社会需求的动态均衡。而该改革的成效也十分显著,

《光明日报》《中国教育报》《教育部简报》《教育体制改革简报》等先后八次报道了本成果的相关内容，并得到教育行政部门和兄弟高校的广泛关注。

在"敏捷高等教育理论"运行与完善的过程中，绍兴文理学院土木工程学院也积极配合，应用敏捷教育理念进行《土木工程施工设计》的教学改革。在实际教学中主要存在以下几方面问题[①]：①实际工程的规模均较大，学生单独完成一个单位工程的施工组织设计，任务量偏大；②学生缺少实践经验，很难把各施工工序串联起来，对一些施工安排缺少感性认识；③评价体系单一，题目单一的现象难以杜绝学生在实际操作过程中抄袭的现象，并且单从课程设计成果很难体现学生进行课程设计的过程以及进行设计的思维；④在课程中学生很难在课程设计中体现土木工程施工新技术和新工艺，缺少对前沿施工技术如BIM技术、装配式建筑施工等技术的了解。针对这些问题，对课程方案设计与考核方法进行了改进，如表11-1所示。

敏捷高等教育理论下的土木工程课程设计　　　　　　　　　　　表11-1

课程方案设计	设计内容	资料收集：工程概况、施工工期、场地条件、气象条件、施工管理经济条件、工程量
		施工组织设计说明书、施工平面图
		施工进度计划横道图，基础工程、主体工程、装饰工程部分各1张
		双代号网络图（六时标），基础工程、主体工程、装饰工程部分各1张
		关键施工工序的技术方案
		BIM三维建模图片以及BIM施工平面布置图
		小组工作总结，明确每个人的主要工作，明确分数比例的根据
		装配式建筑施工组织设计案例
	设计要求	每组学生对给定的主要项目工程量及建筑面积按"$X=a\times$小组序号$+b$"进行调整，其中a、b为常数，根据具体的单项工程面积进行规定
		各组总工期，根据小组编号确定，工期容许最大误差为-5天
考核方法	考核内容	小组自评与互评，组长相当于项目经理的角色，负责安排小组成员的分工，具有给组员评分的权利，以督促组员按时完成工作任务，打分结果需得到每位成员的认可
		教师定期检查学生的设计成果，根据学生的学习态度和设计进展进行平时成绩的评定
		课程设计结束，根据所提交的设计成果包括设计图纸、设计说明、BIM模型和装配式施工技术案例等对成果成绩进行评定
		现场答辩，答辩成绩由PPT自述和回答问题两部分组成
	考核成绩	每个小组给出小组成员的得分比例，老师根据小组上交的全部设计成果评定小组成果总分，根据学生平时表现评定个人平时成绩，根据答辩情况评定个人答辩成绩，最终计入总评成绩

上述，针对《土木工程施工课程设计》的特点，根据敏捷教育核心思想，完善课程设计内容与要求，并采用小组形式完成课程设计，克服短时间内难以完成整体施工组织设计的困

---

① 姜屏，王伟，卢锡雷，等. 基于敏捷教育理念的《土木工程施工课程设计》教学改革［J］. 教育教学论坛，2018（16）：132.

难。科学合理的过程控制和考核方式能够有效地把控学生状态，防止小组设计中存在偷懒的现象，总体而言，在《土木工程施工课程设计》中开展敏捷教学达到了应用型人才培养的目标。

近年来，绍兴文理学院将思政教育贯穿于各个学科，学校选择两个分院共计126门课程、87位老师做出"课程思政"承诺，填写"课程思政"教学设计表。学校鼓励各课程见仁见智、各自解读，因事而化、因时而进、因势而新；春风化雨，将思政元素转化到课程全过程；课程教师打铁还需自身硬，提升思政素质和工作能力，此举措与"3H3T"的目标也有异曲同工之处。

11.1.2 嘉兴学院培养方案分析

嘉兴学院（Jiaxing University），简称"嘉院"，位于浙江省嘉兴市，是经教育部批准组建的普通本科高校，实行"省市共建共管，以省为主"的管理体制，同时也是CDIO工程教育联盟成员单位。嘉兴学院各专业人才培养方案的制定是适应以"更新理念、优化模式、突出特色、强化质量"为宗旨，以"强化复合型人才的培养、进一步优化课程体系、进一步充实完善短学期的教学内容、充分发挥'平台+模块'人才培养方案的优势"为目标，体现了"固化、深化、优化、强化"的四项原则的要求。

2018年，根据高等学校建筑学、城乡规划、给水排水科学与工程、建筑环境与能源应用工程、工程管理专业评估（认证）工作的有关规定，该年度共有70所学校的93个专业点通过专业评估（认证），其中初次通过评估的专业点24个。嘉兴学院于2018年5月首次通过评估认证，也成为浙江省唯一通过工程管理专业论证的学校。

嘉兴学院贺成龙教授在"成果导向的BIM应用人才协同培养改革与实践"的汇报中阐述了嘉兴学院工程管理专业关于"1+X（BIM）"模式的培养方案。其通过对特级或一级的施工总承包单位中核心BIM应用相关层级的主要负责人、BIM中心负责人等进行调研，得出缺乏BIM人才、缺乏BIM实施的经验和方法是连续四年阻碍BIM实施的最大因素。基于此，嘉兴学院以国家、社会、行业的需求，学校的定位，教师和学生的期望等综合因素为导向制定人才引导及培养的方案，构建"问—践—道"三位一体的BIM应用型人才协同体系[①]。"问"以学校为主，以任务为导向，培养学生的工程基础能力（BIM识图、制图、水暖、法律法规等知识）；"践"以校企合作为主，以项目为导向，培养学生的实践动手能力（BIM策划、三维场布与进度控制、计量与计价等知识）；"道"以跨专业结合，以问题为导向，培养学生的综合应用与创新能力（BIM设计与施工模拟、技能综合应用等）。

"问—践—道"的培训模式以及达到目标与工程教育范式核心中的"HWM、TIE、IPC"的思想高度吻合。通过对目标的确立以及实施路径的建立，以达到复合型人才培养的目的；通过对各门课程的认识、练习与验证，应用BIM对工程策划到工程竣工的全生命周期的知识进行串联、实践并往复循环，来提升学生对于BIM应用于工程全寿命周期中所产生的问题进

---

① 贺成龙，博洋. 成果导向的BIM应用型人才协同培养改革与实践[J]. 嘉兴学院学报，2022，34（3）：120–126.

行多维度的自我思考，增强应用的精准度，通过BIM中多主体、多步骤的练习，提高学生的沟通能力与相关资料的搜索、整合能力，并在多角色体验的过程中得到执行力的提升。通过这几方面的锻炼，增强学生的适岗能力，并通过不断的实践延长在工作中的适职实践。但应注意两个问题：①对于"成果"与"需求"的导向只通过国家需求等六者分析是有所欠缺的，不应忽视管理环境约束与管理惯性使然等因素，更甚可使用PESTecl进行分析；②对于工程生态、现状、未来环境的分析应下沉于学生，充分培养学生对外部环境的感知能力，进而培养创新、自我学习的能力。

嘉兴学院的工程管理专业人才培养规格（标准）也是可圈可点：通过教授工程知识、问题分析、工程研究、现代工具应用，使学生拥有良好的工程和科学素养（宽基础）；通过设计开发解决方案、项目管理等知识学习、实践，使学生拥有系统的专业实践技能（强能力）；通过对行业职业规范、工程与社会、环境和可持续发展相关方面的介绍，使学生拥有规范的职业道德行为（有品德）；并加强个人团队之间的协作、学会沟通交流的方法、培养终身学习的理念，使学生善于持续自我发展（善发展）。

在作者看来，应对学生进行多方面的协同培养，掌握除书本上知识的其他技能，使学生成为适用社会、适应发展的复合型人才。从工程教育的角度来看更是如此，无论是工程、工程知识还是工程教育，都拥有复杂的特性，而多方位的培养可以使学生在学习、工作中更加快速适应环境、解决问题，这正是敏捷高等工程教育的价值所在。

11.1.3 新工科背景下的敏捷高等工程教育

在多维不确定时代背景下提出的新工科教育政策，迫使高校工程实践教育直接正面迎接新的挑战。一方面，需要更新工程实践教育内容，升级工程实践教育设备，提升师资队伍新工科教育能力，改革实践教育的方法和体系。另一方面，寻找工程实践教育改革的切入点，大力开展创新创业教育，为培养创新创业人才、适应新经济发展和国家创新驱动发展战略发挥更好的作用。

基于敏捷高等工程教育所面临的新时代教学目标多元化和人才需求个性化特征，以及不断发展、繁复混杂的工程现状、工程工具、工程知识等时代趋势和环境条件，各高校应以学生发展为中心，通过理论、技术、实践教学的交叉并行与快速重构，以及跨校、跨界教育资源的高效协同，实现知识学习与能力提升的多轮迭代，并建立具有高度灵活性和动态适应性的教学形态。

从上述绍兴文理学院与嘉兴学院的改革中可以看出培养目标的多元化、核心课程的体系化、课程模块的分类化、理论与实践的融合化、教学工程的敏捷化、教学资源的协同化都是高等工程教育中的关键因素。除高校内部自我调整之外，应共同建立一个开放的教育生态，充分建立与外部乃至国际教育相关要素多渠道、多元化联系与合作的教育体系，调动与整合校内外资源用于敏捷教学与可持续竞争力培养的教育生态。对新工科建设与人才培养来说，教育生态建设主要涉及通识教育和多学科融合育人、产学合作协同育人、国际合作开放育人、创新创业教育实践育人、校园文化环境育人等生态的建设，并应用快速发展的新技术建立全方位、全时段、协同、高效、精准、智能的服务支撑体系。

无论是新工科背景还是其他政策的变化，都可以通过PESTecl的环境分析法掌握高等工程教育环境的变化，从而跟上时代的变化；通过工程教育需求耦合机制快速聚焦多方主体的复杂需求；通过"3H3T"树立敏捷高等工程教育需要达到的目标；通过七步逻辑构建新形势下工程教育总逻辑图，不断实践、循环、改进，找到符合现状的最优工程教育培养模式；通过工程范式以及其核心提升学生思维；通过"六实"体系的培养教学，迅速、敏捷地对在校学生进行全方位实践能力的培养与锻炼；通过流程牵引理论与精准管控理论贯穿于敏捷高等工程教育的全流程、整体系，对所需资源进行快速整合，对任务进行精细化分配等。

11.2 卓越工程师在校阶段的教育核心

卓越工程师是改造世界并直接影响世界的特殊群体。敏捷教育理论要求在校期间，培植学生具有高度的社会责任感，建立宽视野的工程认知，多角度观察解决问题的工程观，掌握工程思维和方法，熟练工程基本技能，掌握工程基本工具，构建扎实的多学科基础知识框架，了解全过程、全要素、全主体的核心职责与内容，初步运用沟通、协同技巧，掌握管理基础技能。这是敏捷工程教育的新定位和新目标。

工程项目是目前全球工程组织的基本方式和管理模式，以此为例阐述在校期间工程教育的重点内容，也是权宜之计，具体的要素知能知识，是在上述目标基础上开展的。

结合长期的实践经验和新技术发展现状，归纳出现阶段我国典型建筑企业工程项目管理的25项核心内容，其基本分类为：第一类，管理战略类要素，包括明确范围、建立目标、组建组织、规划流程、辨析风险；第二类，工程核心要素，2TQ2CIS，即技术、进程、质量、合同、成本、信息、安全管理；第三类，保障、服务和发展类，包括采购、资源、健保、环保、沟通、法务、劳务、创新、廉政、人才、ICT、审计、绩效的管理。下面阐述卓越工程师的培养，在校阶段应加强国际通行的铁三角：即"成本、安全、质量"管理知能方面的培养。实业阶段的"目标、技术、绩效"管理知能方面的培养，在后文进行阐述。

11.2.1 成本管理知能教育

美国会计学会将"成本"定义为："为实现某种目的而产生的费用支出。"[①]成本管理是一种科学的管理工作，其包含投标成本、目标成本和实际成本。成本管理是在企业生产经营过程中，对产品成本系统进行预测、决策、计划、控制、核算、分析与考核的一种手段，通过这种组织员工的方式，在保证产品质量的基础上通过减少成本，从而让产品消耗最小化而生产成果达到最大化。成本控制是成本管理中的重要部分，其是企业根据一定时期预先建立的成本管理目标，是保证成本在预算估计范围内的工作。根据估算对实际成本进行检测，标

---

① 胡彦利. 基于全过程的房地产项目成本管理关键影响因素分析［J］. 房地产世界，2021（7）：66–68.

记实际或潜在偏差，进行预测准备并给出保持成本与目标相符的措施。成本控制要严谨，但又不能过于刻板，成本控制要从传统的方式，转变到更先进的方式，注重前期策划和后期制作阶段的生产环节对整个项目的影响。

成本管理是企业的永恒主题，成本是企业的牛鼻子，成本管理是所有企业都必须面对的重要管理课题，对于卓越工程师成本管理能力的培养，也是其在校阶段能力培养的重中之重。

对于卓越工程师在校阶段的成本管理能力培养：

1. 大学一年级

（1）开设《工程项目成本管理实论》课程。该书拥有丰富、深厚的理论基础知识，还有鲜活的实践案例作为支撑，具有广泛的可读性和可操作性。

（2）开设与成本管理相关的讲座。通过讲座可以让学生对成本控制的多样化，成本管理的基础、条件，以及成本管理的革新有比较系统的了解。

（3）测试与检验。学校通过考试或学生自我测评，了解学生对于成本管理的掌握程度，为进入下一阶段做准备。

2. 大学二年级

（1）开设《建设工程成本计划与控制》课程。该书较系统地介绍了建设工程成本管理理论与实务，书中还列举了不少工程案例，学生可以从中学习到工程成本管理操作实务、经验和创新性启示。

（2）引领学生参与工程实践。学校应开展工程成本管理实践活动，让学生参与到实践中，了解工程实施进度过程中的成本控制，为下一阶段对于成本控制的学习打下坚实的基础。

（3）BIM学习。培养学生学习BIM技术，利用BIM技术，改变了过去的二维工作模式，成本控制维度增加。不仅前置了成本控制时间，而且细化了成本控制的力度。学生在这一阶段学习BIM技术，有利于提高其成本分析的能力。

3. 大学三年级

（1）开设《工程成本与控制》课程。该书依据国家颁布的《企业会计准则》《企业财务通则》《企业会计制度》和《施工企业会计核算办法》，结合建筑企业的施工特点，全面系统地介绍了工程成本核算与控制的基本原理、基本知识和基本方法。

（2）组织学生参与工程成本管理方面的实训。让学生在实训中学会运用工程实施进度过程中的成本控制。

（3）考核与评估。通过学生在实训中运用课堂所学知识的能力考核，对这一阶段的工程成本管理学习做出综合评估，同时设置不合格率，以引起学生的重视，更好地投入学习状态。

4. 大学四年级

（1）参与工程实习。这是对于学生整个大学阶段工程成本管理最好的检验，也是适应社会的关键一步。

（2）指导学生撰写实习报告。实习报告可以直观地体现学生对于整个大学阶段成本管理学习的成效，以及学生对于工程成本学习的心得和体会，以便在未来的工作中更好地进行工程成本管理。

检验学生对于成本管理能力的掌握程度，学校不仅可以通过学生学习成绩进行考核，也可以通过学生在实践过程中，处理成本问题的能力进行综合评估。

11.2.2 安全管理知能教育

建设工程安全管理是项目全过程和成员参与的项目管理，是安全生产时项目管理最根本的利益所在，其关系到国家的财产安全和职工群众的安康，影响着企业员工的切身利益和企业的内外形象。

党在十八大报告中指出："强化公共安全体系和企业安全生产基础建设，遏制重特大安全事故。"在现今社会中，建筑业由于其自身特点，发生安全事故的概率较高。据统计，事故发生率之首是采矿业，其次是建筑业，安全事故的发生严重影响了建筑行业的人员生命、财产安全。我国建筑施工领域现阶段整体安全生产形势依然严峻，现场安全事故时有发生。自2022年以来，建设施工相关领域发生人员死亡的安全事故就有30多起，造成大量人员伤亡和财产损失。

卓越工程师在校阶段安全管理的培养：

1. 大学一年级

（1）开设《建筑工程现场安全管理入门》课程。该书主要内容有：现代建筑工程安全管理的概念和基本内容、现代建筑工程安全管理手段、现代建筑工程施工安全技术、现代建筑工程安全事故概述及案例分析、现代建筑工程安全管理内业资料等。

（2）开设与安全管理相关的讲座。开设相关讲座，做好安全教育工作，增强学生在工程方面的安全意识，掌握常见安全事故的处理方法，这些都是预防安全事故发生、保障施工安全的关键。

（3）测试与检验。学校组织考试或学生自测，以此来判断学生工程安全管理知识的掌握程度，为下一阶段的学习打好基础。

2. 大学二年级

（1）开设《工程项目施工安全管理》课程。该书以安全管理策划、组织、实施、反馈为主线，对安全管理涉及的具体内容进行讲解、阐述并结合案例进行分析，介绍了工程项目施工安全管理相关概念，安全策划、实施与运行，职业健康，现场安全与文明施工及安全监视与绩效测量的相关概念、主要内容和具体案例与方法。

（2）引领学生参与工程实践。老师应带领学生去现场参观工程安全管理情况，了解安全管理规章制度，以及对职工的安全要求。

（3）VR体验。带领学生参观VR工程安全体验馆，应用前沿VR技术，可视化学习，沉浸式体验，强化学生工程安全防范意识，有助于培养学生的安全意识。

3. 大学三年级

（1）开设《施工现场安全管理》课程。该书对施工现场安全基本要求、各分项工程施工现场安全管理、施工现场消防安全管理、施工现场临时用电安全管理、施工现场环境安全管理以及建筑施工现场安全事故的防范逐一进行了撰写，为下一阶段的工程实习打下坚实的理论基础。

（2）组织学生参与工程安全管理方面的实训。在安全教育过程中，学校可开展安全演习，模拟安全事故发生场景，组织学生开展应急救援演练，确保学生能够熟练掌握安全事故的防范措施和安全事故发生后的应对方法，并且让学生体验安全事故的过程，帮助学生总结与分析事故发生的原因，从而使学生在将来的施工管理中自觉做好安全防护工作，同时也能更好地监督施工人员做好安全工作。

（3）考核与评估。通过考试与实训检验，综合评估学生在这一阶段的学习成果，同时科学设置不合格率，以引起学生对工程安全管理的重视，以便于可以更好地投入学习。

4. 大学四年级

（1）参与工程实习。在实习过程中，学生可以在现场通过安全教育人员了解安全施工技术的标准。如安全防护用具的穿戴标准、施工现场危险源管理标准、危险原料与大型设备的使用标准等，这为今后的工作创造了有利的条件。

（2）指导学生撰写实习报告。实习报告是学生对于自己现阶段学习的总结，也是学校对于学生工程安全管理知识是否灵活运用于实践的一种很好的检验。

安全是建筑行业发展的第一原则，工程的价值是在安全的基础上实现的。判断学生是否具备优秀的管理能力，不仅需要其通过安全知识的考核，更需要其参与实践，参与工程项目的全过程安全管理来检验。

11.2.3 质量管理知能教育

工程质量管理是指为保证和提高工程质量，运用一整套质量管理体系、手段和方法所进行的系统管理活动。工程质量好与坏，是一个根本性的问题。工程项目建设，投资大，建成及使用时期长，只有合乎质量标准的工程，才能投入生产和交付使用，发挥投资效益，结合专业技术、经营管理和数理统计，满足社会需要。

对于企业而言，质量就如同企业的生命，建筑工程要实现良性运转，做好施工质量管理是关键，依据设立的质量管理目标，对每一工序、每一过程做到各有分工，各司其职，实施"事前""事中""事后"控制，严格执行各项质量管理制度，确保质量目标的实现，而这也是作为一名卓越工程师应当具备的能力。

近些年来，建筑工程事故发生频繁，造成重大经济损失的同时，还造成了负面的社会影响。例如，桥梁投入使用未超过五年就坍塌，在建的楼房下沉，房屋未达到使用年限就倒塌，地铁施工事故等等，不仅给国家造成了极为严重的损失，还殃及人民的正常生活，事故给人民造成了不可估量的经济损失。在经济利益面前，难免会存在施工过程中偷工减料的问题，特别是现场工作人员的质量管理意识不够，间接导致房屋建筑质量不合格，一旦房屋建筑投入使用后，各种质量安全隐患凸显，后果不堪设想。因此，关于卓越工程师质量管理能力的培养，显得尤为重要。

对于卓越工程师在校阶段质量管理的培养：

1. 大学一年级

（1）开设《质量专业基础知识与实务》课程。让学生首先学习质量管理概论，接着学习质量管理体系、质量检验、计量基础、质量改进、概率统计基础知识、常用统计技术、抽样检验、统计过程控制等内容。

（2）开设与质量管理相关的讲座。通过讲座以拓展学生知识面，同时也能让学生更直观地了解质量管理对于工程的重要性，增加学生在未来从事工程工作方面的责任感，提高学习该方面课程的积极性。

（3）测试与检验。学校组织考试或者学生进行自我测试，以此来判断学生对于质量管理方面的学习掌握程度，以便可以更好地接受下一阶段的学习。

此阶段相当于质量管理的"事前阶段"，以准备为主，学习基础知识、参与讲座，为下一阶段做准备。

2. 大学二年级

（1）开设《质量改进与质量管理》课程。该书紧密结合质量管理的发展趋势，体系比较新，同时该书以质量技术与人的意识和理念相结合，以及质量管理与质量经济分析相结合的方式，提出了21世纪质量管理的新理念和新方法，适合这一阶段的学生学习。

（2）带领学生参与工程实践。老师应带领学生去现场参观工程质量管理情况，比如参观工程质量方面的验收，让学生更直观地了解可能存在的工程质量方面的问题，进而使学生在未来的工作中，对于工程质量管理可以有更好的把控。

（3）数字化技术。培养学生学习数字化技术，利用数字化技术，实现质量管控。数字化与质量管控的全面融合，所面临的挑战是空前的，犹如"航母过弯"，道阻且长，需要不断修正与完善。

此阶段相当于质量管理的"事中阶段"，也是对于上一阶段的衔接，通过课程和工程实践对工程质量管理进行深层次的学习。

3. 大学三年级

（1）开设《质量工程师手册》课程。衔接上一阶段课程，让学生对于质量管理体系有更深刻的认知，学会建立有效的质量管理体系，从而解决管理问题，解决管理者自身的工作质量问题。质量管理体系是在持续改进中得到完善的，而这种改进是永无止境的，在任何情况下，组织的质量管理体系都存在不足且有待改进，应通过管理评审、内部审核、自我评价、数据分析等自我完善机制，不断寻找改进领域，确定并实现新的改进目标。

（2）组织学生参加工程质量管理方面的实训。通过实训促使学生更全面地了解工程质量管理的全过程，同时也为后续的工程实习提供了有利的实践经验。

（3）考核与评估。通过考试和检查实验结果，综合评估学生这一阶段的学习成果，同时设定一定的不合格率，以引起学生对于工程质量管理学习的重视度，更好地投入学习状态。

此阶段也相当于质量管理的"事中阶段"，事中过程控制讲究落实，比起上一阶段，这一阶段更注重学生实践方面的学习，以及自己在书本上学习的知识运用到实践中的能力。

4. 大学四年级

（1）参与工程实习。这是整个大学阶段的重中之重，起着承上启下的作用，一方面可以检验整个大学阶段的学习成果，另一方也是为将来步入社会可以更好地融入工作做好准备，而对于工程质量方面的管理也是其关键的一环,是工作中不可缺少的一部分。

(2)指导学生撰写实习报告。实习报告是对学生参与实习的所见、所学、所悟的一种检验,也是对于自己的不足进行反思的机会,以便未来在工作中更好地进行工程质量管控。

此阶段则相当于质量管理的"事后阶段",通过工程实习与实习报告来检验学生整个大学阶段工程质量管理的学习成果。

建设工程"百年大计,质量第一",建设应以工程质量为中心,只有高质量才有高效益。让学生明白只有工程质量得到保证,人们的生活安全才会得到保证,施工企业才会取得长远发展。学生要努力学习相关课程,参与实践;同时,学校要对学生进行关于培养卓越工程师质量管理能力的检验,要对他们在校期间工程质量管理能力进行考核,更重要的是让他们在现场去了解可能会出现的工程质量问题,找到如何巧妙避免的方法以及采取有效的应对措施,使损失降到最低。

成本影响质量,质量影响安全,三者相互协同。基于成本、安全、质量三个维度,以大学一年级~大学四年级为节点,建立对卓越工程师在校阶段的培养方案,如图11-3所示。

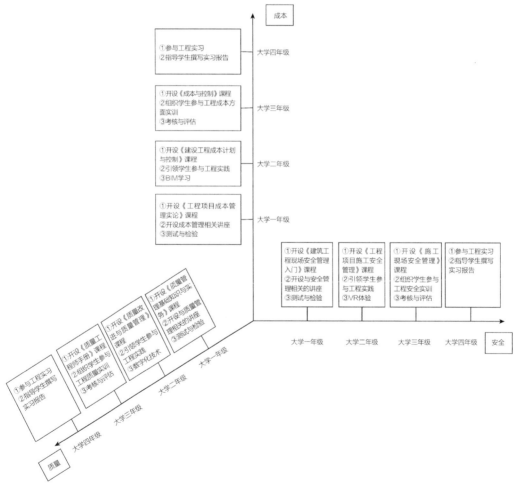

图 11-3 卓越工程师成本、安全、质量管理培养三维图

11.3 卓越工程师实业阶段接续培养

卓越工程师的成长，不是一蹴而就，需要全日制专门学习，更需要在职在岗实践历练，工程师是在建造工程中体现"存在"、安身立命的。践行在校阶段所学所练，实现教育价值，检验、纠正、改进、完善知能结构，这是敏捷工程教育新定位和新目标的实践部分，也是卓越工程师培养的接续。下面着重对目标管理、技术管理和绩效管理知能的培养进行阐述。

11.3.1 项目目标管理培养

目标管理是指在项目总目标控制的大环境下，运用管理技术和指导方针进行调控，从而实现目标。目标管理又称成果管理、责任制管理，即注重成果的完成情况，并以此为评判标准。总目标被确认后，被分解和细化的具体分目标会分配到各个部门和个人。通过分解后小目标依次完成情况，最终实现项目任务，同时通过完成情况对各个部门和个人进行考核[1]。目标管理是以目标为导向，以人为中心，以成果为标准，让组织和个人取得最佳业绩的现代管理方法[2]。

管理人员在管理过程中，采用科学合理的目标能在很大程度上提升工作效率。在设定目标时，应清晰地明白决策的目标、决策该目标所需的标准，应有相应的方法来保障目标完成，最关键的是要让执行者正确理解目标和执行路径，以确保目标实现。目标管理重要的是做好组织工作的分配。管理者应详细合理地分析业务活动、决策及需要条件之间的关联性，对工作进行科学合理的分类，细分具体的工作应当建立在对管理活动的科学合理分类的基础上。

目标管理被广泛应用于各个领域的管理之中，同样地，其也适用于施工项目目标管理。施工项目目标管理是指为实现项目全过程的总目标和计划中确定的管理目标，而实施的收集数据、与计划目标对比分析、采取措施纠正偏差等活动，包括项目进度目标管理、项目质量目标管理和项目成本目标管理等。

施工项目目标管理大致可分为三个阶段：第一阶段为目标的设置；第二阶段为实现目标过程的管理；第三阶段为总结和评估所取得的结果，而对于卓越工程师项目目标管理的培养也应如此。

1. 卓越工程师实业阶段项目目标管理的培养

1) 目标的设置

这是施工项目目标管理的第一步，也是培养学习者目标管理意识的第一步。

（1）建立一套完整的目标体系。企业培养学习者首先确定施工项目总目标，然后再逐级分解目标。当目标被清晰地分解了，目标的激励作用就显现了，当学习者完成一个目标时，

---

[1] 周文. 目标管理和PDCA过程管理在深基础开挖工程中的综合应用[J]. 福建建设科技, 2020 (5): 94-97.
[2] 仲钊惠. 基于OKR的中控公司目标管理研究[D]. 兰州理工大学, 2018: 1-92.

给予适当的正面激励，有助于目标管理体系的施行，可以推动目标管理体系良性发展。

（2）明确责任。企业应培养学习者学会确定施工项目组织内各层次、各部门的任务分工，把任务转换为具体的目标，最后将目标落实好。

2）实现目标过程的管理

（1）监督目标的执行进度，进行定期检查。企业应带领学习者一起参与，与下级成员保持沟通，并协助其解决目标实施过程中的问题或困难。

（2）灵活应对意外突发情况。企业应带领学习者模拟意外发生时的情况。当出现意外，严重影响到目标的实现时，要运用动态控制原理，结合现场的实际情况，及时通过一定的手续调整原定目标，以免对全局目标体系造成干扰。对目标执行成果好的部门适当奖励。

3）总结和评估

（1）对各级目标完成情况，要事先规定出期限，定期进行检查。企业应带领学习者对目标完成情况进行检查，检查方法可以灵活地采用自检、互检或专人（部门）进行检查等形式。

（2）检查目标的实现情况。检查的依据就是事先确定的目标，企业应引导学习者学会对目标完成结果进行评估，把目标执行结果与计划目标进行对比，总结目标管理的成果，并进行奖惩。同时讨论下一阶段目标，开始新循环。

2. 关于卓越工程师项目目标管理中的成本目标、质量目标、安全目标、进度目标的培养

1）成本目标

企业对于卓越工程师成本目标管理的培养，需要其将成本目标管理科学运用到工程管理之中，从而能够达到有效提高成本管理水平，增加工程经济收益和保证资金投入合理性等方面的效果，不断提高工程的竞争实力和综合能力。

2）质量目标

在实际的工程质量管理中，为了保证质量目标的达成，企业应培养学习者掌握追加投入分配的能力，尽可能将工程项目质量不达标的概率降至最低，这也是卓越工程师不可或缺的能力。

3）安全目标

安全目标管理是实现安全生产的行动指南，具有科学性、先进性和民主性，通过为每个部门、每个人制定具体的小目标，加强每个人对待工作的态度。同时，要制定严格的审查制度，定期对每个人的安全目标完成情况进行整理汇总，总结经验教训，对于目标达标者要给予一定的奖励。严格制定安全目标管理的相关制度，让安全目标管理思想贯彻到每个人的行动中，这是企业培养人才项目目标管理的重中之重。

4）进度目标

工程项目进度目标是工程项目管理中与质量控制、投资控制并列的三大目标之一，而进度控制的依据是建设工期，从经济性的角度来说，进度控制对提高工程项目经济效益有直接影响。因此，企业在培养人才进度目标时应牢牢把握好进度控制。

对于卓越工程师实业阶段的接续培养，合理的组织管理结构是目标管理能够有效推进的前提，任人唯贤，让合适的人做擅长的工作。同时，在目标管理过程中，建立科学的激励体系，保持有效沟通，是目标管理实现的必要条件。保证必要的业绩考核，让组织始终富有活力，并能不断进步。

11.3.2 项目技术管理培养

技术管理通常是指在技术行业当中所做的管理工作，管理者一般具有较高的技术水平，同时带领着自己所管理的团队完成某项技术任务。技术管理的实际操作当中，强调的是管理者对领导团队的技术分配、技术指向和技术监察。管理者用自己所掌握的技术知识和能力来提高整个团队的效率，继而完成技术任务。技术管理是技术和管理的融合，是知识综合性较高的行业。

施工项目技术管理是项目经理部在项目施工的过程中，对各项技术活动过程和技术工作的各种要素进行科学管理的总称。所涉及的技术要素包括：技术人才、技术装备、技术规程、技术信息、技术资料、技术档案等。

卓越工程师实业阶段项目技术管理的培养：

1）企业对学习者技术管理意识的培养

（1）树立系统的人才技术管理培养观念，推进人才技术管理培养计划衔接。首先，让学习者了解和熟悉公司生产技术、工艺流程。其次，企业应不断加强学习与掌握专业技术基础知识的能力。最后，企业培养人才具备扎实的专业技术基础知识、能力和素养的同时，也应培养其技术创新精神。

（2）树立不拘一格的人才技术管理培养观念，拓展人才技术管理培养方式。企业应大胆突破对传统技术人才学习的培养模式，突出专业技术人才的学习能力、研发能力、国际视野及综合素养。

（3）树立"一年过关、二年定位、三年起飞"的人才技术管理培养观念，建立健全监督考核机制。企业在形成自己特色的人才技术管理培养模式后，还要注重过程的治理，完善相关监督考核机制，才能提高执行率，真正将学习者培养成优秀的项目技术管理人才。

2）企业对学习者传统工程技术的培养

（1）桩基础施工技术。在土木工程桩基础施工中，先要确定桩型，不仅需要考虑单根桩的施工质量，还需要对群桩基础综合考虑，避免不均匀沉降。在吊运预制桩时，对于单吊点与双吊点的位置，要遵循相关规定进行，而且要对预制桩吊运过程中遇到的冲击与振动加以考虑。在土木工程地基基础施工中，桩基础施工是最主要的方法之一，企业应对技术人员着重培养。

（2）混凝土施工技术。根据混凝土浇筑地点划分，混凝土施工技术主要有预制与现浇法两种。所谓混凝土预制法施工，即在建筑施工现场以外进行混凝土浇筑，预制混凝土凭借其高性能、低成本的优点，成为建筑行业备受欢迎的施工技术；现浇法，即在工程施工现场进行混凝土浇筑施工，是建筑施工最早且到目前为止使用最广泛的施工混凝土方式。因此，企业应对学习者进行混凝土施工技术的培养。

（3）钢结构施工技术。在钢结构工程施工之前要提前做好准备工作，完成场地清理、基础准备，以及装备检查等。在进行吊装时，工作人员要认真核对构件的标号与位置，而且要对构件表面进行有效清洁。钢结构施工作为土木工程建设施工的关键环节，也是企业对学习者工程技术培养的关键一环。

3）企业对学习者创新性工程技术的培养

（1）BIM（Building Information Modeling）技术

BIM技术是基于计算机信息技术的多维项目管理技术手段，其是工程可视化和量化分析的辅助方法，该方法能显著提高工程项目的施工效率。BIM技术具有共享性、可视化、全过程及多种软件支持的特点。在BIM系统中，某一项目的各类信息可以实现共享，因此，项目参与各方能实时获取相关信息，提高协作能力及管理水平。BIM技术应用贯穿于项目的设计、施工及后期运营整个生命周期，可以对项目的各个阶段进行过程控制。BIM技术是多维度的建筑信息模型，该技术的应用给传统的建筑工程管理带来了变革[①]。因此，学校应加强对学生BIM技术的培养。

（2）深基坑支挡技术创新

在新时期，深基坑支挡技术得到了有效的创新，主要体现在三个方面：桩—桩—锚支挡体系，即在地质条件较差地区，应用先进技术，采用灌注桩加预应力锚杆体系与套管水冲法成锚工艺进行施工；旋挖，即在钻孔柱桩的施工阶段，确保成孔质量；支挡与承重结构一体化，即在土木工程中，将临时支挡桩、地下连续墙、永久性柱，以及地下室墙一体化，不仅能够满足支挡与承重的要求，而且能够让施工速度加快，实现工程建设经济效益最大化。企业要培养学生勇于创新施工技术，对原有施工技术实现突破。

（3）新型预应力技术创新

新型预应力技术分为有粘结与无粘结两种体系。有粘结预应力产生较小的摩擦力，对后期施工维护起到有利作用；无粘结预应力的施工方式操作简单，摩擦损失小，并且使用单根张拉进行施工。由此可见，新型预应力施工比传统的预应力施工更加科学、更加合理，能够产生非常好的经济效益。企业对于工程创新技术的培养，应着重培养该项施工技术创新。

当前，新一轮科技和产业革命蓄势待发，颠覆性技术不断涌现。颠覆性技术不遵循传统技术路线，可以改变产业、经济和军事格局，促进生产力和战斗力产生质的飞跃，形成经济竞争与军事作战优势。颠覆性技术的产生，一般基于创新主体的个人兴趣、政策规划和商业目的等特定需求的动力驱动以及一些偶然事件。党的十九大报告中提出加强应用基础研究，突出关键共性技术、前沿引领技术、现代工程技术、颠覆性技术创新，强调了颠覆性技术是关乎国家竞争力和国际地位的重大课题[②]。

---

① 徐鹏飞，李晋，孙继东. 基于BIM技术的建筑工程项目管理研究[J]. 人民长江，2020，51（S1）：235-237.

② 郑彦宁，袁芳. 颠覆性技术研发管理研究[J]. 科研管理，2021，42（2）：12-19.

综上所述，对于卓越工程师项目技术管理的培养，首先培养学生的"技术管理意识"，其次培养学生对于传统工程技术的掌握，最后培养学生拥有创新性工程技术，因此，对于卓越工程师的培养，需要企业的技术指导与培训，同时也需要技术创新。

11.3.3 项目绩效管理培养

项目绩效管理是项目组织与人力资源管理的重要组成部分，也是项目管理的重要内容，项目绩效管理是以团队目标为导向，在团队负责人和团队成员之间就目标本身及如何实现而达成共识，形成利益与责任的共同体，并推动和激励成员实现预先设定的绩效，从而实现团队目标的过程。对项目团队的绩效进行计划、监督、控制、考核评价的过程，就是团队目标实现的过程，也是团队中个体能力提升的过程。项目绩效管理不等同于绩效评价。绩效管理不仅仅是评价方法，而是对工作进行组织，以达到最好结果的过程、思想和方法的总和。项目绩效管理是一个系统，是一个持续、循环的过程，其核心是通过提高团队成员的绩效，达到提高项目绩效以及整个组织绩效的目的。

绩效管理对于处在成熟期的企业而言尤其重要，没有有效的绩效管理，组织和个人的绩效得不到持续提升，企业将不能适应残酷的市场竞争需求，最终被市场淘汰。因此，需要加强对于卓越工程师项目绩效管理的培养。

卓越工程师实业阶段项目绩效管理的培养：

1. 企业应对员工常用的绩效管理方法进行培养

1）关键绩效指标法（Key Performance Indicator，KPI）

KPI是管理学理论中的关键结果领域理论和目标管理理论相结合的产物，是国际通行的企业经营绩效成果测量和战略目标管理的工具[①]。通过对关键绩效指标的管理促成企业战略发展目标、部门执行性目标、团队阶段性目标和个人工作目标达到同步。企业应引导员工牢牢掌握关键指标的选择与确定，其中必须贯彻的三个原则为：目标导向原则、SMART原则和执行原则。同时，企业也应让员工深刻意识到关键绩效指标考核成功的关键在于有效的执行，企业必须具备强有力的执行能力，能在实施考核过程中消除遇到的各种困难和阻碍，形成有竞争力的执行性企业文化，推动企业管理创新，不断地提升企业效率。

2）平衡计分卡（Balanced Score Card，BSC）

BSC是常见的绩效考核方式之一，是从财务、客户、内部运营、学习与成长四个角度，将组织的战略落实为可操作的衡量指标和目标值的一种新型绩效管理体系。BSC为企业战略管理提供强有力的支持，提高了企业整体的管理效率，防止企业管理技能失调，对提高企业效率有积极作用，扩大了员工的参与意识，因此，BSC是企业培养员工掌握绩效管理不可或缺的方法。

---

① 毛加. EPC项目绩效管理研究［D］. 浙江大学，2013.

3）目标管理法

目标管理法是相对成熟的一种绩效考核方法。其是以目标的设置和分解，目标的实施及完成情况的检查、奖惩为手段，通过员工的自我管理来实现企业的经营目的的一种管理方法。企业应培养员工养成对目标的设置和分解、目标的实施及完成情况的检查的习惯，从而使员工熟练运用目标管理法。

2. 企业应培养卓越工程师运用SMART原则、6W3H2R分析法和PDCA循环的能力

1）SMART原则

SMART原则包括：具体（Specific）、可衡量（Measurable）、可达到（Attainable）；可关联（Relevant）、有时间限制（Time-bound）。SMART原则是为了员工更加明确高效地工作，更是为了管理者对员工实施绩效考核提供了考核目标和考核标准，使考核更加科学化、规范化，保证考核公正、公开与公平。运用SMART原则设定工作目标，是卓越工程师进行绩效考核的关键一步。

2）6W3H2R分析法

作者将5W2H升级为6W3H2R。6W3H2R分别是：Why——为何做；What——做什么；Where——哪里做；When——什么时候做；Who——谁做；Which——在什么位置做；How——怎么做；How much——消耗多少资源；How long——做好的时限；Result——成果，结果；Resposibility——责任人，职责。任何事情只有分析到原因，确定责任人形成方案才能真正解决问题。运用6W3H2R分析法制定工作计划，对年度工作计划进行分解，可有效提高项目管理效率，这是培养卓越工程师绩效考核的重要内容。

3）PDCA循环

PDCA循环又称"戴明环"，其含义是将质量管理分为四个阶段，即计划（Plan）、执行（Do）、检查（Check）、处理（Act）[1]。在质量管理活动中，要求各项工作按照做出计划、计划实施、检查实施效果进行，然后将成功的纳入标准，不成功的留到下一循环去解决。对各个企业来说，应当基于绩效管理现状、企业绩效管理目标以及未来发展战略，建立更为完善的PDCA循环的绩效管理模式，以此来提升企业绩效管理的效率与质量，促进企业健康、有序发展[2]。

对于卓越工程师项目绩效管理的培养需要学习者掌握关键绩效指标法（KPI）、平衡计分卡、目标管理法。同时也需要其学会运用SMART原则、6W3H2R分析法和PDCA循环，在使用过程中要注重与企业实际的结合、与工作性质的融合、与其他方法的配合，这样才能达到最有效的管理目标。

目标、技术、绩效管理是卓越工程师实业阶段的重点，前文从不同角度对其进行了详细的描述，综上，总结绘制出三维图，如图11-4所示。

---

[1] 王明东. 浅谈SMART原则、5W2H分析法和PDCA循环的综合运用[J]. 中外企业家, 2020（21）: 56-57.
[2] 郭文平. 企业绩效管理引入PDCA循环的措施研究[J]. 管理观察, 2019（14）: 11-12.

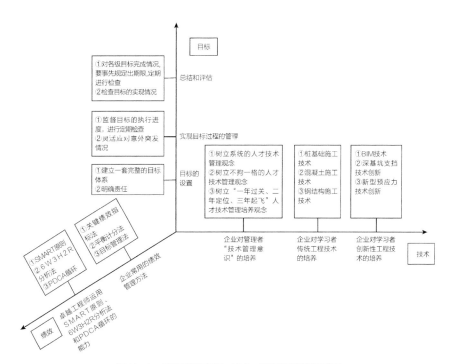

图 11-4 卓越工程师目标、技术、绩效管理培养三维图

第 4 篇

工程教育师资与教务管理

第 12 章
工程教育师资

本章逻辑图

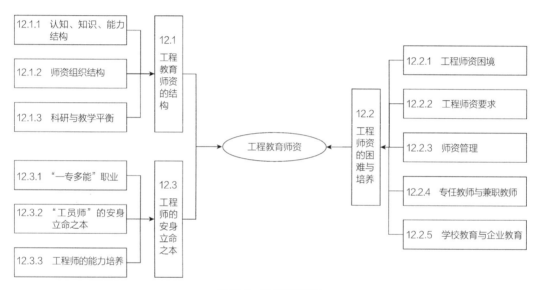

图 12-1　第 12 章逻辑图

教育部教师工作司司长任友群在教育部发布会上指出，我国专任教师总数从2012年的1462.9万人增长到2021年的1844.4万人，增幅达26.0%。各级各类教师素质不断提升、结构不断优化，小学教师本科以上学历从32.6%增长到70.3%，职业教育"双师型"教师超过50%，高校硕士研究生导师从22.9万人增长到42.4万人，博士研究生导师从6.9万人增长到13.2万人。在我们的教育取得巨大成就的语境下，讨论工程师资这一重大论题，具有重大意义：没有好的持续高水平的师资，就不会有源源不断的工程合格人才。

然而，对于师资的相关研究，十分匮乏，其关注重点，也不够切题。师资和工程师的安身立命之本，是作为社会的一分子必须慎重关切的，如若不能安身，何以完成社会之重托？

12.1 工程教育师资的结构

纵观工程教育的多种要素，课程设置、师资配置和教学条件，是三个重要的条件。然而目前，工程教育师资的重要意义与师资建设需求并未得到业界的重视和尊重。联系中国历史上"成绩斐然"和"影响巨大"的"西南联大"（现为云南师范大学），可以明确得到这样的结论：优秀的师资是优质课程与优质教学条件的前提，同样也是优秀教学条件的保障，进而才会有更好的教学效果。无疑，不管今后如何进行教育教学改革，师资必将稳固地处于教学中心的地位，不会也不可改变。抽调了优秀的"师资"，教育就是个空心萝卜，徒有其表。

对比国际、国内工程教育研究的成果，发现学术界对师资的研究，仍然存在严重不足。根据任令涛等的[①]统计，以"教师"为主题的文章在三本著名期刊：RHEE（中国）、EJEE（欧洲）、JEE（美国）中的发文比例，分别为：5.5%、1.6%、4.9%；同时，在关键词词频中，竟然全部跌出三本期刊的TOP10。

这是难以想象的。刻薄一点说，此类研究没有抓住工程教育的能动因素、核心因素，是对管理学基本要义的漠视，尤其是对工程教育以人、教导人为主体的"人"事工作的漠视。因此，我们必须强烈呼吁，加强师资研究，加强对师资的认识、建设、管理和关切，这是工程教育、教育研究的重中之重。同时，"从国家综合实力和国民经济发展的宏观趋势来讲，我们需要扎扎实实地培养大批工业领袖、工程技术人才"。习近平总书记强调："对教师来说，想把学生培养成什么样的人，自己首先就应该成为什么样的人。"可见，对于教育事业、师资队伍的建设应该放在首要位置。

12.1.1 认知、知识、能力结构

认知，是一种意识活动，是个体认识客观世界的信息加工过程和结果，是对事物概念的判断和对（某个范围内）事物规律的总结。心理学上将认知看作是大脑对一系列信息系统加工的过程，如图12-2所示，共分为五个阶段。

图 12-2 信息的加工过程

工程活动是社会化的实践活动，既有社会环境的促进也受社会环境的约束。社会是个庞杂、笼统的综合性复杂概念，包含法制、法治环境、劳动力供给状况、劳动技能水平、决策者审美观、工程人员对工程认知的高低、工程供应链的成熟度等等，对工程都有直接影响。特别是工程类教师对于工程认知的高低，将很大程度影响着对于未来工程师的培养工作。所

[①] 任令涛，刘小雪，李小娥. 工程教育研究期刊国际比较——基于国内外三种工程教育研究期刊的实证研究[J]. 高等工程教育研究，2017（4）：115-121.

以，对于工程认知程度的高低决定着教师的总体水平，亟需被广大教师同仁重视。

当前，知识的发展呈现爆炸式上涨的态势，这一点在本书的第2章专门有论述，而工程又是受新技术、新工艺、新设备密切影响的行业，因此，日新月异的环境变化，对教师再学习、再获取知识的能力提出了更为严苛的要求。同时，由于工程特有的性质，使教师不仅必须掌握隐性知识显性化的能力，还要时刻关注行业的新变化，积极地跟上时代，才能确保培养工程师工作与时俱进。

随着时代的发展，高校的师资学历要求越来越高，这在一定程度上保障了教师的质量。但随之产生的实践能力弱化的问题也暴露出来。不少教师虽知识渊博，但缺乏从理论到实践的转化能力，学生接受不到实际实用的内容，无法感知师资的自信，故无法达到"学以致用"的教育目的。知能才是完整的教育，教师们不仅要把知识传授给学生，更重要的是要让学生们掌握为什么这样做和怎样去做的思维，即从"知道"到"智到"。通过掌握流程知识能够有效地将认知与知识相互转化，如图12-3所示，进而构成相关的能力结构，即流程是"知道"到"智到"的耦合机制。

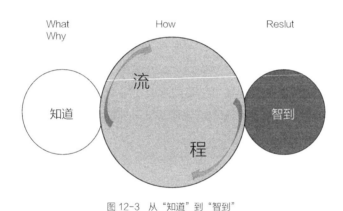

图 12-3 从"知道"到"智到"

12.1.2 师资组织结构

组织结构是组织全体成员为实现组织目标，在管理工作中进行分工协作，在职务范围、责任、权利方面所形成的结构体系。哈佛大学前校长科南特认为，大学的荣誉不在于校舍和人数，而在于一代又一代教师的质量。清华大学前校长梅贻琦曾言道：大学者，非谓有大楼之谓也，有大师之谓也。这充分说明在高等教育发展的过程中，教师是高校最重要的人力资源构成部分，提高师资队伍建设质量与教师个体综合水平，对于保障教育质量，促进人才成长和发展具有重要意义[①]。

---

① 刘一. 世界"一流高校"师资队伍建设的经验与启示［J］. 延边教育学院学报，2022, 36（2）: 7-8, 11.

1. 我国高校的师资组织结构及现状

图12-4是我国某高校的教学组织结构，也是我国大部分高校普遍采用的一种组织结构，即高校内部实行校长责任制，由不同的副校长分管学校事务。

1）结构现状

我国高校教学组织结构以纵向管理模式为主，即"校—院—系"三级或是"校—院"两级的纵向管理模式（图12-5）。在纵向管理模式下，下级向上级请示，上级向下级批示，具有严格的纵向型关系。

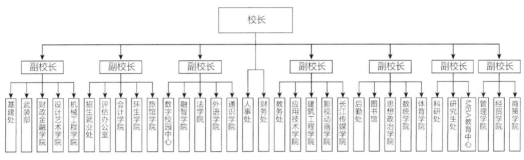

图 12-4　某高校的教学组织结构

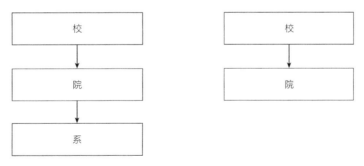

图 12-5　三级、两级的纵向管理模式

2）管理现状

目前，我国大部分高校实行教学事务与学生事务分开管理，即将学生事务与教学事务分开，由不同的校领导分管。教学组织部门主要向分管教学的校领导汇报情况，通常也是由分管教学的校领导进行指示；学生工作处等部门主要向分管学生事务的校领导汇报情况，二者分开、各司其职。

2. 存在的问题及影响

根据宇润红[①]的调查，教学组织结构设置方面存在的问题如图12-6所示。

显而易见，目前我国在教学组织结构方面存在着诸多问题，这些问题交错复杂，造成了

---

① 宇润红. 高校本科教学组织结构创新研究——基于通识教育理念视角［D］. 陕西：西北大学，2018.

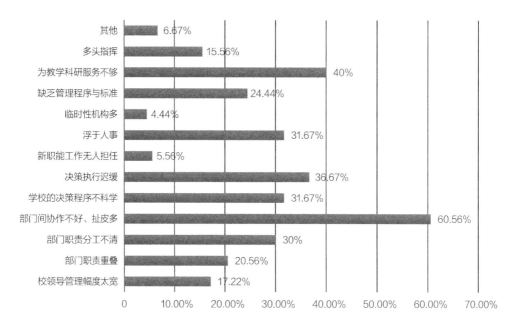

图 12-6 教学组织结构设置方面存在的问题

诸多不良影响：

1）教学组织结构纵向分割

我国高校内部教学组织结构的形式主要是直线型。组织结构比较单一，"校—院—系"三级教学组织结构呈现出纵向发展的特点。这样的结构不能最大化地发挥教学组织作用，造成了基层人力物力的浪费。同时，还不能调动基层教学组织的积极性和活力，导致高校内部的教学组织结构僵化，形成部门之间的壁垒，基层教学组织空虚涣散的现象出现。

2）横向组织结构缺乏

高校内各部门之间的横向合作缺失，部门之间的横向统筹机制缺乏。这就导致各部门之间几乎是隔绝状态，每个部门只顾自己的业务范围。部门的边界对外不开放，资源很少共享，横向调动资源困难，与通识教育注重宽基础严重不符，也不符合创新人才培养的目标。

3）组织效率低下

教学管理人员的服务意识不强，办事态度较差，办事积极性低。造成部门间"踢皮球"现象盛行，导致组织效率低下。教师们常常在忙碌的教学过程中，还要花费大量时间应付各种表格、文件，身心俱疲。

3. 哈佛大学组织机构

哈佛大学是一所综合型、研究型大学，具有世界领先的教学水平和教学质量。哈佛大学十分重视本科教育，调动整个学校的资源为本科教育服务。哈佛大学的教学组织机构如图12-7所示。

对哈佛大学的教学组织结构进行分析，主要有以下几个特点：

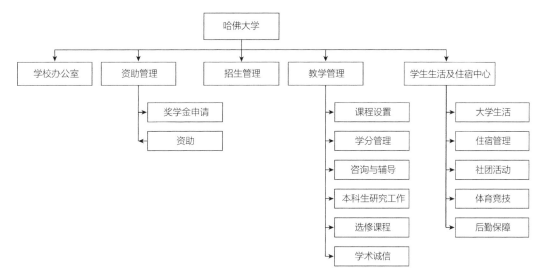

图 12-7 哈佛大学的教学组织结构

1）开放的教学组织边界

哈佛大学的本科教学组织机构之间存在广泛的交流与合作性。例如，哈佛大学的基层教学组织可以同时挂靠在多个合作研究机构之下或者某个基层教学组织虽然挂靠在某一个学院之下，但是实质上是全校性的研究机构，具有典型的开放性[1]。

2）以人为本的自主性环境

哈佛大学为学生和教师提供开放性、人本性的条件，学生可以自由选择自己的专业和课程。在本科阶段实施通识教育被认为是哈佛大学的精髓。学生可以按照自己的兴趣确定学习的专业和方向。学生甚至可以完全决定自己的课程设置、专业选择、学术兴趣，打造完全属于自己的培养方案[2]，即推崇"我要学"的培养思维，增强学生学习积极性。

3）积极开设多学科交叉课程

哈佛大学鼓励教师开设跨学科、跨院系的课程。在哈佛大学的机构保障之下，教师可以开展跨院系的、综合性的课程。这提高了教师的教学自主性和积极性，有利于学生建立共同的知识库，发掘自身专业兴趣，也有利于学生之间的互动与交流。

4）基层教学组织的高度自治

主要体现在三个方面：①人员聘用方面的高度自治；②行政隶属关系薄弱；③教学组织具有整合性。哈佛大学"官本位"的思想薄弱，学术权力较为显著。教师通常认为行政职务是为教学服务，为了提高教学效率和正常运行而设立的，而教师们则是拥有大量可支配的时

---

[1] Palfreyman D, Tapper T. Oxford and The Decline of the Collegiate Tradition [M]. London & Portland: Wobum Press, 2000.

[2] Bargh C, Bocock J, Scott P, et al. Universities Leadership: The Role of the Chief Executive [M]. Buckingham: SRHE and Open University Press, 2000.

间，进而提高了做学术的效率，以及增加了教师可发挥的空间。

哈佛大学的教学组织是其培养出众多的人才，成为世界知名高校的重要支撑，值得我国高校借鉴。工程教育涵盖多种学科知识，而哈佛大学积极开设多学科交叉课程的理念与其不谋而合。目前，各学科之间的界限越来越模糊，学科交叉越来越密集，开设多学科交叉课程是顺应时代的发展所需。

12.1.3 科研与教学平衡

科研与教学是当代高校所承担的两大重要职责，没有科研的教学很难有知识的创新，没有教学的科研脱离了大学的初心和本源。因此，如何平衡科研与教学，实现科教相融，把高校打造成教学和科研的双中心，是我国高等教育发展的必经之路[1]。如何结合高校自身的特点和优势，切实践行科研促进教学的理念，以科研支撑教学，以科研带动教学，最终形成科研和教学的良性循环，提高以教学为基础的科学研究水平，有效保障高校人才培养的质量，是教育界一直以来面临的问题[2]。

1. 我国高校科研与教学失衡问题产生的原因分析

1）模糊的教学评价指标

一般来说，科研量化评价指标比较明确，通常是依据论文发表刊物的级别、课题经费的多少和经费来源单位的级别来评价。但与之相比，教学方面的评价就比较模糊，无论是专家、同行还是学生评教，评价都难以完全量化，且存在着强烈的主观性[3]。

2）高校师资配置不合理

大多数教师教授的课程与其研究方向完全不相关或仅有部分相关。这虽然有助于培养教师从多个角度思考问题，拓宽自己的知识范围，建立不同学科之间的交叉与联系，但教师所教课程与研究方向毫无关联，其在科研上的积累和成果很难应用到教学上并产生显著的影响[4]，在一定程度上造成了严重的资源浪费。

3）强烈的功利思想

高校教师职称评审的条件多是规定发表或出版具有重大影响力的学术论文、论著（含高校统编教材），并规定了科研到款数量，或以本人为主获得过的国家级、省部级奖励。魏明海教授在中国会计学会2020年学术年会上点评道：在这样的学术风气下，相较于花大量的时间在教学上，越来越多的人更倾向于选择通过科研来促进自己的职业生涯发展，形成了未成名教师发展自己，知名教授混迹社会的局面。此风已经积重难返，骑虎难下，到了非下大力气整顿不可的程度。

---

[1] 张洽，张诗琪. 高校科研与教学失衡问题现状分析及对策研究［J］. 科教文汇，2022（1）：1–6.
[2] 蔡玮，张建德. 科研与教学相互促进的创新型人才培养途径探索［J］. 南京工程学院学报（社会科学版），2020，20（2）：76–78.
[3] 林继志，张向前. 教学研究型高校科研评价体系理论分析［J］. 科技进步与对策，2010，27（18）：136–140.
[4] 蒋林浩，安宁. 高校科研为教学功能服务分析［J］. 科技管理研究，2010，30（15）：85–88.

4）时间精力不足

时间精力是影响教学与科研最主要的因素。教龄年轻的教师由于教学经验较少,他们需要花费更多的时间在科研上,争取获得更高的职称。但人的精力是有限的,这就导致了科研占据了教师大部分的时间精力,进而可能影响教学的质量。

5）非升即走的政策

高校通过量化考核施压,刺激青年教师进行科学研究,使高校短期内获得可观的论文与课题,能有效提升高校综合影响力。但该制度对高校教师并不友好。

2. 改善科教平衡的对策

中共中央、国务院印发的《深化新时代教育评价改革总体方案》指出,坚持把师德师风作为第一标准。坚决克服重科研轻教学、重教书轻育人等现象,把师德表现作为教师资格定期注册、业绩考核、职称评聘、评优奖励的首要要求,强化教师思想政治素质考察,推动师德师风建设常态化、长效化。"科教平衡"的理念必须加紧落实,需从以下几点入手:

1）源头治理——分类设岗

高校从自身特点与发展出发,分别设置教学为主、科研为主、教学科研并重等多种类型的岗位,其概念与任务如表12-1所示。让高校教师根据自身情况合理选择,既充实学校教学和科研力量,又推动教科研齐头并进。分类设岗还需要配套知识积累和分享机制,创新的知识如何转化到教学第一线,这是需要研究探索的。

教学、科研教师内容表　　　　表12-1

职位	教学型教师	科研型教师
定义	以教学为主的教师	以科研为主的教师
工作内容	主要从事学生教学培养,传授学生理论知识等工作	以科研为主,主持或参加科学研究、学术活动、技术开发、社会服务、管理等工作

2）过程管控——考核积分化

对于不同的岗位设置不同的考核标准。例如:以教学为主的岗位应着重对课堂教学、课程建设、学生培养等活动进行任务考核,不再单一地依据教师的教学表现来打分,而应关注教师所传授的知识能否有效地应用于实际工作中;对毕业后几年内的学生进行回访,调查从事相关行业的人员数量等;降低该岗位论文、课题的指标权重。

12.2 工程师资的困难与培养

12.2.1 工程师资困境

工程教育,直接而核心的要求,就是拉近和拉紧受教育的学生与工程实业界实景实况之间的距离。在这个关键工作中,具有熟知工程知能的丰富实践的师资,起到了"嵌融实业、授予学生"的关键作用。如图12-8所示,教师作为耦合学生与工程实业界实景实况的工具,却严重存在缺实践、轻实践、拼科研的现状情况。工程师资的困境,主要在于师资的结构性缺陷。师资结构性缺陷是指由于机制性原因导致师资存在知识和技能不足的现象。这个现象,在工程教育师资中普遍存在,主要表现为:工程知识体系不完善(如欠缺工程哲学、工程思维训练)、工程实践受教育时间不足、获得的工程实践经验不足、脱离工程实际、教授工程知能的方法欠缺等。这些问题的存在,不仅仅是教师个人原因引起,归根到底是本身结构性原因导致的教育机制不合理。

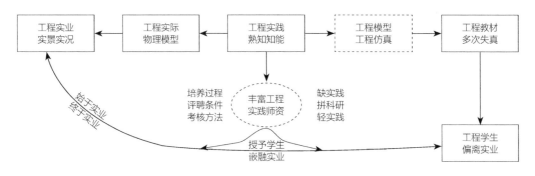

图 12-8 发挥工程教育师资核心作用逻辑图

年轻博士教师作为师资中优质的资源,是师资队伍中发展的攻坚力量,但却同样面临巨大的压力,如同"十座大山"压迫着年轻博士教师。这"十座大山"分别是:①缺少五年实践经历;②专精知识与广博本科教学需要;③而立之年学习谈恋爱、结婚、生子,持续养育子嗣;④购房、装修房子;⑤适应新环境(异常的复杂);⑥低工资大花费;⑦低职称高压力;⑧教学任务重杂务多;⑨科研压力大;⑩社会经验少处事难。这些压力让年轻博士教师苦不堪言,困扰着年轻的博士教师,严重影响我国师资的可持续发展。

同样,工程师资还受到组织效率的困扰,在职称的评聘条件和先进个人的评选条件中,能较好地反映出总体师资的压力和工作量。例如:年度授课课时;担任班主任的经历;对口辅导的学生宿舍;辅导学生;指导研究生;年度指导本科毕业生;政治思想学习课时;教师培训学习课时;随时留痕的检查方法;重复填制的各种表格;发表论文/撰写著作/授权发明;申请基金;申请人才等级;申请参评各种奖项;考研辅导;青年教师入职培训;学评教受评;三年一次的岗位评聘;年度岗位考核;复杂的研究生、本科生毕业指导流程;为专业论证开展的各项工作等等。工程师资,受困于组织的运营效率,难免大大超出负荷,而走出去学习的机会较少,也难免心浮气躁。相反,"行政组织"岗位多、任务重、责任大,也是怨声载道。这本质上是组织需要通过管理模式和培养方式解决的问题,也由此才能解放师资的活力。

中国工程教育一系列诸如缺乏理论指导、不够稳定且模糊的培养目标、面向问题的针对性的措施设计、严谨可靠的实施体系规划、详尽自主的工具支撑缺乏、可复制的实证案例以及缺少具有回归工程本质的严肃的教育评价体系与实施等严重问题的背后,是缺乏作为教育者和受教育者的个性化差异、基本工程实践能力和主观能动性的发挥。工程教育是基于工程的教育，是根植于工程活动的一系列复杂活动的交叉融合，这中间的根本，是人。而在鼓吹以学生为中心的种种观点中，对工程教育师资的重视，受到了一定的轻薄淡待。由于师资"培养过程缺乏工程实践、评聘条件压低实践权重、评价考核轻视实践"，师资"工程素质下滑严重"，伴随着"近年来我国高校工科师资队伍正面临工程素质良好的老教师陆续退休、工程素质弱的青年教师比重增大的现状，在教师的学历年龄结构改善的同时"[1]，反差日益凸显，重塑工程师资队伍已迫在眉睫。北京大学人文学院钱理群教授关于"我们诚然要为学生减负，但为什么不首先为教师减负呢？"的呼吁，是应举双手赞成。

12.2.2　工程师资要求

当前，国内多数学科师资队伍评价都采用生师比、教师数、高级职称教师所占比例等规模指标来整体考察师资队伍及高层次人才情况，鲜有将师资队伍结构作为考察点的评价方法[2]，不够科学，有失偏颇。工程师资是工程教育中不能回避的问题，教师是教学环节的主导者，教师队伍的科学合理配置直接影响了教学环节的开展情况。朱高峰院士对我国高等工程师资的现状做出了细致分析，他认为缺乏工程实践经历是目前高校工科教师队伍普遍存在的一大问题，许多教师从学校到学校，缺乏工程实践经验，更有一些学校本校毕业生留校任教比例居高不下，"三门"（家门、实验室门、校门）教师普遍存在。同时，工科教师注重理论研究和追求论文发表的风气盛行，轻视甚至是忽视工程实际问题的研究与解决，不注重工程实践经历的积累[3]。这种情况将严重影响我国工程教育的质量，重塑高等工程教育的师资队伍迫在眉睫。

1. 国外高校高等工程教育师资队伍结构分析

德国、美国等发达国家在高等工程教育适应和引领产业发展方面处于国际领先地位。德国注重以"双元制"办学助力产业发展，美国秉承"回归工程"理念，与工业企业联系紧密[4]。这对我国高等工程教育改革有着重要的启示和现实指导意义。

1）慕尼黑工业大学

慕尼黑工业大学（Technische Universität München，TUM），成立于1868年，位于德国南部的巴伐利亚州的首府慕尼黑，是德国最古老的工业大学之一，其是国际上享有盛名的顶尖大学，很多名人在此学习过。在世界大学的各类排名中，常年位于高等工程类大学的榜

---

[1] 顾秉林，王孙禺，雷环，等. 院校工程教育工程性与创新性问题研究［M］. 北京：清华大学出版社，2022：208-211.

[2] 陈燕，任超，汪启思，等."双一流"建设背景下学科师资队伍评价探究［J］. 学位与研究生教育，2017（10）：55-58.

[3] 林健. 卓越工程师培养——工程教育系统性改革研究［M］. 北京：清华大学出版社，2013：38.

[4] 李明慧，曾绍玮. 国外高等工程教育与产业的契合经验及启示——基于德国、美国、法国三国的分析［J］. 中国高校科技，2020（4）：54-58.

首。到目前为止，TUM 已经培养出 17 位诺贝尔奖获得者。截至2022年7月，根据资料[①]收集到 TUM 学校航空航天与大地测量学院、土木与地质与环境工程学院、化学学院、电气与计算机工程学院、机械工业学院共298名高等工程教育的教师数据。

（1）二维结构

这里的二维结构是指教师的学历与职称两个方面，其构成如表12-2、表12-3所示。

TUM高等工程教育师资队伍的学历结构　　　　表12-2

学历	博士	硕士	学士
百分比	100	0	0
人数	298	0	0

TUM高等工程教育师资队伍的职称结构　　　　表12-3

职称	教授	副教授	助理教授	讲师/其他
百分比	67.1	12.8	10.7	9.4
人数	200	38	32	28

从表格中可以看出，TUM师资队伍的学历构成比较单一，都是博士学历。高校教师职称结构中教授的比例最高，占比超过半数之多，这表明TUM对师资要求高、师资力量强大。

（2）学缘结构

图12-9　TUM 高等工程教育师资队伍的学缘结构

如图12-9所示，TUM高等工程教育师资队伍中的学缘结构较为良好，来自外校的教师比例较高，整体情况呈现"高、广、多"的特点。学缘来源地理范围颇为广泛，学缘类别为多样化。

---

① 邵玉奇. 高等工程教育师资队伍结构的优化研究［D］. 天津：天津大学，2019：24.

2）麻省理工学院

麻省理工学院（Massachusetts Institute of Technology，MIT），位于美国马萨诸塞州波士顿都市区剑桥市，主校区依查尔斯河而建，是一所世界著名私立研究型大学，MIT素以顶尖的工程与技术而著名，拥有人工智能实验室（MIT CSAIL）、林肯实验室（MIT Lincoln Lab）和媒体实验室（MIT Media Lab）。截至2022年7月，根据资料[①]收集到MIT建筑与规划学院、工学院、计算机学院等工科学院共518名高等工程教育的教师数据。

（1）二维结构

其二维结构构成如表12-4、表12-5所示。

MIT高等工程教育师资队伍的学历结构 表12-4

学历	博士	硕士	学士
百分比	100	0	0
人数	518	0	0

MIT高等工程教育师资队伍的职称结构 表12-5

职称	教授	副教授	助理教授	讲师/其他
百分比	69.7	14.7	11.2	4.4
人数	361	76	58	23

同样，从表格中可以看出，MIT师资队伍也都是博士学历。高校教师的职称结构中教授占比高于TUM，为69.7%，这说明世界一流高校对师资重视程度极高，条件也更为严苛。

（2）学缘结构

从图12-10中可看出，MIT高等工程教育师资队伍中的学缘结构虽然来自本校的比例较高于TUM，但其来自外校的师资占比仍为64%，接近2/3。可以看出，世界范围内顶尖大学的学缘结构几乎一致，即为"远缘杂交、品种较优、类别丰富"的学缘结构。

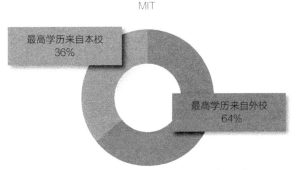

图12-10 MIT高等工程教育师资队伍的学缘结构

[①] 邵玉奇. 高等工程教育师资队伍结构的优化研究[D]. 天津：天津大学，2019：28.

2. 国内高校高等工程教育师资队伍结构分析

1）上海交通大学

上海交通大学（Shanghai Jiao Tong University），位于上海，是我国历史最悠久的高等学府之一，是教育部直属并与上海市共建、中央直管的全国重点大学。截至2022年7月，根据资料[①]收集到上海交通大学（下文简称"上交"）船舶海洋与建筑工程学院、机械动力工程学院、电子信息与电气工程学院、材料科学与工程学院、环境科学与工程学院、航空航天学院等工科学院共搜集到1236名高等工程教育的教师数据。

（1）二维结构

其二维结构构成如表12-6、表12-7所示。

上交高等工程教育师资队伍的学历结构　　　　表12-6

学历	博士	硕士	学士
百分比	92.5	5.5	2.0
人数	1143	68	25

上交高等工程教育师资队伍的职称结构　　　　表12-7

职称	教授	副教授	助理教授	讲师/其他
百分比	40.9	41.9	11.9	5.3
人数	505	518	147	66

同样，从表格中可以看出，上海交通大学师资队伍大部分都是博士学历，但也存在少许的硕士学历与学士学历。高校教师的职称的结构中教授的比重为40.9%，副教授比例最高，为41.9%，职称结构相较于上述两所高校要稍微弱势一些。

（2）学缘结构

从图12-11中可以明显地看出，上海交通大学的学缘结构对比上述两所外国高校稍微差些，最高学历来自本校的比例超过了半数，为59%。学缘结构属于中等学缘结构。

2）清华大学

清华大学（Tsinghua University），位于北京海淀区，是教育部直属的全国重点大学，位列国家"双一流""985工程""211工程"，中国高层次人才培养和科学技术研究的基地，被誉为"红色工程师的摇篮"。截至2022年7月，从清华大学官网上收集到土木水利学院、建筑学院等工科学院收集到534名高等工程教育的教师数据。

---

① 邵玉奇. 高等工程教育师资队伍结构的优化研究［D］. 天津：天津大学，2019：50.

图 12-11　上海交通大学高等工程教育师资队伍的学缘结构

（1）二维结构

其二维结构构成如表12-8、表12-9所示。

清华大学高等工程教育师资队伍的学历结构　　　　　　　　　　表12-8

学历	博士	硕士	学士
百分比	100	0	0
人数	534	0	0

清华大学高等工程教育师资队伍的职称结构　　　　　　　　　　表12-9

职称	教授	副教授	助理教授	讲师/其他
百分比	43.6	39.3	1.9	15.2
人数	233	210	10	81

从表格中可以看出，清华大学师资队伍都是博士学历。高校教师的职称结构中教授比重最高，为43.6%，讲师/其他职称占比比重在四所高校中位列第一，为15.2%。

（2）学缘结构

从图12-12中可以明显地看出，清华大学的学缘结构对比上述两所外国高校差别很大，尤其最高学历来自本校的比例已经高达77%，比上述任何一个高校的情况都要高，这与世界一流大学的学缘结构还有很大一段距离。

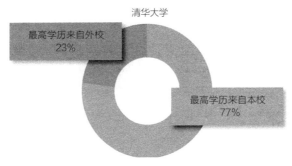

图 12-12　清华大学高等工程教育师资队伍的学缘结构

3. 国内外高校师资情况分析

1）学历结构

尽管我国高校的教师学历普遍都处于高水平层次，但实际工程经验的多少却是一个容易忽视的问题。学历高固然是一件好事，表明的师资的理论知识水平极高，但这种情况导致师资学历高但工程实践不够的情况普遍存在。高等工程教育并不是纸上谈兵的专业，专业的特性导致了工程师还需从工程中"长"出，这是不容置疑的问题。

2）职称评审

我国的职称评审制度存在偏差，一是高等工程教育教师的评审重视科研轻视教学与社会服务，甚至只将科研作为职称评审的依据，过分强调科研水平忽视了其他评审方式，这是一种很不科学的评审方式。二是职称评审标准僵硬，高等工程教育教师评审上大部分高校都是采取"一刀切"的政策，即不根据分工的不同，采取不同的评审标准，所有教师都采取同样的评审标准，对高校教师的发展极为不利。

3）学缘结构

从图12-13中可以看出，国内高校高等工程教育师资队伍的学缘结构中，毕业来自本校的教师是主力，清华大学甚至占据了大约77%，来自外校的教师比例只占据了大约23%，这既不利于教师思想的交流与学术探讨，也不利于高等工程教育师资队伍的发展。而TUM、MIT等高校高教队伍的学缘结构中，毕业于外校的教师是主力，占据了大约60%甚至更多，毕业于本校教师比例占据了大约40%，具有良好的学缘结构。

4）高校派系森严

僵化的学缘结构容易造成高等工程教育领域形成森严的学术堡垒，使高等工程教育师资结构处于内部循环的状态，无法吸收来自外界学术的新鲜空气，局限了高等工程教育师资队伍结构的学术视野，也制约了高校获取优质学术资源的能力，从而影响到高校高等工程教育

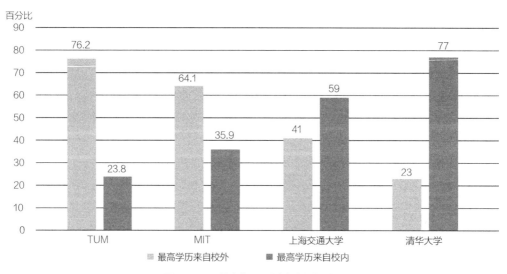

图 12-13　四校高等工程教育师资学缘结构

师资队伍结构的发展。

4. 敏捷高等工程教育的师资要求

针对上述高校工程师资存在的问题，本书结合世界一流高校的师资结构和当下的国情现状，认为对敏捷高等工程教育的师资队伍的构建应该注意以下几点：

1）专兼师资队伍建设

高校在构建师资队伍时，注重专职教师与兼职教师的合理搭配问题，形成一支校内专职教师与企业兼职教师相结合的高水平的师资队伍，保证师资队伍的理论与实践经验的丰富。

2）教师学缘结构

高校在聘用教师时，严格注重师资学缘结构的配置问题。聘用教师需扩大选择范围，明确招聘要求、严格把控学缘结构，减少内部招聘行为，丰富学缘来源，坚持多元化理念。

3）重塑考核指标

对高校教师的考核指标不应再是"一刀切"的考核方式，应具体情况具体分析，即针对不同的教师类型制定不同的考核指标。可从动态考核、教师参与、发展个性与数据分析四个方面进行考核指标的重塑，如图12-14所示。动态考核，即高校根据实际情况，同教师一起动态地调整考核指标，如每学年的发文量、竞赛获奖等；教师参与，即教师自身工作内容及参与学生事务程度，如教学课时，学生针对性辅导等；发展个性，即针对不同类型的教师制定个性化的指标，如对侧重教学的教师，其学生的总体成绩以评教占比为主，而对于科研型教师则是制定以发文量为主的评教指标。同时运用数据分析支撑考核绩效指标，如所带学生就业情况、考研率等，量化评教，以期实现科学评教。

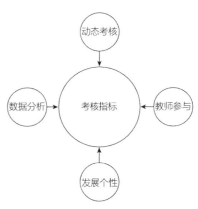

图 12-14 重塑考核指标

总而言之，目前我国高校的师资问题不容乐观。师资队伍是实现高等工程教育培养目的最重要的资源，师资队伍结构的优化是提高高等工程教育质量的关键环节。日本著名教育学家永井道雄："办好教育的关键，第一是教师，第二也是教师"[①]，优化高等工程教育师资队伍结构是关乎高等工程人才培养可持续发展的重要问题。

12.2.3 师资管理

师资力量是彰显学校竞争力的关键因素，优质的师资结构更是一所高校良性运行的有力保障[②]。而对师资的管理无疑是提高高校运行效率的必要手段，本书从以下两个方面进行分析。

---

① 樊星缨. 转型时期民办本科高校"双师型"师资队伍建设对策研究［D］. 西安：陕西师范大学，2017：1-2.
② 常亚慧. 教师流动：城乡失衡与学校类型差异［J］. 南京师大学报（社会科学版），2021（2）：38-48.

1. 影响师资管理的因素

除前文所述的"十座大山",还有以下三点。

1) 人才流动

师资的流动能够有效缓解高校师资队伍僵化的问题。但高校师资的流动无疑也会影响到高校的人才培养体系,而高校师资队伍稳定是教学科研的基础,也是高校可持续发展的保障[1]。除了对高校的人才培养体系有影响,也会影响到教师个人的科研计划、发展计划。

2) 人才称号

称号评定无疑是得奖者莫大的荣誉,但当下高校"唯帽子"的问题依然存在,根本原因是对人才称号的理解和使用出现了偏差。各高校应持有人才称号是对人才阶段性学术成就、贡献和影响力的充分肯定,不是给人才贴上"永久牌"标签,也不是划分人才等级标准的观点[教育部《关于正确认识和规范使用高校人才称号的若干意见》(教人〔2020〕15号)]。

3) 非升即走,如鲠在喉

尽管国内部分高校明确提出不施行"非升即走"的制度,如南京信息工程大学、重庆邮电大学、南京航空航天大学天目湖校区等[2],但目前"非升即走"仍是当下大部分高校的考核制度,这也如同悬在教师头上的"达摩克利斯之剑"。某位知名人士曾对当下这种情况感慨道:由于"非升即走"的政策导致高校教师趋向于做一些短平快的研究,一些十分重要的科研由于时间的原因不得不选择放弃,毕竟教师也得养家。

2. 师资管理措施

1) 正视现状,反思机制

现实对从事工程教育老师的要求,是综合的、全面的、苛刻的,知识能力要求极高、身心修养极高、遵纪守规要求极高。目前大规模、普遍招用的年轻博士教学团队,极大地提高了整体的教学队伍的素质,也对培养卓越工程师创造了良好的条件,这是一支高智力、勤奋和努力,也是抗压、"耐卷"的队伍。现实的检验,也摆出了具体的难题:普遍缺乏工程行业经历,缺乏工程实践经验,对社会和工程运作了解不多,教学内容组织、表达、检验需要积累。更为长远影响的是:"内卷"力强大,身负工作、生活、创新、教学科研,自身成长及家庭培育的多重压力,见刀见血的职称、职务、薪酬等压力,因而单方面苛求师资是不公平的,体制机制的反思更为有效也更加需要。同时,采用加装摄像头、录音器,甚至"潜伏"信息员的方法,监督老师上课过程,效果只能适得其反,加重对立,寒凉身在"前线"的教师的热心。

2) 科学管理,多项改进

高校应积极地开设授课培训班,邀请经验丰富的教师传授教学经验,以填补当下教师高学历、低教学能力的状况。同时,科学化管理,高校应当逐步放弃"非升即走"的政策,对高校教师实行多元化、人性化、长效化的管理机制,减少高校教师的流动,增加高校师资的

---

[1] 贾璇.关于体育类高校师资队伍稳定性的研究[J].当代体育科技,2020,10(18):223-224.
[2] 陈彬.非升即走如何撕下"负面标签"[N].中国科学报,2022-7-5(4).

稳定性。

3）调整师资组织

对于当下高校的任职教师，高校应鼓励其到企业工程实践，并建立相关的激励制度与政策，学校支付教师往返企业的旅费，切实达到让教师提升工程实践能力的目的。同时，对于聘用新教师，除了对必要的理论知识以及教学进行考察，还要明确表明教师需有至少3~5年的工程项目经历。同时，高校需明确提出改进措施，如对师资搭配合理或师资搭配均衡等情况的考察，建设理论与实践经验丰富的师资队伍。

4）师资搭配

卓越工程师需要用理论来灌溉，用实践来孕育。因此，高校的师资队伍要做到专任教师与兼职教师的合理搭配，达到"1+1≥2"的效果，才能培养出适合当下国家需求的卓越工程师。高等工程教育需要专任教师与兼职教师的互补教学，这样才能培养出拥有坚实理论基础和良好实践能力的卓越工程师。

12.2.4 专任教师与兼职教师

专任教师是保障学生能完成既定的工程教育培养目标的引路人，是学生理论知识的传递者。而兼职教师则承担着提升学生实践能力、开阔学生视野的责任。两者相辅相成，是高校工程教育培养的重要载体。通过"双教师"这条纽带，能及时密切关注人才市场的技术发展、就业状况和供求情况的变化，同时，掌握人才需求的类型和规格，主动适应区域、行业经济和社会发展的需要，调控与优化专业结构布局，使工程专业的发展更具职业性、应用性和针对性。

1. 专任教师的概念

专任教师是指具有高等教育教师资格证书，在统计的时段承担本专业学科基础知识和专业知识教学的教师[①]。

2. 专任教师的岗位要求

（1）具备教学所需的专业知识；

（2）热爱教育行业，工作负责；

（3）熟悉学生的生活及学习特点，善于因材施教，能开拓发掘组织多种教学方式，灵活教学；

（4）性格开朗、语言标准、思维活跃；

（5）拥有教师资格证等相关证件；

（6）具有一定的教学经验。

3. 专任教师的岗位职责

（1）按高校培养计划传授学生知识；

（2）制作教案以及辅导学员相关的各项知识；

---

① 教育部高等学校教学指导委员会. 普通高等学校本科专业类教学质量国家标准[M]. 北京：高等教育出版社，2018.

（3）针对学生情况，对其进行个性化的课程讲授；

（4）编制知识考试事项，对学生理论知识的测试；

（5）关注学员的学习情况并进行分析以及汇报。

兼职教师作为师资队伍中不可或缺的组成部分，在充实师资队伍、优化师资队伍结构方面，起到了重要的作用。其不仅弥补了实践和应用型课程教师不足的问题，还能带领学生体验真实的工作环境，提高学生学习的针对性。

4. 兼职教师的概念

兼职教师是指高校对外聘请的业界经营、经验丰富的行业人员等到校对学生进行经验分享或一些行业的新规范解读、新工艺的传递等，不用全职在校任教。

5. 兼职教师的岗位职责

（1）传授行业的相关经验与技术；

（2）分享实际工程案例；

（3）承担实践性强的专业课；

（4）开设工程相关的专题报告。

6. 兼职教师的来源

（1）企业工程领域的专家；

（2）高层管理人员；

（3）行业规范的编制人员；

（4）行业内有影响力的专家等。

7. 专任教师与兼职教师的困境

专任教师与兼职教师作为高校教育培养体系的重要载体，目前却面临着一系列问题。大部分专任教师存在"高学历低教学"的情况，严重影响教师的授课效率。同时，专任教师面临诸多繁杂的事务，如科研压力、评教压力等，进一步制约了专任教师队伍的发展。而同时，兼职教师由于身任多职的原因，在教学课程的时间安排上经常存在冲突，如何平衡授课与工作是兼职教师要面对的关键问题。

因此，高校在构建师资队伍时，无论是对于专任教师还是兼职教师，都要有相关的制度支持。例如，对于兼职教师在教学课程安排中应具有灵活性，以便于兼职教师的工作合理开展。同时，还应提供相关的校内教学资源，支持他们更好地将工程实践与理论知识结合教学。

12.2.5 学校教育与企业教育

1. 学校教育

学校教育是培养人才的重要途径，个人在学校里接受计划性的指导，系统地学习文化知识、社会规范、道德准则和价值观念。学校教育从某种意义上讲，决定着个人社会化的水平和性质，是个体社会化的重要基地。

2. 企业教育

现代经济学理论认为，企业本质上是"一种资源配置的机制"，其能够实现整个社会经济资源的优化配置，降低整个社会的"交易成本"。企业作为组织单元的多种模式之一，按照一定的组织规律，有机构成的经济实体，一般以营利为目的，以实现投资人、客户、员工、社会大众的利益最大化为使命，通过提供产品或服务换取收入。而企业教育则是对员工进行的知识、技术或价值观念的传播活动，目的则是提高员工的素质，获得合格的劳动者，进而引导消费，从而增强企业竞争能力。

企业，作为社会的重要组成部分，对于国家和社会的发展发挥着极其重要的作用，是国民经济的中坚力量，推进了社会经济不断向前发展。履行社会责任以及提高经济绩效是企业管理发展中需要面临的问题，也是企业工作的主要内容。对于企业而言，企业所承担的主要是社会责任，从以下两个方面阐述。

1）企业对于社会的责任

企业每年都要面向社会接纳人员，这是企业的社会属性与责任所决定的。企业从社会中来，也必将回馈于社会，相辅相成。

2）国民教育的重要组成

企业教育是国民教育的一种重要形式，其发展状况对企业乃至整个经济社会发展具有举足轻重的作用，因此受到世界各国特别是发达国家的普遍重视[1]。企业必须承担起国民教育的这部分责任，不可推卸。

而企业，在承担企业教育的责任时，同样也获得相应的利益，以下分别从人才获取、良好的内部运作、企业盈利三个方面进行分析。

1）人才获取

企业长久的发展是需要盈利的，而人才资源是企业盈利的重要依托之一。因此，在企业教育中，企业通过对于人才的培训，加速员工的能力提升，进而获得人才的储备，提高企业的员工质量。

2）良好的内部运作

企业教育让企业的内部运作更加有序，通过企业教育培养的人才对企业的好感度与忠诚度通常高于社招人员，且由于其更熟悉企业内部的运作，进而能够有更高的效率推动企业的项目。

3）企业盈利

毫无疑问，企业教育能让企业获得一定的盈利。盈利的获取分为两种方式获取，一是企业教育培养的人才对企业项目进行反哺，让企业在项目中获得利润，从而达到盈利。二是企业通过面向社会的企业教育中收取相应的费用，进而获得盈利。

3. 企业的困难与企业教育的困局

企业的困境，无疑不是盈利与发展的兼顾问题。如何让企业在盈利中发展是每个企业的

---

[1] 权守荣. 浅论企业教育的微观作用和宏观意义[J]. 经济与社会发展，2010，8（9）：175–176.

最终目标。而发展与盈利都需要各类人才的参与。但目前，企业每年面对海量的就业人员，招聘后却还需培养一段时间才能发挥价值，这是企业最头痛的一点，企业需要人才，但当下高校培养出的人才不能在现有岗位上快速产生效益，即迫切的人才需求与长时间的人才培养现状是当下企业面临的一大难题。同时，企业教育还受到以下因素制约。

1）教育成本

企业教育需要花费时间、人力、物力成本，特别是企业还需兼顾自身的发展以及相关的利润，对于企业教育的消费无疑是企业需要面临的一大难题。

2）社会支持

目前企业教育培训工作处于各自为政的状态，也就是各个企业独立开展，政府的行政统筹管理弱化，这也说明了企业教育在我国教育体系中处境尴尬。按照舒尔茨的人力资本理论，与学校教育一样，企业教育培训是人力资本形成的最重要组成部分。企业教育面向的对象是数量巨大的劳动者，其对我国的社会经济生产有直接的促进作用。因此，教育行政管理部门需要加大对企业教育的重视程度[①]。

3）企业的培训机制

企业教育工作是一项系统性的工作，企业虽有丰富的实践经验与充足的设备仪器，但培训机制与高校相比还存在一定差距。由于企业教育工作往往都是由人力资源管理部门负责，但是培训人员是来自不同的部门，需要多个部门共同协调，若缺少完善的联动机制，教育培训工作在开展时就受到了多种因素限制，使企业教育效率降低[②]。

4. 学校教育与企业教育的融合

毫无疑问，人才的全面培养不仅仅依靠学校教育就能完成，企业教育的跟进，是完善人才能力培养的重要途径。特别是工程类的人员，除了要掌握扎实的理论知识，更要重视其实践能力的培养。因此，企业教育对于工程师的培养是不可或缺的。必须要让学校教育与企业教育有效联合起来。而企业教育与学校教育耦合，可从校企联合教学、校企师资共建、工学结合实践三个方面进行。

1）校企联合教学

学校与企业联合教学，让企业进入校园，在学校内培训企业需求人才。例如实行冠名班或企业班，企业人员参与核心技术教学，加强院校与企业之间合作，实现优势互补、资源共享，用先进的理念统一办学标准和管理规范，做到校企双赢。

2）校企师资共建

加强教师继续教育培训，定时让专业课教师到相关企业实地学习和实践新设备、新科技，丰富高校教师能力，同时企业精英、技术人员等进入校园教学，让培养的学生掌握更多的技能。

---

① 吴峰，张懿丹. 企业终身教育政策制定的思考［J］. 宁波大学学报（教育科学版），2022，44（4）：15-19.
② 齐伟. 新形势国有建筑企业教育培训效果提升路径探究［J］. 中国市场，2021（9）：104-105.

3）工学结合实践

即让学生前期在校学习理论、技能，后期进入企业实习或实践学校教育根据企业岗位能力要求实施，逐步实现"无缝"对接学校人才培养和企业用工需求，提高学生的企业适应能力。

12.3 工程师的安身立命之本

12.3.1 "一专多能"职业

"一专多能"职业，即复合型人才，可理解为"1+X"的人才，是指在职人员既要具有专业知识，又要具有适应社会的多方面工作的能力。工程师完善包括"职务、职称、资格、岗位、职责、伦理"六个方面，方能安身立命。

1. 职务

职务一词最早出自南朝梁何逊的《为孔导辞建安王笺》，是指组织内具有相当数量和重要性的一系列职位的集合或统称。

2. 职称

技术职务是指技术能力评定后获得的评定技术等级，如：教授级高级工程师、高级工程师、工程师、助理工程师、技术员、高级技师、中级技师、技师。

3. 资格

即从业资格，指人员要在行业任职必须具备的证书，如：安全员必须要有安全员证书，建造师必须持有建筑师证书上岗。一专多能的人才通常持有多本证书，即拥有多个岗位的胜任资格。

4. 岗位

即工作岗位，在企业或项目里扮演的角色。例如钻孔操作员，操作员的职位可能由钻孔操作员、层压操作员、丝印操作员等岗位组成。同样，一专多能的人才通常拥有能胜任多个岗位的能力。

5. 职责

即职务上应尽的责任，每个职位都有自己独有的职责。

6. 伦理

伦理是指在处理人与人、人与社会相互关系时应遵循的道理和准则，也可指一系列指导行为的观念，是从概念角度上对道德现象的哲学思考。其不仅包含着对人与人、人与社会和人与自然之间关系处理中的行为规范，而且也深刻地蕴含着依照一定原则来规范行为的深刻道理。

时代发展凸显对一专多能人才的大量需求，如果员工想成为一专多能的人才，需朝着上述的六个方面进行深造。现今，我国正加紧推行一专多能人才培养。例如：某现役部队军区仓库有多个保障专业岗位，由于人员少，只能是"一个萝卜一个坑"。为了适应未来战时保障需要，他们着力培养"多岗通用型"的保障人才。以半年或一年为周期，严格落实《专业人才与非专业人才定期换岗计划》，该仓库各专业官兵全部在两个以上的岗位锻炼过。同时，还按战时保障可能遇到的情况，有针对性地组织官兵开展一专多能保障训练。对于分队军官，按照政治干部学保障、技术干部练指挥的要求，组织干部跨专业训练，整体提升干部队伍的保障水平；对于基层战士，有意识地组织懂保障的士兵练战时防卫，懂军事的士兵练战时保障，练就多岗通用的本领。同时，还经常开展群众性比武活动，把每名官兵的保障"弱项"亮出来，促使大家有意识地"补短"，提升多岗任职能力。平时一专多能，战时一兵多用。"多岗通用型"保障人才的培养，使仓库的战时保障能力进一步提高。在组织的保障演练中，该仓库受命对某部实施弹药保障，官兵们互通互用、相互配合，快速、高效地完成了保障任务，在相同保障量的情况下，保障人员减少了17%、保障时间缩短了1/3。

时代发展造就了一专多能的人才需求，经济社会的飞速发展和进步，在为企业带来更多机遇的同时也迎来了更多的挑战。企业根本竞争力在于人才竞争，拥有更多"一专多能"的人才是促进推动企业高速发展和进步的重要根本，也是企业核心竞争力的保障。

12.3.2 "工员师"的安身立命之本

建筑业中的"工员师"，即项目工人、建筑九大员和建筑工程师三者的缩写简称。这是工程人员的不同成长发展阶段，也是建筑行业承担不同角色则分工不同的体现。具备知能、拥有职业资格、胜任岗位角色、承担职能职责，是作为技工、基层管理员、工程师的"安身立命"之本。

1. 项目工人

在时代的高速发展背景之下，人们的职业发展与未来的就业趋势受到现代经济建设的影响，对项目工人的要求也随着提高。新型产业工人这一群体的数量不断扩大。

老一代的工人群体，在现场主要凭经验进行施工作业，以劳动力为生存之道，但时代的发展暴露出了老一代工人群体知识短缺的弊端，各种新技术、新设备、新工艺强调工人学习能力的重要性。因此，新型产业工人除了应具备老一辈人的能力，还必须具备以下几种能力素养：

（1）较好的学习能力；
（2）较高的个人素质；
（3）良好的环境适应能力；
（4）出色的动手能力；
（5）服从管控能力；
（6）部分软件的操作能力；
（7）隐性知识的显化能力。

2. 建筑九大员

人们常常谈及的建筑九大员，通常指的是具有建筑类资格证的从业人员，如：施工员、安全员、质量员、材料员、资料员、预算员、标准员、劳务员、机械员[①]。

通过学者在行业多年的实践经验，总结出了建筑九大员胜任能力表，如表12-10所示。其中，专业基础知识的最基础的能力，身体状况是根本保障的能力，职业资格则是任职敲门砖，建筑九大员拥有这三个方面的能力与技能，基本能够在行业内做到安身立命。其他的影响因素则是建筑九大员从及格到优秀的提升方向。

建筑九大员胜任能力表　　　　　　　　　　表12-10

胜任力特征					
职业资格	身体状况	专业基础知识	施工组织设计能力	施工计划安排能力	进度控制能力
施工协调能力	资料管理能力	安全管理能力	质量管理能力	交流沟通能力	应急管理能力
现场管控能力	表达能力	执行能力	爱岗敬业	团队协作	诚实守信
严谨务实	学习内省	自信	心理韧性	乐观积极	奋发进取
耐心	遵纪守法	创新能力			

3. 建筑工程师

工程问题涉及不同性质约束的交互问题，而工程师工作的本质就是对于给定的问题，发现解决方案并验证其为各方最"满意"的情形。而当代工程师，不仅需要熟练的技术能力，还亟需培养其优秀的职业能力。

1) 技术能力

技术能力对于工程师非常重要，这一点毋庸置疑。技术能力是工程师的首要支撑。技术能力包括：①专业知识素养（如：力学、电学、管理学、工程经济、工程法规等）；②专业软件技能（如:CAD、广联达、Visio、Revit、Sketchup、PKPM、南方CASS测绘、ANSYS等）。

2) 职业能力

在掌握了工程知识和相关技术能力之后，如何将这些知识和技能转变为有效的工程产出是工程师实现其价值的关键。职业能力则是让工程师走向成熟的重要支撑。通常，职业能力体现在以下几个方面：

（1）交流能力

工程的复杂与多协同属性决定了工程师为了项目的开展必须要和不同思维方式、不同技术领域、不同需求甚至不同价值观的人进行沟通交流，以实现工程目标。因为工程是造物活动，随着时代的发展、工程产品的系统越来越多元化、多学科交叉，工程师的交流能力对获取或共享经验知识变得越来越重要，越来越有价值。交流让思维碰撞，而工程目标就是思维碰撞的落地。

---

① 李乃龙，钱俊杰，莫训奇. 建筑工程施工员胜任力评价指标体系研究[J]. 建设科技，2020（13）：64-68，72.

（2）创新能力

创新是时代前进的推动力。表12-11列出了一些需要创新能力的职业，而工程师就是其中之一。尽管工程师的目标与其他创新型职业目标有些区别，但其共同点都是造物。工程师为达成人类生产生活的需求目标，通过工程活动达成目的。但工程活动是受到一定约束的，并且工程师不能轻易地忽视这些约束。例如：在医学工程上，对于开刀动手术，生命工程师——医生必须严格按生物科学的要求控制麻醉剂的用量，如果医生忽略麻醉剂量的使用，则可能带来严重后果。并且在术后伤口缝合上也能体现一位医生的工程水平，试问哪位患者不愿在治好病患后还能尽可能留下小的伤疤呢？这就是"简洁"这一目标的要求，也是最重要的目标。因为简洁的同时通常意味着能同时满足其他工程目标，如经济性、美观性、便携性等。KISS原则（Keep It Simple，Stupid）就是对追求简洁性的最好说明，即"使之简单、直接"。这是未来工程师必须要掌握的能力。

再比如潜艇工程师如果忽略了水的浮力与地球引力的这些约束，则可能无法将项目完成，因为潜艇主要就是要解决如何克服浮力与重力进行水下工作。也正是因为工程师的工作受到多因素约束，未来工程师必须具备更多的创新、创造的能力。

需要创新的职业　　　　　　　　　　　　　　表12-11

职业	目标	约束
作家	交流、探究情绪、研究文字	语言
艺术家	交流、创造美	视觉形式
作曲家	交流、创造新乐谱、研究各种乐器	音乐形式
工程师	简洁、提高稳定性、改进效率、降低成本、性能更佳	科学、经济学

（3）社交能力

在全球一体化进程中，工程系统及产品已经越来越离不开各个国家之间的协同合作了。以国产C919飞机为例，如图12-15所示，其零部件资源供应状况来自全球六个国家几十个公司。工程师为了达成工程目标，不可避免地需要与经济社会中不同文化背景、不同教育程度、不同个性的人群进行沟通、交流与合作，社交能力的地位不言而喻。当代工程师必须具备基本的社交能力。特定的工程经验知识源于特定的工程经历，因此，工程经历对获取工程经验知识至关重要。而良好的社交能力常常对获得工程经历及经验起决定性作用[1]。

（4）工作态度

"态度决定一切。"质量是工程目标的永恒主题。质量就是生命，质量就是效益。常言道："失之毫厘，谬以千里。"工作态度往往决定着项目的成功率。美国成功学院曾对世界上1000位知名的成功人士进行了调查研究，结果表明成功的85%都由积极的态度所决定[2]！

---

[1] 邵华. 工程学导论[M]. 北京：机械工业出版社，2016：40.

[2] 李佳. 工作态度是工作成败的关键[J]. 东方企业文化，2015（11）：132-132.

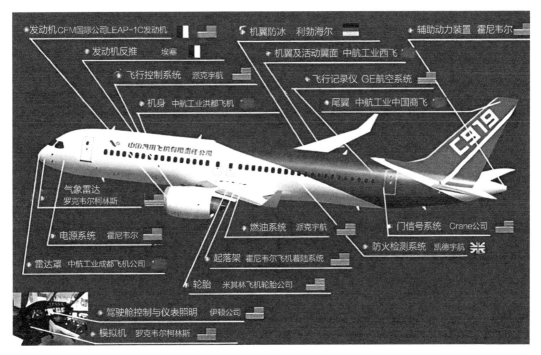

图 12-15　国产 C919 飞机零部件供应商图

工程师的工作环境常常是多变的，可能是艰苦的环境（如高温、低寒、狭窄、阴暗等），也有可能是良好的环境（如宽敞的办公室、先进的实验室、无尘的工作间等）。面对这些复杂多变的环境，再加上可能不断出现的、出人意料的工程难题与时刻要注意的工程危险，积极乐观、永不言弃的工程态度是工程师必须具备的良好品德。

校园期间掌握扎实的工程技能是成为杰出工程师不可或缺的条件，但如同前文中提到的，终身学习能力是获取工程经验知识，不断提升工程师自身能力的依托，是工程师未来成功的关键。

12.3.3　工程师的能力培养

2021年9月，习近平总书记在中央人才工作会议上强调"我们比历史上任何时期都更加接近实现中华民族伟大复兴的宏伟目标，也比历史上任何时期都更加渴求人才""要培养大批卓越工程师，努力建设一支爱党报国、敬业奉献、具有突出技术创新能力、善于解决复杂工程问题的工程师队伍"。工程师的培养问题对于一个国家未来经济社会发展的影响是巨大的、全方位的和深远的。

探讨工程师的培养，必须明确培养什么类别的工程师。但中国工程教育对工程人才培养目标并没有明确的细分，因此，敏捷高等工程教育培养计划开展之前首先要探讨的核心问题就是工程师的分类。

1. 工程师的分类

按照工作性质的不同，大致将当前社会的工程师分为以下十类。

（1）研究型工程师（学术型工程师、工程科学家）：探索新知识、新技术、新工艺的工程师。

（2）开发工程师：利用现有的知识及技术，开发新的设备或系统以及相应的工艺的工程师。

（3）设计工程师：设计工程师与开发工程师具有类似的职业目标，但设计工程师更强调系统集成的技术能力。

（4）产品工程师：一般属于技术部范畴，负责产品的技术支持，特别是新品开发时一般都是由产品工程师牵头。产品工程师的主要任务，就是让流程顺滑流畅，确保生产环节的每个齿轮紧紧相扣，使产品可以按照时间表上市，甚至缩短设计到量产的时间，争取更多市场。

（5）测试工程师：对开发的产品进行可靠性、安全性、特定场所的适用性等方面测试的工程师。

（6）运维工程师：针对各项产品，主要从三个方面进行维护——①质量，保障并不断提升服务的可用性，确保用户数据安全，提升用户体验；②效率，用自动化的工具/平台提升软件在研发生命周期中的工程效率；③成本，通过技术手段优化服务架构、性能调优；通过资源优化组合降低成本、提升ROI。

（7）销售工程师：协助销售人员，推广产品，同时解决产品销售过程中的技术问题。

（8）管理工程师：掌握行业的基本理论与知识，领导并协调团队工作，梳理团队的任务流程的工程师。

（9）咨询工程师：提供专业咨询的专家，从事各种咨询活动的管理工程师。

（10）教育工程师：教育工程师是基于教育理论基础上的对教育理论进行应用开发，面对教育现实问题筹划教育实践操作思路、设计教育实践方案、回答"教育应该怎么做"的教育工作者[①]。

2. 各类工程师的培养标准

工程师是理论与实践的转换者，工程师培养标准的内涵应体现顺应经济社会与人文社会发展的需求，即工程师的培养标准是动态性的。

从发展的角度来看，工程师应该具有坚实的数学、自然科学和工程科学基础，能够把工程原理和工程技术与经济、管理、社会、法律、艺术、环境和伦理等问题结合起来，从而改造和创造未来的世界。正如美国工程师专业发展委员会（ECPD）所描述的："工程师必须是一位善于构思并形成概念的专家，是一位设计者、开发者、新技术的形成者、标准规范的制定者——一切都是为了有助于满足社会的需要。工程师必须学会规划和预测，系统化地对与公众健康、安全、幸福和财富有利害关系的系统和组成部分做出判断[②]。"工程师的培养标准应满足上述要求，知能才是完整的教育。

[①] 郭红霞. 论教育工程师及其职能 [J]. 教育探索，2010（11）：3-5.

[②] 林健. 卓越工程师培养——工程教育系统性改革研究 [M]. 清华大学出版社，2013：70.

3. 各类工程师的培养

对于各类工程师的培养，其培养体系应包含通识教育、专业教育与组织管控教育三个方面的内容（图12-16），这三个方面的内容是支撑工程师在业内开展活动的必备能力。

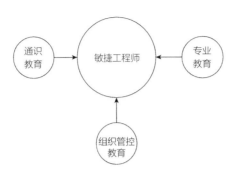

图 12-16 工程师培养的三个方面

各类工程师的能力培养内容如表12-12所示。

各类工程师培养表　　　　　表12-12

分类	研究型工程师	开发工程师	设计工程师	产品工程师	测试工程师	运维工程师	销售工程师	管理工程师	咨询工程师	教育工程师
通识教育	如数学、工程制图、力学、法规、技术规范、工程经济、管理学、社会学等									
专业教育	人文学、系统工程学等	Html5、JS、SDK开发、Web App开发等	三维UG、Pro-E、Solidworks	视觉传达设计、形态设计、产品设计原理等	PWM逆变驱动的测试方法DSP等	Shell脚本编程、Linux等	市场营销学等	流程管理学、Visio、ERP等	工程咨询概论、项目决策与分析评估	教育心理学、普通心理学、教育统计社会评价等
组织管控教育	战略预见能力、批判思维能力、沟通协调能力、激励授权能力、团队合作能力、创新战略能力与危机处理能力									

其中，通识教育一般都是在高校中完成的，即学生在高校系统内学习基础知识。专业教育则是系统地学习该方向需要着重掌握的知识，如管理工程师需要系统地学习管理学内容和相关的软件技能，如流程管理学、Visio、ERP等。而对于组织管控教育，其应从课内学习与课外实践两个维度开展。

1）课内学习

课内学习包含工作坊研修、仿真教学、跟踪培养三个方面。如图12-17所示，工作坊研修是沉浸互动体验式的学习方式，其以一名在行业领域富有经验的主讲人为核心，指导10~20名学生，通过活动、讨论、简述等多种方式，共同探讨提高各方面的能力。仿真教学是指借助多媒体技术，使学生身临其境，能够从难于言表的细微表情和细小动作、简单的对白、形象的说明，以及复杂的场面中，深刻地了解各种情景。跟踪培养是指给学生配备一位有经验的老师，并将其作为导师，导师定期，如每周一次，与学生会面，回答学生的各种问

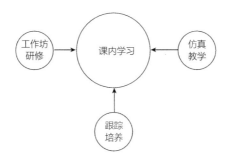

图 12-17 课内学习的三个方面

题,而学生将导师作为自己跟踪学习的榜样或行为参照的对象①。

2) 课外实践

课外实践主要就是通过实际岗位训练来实现,即高校与企业合作,定期派学生到企业实际岗位中去体验其真实工作的场景,进而达到培养其上述能力的效果。

总之,工程师的职业能力决定了自身的发展,而工程师的质量也决定了国家的未来发展。因此,工程师能力的培养需要一套科学的、系统性的体系,在这些体系下各主体各司其职,体系运转起来,工程师的发展才会良性循环,进而回馈社会、回馈国家。

---

① 林健. 卓越工程师培养——工程教育系统性改革研究[M]. 清华大学出版社,2013:339-341.

第 13 章
教学过程精准管控

本章逻辑图

图 13-1　第 13 章逻辑图

13.1 教与学的智能化过程

现代大学课堂是适应工业化批量生产模式的教育,是培养高质量人才的重要场所,其不仅仅是知识传播场所,更是培养学生辩证思维和解决实际问题能力的地方,这就要求教师要持有开放心态,通过采取有效措施与学生分享课堂主导权,改善学生课堂表现,从而实现提高人才培养质量的目标。

智能化课堂是科技飞速发展的产物,建筑业智能平台、先进技术等通过电子产品等媒介进入课堂,促使课堂呈现效果更具有灵活性、多样性。视频随时自助翻阅学习,任意知识点评测亦可通过电子课堂互动即时进行,练习测验可以通过网络搜集即时评测,反馈及时,教学快速应变,扩大课堂容量,同时还可以用来进行创造性的研讨,对于教师也提出了更高要求,不仅仅要会使用这些科技产品,还需掌握授课内容转换到科技产品的方式路径,包括知识点的电子文档、图片、讲解视频、经典范例,还需要有相关的软件支撑。

教师要用探索、研究式的教学方法。在教学工作中教师正确而恰当地应用探索、研究、发现式的教学方法,对增进学生智力发展、培养学生创新能力具有积极意义。为了适应知识经济对人才创造性的要求,教师在教学工作中既要留意给学生创设题目情形,激起他们的好奇心;又要把控对学生思维进程的引领方式,鼓励学生大胆地提问,富有创造性地解决题目。

13.1.1 过程经权管理

经典、规律性、常规性,不能违背的道理称为"经",管理要有依据,而依据就是共识。所以,管理一定要按照规范行事。"权"指权变、权衡、变化,要根据具体情势做出调整。"经"和"权"合起来,称之为"经权"。在教育环境中,经权是指老师的一切管理措施均以学生为培养主体,对学校内外环境变化而持经达权。例如,教师本人在备课时按照教学目标和自己的理解对教学内容进行改造、重组、增删等;在向学生传授已设计好的课程知识时,教师会根据学生基础情况不同实行不均衡分配。以基础知识普适教学,以补充知识强化教学的方式面向不同基础的学生,加强教学知识的深度和难度,因材施教,实现教学过程经权管理。

在过程经权管理中,应当赋予教师更大的自主权,即在"教"方面将敏捷化与精准化进行耦合。教师在进行教育时需要注意以下三方面。

1. 保证目标的精准

教育目标是选择教育资源、实施教育活动、勾勒教育程序、开展教育测评的标准。但在以往的教育中,往往会出现培养目标"僵化"的现象,一个专业的学生用同样的方式朝着同样的目标发展。在新技术快速发展的阶段,在课前通过问卷等形式收集学生认知、技术等情况,辅以信息化手段进行分析,结合课中的过程性评价和课后的形成性评价,覆盖整个教育过程和学习过程,充分了解学情,有的放矢。并在数据累计分析的基础上,可以全面了解、掌握学习者的知识基础和个人特质,进而调整既定的教育目标,生成更具指向性的个性化教育目标，达到敏捷化。通过目标精准引领精准教育的实施，使教育资源、教育方式、评价模式、培养方案更加多元丰富、智慧灵活，更有实效。

2. 问题提出精准

在教育过程中，提出问题比解决问题更重要，好的提问等于解决了一半的问题，好问题的提出表明对学术、知识的本质与逻辑已有基本的认知。在教育中，数据分析呈现的个性化反馈是开展精准提问的重要依据。这些精准问题既可以为学生提供掌握知识的桥梁，又可以促成学生将信息转化为专业知识和成果，尊重和满足不同层次群体的多样化学习需求和自主选择的权利，鼓励其形成个性化的创新思维和批判性思维。

3. 干预精准

干预精准的思想来自儒家的"因材施教"。通过对学生的学习行为进行分析，实施多层次干预，为教学活动提供科学决策，规避学习风险[①]，以PBIS等反馈模型为基础，依据持续性的过程性数据收集处理，可以对学生进行个性化、过程性、持续性的干预。老师也可以因此快速进行个别学生课中教育目标、教育方式的调整，以达到敏捷化。

通过以上三方面的确立，跳出传统教学只注重考试成绩评价的桎梏，在学习过程中对学生的情况进行把控，以基本教学内容为基础，利用大数据、人工智能等技术不断调整学生的培养方案。这就是"过程经权管理"的内涵所在。而这就要求教师不仅仅需要具有扎实的教学基本功，还应能够主动掌握新的教学技术，创新更加高效的优质教学课堂。结合当前智能化手段飞速发展的现状，老师需要主动改变现有的教学模式，带领学生一起创优创新，从课堂做起。例如应用多媒体技术，实现真的感知途径！能达成"视觉、听觉、嗅觉、味觉、感觉、触觉"同步可视化、可感化，加深刺激，加强印象，获得更好的学习效果。

13.1.2 教学内容组织流程

教学内容是教与学相互作用过程中有意传递的主要信息，而教学内容中所包含的知识和技能，灌输的思想和观点，培养的习惯和行为等的总和，称为课程。新中国成立至今，我国已经经历了八次课程改革，包含课程管理、课程内容、课程结构，但始终未能触及其根本。学者孙泽文[②]认为进行课程内容改革，需要系统地探讨课程内容的构成要素、组织原则及其结构形式，以揭示"教师教什么、怎么教，学生学什么、怎么学"的机理。正确认识这些问题，才能够在课程改革中以基础性和现代性为核心，改变课程内容和过于注重书本知识的现状。

本书在其基础上认为需要加入一些较为必要的东西。首先，内容的改变应适应外部环境对学生要求的变化，因而应以前文所提PESTecl的分析法对各方面进行充分分析后确定教学内容往哪些方面发展。其次，教学内容的改变在对环境进行评估之后，工程教育应当遵循

---

① 邹琴. 学习分析视角下的在线学习干预实证研究 [D]. 金华：浙江师范大学，2017.

② 孙泽文. 课程内容的构成要素、组织原则及其结构研究 [J]. 辽宁教育，2013，(5)：25-28.

"工程"的内在逻辑,长三角区域工程管理专业虚拟教研室李启明博士,在工程管理专业课程知识图谱构建方案和工具的介绍中阐述了对于工程管理专业课程知识图谱的整体架构,但构建单位为各个课程,割裂了工程的实际脉络,未从工程的全生命周期和流程出发整理归纳知识脉络,导致在后续使用中可能出现理论与实践脱节的现象,效果不尽如人意。教材的知识组织要摒弃过去较为松散的形式,强化逻辑特征,根据工程产品的分类,学校可以针对性地开设课程,通过基础课程可以使学生对于工程的基本原理进行贯通。将工程实体模型运用于工程教育,可以使学生将学到的理论知识与实践进行初步结合,甚至可以发挥自己的动手能力来对模型进行搭建。为了达到规划和构想的目标而将工作任务进行有序的组合,形成一个完整的工程流程。应当突出工程教育培养知能,对接工程教育范式以"如何做"的特点,要点如图13-2所示。

图 13-2　课程内容组织强调逻辑特征思想图

上述已提出针对工程知识的教学,应该遵照工程内在逻辑形成知识链进行;类比于工程的知识逻辑,在工程实践方面也应对接其在实际案例中的实施流程,并实现知识能力与操作能力的转换与融合,最终通过课程内容的两条不同逻辑构成学生知能的一体化。另外,为使课程内容组织得适当而且有效,应该遵循一定的原则,这些原则是达成课程内容组织功能的根本保证。泰勒曾提出"怎样有效组织学习经验"的问题,并确定了组织课程内容的"三原则",即连续性、顺序性和整合性,既可以保证其内在逻辑又可以打破课程间的壁垒,实现跨学科的学习。

例如在《生产管理》课程中,突破以静态的"结构设计"达到管理目的的既往思想。所谓"结构设计",主要是指一系列"XBS"的构建,如PBS、WBS、OBS、RBS、FBS、IBS、HBS、QBS、TBS、SBS、CBS、KBS。BS是分解结构的意思,P/W/O/R/F/I/H/Q/T/S/C/K分别代表项目/工作/组织或目标/资源/资金/信息/人资/质量/技术/安全/合同或成本/知识。以理论联系实践为基础,运用现代化教学手段的知、能、用一体化培训模式。"知、能、用一体化培训模式"的核心内容是通过科学的调研和反复讨论,确定各培训项目必需的知识点和能力;根据目标设置相应的培训课题;采用合适的形式,如任务式教学、问题式教学形成有别于传统的灌输式教学,体现知识、能力、应用三者紧密结合的新的培训模式。与传统知识传授和能力阐释做法相比,其理论与实践相结合程度更深,所教、所学、所用对接更到位;师生在课堂上的教、学、用三位一体表现更具体;学员学习积极性更高;教师教学更有成就感。从而填平与活学活用间的知识鸿沟,因为所有的决策、运营、生产活动,都是复杂的,是以取得经济效益、质量保障、过程安全、顾客满意等绩效为目标,动态多变的、犹疑不决的、充满风险的活动。系统构成整体思维,看到总体要素及其关联,而要素的分解才能找到可操控的"单元"和实现操作，达成整体系统的建造，没有系统思维，无法得到整体的协同功能，没有要素分解，无法实现系统的构建。

本书结合过程经权管理、教学内容及现代智能化的技术，构造出敏捷工程教育体系建设项目框架图，如图13-3所示。教育以项目的初衷出发，从开始就沉浸于项目之中，并在大学四年中基于项目的逻辑进行知识学习，同时辅以各个智能平台等实现实景实况的体现，精准贴合、无缝衔接企业人才需求，达到敏捷高等工程教育的目的。

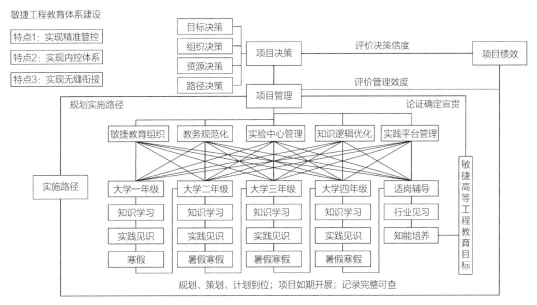

图 13-3　敏捷高等工程教育体系建设项目框架图

13.2　工程教育从娃娃抓起

从娃娃抓起，并非在目前高压力之下，继续增加学生们的课业，而是培养他们的兴趣、好奇心，增加对工程探究的向往，绝非简单地增加死记硬背和生搬硬套。工程学以"生动、丰富、务实"进入中小学课堂，其在创意、设计、实践等方面的要素可以极大地丰富学科课程的内涵和育人价值，使包括科学在内的相关课程在培养学生创新、实践和问题解决能力上有了最直接的支撑点和落脚点，为教育目标的实现提供了更加有效的途径。

13.2.1　感受工程与动手能力

工程虽与科学、技术等相互独立却又紧密相连。中小学课堂基本从初中开始对"科学"（包括物理、化学、生物）进行综合教学，高中对前述三门学科进行分别教学，同时对"信息技术"和"通用技术"进行教学。但唯独缺少了对于"工程"的教学。其实科学、技术、工程三者在生活中都与学生的关系较为密切：上课的桌椅，居住的楼房等都可以看见。

遗憾的是，我国的工程教育基本从大学才开始，且只有特定专业才涉及工程类知识，不少学生在选择专业时也未多加思考。而工程本身的复杂性、工程知识体量的庞大性、工程教育学科的错综复杂性，致使不少学生初次接触工程后就萌生退意，不仅影响了学生自身的发展，也对工程专业带来不好的影响。因此，我们在主张敏捷高等工程教育，对教育体系进行改革、优化的同时，也应该适当延长关于工程的教育实践，提倡工程教育从娃娃抓起。从小接触工程，可以帮助学生准确理解工程师和技术人员的工作类型，以及塑造大千世界的角色。建立起学生对工程能力的兴趣爱好，发展他们作为工程师的自主性和身份认同，并让他们接触可能成为职业选择的工程学科。通过将学生所做的工作称为"工程"，将学生称为"工程师"，积极地调动学生们参与工程项目并保证他们的沉浸感，尽可能让学生都接触工程，可以使他们意识到未来的可能性，并激励他们将其作为职业。在成长的过程中不断感受工程，建立与提升工程观；在学习的不同阶段进行不同程度的工程知识学习与实践，给予学生充分吸收、理解与应用工程知识的时间，以达到在从事相关行业时更加从容的效果。

动手能力是衡量一个工程师综合能力的重要指标，因为动手能力不单指通过"手"建造，还包含动手之前的思考能力，材料、人员等的集合能力，并要预知完成工程所形成物品功能与结构的对应等，总体来说，动手能力是认知、观察、规划、作用等整体综合行为的外在体现。工程教育从娃娃抓起，从小培养学生的动手能力，锻炼孩子的综合能力，从拆开完整的物品再组装起来到自己动手搭建、创造属于自己的构筑物，积极参加学校组织的建模竞赛等都是锻炼学生的过程。将动手能力与感受工程相结合，当他们由工程模型的搭建转向工程实体的构建时与逐渐培养的工程认知等进行结合，更好地投入实践中。

事实证明，将工程教育从娃娃抓起具有较好的影响。2006年1月31日，《美国竞争力计划》（American Competitiveness Initiative，ACI）中提出了知识经济时代教育目标之一是培养具有STEM素养的人才，并称其为全球竞争力的关键。STEM是科学（Science），技术（Technology），工程（Engineering），数学（Mathematics）四门学科英文首字母的缩写，除了中小学本来就有的科学、技术、数学等科目，将工程也列为素养的培育对象。北卡罗来纳州的布伦特伍德小学在2008年时只有20%~30%的学生在州"科学"这门课程测试中达到"熟练"，成为所在县最差的学校之一。当其变成专注工程教育的小学后，学生的"科学"成绩提高了200%——"熟练"率从19%提高到了60%，成为当地最好的十所学校之一，2015年被评为STEM示范学校。显而易见，工程教育对孩子们的价值不仅在于帮助他们走上工程师的道路，更是对孩子们综合思维的培养，这也是本书呼吁工程教育从娃娃抓起的关键。

13.2.2 培养兴趣及探索工程的好奇心

兴趣是个体以特定的事物、活动及人为对象，所产生的积极的和具有倾向性、选择性的态度和情绪。创新人才培养、卓越人才成长，激发兴趣至关重要[①]。兴趣是创新的源动力，诺贝尔奖得主丁肇中用"兴趣"来回答别人眼中枯燥乏味的研究工作，艾根认为"兴趣是探

---

① 李凤霞. 如何培养学生学习兴趣［J］. 中国教育技术装备，2009（19）：123.

索事物发展的动力"。生物学家达尔文在自传中谈及兴趣:"对我发生影响的,就是我有强烈而多样的兴趣,深溺于自己感兴趣的东西。"由此可见,"学习兴趣、专业兴趣与创新探索精神是一致的,要培养创新人才就必须尊重和培养学生的学习兴趣和专业兴趣"[①]。

相对于科学、技术大多"出生"在实验室、研究院等中小学生遥不可及的地方,工程是如此朴素,与我们时刻相伴。大到高楼大厦,小到林荫小道、乡间小路,都是通过工程造物而来,网络上也频繁出现"小朋友面对挖掘机的工作可以看一整个下午"的话题,也正印证了小朋友对工程的兴趣。但是工程本身是一项复杂的实践活动,其问题的解决往往需要调动多方知识与能力,对学生本身的能力提出了挑战。同时,工程研究本身是一个不断反复、不断迭代改进的过程,这个过程本身往往伴随着枯燥与乏味。因此,对学生研究毅力提出了挑战。这时,"兴趣"就显得极为重要,兴趣驱使探索工程之奥妙,体会工程之广阔。学习兴趣、专业兴趣等贯通于学生从小到大的学习生涯,从高考填报志愿到毕业论文的课题选择,从学习目的到学习心态,从对所学专业的认识到对学习情绪的控制、学习成绩的影响等,都和学习兴趣、专业兴趣紧密相关。除了侧重学生基础工程能力提高以外,还应培养学生在"娃娃"时期对工程产生足够的好奇心,循循善诱。种下一粒种子,给予适当照顾,才能有花开之日。

综上,工程教育从娃娃抓起,对于有效实施STEM教育以及学生将来的职业发展有着重要的作用。首先,工程学教育能够激发学生的学习兴趣,提高学生数学、科学的学习能力,强化学生对工程和技术的理解;其次,工程学的设计任务能有效提高学生解决问题能力、交流技能以及团队合作能力。工程教育进入中小学课堂,创意、设计、实践等方面可以极大地丰富学科课程的内涵和育人价值,使包括科学在内的相关课程在培养学生创新、实践和问题解决能力上有了最直接的支撑点和落脚点,为教育目标的实现提供了更加有效途径。

---

① 娄延常. 大学生学习兴趣与创新人才的培养——湖北省大学生学情调查的启示[J]. 复旦教育论坛,2004(2): 68.

第 14 章
教务管理敏捷化

本章逻辑图

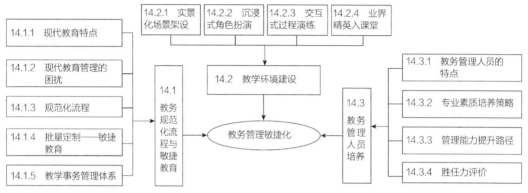

图 14-1 第 14 章逻辑图

高等教育，包括工程教育是如此复杂和专业的大事业，在广义的教务，学校、学院、系，行政和专业教学管理、学生管理、教师管理、实验及实验设备管理、大后勤管理、医务、法务等管理事务，专业化程度，存在很大的提高空间。国内高校的机制，都是"专任教师"兼任管理岗位，虽然保证了懂教学（其实是懂自身的专业教学），但是很难懂得和奉献于管理，多半不能很好地均衡自身科研教学与团队管理、学院建设工作。这两个职能，作为学者或教师，是自主的个体活动占多数，而管理行为，则既不容易定量考核，又需要领导其他成员共同完成工作，可以说，前者成就自己，后者成就团体，恰恰当前的绩效评价，偏重自身成就。这是一个大的管理机制缺陷，危害到高校管理效率、持续进步和资源均衡。管理组织的专业化管理，是亟待解决的问题。对于高等院校管理，钱学森[1]指出："我想以系统概念来说，一所高等院校是一个比较完整的系统，不能硬划分为一个教育系统，一个科研系统，教学与科研要结合，搞科研是为了真正搞好教学，提高学生质量。所以高等院校的组织管理应该作为一门教育系统工程来处理。"

---

[1] 中国系统工程学会，上海交通大学. 钱学森系统思想文库：论系统工程（新世纪版）[M]. 上海：上海交通出版社，2007：52.

14.1 教务规范化流程与敏捷教育

14.1.1 现代教育特点

现代教育是迄今为止教育发展的最高阶段,也是人类教育发展十分重要的阶段。现代教育体系较传统教育体系有着本质的不同,最大差异在于"现代"二字,因为"现代性是现代教育的总体表征,思想、观念、价值体系不仅支配着教育现代化的发展进程,而且是教育现代化的价值坐标"[1]。现代教育的特点,前文已有阐述,总结为教育的"四化",即教育的终身化、教育的全民化、教育的多元化、教育的现代化。下文将重点分析现代教育管理的特点。

现代教育管理,即通过当代新的科学技术和社会生产力发展水平提升教育管理的组织、方法、手段、人员等,提升管理效率,进而提升高校教学效率。随着教育管理理论发展的深化及教育管理实践推进的深入,现代教育管理进一步发展,其特点可总结为:科学化、专业化、流程化、信息化。

1. 科学化

随着科技与时代的发展,教育管理在加速运用资讯科技或量化工具以求精确的同时,在执行之前更加重视计划,以提高效益而减少成本,尤其是关注对教育管理工作的研究[2]。如美国联邦教育行政机关设有管理局(Office of Management),其任务之一就是教育政策的规划、管控与评价。日本中央教育行政机关相关司处设有企划之类的单位,负责计划工作。这些都是促进教育管理科学化的有效措施。

2. 专业化

专业化主要表现在两个方面:一是教育管理机构的专业化,二是教育管理人员的专业化。前者是指世界各国无论是中央还是地方都设有主管教育行政的专门机构,后者即为推进教育管理人员的专业化。如拥有先进高等工程教育体系的法国,其教育部在下属部门特设一个行政人员教育科,专门负责推进教育行政人员的专业教育工作。

3. 流程化

流程化是指将教务管理体系用流程串联起来,即通过规范化的流程图,将复杂交叉的教务管理体系流程化,使目标导向清晰,以实现教务、教学之间的合理配置,进而实现规范化的教育流程管理,从而实现敏捷教育的目标[3]。

4. 信息化

教育管理信息化是与现代科学技术的发展与应用紧密相连,是以现代信息技术为基础的新兴教育管理体系,是一种将现代信息技术与先进的教育管理理念相融合,转变传统的管理

---

[1] 袁利平. 教育现代化的现代性向度及其超越[J]. 陕西师范大学学报(哲学社会科学版),2020,49(1):159-168.
[2] 吴清基. 教育行政[M]. 台北:五南图书出版股份有限公司,2001:12.
[3] 谢文全. 教育行政学[M]. 台北:高等教育文化事业有限公司,2004:563.

观念与组织方式，重新整合教育组织内外部资源，提高教育管理的效率和效益，增强竞争力的过程。信息化必定促使教育管理发生变化[①]。

教育管理作为一种为达成教育目标而进行的思想性、服务性的管理活动，是多种因素综合作用的结果。教育管理的良性发展离不开管理主体所具有的思想性、服务性的管理行为，教育管理需要克服片面化经验管理的价值追求，使管理行为通过既定知识基础和专业化发展予以保证，同时也要求教育管理要逐步适应相关教育制度的规范与引导。现代教育的管理，是实现敏捷高等工程教育的重要依托，如何充分调动教务管理，配合教学，实现"管理"的价值，国内高校亟需重视。

14.1.2 现代教育管理的困扰

正如前文所述，国内高校对现代教育的重视程度远远不够，不少高校甚至漠视、忽视现代教育管理，过分强调教学质量，导致现代教育管理在国内高校受到诸多因素的困扰，总结为以下几点：

1. 管理人员综合能力水平不高

教务流程管理是全校教职人员的共同责任，无论是教师、行政管理人员还是辅导员等，其担负责任不同，所管理的项目和内容也不相同。当前高校，很多管理人员对教务管理的认知不够清楚，没有全面的规划与管理，按照传统的方式方法进行教务管理工作，导致高校发展过程中很多问题没有得到有效落实。

2. 高校教务流程管理制度不健全

教务管理需要相应的监督和管理，但是当前很多高校在教务管理过程中缺乏相应监督和管理机制，在进行高校教务管理时只是随意地对教学任务的完成情况进行考核，对其他方面的考核较少，对学校发展有一定的影响。

3. 教务管理信息化水平不高

教务流程管理过程中，由于当前的教务管理实现了信息化，对教务管理水平的提升有一定帮助，但由于信息化所处阶段并不高，会造成教学任务信息的传递不够及时等情况，最终导致教学过程中出现滞后性。

4. 管理模式不合理，整体性不高

在很多高校中，针对教务管理设置了很多部门，形成金字塔式结构，职能性质极强。但管理模式出现严重的分散现象，致使教务管理整体性大大弱化。学校管理系统和各院系之间出现了严重的分工不合理现象，校级管理系统空置，而院级管理工作过于繁重，导致职责和权利之间存在极大不平衡。信息在传递过程中极易出现错误，造成整个管理体系的失误，并且在两级管理中，监督力量薄弱，甚至出现部门之间工作事项"冲突"的情况发生，管理流

---

① 国家中长期教育改革和发展规划纲要工作小组办公室. 国家中长期教育改革和发展规划纲要（2010—2020年）[EB/OL].[2023-4-26]. http:www.gov.cn/jrzg/2010-07/29/content_1667143.htm.

程极不规范①。

对于重视教育管理的呼吁，已足够振聋发聩，管理的目标是提升行动的效率，而敏捷高等教育即追寻工程教育效率的提升。因而对现代教育管理的重要意义不言而喻，全方位的思考，针对各个要素的分析，才能将敏捷高等工程教育推行落地。

14.1.3 规范化流程

为解决高校教务管理中存在的与"管理"相关的问题，应将高校教务管理进行规范化。规范化管理的改革切入口是流程的规范化管理。该方法可以把复杂的过程简单化，大大提高工作效率。在高校教务管理过程中，有效应用这一方法，不仅可以降低管理成本，还能使整个管理工作更加规范、有序。应用这一思想，可以对高校教务管理进行一系列的优化。建立教务规范化流程应当注意以下几点：

（1）确定核心流程。高校教务管理首先要明确核心思想，应该把"让学生学到足够的知识"定位成教务流程最终需要达到的目标。制定详细科学的核心流程，使每个环节之间相互关联，井然有序。确定核心流程，从学生角度出发，可以强化学习的每一个环节，为有序地展开学习任务提供强力保证，对每个环节都做到了约束和指导，确保了学生学习的高效性；从老师角度出发，核心流程的确定可以更精准、高效地达成目标，不会因繁杂事务而迷失方向。教务部门都应该努力履行好自身的监督义务，对核心流程做到坚决维护、高效执行，做到严格化监督、科学性管理，从而为提高整个管理流程效率奠定良好基础。

（2）对管理流程进行梳理。基于核心流程，明确管理流程的每一项任务，做好梳理工作，了解每个流程所处具体部门，使每个流程的任务都更加直观清楚。图14-2、图14-3为重修、补修课程流程图。对于流程的内容，要做到全方位设置，具体包括管理范围、管理原则和管理手法。把每一项管理任务落实到具体的部门责任之中，使工作更加细化。对于信息种类和数量多的部门，要做到着重管理，增派更多管理人员，进行多次检查和确认，使信息更加准确高效。

（3）明确教务流程中的各项任务。一条完整的流程一定是由多个任务有序组合而成，在明确任务的情况下才能高效率、按部就班完成流程。在教务管理中，明确每一项数据的编码，可以使管理人员清楚分类、快速寻找、统筹操作；对任务资源进行统筹与规划，可以使教务管理人员处理相应任务的时候匹配相应资源，在提高任务成熟度时减少资源的浪费；明确任务职责可以做到"责任到人"，使教务管理人员精确找到对应人员并有指向性地进行追责或其他动作；清晰任务成果可以通过每个任务的成果叠加最终使流程的目标更优……因此，明确教务流程中各项任务是逃不开的话题。

（4）对教务流程管理进行监督。高校教务流程管理效率不高，与高校管理监督力度不够，尤其是当前很多高校在发展过程中对教务流程管理工作的监督管理重视程度不够有极大

---

① 杨海波. 高校教学教务管理流程分析及优化研究［J］. 中国管理信息化，2015，18（15）：247-249.

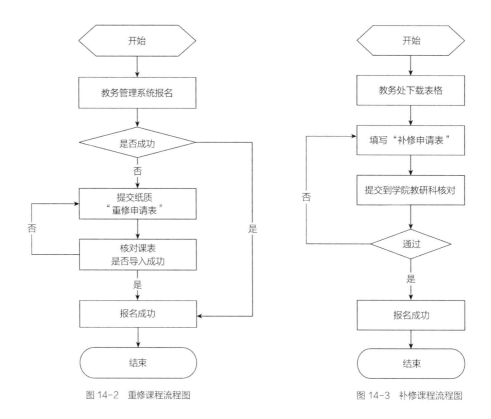

图 14-2　重修课程流程图　　　　图 14-3　补修课程流程图

关系，促使很多教务管理比较随意，导致高校教务管理水平不高，对高校全面发展有很大影响。在未来发展过程中，应该要积极加强对教务流程管理的监督，对于每一个流程部门，都要选定好一名负责人，对相关部门起到监督领导作用，进而能够对高校教务流程管理过程中的各种问题进行积极有效的解决。

（5）加强对管理人员的培养，实现流程化管理。流程化是当前时代的特征，高校的管理也应该要逐渐实现信息化和现代化。在当前时代背景下，需要加强管理人员的现代化和信息意识的培养，从而在管理过程中能够加强对各种信息技术手段的利用。在具体落实过程中，可以设立教务流程管理专岗，对于不同的教务工作，要及时分配给相应工作人员，工作人员要及时对各种任务进行完成，并且要及时和其他部门以及上级部门进行沟通，对任务的完成情况进行汇报，从而让其他部门也能及时开展工作。在教务管理过程中，要对管理人员的信息化意识以及信息化技术水平进行培养，使其能够明确信息化管理流程，从而在教务管理过程中实现信息化管理，达到流程化管理意识。比如在教学管理过程中，可以通过计算机设定教学管理目标，利用信息渠道传递各种任务的完成情况，在期末的时候借助信息平台对各种任务的完成情况进行考核等[①]。

---

① 王亚杰. 高校教学教务管理流程分析及优化研究 [J]. 安徽电子信息职业技术学院学报，2011，10（3）：88–91.

教务管理是高校发展过程中的重要环节，是管理科学中具有独特性、复杂性的管理实践：独特性体现在人才培养的特殊性，其深影响性、多主体需求性、全过程性、分类分层性、灵动性、可变性、多要素性、成才考核的柔性（不可精准测量性）等，无不揭示需要有跨界综合的知能集成、高超的管理技能、认真严肃的管理知识基础、高度站位的负责精神，才有可能做好教务管理工作。通过规范化流程的建立与形成，有利于提高教务管理的运行效率。通过规范化流程进行精准分析、合理配置和准确评估，这也直接提高了教务系统的工作效率和整体运行效率，任何人进行教务系统的操作，都可以依照流程快速上手，减少空档期。而规范化流程有利于控制管理流程中的每一个环节，管理活动中的工作标准越具体，越有利于操作和控制。当形成长期沿用的规范后，可建立每一个环节的突发事件应急预案，克服传统管理的弊端。

14.1.4 批量定制——敏捷教育

批量定制来源于制造业，是指以批量生产的成本和速度，提供个性化产品和服务的产品生产模式。敏捷高等工程下的批量定制借鉴于制造业，但不完全等同。因"产品"自身属性不同，特有性质也不同。高校通过规范化流程，遵循现代教育的特点，通过教务与教学的高效结合，实现敏捷高等工程教育的最重要的目标，批量定制人才。虽然两者受众对象不同，但目标几乎是一致的，都是寻求接近大批量生产的低成本和高效率提供给"客户"最大定制度的个性化商品。由于大批量定制既能满足客户的个性化需求，又具有使企业获利的潜能，因此存在自身的竞争优势和发展空间。

本书以高校教务管理为例，为了进一步提升教学管理信息化、流程化、敏捷化水平，适应高等教育教学改革发展趋势，高校全面升级教务管理系统。并组织教务处、教学研究科、实践教学科、综合科、质量管理科、教学服务中心进行新版教务管理系统的敏捷教育培训。教务管理敏捷教育培训内容如表14-1所示。

教务管理敏捷教育内容 表14-1

培训科室	敏捷教育培训内容
教务科	（1）负责学籍异动工作，包括休学、复学、退学、转专业、专业分流、保留学籍（入学资格）、三升二、"2+2"、转学等 （2）负责毕业与学位授予工作，包括毕业资格、学位授予资格审核，毕业、学位证书制作与管理等 （3）负责各类学生电子注册工作，包括新生注册、在校生学年注册、毕业生电子注册、学位信息注册等 （4）负责班级信息管理，在校生数据维护，学生电子图像采集，相关数据统计报送，毕业生学籍卡信息维护与学籍卡存档 （5）负责全校各专业教学任务下达，教学任务落实情况审核，专业培养方案的执行情况审核与汇总 （6）负责全校课程教学常规管理工作，包括校平台课、校选修课等排课工作，学期全校总日课表编制工作，公共课重修课安排与调课管理工作等 （7）负责教材的征订与结算 （8）负责选课管理，学生课程免修、免听申请审批 （9）负责课程学分认定工作、创新学分和素能拓展学分认定工作以及学生学年学分统计工作 （10）负责旁听、进修管理工作

续表

培训科室	敏捷教育培训内容
教务科	（11）负责二级学院课程教学工作量计算与核拨、教师个人课程教学工作量汇总 （12）负责教务管理系统的维护、管理与"本地化"工作，系统使用的培训工作；负责教务通系统管理 （13）负责制定相关工作规章制度和编排年度校历
教学研究科	（1）制定全校教学改革方案，负责各类教学改革管理工作 （2）负责校级以上各类教学质量工程项目检查的组织、协调工作，人才培养创新实验建设工作，各级各类教学队团建设和管理工作 （3）负责拟定全校专业建设规划，负责专业申报、建设、检查、评估、调整等工作 （4）负责制定全校课程建设规划，做好各级各类课程建设与管理工作 （5）负责制定全校教材建设规划，做好各级各类教材建设与管理工作 （6）负责全校各专业（含专升本）培养方案制定/修订工作，以及课程教学大纲制定工作 （7）负责校级及以上教学成果奖、教学优秀奖、教学名师、教坛新秀等评选工作 （8）教师教育基地建设等相关管理工作 （9）双专业的审批、管理和证书发放 （10）拟定年度各专业招生计划 （11）负责二级学院教学建设工作量计算、教师个人教学建设工作量统计 （12）负责教学网站的信息维护与管理工作 （13）负责制定相关工作规章制度，相关工作信息报道
实践教学科	（1）制定全校实践教学工作规划和制定实践教学管理制度 （2）负责全校实践教学改革和建设工作，负责校级及以上各类实践教学改革建设项目的管理工作 （3）负责检查、督促二级学院各类专业实践教学的组织、落实情况；负责校内外实习基地的建设管理，督查教学实习的组织与落实情况 （4）负责制定全校毕业设计（论文）工作计划，组织检查、总结和评价 （5）组织教育实习工作，制定工作计划，落实实习学校，组织中期检查，管理实习经费、实习成绩及评奖等 （6）负责全校实验室建设规划与管理 （7）负责实验教学资源配置的论证与绩效评估工作，年度教学仪器设备采购计划的制定 （8）负责全校实验教学运行管理 （9）负责大学生学科竞赛基地建设管理，组织管理各级各类大学生学科竞赛 （10）负责实践教学类信息统计与归档
综合科	（1）负责教务处人事、组织管理、文件档案、财务和资产的管理，以及教务处人员的日常考勤等工作 （2）负责处内科室工作协调，对外联络沟通 （3）负责各类会务工作和教学管理队伍建设活动的组织工作 （4）负责教室的调配与使用 （5）负责教师教学工作业绩考核、优秀教学秘书评选工作，以及教学事故、学生考试违纪等处理工作 （6）制定相关工作规章制度；负责收集整理教学类信息，统计相关教学数据
质量管理科	（1）负责制定专业质量评价标准和课程质量评价标准，组织专业认证工作 （2）负责课程教学质量监控工作，负责教师课程质量评价、教师课堂教学质量网上测评工作 （3）负责校级及以上的教学常规工作检查和评估，组织全校学期教学检查，组织试卷抽查、教学观摩、评选活动等 （4）负责校教学督导工作委员会协调和管理工作 （5）负责学生教学信息员工作 （6）负责期末考试管理工作，负责校平台课和教考分离课程的试卷的保存、印刷、发放，校平台课的期末考试、补（缓）考，审定免考申请等 （7）负责教考分离工作，包括课程试卷（题）库建设与管理，试卷评审等 （8）负责课程成绩管理工作，毕业生学业成绩表审核与归档，学生成绩证明办理工作 （9）负责大学外语等级考试工作和"专升本"考试相关工作；督察和指导由各学院具体负责的各类各级等级考试 （10）制定相关工作规章制度

续表

培训科室	敏捷教育培训内容
教学服务中心	（1）负责全校试卷及教学所需资料的打字、印制、复制及装订工作 （2）负责全校文件、会议材料、科研申报、职评材料、招生宣传、学生管理等资料的打字、印制、复制及装订工作 （3）负责全校各学院、部门的打印、复印资料费的结算报账工作 （4）负责文印纸张、油墨、蜡纸等日常用品的采购、保管工作 （5）负责试卷、文件的保密及教学服务中心的安全工作 （6）负责部门设备的添置、报废、保养工作 （7）协助教务处做好文件上传校园网、试卷归档的工作 （8）完成处领导交办的其他工作任务

以"全校师生排课"为例，通过数字化校园管理平台，智能分析，大批量处理师生课程安排，实现教务管理流程化、敏捷化（图14-4~图14-6）。

在实现智能排课的同时，还能通过平台预设的冲突检测功能，检验课程安排合理程度。敏捷教育的实现需要数字化技术的支撑，数字化工具是敏捷高等工程教育的重要辅助。要实现批量定制的目标，需要教学与教育的有效配合，高效衔接。

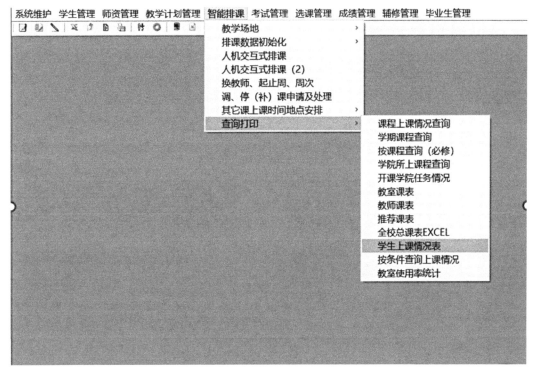

图14-4 排课管理（一）

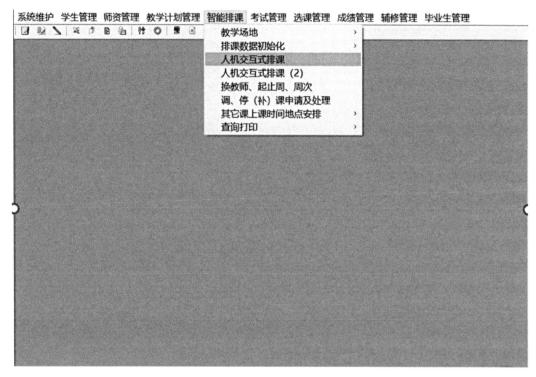

图 14-5 排课管理（二）

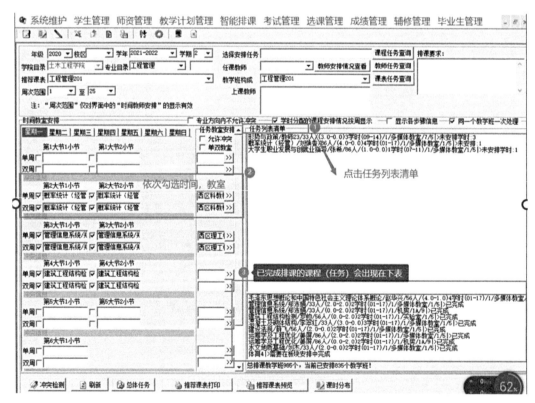

图 14-6 排课管理（三）

14.1.5 教学事务管理体系

教学教务管理在高等学校管理中占有特别重要的地位,其主要的工作内容涉及学校的每一位师生,效率和准确性直接关系到学校教学的正常开展。近年来,随着高校招生规模不断扩大以及"数字化转型"背景下我国教育现代化的建设速度不断加快,高校的服务对象不断增多,服务内容也不断增加,教务管理工作内容和方法也有了前所未有的挑战。面对挑战,高校如何有效利用信息化和网络化手段提高教务管理效率,优化或改善现有的教务管理模式,构建完善的教务事务管理体系是重点所在(图14-7),教学事务管理体系分为基本设置和扩展设置,分模块、分类别地提高教务管理质量和水平,促进教学和人才培养,已成为高校发展过程中亟待解决的关键问题之一。

学校本着"从严管理、科学管理、以人为本"的思想,以推进和完善学分制管理为手段,通过强化教学事务管理体系建设,在促进教学管理的规范化和科学化方面进行了有益探索,从提高教务教学管理的科学化、规范化水平,确保了教学工作高效、有序运行。

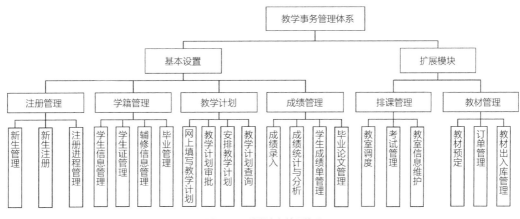

图 14-7 教学事务管理体系

1. 完善组织架构,规范教务信息化建设

高校要想提高教务管理效率,必须高度重视教务管理信息化工作,可以将先进的管理理念融入高校的教务管理具体实践中,完善组织和制度体系,成立由主管教学院长参加的工作领导小组,健全学院教务管理信息化制度和行为准则,加强领导,规范工作,明确责任,保障教务管理的方方面面、各个环节工作都能通过信息化技术手段有序开展[1]。

2. 完善教务管理信息平台建设,满足多元化需求

完善教务管理信息平台建设内容是教学教务管理体系的重要一环。教务管理信息平台使用者主要包括领导、教学网络中心工作人员、教务管理人员、教师、学生和班主任等,通过调研和分析不同用户需求,提出完善平台功能建设的解决方案并安排专业人员处理问题,尽

---

[1] 李秋惠,陈几香,江燕."互联网+"背景下高职院校教务管理信息化体系的构建研究[J]. 科教导刊,2021(16):28-31.

可能为不同用户提供合适的功能需求,在方便师生对日常工作的查询外,还能进行交流反馈,提升教务管理效率。

3. 完善教务管理信息技术手段,敏捷信息传播渠道

高校应当把先进的信息技术和网络技术手段引入到教务管理的服务和管理机制中。在发布通知时多渠道公开发布,可将通知同步到移动教务App、企业微信群、工作微信群等。例如在收集系统外重修选课信息时,不再沿用传统的线下报名、Excel录入学生报名信息的管理方式,而是借助小程序自动生成报名信息表,避免使用办公软件未及时保存而导致的信息遗漏,避免人为的错误。

4. 完善教务管理信息反馈机制,规范教务流程

高校通过"检查+主动反馈"的方式建立师生和教务管理部门之间的沟通,完善教务管理信息反馈机制。在教务管理工作的整个过程中都要保持充分沟通,如遇问题可以通过视频会议召集相关人员,及时处理和改进,不断提高教务管理水平。高校实现对教学的有效服务,健全教务管理信息化体系至关重要。教务管理信息化体系的构建应以高校的发展战略为导向,综合考虑信息技术与教务管理的发展趋势,以实现教务管理信息化发展,使教务管理工作井井有条。

通过高校敏捷的教学教务管理,实现了网上提交教学文件、下达教学任务、选课、排课、学生注册、交费、成绩登报、学籍管理、成绩查询、教学计划管理以及学生评教等功能的网络化管理,提高了管理效率,推进了教学教务管理的科学化和规范化进程。

14.2 教学环境建设

14.2.1 实景化场景架设

实景化教学是指营造具有工作氛围的场景,把课堂搬到真实工作场景中,以达到优异的教学效果。该概念前身包括"实景视频教学""信息技术教学""多媒体教学""实训教学"和"实景实战教学"等。随着计算机技术和互联网技术的发展,这些概念相互发生交叉和渗透。

1. 基于BIM+VR技术的实景化教学

将实景化教学和BIM、VR技术相融合,提出基于BIM+VR技术的实景化教学理念并加以实践,"课堂"即"现场",以实现更好的培训效果,更加直观、精准、优质高效地做好具有内容复杂、关联性强、实践要求高等特点的培训工作。基于培训需求,以BIM模型可视化为基础,利用BIM的模拟性、信息完备性等特性,通过VR技术在BIM三维模型基础上强化可视性和具象性,提供沉浸式体验和人机交互,最终实现虚拟实景化工作场景建立和沉浸式参与体验。同时,由于BIM的可出图性,其输出的三维图纸为实训教学实景化场地建设提供了参考和依据。

2. 实景化教学模式的探索

近年来,随着慕课、微课、翻转课堂概念相继出现,传统单一的教学模式也逐渐被多元化教学模式取代。目前,由于国内高校工程教育课程开发起步晚,部分学校教学出现理论和

网络平台教学的两极分化现象，在一定程度上也制约课程的发展，因此，在现阶段教学中应用这种教学模式就是基于现代技术公共网络平台和专业课程教学App等媒介与线下课堂教学进行多元融合，使学生对于专业知识的认知通过信息技术的多元整合达到"实景"式体验和理解的一种教学模式。

3. 基于BIM+VR实景化应用成效

实景化研究是工程、培训、BIM信息化的多学科综合型研究。BIM技术在实景化中的应用主要体现在：BIM的可视化应用，以BIM模型为基础实现虚拟现实展现；BIM的结构数据应用，将项目内容写入BIM模型并加以展现；BIM平台集成化应用，探索了基于同一BIM平台下多专业培训内容综合展示。通过研究和实践，证明了BIM+VR技术在教育培训中的广泛应用前景。通过BIM+VR技术在施工安全实景化中的研究，经培训实践检验，切实提高了施工安全培训质量，创新性地帮助学员实现学以致用，为保障施工安全发挥了更好作用。BIM+VR技术的实景化培训研究和应用从很大程度上创新示范和引领了新的培训模式。未来，基于BIM+VR技术的实景化将发挥更突出的作用，社会效益、经济效益将更加显著。

14.2.2　沉浸式角色扮演

沉浸概念最早来源于心理学家Mihaly Csik-Szentmihalyi。他在20世纪60年代提出了Flow概念，认为这是一种积极的情绪体验，当人们对于某项活动或者事物抱有高度热情时，可以投身其中并获得高峰体验。在沉浸传播环境下，人本身成为一种媒介，时间和空间的界限被消弭，身体与技术、感官与媒介的交互将恒久地持续下去。而角色扮演是一种人与人之间的社交活动，可以有很多形式进行，参与者通过扮演角色进行活动，离不开场景设定、角色设定和实际操作三步。

1. 场景设定

建设项目全寿命周期包含多个阶段，考虑到实际操作过程中教学效果最大化，选取项目招标投标阶段、施工阶段、竣工阶段三个阶段建立场景，针对具体项目，做出项目背景资料，包含项目规模、造价、形式、招标投标文件、图纸、清单、施工组织设计、监理规划及实施细则等基础资料。

2. 角色设定

选择一个建筑工程全过程出现的主要单位主要角色，例如建设单位项目负责人、合同、预算、施工等项目组成员，监理单位总监理工程师，土建、电气、水暖等工种监理工程师，设计单位主设计师，土建、电气、水暖等配套设计师，施工单位项目经理、技术负责人，施工、质检、安全、材料、档案、预算等不同部门不同人员。将上述角色按学生各自喜好，有针对性扮演，打乱各个角色，重新扮演新的角色。

3. 实际操作

分配好场景和角色后，按抽取到的工程情况，将不同建筑工程实际工作中出现的各类问题随机出现，然后让学生沉浸于角色来互相沟通，并按照流程解决各类问题，最终形成各类书面文件，由教师根据学生解决问题过程中的沟通和最终书面文件进行梳理和总结。该实践课程教学方法，打破了过去单一的专业课程的实践过程，由教师为主的方式转变为学生为主，使学生投入更多的精力于相关课程中，同时在扮演不同角色的交流过程中，也能不断增加应对不同人的沟通方式，面对突发状况能够及时响应和处理。

14.2.3 交互式过程演练

交互式过程演练，主要是利用"虚实"的教学环境，互动式实践，在教学过程中实现与体验实景实况。当下主要适用的虚拟化工具有VR、AI、BAVS等。下文详细介绍BAVS的交互演练过程。

建筑全业务方虚拟运营平台（Building All Virtual System，BAVS）是第一款面向建筑工程教育行业的，区别于传统单专业实训，融合多专业课程，让学生体验建筑全业务方各岗位业务流程及工作内容的虚拟运营平台。目的是将学生培养为与市场需求相匹配的人才。图14-8~图14-10为招标投标操作流程展示。

图 14-8　招标投标操作流程（一）

图 14-9　招标投标操作流程（二）

图 14-10 招标投标操作流程（三）

14.2.4 业界精英入课堂

培养工程师，必须要注重拉近学生与实际项目的距离，学生培养不能脱离实际，而业界精英进课堂是拉近学生与实践的有效举措。顾名思义，业界精英入课堂是指邀请行业内的专家、教授、精英学者深入高校课堂，以授课、讲座等方式，为高校学子传授工作经验与业内前沿知识等的教学模式。不同于传统教学模式，业界精英入课堂的教学模式可采取灵活多样的方式。可依据课程类型、教学重心、行业精英的工作性质以及学生所处年级等安排可行的授课方式、授课内容、授课场景。如开展专题式讲座、讨论式交流会、实景代训等方式。

以绍兴某高校"业界精英进课堂"教学模式为例。2022年5月，该高校土木工程学院"智能建造技术与管理"教学团队举办了"业界精英进课堂"活动，结合《土木工程施工技术》和《现代施工技术与管理》课程，邀请业界精英教师进行了题为"预制拼装技术在桥梁工程中的应用与实践"的教学讲座。

在课堂上，教师从概述出发介绍了桥梁预制拼装技术的优点及前沿背景。同时，详细介绍了桥梁下部结构预制拼装关键技术、桥梁上部结构预制拼装关键技术和桥梁基础和附属结构快速化施工关键技术，并以上海S6公路新建工程为例介绍了预制拼装技术的应用实践。在讲座过程中，老师注重职业道德培养和大国工匠精神以及土木工程施工技术创新。讲座结束后，同学们深刻认识到在预制拼装的先进性和重要性，以及土木工程素养和创新意识对土木工程施工技术的影响，近距离感受到了行业的前沿技术，并通过与业界老师近距离沟通的方式深入了解行业的发展，拓展了学生们的视野，让学生们受益匪浅，专家讲授桥梁预制拼装技术的场景如图14-11所示。

该校以业界精英进课堂为契机，深化校企合作，促进产教融合，创新协同育人的成效凸显。据统计，近3年来，学生在电子设计、物理创新、数学建模等学科竞赛中获省级以上奖

98项，其中国家级奖10项；获得省级以上创新创业项目26项；专利授权24项；在各类学术期刊上发表论文32篇。

高校教师很难时刻把握行业发展现状和行业发展趋势，实时掌握行业前沿技能、最新标准把握不透，甚至欠缺行业沟通相关技能，导致培养的专业人才与行业所需有差距。而行业精英拥有丰富的实际操作能力、行业发展经验、产业创新创业能力，清楚行业发展现状与趋势，熟悉行业技能、服务、质量标准，是高校培养行业专业人才难得的

图14-11 专家讲授桥梁预制拼装技术的场景

教学资源。因此，通过整合行业精英人才团队进入高校课堂任教，将高校教师资源与行业精英资源有机结合，并利用行业企业的相关条件，能够有效提高高校专业人才培养质量，从而提高行业产业服务质量，增强行业市场竞争力[①]。同时，高校也要积极与业界精英进行交流，并落实相关政策，让业界精英入课堂的教学模式能有序开展，让学生拥有更多获取知识的渠道，完善学生的能力培养。

14.3 教务管理人员培养

14.3.1 教务管理人员的特点

教务管理人员是负责学员及教学资料的管理，并需要做好学籍、考务等相关管理工作的一类人，其主要工作内容包括教学计划的管理，教学例行管理，教学档案管理，考试管理，教材管理等，其在学校的各项管理工作中，占有特别重要的地位，是学校整体工作的中心环节。教务管理工作是一项综合性很强的工作，是一种联络四面八方、沟通上上下下的工作，需要教务管理人员具有综合素质，因此，需要对教务管理人员的技能与素质进行提升。而有针对性的提高就需要对其所体现出来的特点进行分析，按需出发进行培养。现今的教务管理人员具有以下特点。

1. 准确性

高校教务管理人员，由于工作内容相当复杂、繁琐，但是工作又必须要安排得更为科学、准确、合理，所以各项工作一定要考虑周全，对于具体问题一定要处理得条理清晰。例如，对于课程总表，在编排上一定要做到完整而精确，不可以出现学科冲突、教室重复等一系列问题。对于每学期的期末考试，在考场分布、座位安排、监考老师合理安排及具体时间

---

① 赵世钊. 行业精英团队进课堂创新人才培养路径探析——以旅游管理专业为例［J］. 安顺学院学报，2018，20（4）：83-86.

安排上，都要做到准确无误、有条不紊。其中，任何一个环节出现微小的考试秩序方面错误，都会造成非常严重的教学事故。在教学过程中，一定要做到教学连续进行，不可出现中断，因为某一个环节出错，都将对整个教学的进程产生不利影响。因此，教务管理人员对于所负责的分内之事，一定要做到精确有效，不能有丝毫大意。

2. 时效性

在教务管理工作中，准确性和时效性同等重要。教务管理的相关人员在对日常工作处理的过程中，一定要做到及时、准确。一旦发现有紧急事件，要果断处理。同时，对于工作要分清轻重缓急，做到妥善安排，包括从教学任务方面的落实到课程表的下发，以及从教学课程动态监控的效果到教学的信息反馈给相关的部门或具体人。对于期末考试的相关科目核对、试卷的印刷及监考人员的安排、科室的分配、考试时间的通知等，都要有明确的时间安排和要求。教务管理人员在做相关工作的时候，一定要打好提前量，把该做的工作在规定的时间内提前完成。

3. 周期性

学校教务管理过程相对于其他管理过程而言周期性强。学校教务管理是遵循计划、执行、检查、总结这一程序来执行，全部管理过程构成一个循环，也就是一个管理周期。这个管理周期结束，第二个管理周期也就紧接着开始。凡事皆有规律，要把握规律性，教学管理工作同样具有自己特定规律。相关教务管理人员要对其内在规律进行深入研究、探索，并充分利用好教学管理工作的周期性，扎实有效地开展教学管理工作。教务管理从业人员要明确各个学期阶段的主要工作内容和特点，要做到具体掌握，熟悉相关的工作流程。这样可以减少忙乱工作现象的发生，推动工作有条不紊地进行。

通过对以上教务管理工作人员工作特点的分析，应当有针对性地发扬特点中的长处，尽量消除其短处，培养教务管理人员应该在工作中从点点滴滴做起，从日常管理抓起，事无巨细地开动创新思维，寻求提升和突破的方法。随着高等教育改革逐步推进，对于高校教务管理人员的要求也越来越高，高校教务管理人员提升专业素养必然是一个长期的任务。

14.3.2　专业素质培养策略

高校教务管理的质量直接关系着高校教学质量，影响高校的办学层次和办学良心。因此，有必要建设一支质量高、素质好的教学管理队伍，顺应高校的改革与发展。而教学管理人员的素质与教学管理工作的效率和质量有着十分密切的关系，作为一名教学管理人员，自身必须要具备良好的专业素养、严谨的工作态度，熟悉各项教学运行管理等基本常识，这样才能够将学院的教学运行管理工作做到更好。有好的目标与策略才可以进行良好的实施，达成良好的效果。对于教务管理人员的专业素质培养有以下三种策略。

1. 要加大培训力度、优化人才队伍结构

教务管理人员工作繁杂，难以获得进修时间。若要改变现状就要从建立培养规划做起，完善培训制度。一是要侧重于对计算机能力、教育管理、管理心理等学科的培训力度，促进工作技巧和相关管理知识的提升；二是要加强校际的交流学习，开阔眼界，提升工作创造力；三是多组织大家参加专业管理人士的讲座，多开展研讨会和交流会，借以实现"它山之石，可以攻玉"。

2. 高校的决策者要重视教务管理工作

高校教务管理作为一项业务性很强的行政工作，却一直没有得到足够重视，或站在应有位置。长期的办学惯性表现为重视教学，轻视教学管理，对于教务管理的复杂性、多样性、全面性认识不够深刻。对此，高校领导要改变思维惯性，重视教务管理工作，为相关人员提供更多关心与支持，提升其待遇及地位；要在学历、性别、年龄等多方面优化教务管理队伍；在思想上，要通过教育提升相关人员的责任感与自豪感，强化奉献精神；在人员数量上也要增加编制，减轻工作人员压力。

3. 在制度上实现教务管理工作的机制健全

一方面，要建立公开、公平、公正的竞争上岗机制，这是保障教务管理队伍活力的必要手段。对此，要对工作人员做好上岗培训，同时提倡"传帮带"，以老带新，实现工作得顺畅有序、少出纰漏。与此同时，也要将职责明确，将相关责任明确落实到每一位从事教务管理人员的头上，让大家在责任的督促下实现认真负责。另一方面，要建立卓有成效的考评和激励制度，要参照公务员管理中的德、能、勤、绩、廉进行综合评定，要以学年甚至是学期作为评定周期，对表现优异者要给予表彰，并将具体考评结果更好地与晋升、评职称、奖惩等衔接，进一步实现公平，以此提升教务管理工作人员的工作积极性。奖惩激励措施的制定及实施，不但有利于提高管理队伍的管理水平和业务能力，更是对教务人员队伍建设的强力推动，是提升教务管理水平的必要一环[①]。

总之，教务管理人员这样一支专职于高校教育教学管理工作的人才队伍，承载着高校教育和教育管理的重任。对人员素质的提升和队伍的不断优化，有利于教学有序开展和高校教学质量的不断提升。高校决策层及相关部门要进一步重视教务管理团队的建设，多措并举地激励相关人员更有主动性地为高校的发展贡献自己的才华。教务管理人员自身也要积极提升自己的职业素养，牢记自己的使命，奉献教育，为教学、教师、学生做好服务，为高校的发展贡献自己的光和热。

14.3.3 管理能力提升路径

良好的管理能力对一个组织而言有极大帮助。一个教务系统运行的效率同教务人员的管理能力有很大关系。一条正确的路径可以使教务管理人员的管理能力得到快速提升，可参考以下三点。

1. 强化高校教务管理人员的职业素养培育

高校教务管理内容较广，涉及学生、教师、科研以及管理的方方面面，要提升教务管理人员的职业素养，制定相应的岗前和在岗培训机制，应让教务管理人员参与到学校各项教育活动和管理层面中。高校教务人员上岗前，应在高校各个部门进行一段时间的学习，了解各部门的工作流程和工作机制，综合各部门工作经验，再以老生带新生的方式，逐步加深教务管理人员对教务管理工作的认识。第一，要促使人员熟练掌握现代化的教务管理系统，对教

---

① 陈营营，毛瑞峰. 工程教育专业认证背景下的高校教务管理[J]. 科技视界，2020（25）：166-167.

务管理平台的功能和操作有所了解;第二,要展开职业素养培训,参照教师队伍的培训机制,在网络以及学校中定期组织教务管理人员培训活动,邀请校内外的专家学者,在线或者在学校进行职业素养讲解;第三,在平时绩效考核中,着重关注教务管理人员职业素养,促使教务管理人员注重自身学习和锻炼,进一步适应教务管理工作,在教务管理工作中提升自我工作能力,顺利开展各项教务管理工作。

2. 加强思想教育与工作引导

高校要注重提高教务管理工作人员的工作幸福感,以思想政治教育提高对其工作的引导,在教务管理中以积极心理视域,优化教务管理人员的工作待遇,用微信、微博以及公众号等为管理人员送上生日祝福以及鼓励语等,并经常性地关注与表扬教务管理人员,提高他们的工作积极性和幸福感。定期开展思想政治教育,督促教务管理人员学习先进的教育理论和道德理论,提供相应的学习机会,拓展教务管理人员的视野,丰富知识内涵,提升教务管理人员的学习兴趣,达到提升工作技能的目的。

3. 提高表达与沟通能力,加强工作责任意识

首先,提高表达与沟通能力,可以定期组织不同部门的教职工与教务管理人员一起参与培训,通过不同培训项目,促进教职工和教务管理人员之间的交流与合作;其次,可以组织教务管理人员定期到其他兄弟院校学习和考察,学习其他院校先进的教务管理模式,在学习中逐步提高表达与沟通能力;最后,还可以完善教务管理人员培训机制,定期组织教务管理人员参与岗位培训,以在线以及实际岗位培训工作,提高教务管理人员的工作责任意识,在岗位培训中要讲究与工作一体化,在培训中要叮嘱教务管理人员定期核对各项实际工作的落实情况,认真做好每一项工作。高校教务管理工作是高校进步和发展的关键,由于高校教务管理工作内容繁多,工作结构复杂,涉及部门较多等,对高校教务管理人员提出了较高要求。因此,高校在未来发展过程中要提升教务管理人员的素质,提高教务管理人员的工作能力,提升工作效率,为高校的进步和发展助力。

通过以上所述,以正确的思想为引领,内部提升自我的技术能力与职业素养,外部提升观察、表达、沟通能力,以此提升教务管理人员的管理能力。

14.3.4 胜任力评价

教务管理人员是实施教务管理工作的主体,担负着重要的职责和任务,故对教务管理工作者的招聘、选拔、培训、绩效考评等尤为重要。前文所述的管理能力提升和专业素质培养,也可以视作对教务人员素质的培训。虽然教务管理人员在高校管理中的地位与作用快速提升,但由于职务性质、研究开始时间较晚等原因,国内针对教务人员各类素质识别、提升、考核的标准或模型等并不完全,难以全面挖掘与培养教务工作者的能力。作者认为将胜任力模型用于教务人员能力的评价与培养十分契合。

1. 胜任力

"胜任力"的概念,最早由哈佛大学教授戴维·麦克利兰(David·McClelland)于1973年正式提出,是指能将某一工作中有卓越成就者与普通者区分开来的个人的深层次特征,其可

以是动机、特质、自我形象、态度或价值观、某领域知识、认知或行为技能等任何可以被可靠测量或计数的并且能显著区分优秀与一般绩效的个体特征。1982年，《胜任的经理：一个高效的绩效模型》出版后，胜任力评价模型真正开始用于企业领域，发展至今可用于人才规划、盘点、招募、甄选、培养及绩效评级等方面。目前国内外公认较为经典的胜任力模型有胜任力冰山模型、胜任力阶梯模型和胜任力洋葱模型，如图14-12~图14-14所示。经过多年发展，不同领域、不同公司都形成了独特的胜任力模型，例如宝洁公司的领导"5E"胜任力模型、华为的胜任力模型，以及管理学大师保罗赫塞在《组织行为学》中所构建的胜任力模型。

通过构建教务人员胜任力评价模型，并在该模型评估能力的基础上，既可以对识别到的教务工作人员必须具备的素质进行培养，又可以提取教务工作中"卓越"的品质、能力并构成达成路径，实现对所有教务人员知能的普遍性提高，以提升教务工作人员的整体素质。

2. 教务管理人员胜任力模型构建

纵观国内，本科、专科等不同层次高校鳞次栉比，综合型高校、应用型高校等分类也五花八门。因此，在培养教务管理人员能力时，既要包含各类学院中教务人员的基础能力，也

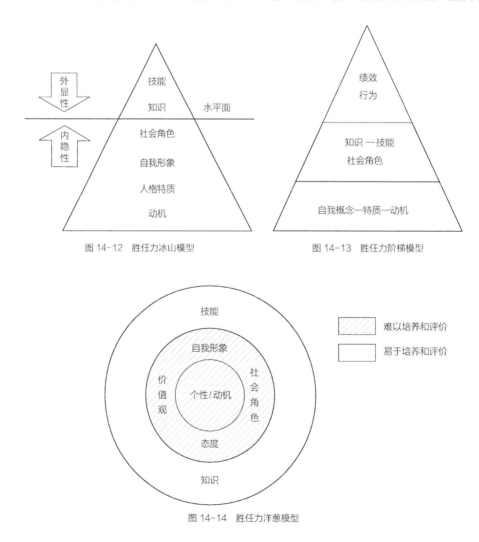

图 14-12 胜任力冰山模型　　　　　图 14-13 胜任力阶梯模型

图 14-14 胜任力洋葱模型

需要根据自己学校的类型、大小、事务性质等培养独特能力，以更好适应自己学校的教务管理。梁志聪[①]通过个性特征、管理能力等六个一级指标和等行动力、成就导向、敬业、自律等21个二级指标进行胜任力模型构建；厉明[②]通过问卷调查和统计方法，先收集数据，研究按先探索再验证，最终得出高校教师胜任力模型具有五维度结构，分别是专业素养、职业操守、主动性人格、人际互动和成就导向；卢珊珊[③]认为责任心、主动性、计算机知识、组织协调能力等41项指标可以对教务人员胜任力进行评价，而责任心、主动性、细心谨慎、抗压能力、组织协调能力、执行力、团队协作能力、沟通能力、解决问题能力、应变能力这10项胜任力要素对教务人员非常重要。

新技术不断发展，便捷、多样化的教务管理工具、手段也不断发生改变，因而教务人员的胜任力要素也不断发生改变，因此，我们无法囊括不断增加和改变的所有胜任力要素。但是无论要素如何变化，构建胜任力评价模型的底层技术——流程不会改变，如图14-15所

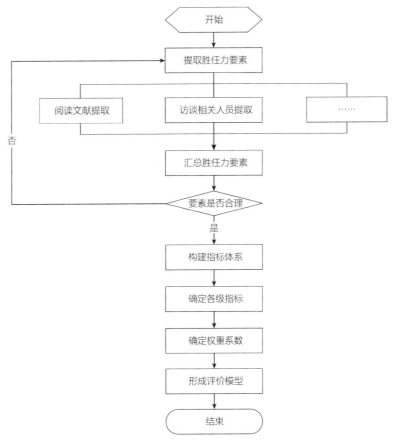

图 14-15 胜任力模型构建流程

---

① 梁志聪. 高校教务管理者胜任素质模型的构建研究［D］. 广州：南方医科大学，2009：9-17.
② 厉明. 高校教师胜任力模型及其相关研究［D］. 广州：暨南大学，2009：27.
③ 卢珊珊. 应用型本科高校教学管理人员胜任力研究［D］. 昆明：云南大学，2020：31-34.

示。以流程为基础，综合不同高校特征，辅以大数据等数字化手段快速精准地提取胜任力要素并赋予权重，构建出具有自己高校特色的教务人员胜任力模型。

高校教育管理人员的基本胜任力特征主要包括系统思维能力和团队协作能力、解决问题的能力、专业技术能力、个人能力、创新性和品质提升意识。具体描述如下：

1）系统思维能力和团队协作能力

主要指承担管理工作需要具备的顶层规划能力与系统观，能够对整个工作系统进行专门策划，能够根据系统分解、合作的思路安排工作，关注到工作完成中的相互协同问题并妥善处理。

2）解决问题的能力

主要指针对实际管理工作中遇到的问题，能够具备识别问题和提出解决方案的能力，并能够监督问题的解决过程和结论。

3）专业技术能力

主要指能够适应所在教学管理工作中的实际要求，具备完成教学管理工作所需要的技术技能和专业知识。

4）个人能力

主要指作为高校教务管理人员要能够适应高校管理对象的知识层次高、业务知识渊博的特点，保持工作自信和不断学习以提高自身能力水平。

5）创新性

主要指在工作中针对突发情况和新出现的问题，能够利用所掌握相关知识，开发新兴解决途径，创新性地解决实际问题。

6）品质提升意识

主要指对所能承担的工作具有强烈的责任心，能够勇于承担工作责任。

3. **教务管理胜任力评价价值**

教务管理人员的胜任力模型，可以用来衡量人才是否符合相关教务管理岗位的要求。如教务管理胜任力评价模型中的个人能力部分优势较大，其中个人能力部分适应能力占了很大比重，有利于培养可迁移的能力，对未来调岗和换岗有一定帮助；若教务管理中专业能力比较突出，在教务管理岗位有利于晋升和创新。同时，该模型也是一面镜子，可以清晰、简要地告诉教务人员在这个岗位上，哪些行为是应该做到，哪些是不允许，哪些是需要持续努力来达到的。时刻提醒教务人员审视自己，对照先进，持续进步。

教务管理胜任力评价模型的构建是为了选人有标准、用人有依据、育人有方向、留人有方法。建立科学客观、符合教务管理的人才标准，帮助教务管理岗位把好人才关，降低因招聘失误带来的成本损失和风险。对人才进行系统的盘点，摸清人才的能力素质现状，做到人才与岗位的合理配置，为人才任用和晋升提供依据。根据胜任力评价模型标准，盘点员工素质短板，确定人才发展目标，进行有针对性的培养，提高人才培养的有效性。结合人才标准体系，建立科学合理、具有吸引力的职业发展通道，提供相应的培养措施，让人才在工作中获得成长，降低离职风险。

第15章
工程教育后服务与后评价

本章逻辑图

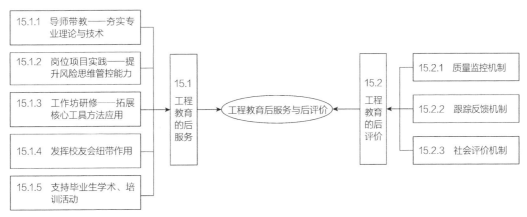

图 15-1　第 15 章逻辑图

坦率地说，我国目前高校的"学历证书和学位证书"，更像是内部"出厂合格证"，是在自身确定办学定位、制定教学目标、实施培养过程、进行考核合格之后，所颁发的符合内部管控标准的证书。其中授课内容、考试方式、绩点计算等等诸多环节，都值得研究和提高标准。本章涉及两个培养全周期内的重大内容：工程教育的后服务与后评价。

15.1 工程教育的后服务

人才培养不是机械产品生产,故没有建立售后服务体系,也未实行不合格退货制度。但实际上,人才的离校缺乏后服务,显得现代工程教育的"全生命周期"有环节欠缺,甚至可以说,教育理论仍有需要完善之处。在一些高校的人才培养方案中,白纸黑字写着"毕业五年后,经过培养,能够成为优秀的综合型骨干专业人才",但具体的实施方式与细节却未跟进,进而导致形如口号,最终如同文字教案,尘封在文件中。

后服务,是指学生从高校毕业后,学校继续为学生提供的包括学术、培训等服务,使学生更好地适应社会发展与职业需求。工程教育的后服务是完善整个工程教育的全生命周期的关键环节,也是现今工程教育体系的不足之处。因此,我们迫切地希望社会各界能够重视工程教育的后服务,呼吁社会各方切实地行动起来,培养卓越工程师并不是一朝一夕的工作,不能仅仅只依赖高校教育,还需要系统性的、科学性的、社会相关主体的共同参与。

15.1.1 导师带教——夯实专业理论与技术

带教是指教导新人适应职场工作,让其去接触工作中的业务资料,再逐步地安排侧重于创造性的工作,有利于减少新人对于职场工作的茫然与不适应。带教模式在我国的医学教育,特别是临床医学方面已经施行已久,有一套完整的实施方法,该培养模式以"无条件通过"的成绩获得世界医学教育联合会(WFME)医学教育认证机构认定,为我国培养了大批杰出医生,对我国医学事业做出了极大贡献[1]。

从某种程度上说,土木工程某些方面与临床医学工程有着相似之处,例如都存在行业隐性知识难以书面化、难以口头化的现象。因此,带教模式对于工程教育而言是值得大力推广的教学模式。前文第9.1.1节阐述了茅以升先生"习而学"的工程教育思想[2],茅以升先生利用暑假时间亲自带领当时清华大学土木系的学生去大桥工地现场实习,并指导学生在现场实践,如对沉箱工地按图纸检查放样尺寸,检查核对钢筋绑扎的大小尺寸、间距、牢固程度等。同时,还派专人辅导学生参加整个安放江底沉箱的全部工作。他甚至还允许学生进入加压的沉箱内,了解进入时加压和出来时减压的身心感受。这就是我们所推崇的导师带教模式,也正如茅以升先生所思:先习而后学,便是先知其然,再知其所以然。而"习而学"的模式受到了时任国家总理周恩来的肯定,并在人大常委会上说:"这个教育制度,有共产主义思想,值得深入研究。"[3]茅以升所倡导的"习而学"的教学模式,与我们所推崇的带教模式不谋而合,是具有科学性与实践性的培养模式。

学生毕业后步入社会,几乎不可能立即独立地承当工程岗位的角色。因此,应在学生毕业后至少1~2年的时间段指派专门的导师进行带教,以期能够加快学生工作适应能力,进而

---

[1] 闫丹. 基于WFME认可标准的中国临床医学专业认证体系研究[D]. 大连:大连医科大学,2017.
[2] 茅玉麟,孙士庆. 茅以升[M]. 贵阳:贵州人民出版社,2004:78.
[3] 茅玉麟,孙士庆. 茅以升[M]. 贵阳:贵州人民出版社,2004:80.

更好地造福社会、公司，最终成就自己。

不少高校都将大四一年安排为学生的实习期间，但大都是让学生实习即可，并未系统性地为学生提供所需服务与帮助，即高校往往都流于表面，只关注着就业率这一串数字，进而浪费了这段宝贵的时光。在这段时间里，学校除了安排学生实习以外，更要指派导师对其进行辅导，注重从"知识"向"知能"的转变，这是要注意的关键点。同时，在企业除了开展相关的培训以外，还需指派相应的人员对其进行带教，即传统的"师徒制"模式。

通过分析，在茅以升先生"习而学"的培养模式上，加入了"评估"这一环节，开创了"习学评"的工程教育培养模式，如图15-2所示。在培养卓越工程师教育中，企业导师带领学生到项目现场进行工程的讲解和辅导，同时，分派题目，让学生实习后写心得，如提出设计和施工的若干问题等，并带领学生对于项目关键节点进行蹲查、分析、思考，切实让学生接触到项目。实践结束后对学生作业进行分析，通过分析学生的不足之处进行有针对性的指导。同时，与高校导师密切配合，即形成企业导师主实践、高校导师主理论的"双师型"培养模式，有针对性的培养模式才能有更出色的成效。并且，引入项目实战验证，以检验学生们的具体情况，切实落实"习学评"的导师带教培养模式，循环往复，查漏补缺，进而达到培养卓越工程师的目的。

毋庸置疑，导师带教，就是夯实专业知识理论最有效的方法。通过导师带教模式，企业导师与高校导师相辅相成，能有效地减少学生初入职场的迷茫。同时，让学生高效地夯实专业理论技术，更好地掌握相关理论知识，为日后的工作生涯打下坚实基础。并且，行业继续贯彻发扬这种模式，"薪火相传"，给行业持续注入活力，让该模式的发展更具有可持续性。

15.1.2 岗位项目实践——提升风险思维管控能力

现场是最好的学校，实践是最好的课堂，而岗位项目实践则是将两者的优势最大化的模式。岗位项目实践，即让即将毕业的学生身临实际项目，并在项目中轮岗担任要职。

土木工程专业是一门实践性非常强的学科，实践教学在人才培养体系中占据着重要地位[1]。科学的实践教学可以大大提高学生分析问题、解决问题的能力[2]。在岗位项目实践时，应当注意以下几点：

1. 建立系统轮岗制度

工程自身独特的性质使工程师的培养必须是理论与实践相结合。因此，在岗位项目实践中，要充分发挥企业的作用，尽量让学员参与多个项目、多个职位的轮岗实训，且在每个环节都对其进行打分，如专业工具能力、团队协作能力、职业规范等，切实锻炼学生们身居该

---

[1] 孔伟明，龚雪俊，范乐源，等. 校企合作协同实践育人模式探究[J]. 创新创业理论研究与实践，2020（9）：3.

[2] 黄音，毛莉莎，庞燕，等. 基于数字孪生技术的校企合作实践教学创新模式研究[J]. 高等工程教育研究，2021（4）：105-110，117.

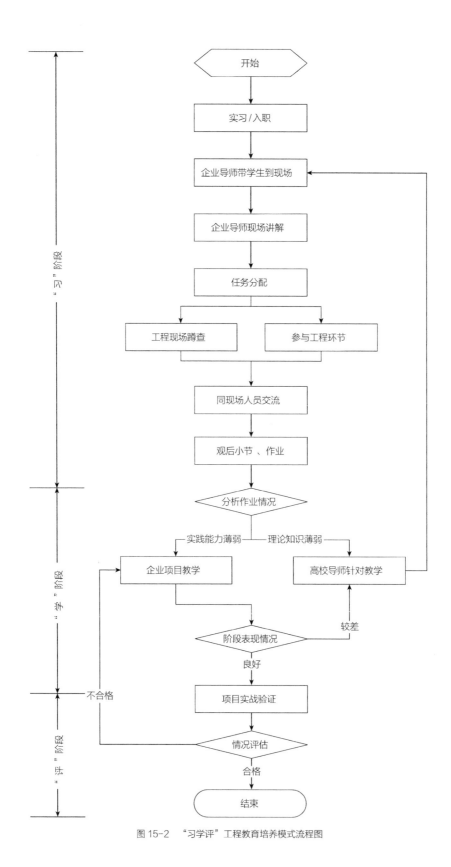

图 15-2 "习学评"工程教育培养模式流程图

职位的行动思维能力和风险应对决策能力。同时，对所有岗位进行了解，形成全局观念。在面对风险问题时，不会以个体的最优但造成整体的次优，拥有全局思维，以此全面提升管控能力。

2. 构建专家点评机制

聘请业界专家对轮岗实践的同学进行评价，让学生们清楚地认识自己任职在该岗位（职位）上所做的决定是否尽可能地实现项目各方"满意"，同时，专家给出疑问解答，锻炼学生的同时，又让学生有身临其境的项目经验，同时也清楚自身的薄弱之处，进而让学生能快速找到提高方向，提升成为卓越工程师的速度。

3. 轮岗总结

在轮岗后，及时总结，让学生发现对于岗位的适配程度，尽早发现，尽早完善，切实让学生们在轮岗过程中有所收获。让学生能够明确自身的不足以及未来的发展方向，以期发挥岗位项目实践的最大作用。

土木工程专业的岗位众多，涉及管理、建筑、经济、人文等各方面的知识。因此，轮岗作为卓越工程师培养的重要环节，不仅能够锻炼学生在该岗位上的能力，还能有效地提升其风险思维的管控能力，让工程师的培养更科学。

15.1.3 工作坊研修——拓展核心工具方法应用

卓越工程师培养应当以科技创新为基础支撑，以文化创新为引导，以设计创新为方法，以服务社会为目标，发挥在创新驱动中的作用，并集成科学、技术、文化、艺术、社会、经济等诸多知识要素，以需求为导向，发挥人的创新、创造、创意能力，达到推动国家经济发展、提高自主创造能力、建设创新型国家的目的。

1. 工作坊的概念及作用

工作坊教学模式是一种能够激发学生的独立思考能力，加强学员互动性，形式灵活多样的创新教学模式[①]。工作坊源于德国以培养工程设计师和建筑设计师为宗旨的包豪斯学院。由于实践环节需要在特定的场地进行，因此，学生的日常实践操作空间——工作坊，逐渐成为实践环节的核心，以此形成的实践模式被称为"工作坊教学"[②]。

工作坊教学模式，易于被学员接受，能够最大限度地开发学员潜力，且能多方位提升学员综合素质。工程是将理论用于实践的转换，因此，其涉及的内容包括理论知识、责任意识、交往能力、表达能力、领导能力、管理能力、逻辑思维能力、创造能力等综合内容。而学员在工作坊教学模式内，通过独特的教学模式，可加强学员对于上述综合能力的培养以及核心工具训练。企业应加强与行业、高校的合作，积极构建工作坊，同时，鼓励学员进入工作坊研修，切实提高工作核心能力。

---

① 魏娜娜，梁冰，郦忆文，等. 工作坊教学模式在全科医生转岗培训中的实践探索［J］. 中华全科医学，2021，19（10）：1748-1751.

② 张思，刘清堂，熊久明. 认知学徒制视域下教师工作坊研修模式研究［J］. 中国电化教育，2015（2）：84-89.

2. 工作坊的实施路径

工作坊实施路径如图15-3所示。

（1）根据工程专业学员不同的就业岗位或兴趣点成立不同的工作坊。学员们根据个人情况或者兴趣，自主组合成8~15人的主题工作坊团队。

（2）根据前期导师布置的任务，工作坊小组进行资料查阅、调研、讨论，梳理出所需理论知识和专业技能体系，课堂期间进行无领导讨论，并提出小组方案，导师给予指导，成员相互学习。

（3）导师不再提前布置任务，改为课堂布置任务，工作坊的各小组学员根据任务要求梳理出来需要的理论知识和技能体系，在这期间相互学习、取长补短，对需要解决的问题进行头脑风暴，最后提出小组方案，导师答疑、解惑、评定，最后组间讨论、学习。

（4）课堂随机抽取任务，各组成员根据前期学习的知识与技能发挥自己在团队的作用，每个小组提交自己的方案，将学习的成果、心得进行展示，其他组成员听讲、提问、讨论，最后专家组进行点评、答疑、评分等。

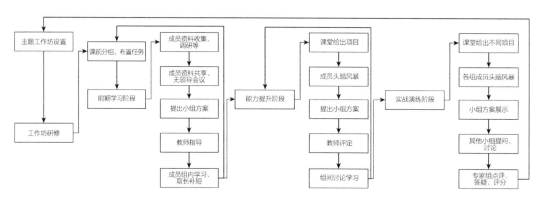

图 15-3　工作坊实施路径

工程教育专业工作坊教学模式以学生为中心，以综合实践为重点，以场地设施为依托。从传统的"要我学"转变为"我要学"的思维模式，即让学员根据自己的职业发展方向、兴趣爱好等情况自主选择主题工作坊，拓展自己的能力。同时，导师是组织者、协调者、监管者和引导者，不再是单纯的知识传输者。导师根据工程教育专业的培养目标和教学内容设计切合实际的项目并鼓励学员积极交流、合作与互动，以及对相关核心工具软件的运用，对相应的项目数据等的内容分析工程思维的培养与训练，让学员能够进一步将理论知识与生产实践相结合，防止理论脱离实际。而最后专家组的评定则让学员们能适应行业的实际有关运作模式，从而能有效提高学员的综合能力与学生的实践实训能力、创新创业能力、职业素养等综合素质。

15.1.4　发挥校友会纽带作用

校友会是指由校友自发组成的自治性、非营利性、全国性的社会组织，一般英译为

Alumni Association 或 Alumni Organization。虽然各大高校关于校友会的宗旨不尽相同，但是其都有一个共同的连接核心——母校，其是连接高校和校友之间的重要桥梁。校友会是连接母校、校友、社会的中心力量，所以应该发挥其"纽带"作用。一般来说，校友会搭建沟通平台，织就组织网络，除了需要筹集资金等作用外，一方面，校友们可以为在校学生创造大量的实践机会，加强与社会的提早接触，通过多样成长经历，让学生们切实体会到专业知识与个人素养能在实践应用中的重要性，并提高学生们的沟通与实践能力，加速知能转化，并通过校友们的广泛资源为学校提供大量的服务与帮助；另一方面，高校会作为所有校友们的坚强后盾，会通过校友会联系与聚集各个地方的校友，为他们提供更好的就业通道，并进行大学的"继续教育"，详细内容在第15.1.5节中进行介绍。

学校应该如何办好校友会且使其发挥较好的作用？首先，学校应与校友会建立一个共同愿景，提高凝聚力，造就巨大战斗力，以双赢的目标促进双方的合作。其次，高校应鼓励并支持校友会进行底蕴的培养与积累，培育平等、互助的校友团队文化，发挥出全体成员的整体力量，且学校需要根据多年经验支持校友会学习载体的打造，探索成员全面发展的学习方式，以多角度促进各方发展。不同梯队的校友应当进行不同的培养，对待资历较老的校友，应更加重视其对学校的反馈力度和对青年人的培养；对刚毕业的年轻人，学校要增强与他们的联系，借助校友会平台解决他们在生活与工作中遇到的困难，让他们尽快实现自我提升和蜕变。通过学校、校友会的不断交流，促进校友会的全面发展。

中国教育报曾登记过绍兴文理学院校友会的建设，充分运用"互联网+"做好信息推送，利用校友总会微信公众号、校友服务小程序、校内企业微信等，搭建毕业招聘"空中跑道"，做好岗位信息推送，降低异地招聘成本，提高招聘效率。另外为增强校友帮就业工作的有效性，绍兴文理学院校友会尤其注重长效机制建设，不断深化校友帮就业工作长效机制。校友会注重在平时关心校友的学习、工作和生活，积极利用学校人才培养、科学研究、社会服务和国际交流等资源，努力为校友多办实事、办好事，支持校友在事业上的发展，使母校成为校友事业发展的坚强后盾。同时，学校不断完善包括学校校友总会、地方校友会、学院校友会、行业校友会在内的多元立体的校友工作网络，巩固"学校统筹、校院结合、各地互动"的校友工作格局，挖掘校友企业用人需求，精准对接资源，全面促进学生就业，实现校友企业选才与学子就业双赢。学校还优化资源统筹机制，以构建校友工作网络体系、打造校友交流平台为重点，积极宣传校友、依靠校友，努力打造"学校+校友"发展共同体，深化拓展多层次多领域合作，为毕业生提供更多的就业机会和发展平台。

15.1.5 支持毕业生学术、培训活动

国学大师钱穆曾对新亚书院的校友说："同学们在学校里求学，正如一粒粒种子受到灌溉和培育。四年后毕业了，等于长成了一棵棵的幼苗，要拔出来分别栽种在社会上的各部门里去，待到他成材，可以大树成荫，到那时，这所学校的成绩才算真表现出来了……把教育置于社会中进行检验，母校对校友希望无尽，责任无尽。"

从工程教育后服务的角度来看，校友会的诸多作用中为校友提供"继续教育"显得尤为

重要，伊阿华大学校友会James Hopson（詹姆斯·霍普森）在1980年进行的一项随机调查显示，将近2/3的校友渴望得到继续教育的机会[①]。现今处于技术快速发展、知识爆炸的时代，越来越提倡"终生学习"，所以学校应该通过校友会广泛召集校友回校进行知识培训、学术研讨等，利用学校现有资源为校友提供必要的帮助。相对于企业来说，学校的知识体系更加完整，对于校友的知识再教育可以使校友不必从实践中获得零碎的知识进行拼凑，进行系统学习、培训后可以用于实践并且可以更快地接收理解新知识。学校的学习氛围相较于企业要好，特别是处于工程行业中常常需要进入工程一线而忽视学习，继续教育可以让校友定时感受学习氛围，保持终生学习的理念。另外，学校常常是学术会议、前沿竞赛举办的地点，召集校友参会可以逐步提高其学术思想和思考问题的能力，以及一直保持较为前沿的思想和感知力。

毕业多年后，一些具有前瞻性或总结能力强的优秀校友会将自己多年的所见所感所思汇总成精华的内容。这时，学校应该力所能及地为毕业生创造所需要的地点、主题、人群等，使优秀校友之间进行学术交流，各个毕业生都是自己专业之"精"，而大家的交流可以使各方接触不属于自己领域的知识，使自己的知识体系更加全面。另外，学校要支持毕业生将自己的正确思想、有用的经验，通过培训、讲座的方式传授给大家，并将这些思想发扬光大。

总而言之，大学应当对人才培养责任具有无尽的理想主义情怀，为毕业生、优秀校友提供力所能及的支持，拥有"后服务"的工程教育才更加完整与高尚。

15.2 工程教育的后评价

无疑，最近30年，全世界尤其中国取得了辉煌的工程成就。"'十三五'期间，我国高校承担了全国60%以上的基础研究和重大科研任务，建设了60%以上的国家重点实验室，获得了60%以上的国家科技三大奖以及80%以上的自然科学基金项目，参与了'墨子''天宫''天眼''鲲龙''大飞机''九章'等一批重大科技成果和工程项目，培养了一批创新型、应用型、技能型人才。"

"总体而言，我国目前的工程是成功的，典型例证如中国制造、中国建造在世界都有很好的声誉，我们的工程师不仅在中国做出重大贡献，而且在'一带一路'等其他发展中国家也做出重大贡献，这些例证都明确表明我国工程教育体系能够培养出卓越工程师。"[②]

但是，由此直接得到工程教育的成功，作者认为，至少夸大了工程教育的成功度和轻视了在职工程教育的贡献度。尽管这是无法定量划分权重的问题，作者的感性认知，通过参加工程建设的人员感受和在校教育的问题探讨，可以说，在职工程教育的作用，不可少视，甚至更为重要。这应当引起研究者的高度重视。

---

① 孙美静，林杰. 美国大学校友会的职能、类型与结构[J]. 现代大学教育，2008（3）：64-69.
② 许晓东. 面向未来高等工程教育发展中的三组重要关系：工程与科学、工程与人文、理论与实践[J]. 科教发展研究，2021，1（1）：58-77.

工程人才的质量是国家未来发展的核心竞争力。内部ISO运作机制建立，大系统内部论证机制建立，无疑都是为了确保教育质量的稳定和改善，但是，这些无论做到多么完善的程度，如同"课程设置、师资配置、教学条件"是基础条件，内部评价都只是一个"内控"程序，都只能确保等同于"商品出厂"的"学生毕业=离校"是符合内部要求和标准的。这实在太奇怪了，毕业目标、要求、标准是自己制定的，教学、培养过程是自己执行的，评价是自评的。无论如何，这都不符合正常质量管控循环、闭环逻辑，既是运动员也是裁判员的评价体制，是需要彻底改变的。虽然我国成为WA的正式会员，但目前我国的工程教育培养体系还有很长的路要走，校友评价、第三方评价、社会用人机构评价的机制也亟需构建和完善。

15.2.1 质量监控机制

质量监控，即对学校的教学培养进行评估。通过监控的反馈对高校的教育体系方法等进行改进。因为学生的成长是个连续不间断的过程，从出生、启蒙，基础教育到高等教育，进入职场、继续教育、实践验证理论和积累经验，给社会提供知能服务。但是在这个过程中，其监护、教授、使用、督促和评价的主体，也是逐渐变化的，这个过程中，对人才成长的内容、标准，需要进行衔接、统筹，既包括效率问题，更包含质量问题，值得认真探究与审视。如图15-4所示，我们必须要正视不同的评价主体对培养人才的不同期待的情况，这是客观存在的事实。因此，只有多元的评价体系才能满足这种现状。

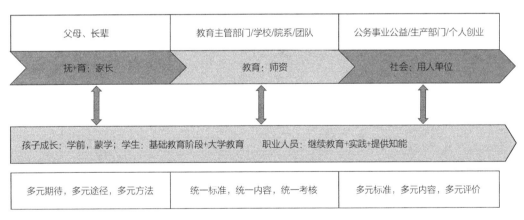

图 15-4 主体转换导致质量标准与评价方法不同

遗憾的是，当下我国的多元化评估体系并未有效推行，特别是权威的第三方工程教育质量的评价机构、机制的缺失，无疑是中国工程教育质量评价的最大缺失之一。尽管目前我国各高校内部已经形成了包括学生评教、教师自评、教师互评、专家评价、领导评价、教学督导、教学荣誉奖励等在内的学校教学质量保障措施[①]，但往往效果不佳，无法真正地

---

① 郭丽君. 走向为教学的评价:地方高校教学评价制度探析[J]. 高等教育研究，2016，37（6）：68-73.

完善工程教育质量。引入第三方机构的评定，无疑是对当下教育质量进行监控的有效措施之一。

1994年，伊尔·卡瓦斯在其著作《外部保障系统》中对"第三方评估机构"进行了定义——评估中介机构的创建，一般而言是为了紧密政府部门同独立组织间的关系以达到一种特殊的公共目的，同时也是一个正式创建起来的团体[①]。而第三方组织，"可以被看作是一个组织单位，它能够为处于外部环境之中的'股东'提供服务，'股东'由政府、学术界和客户组成，用五角大楼去描述它们之间的关系可以更加清楚地反映出缓冲机构的作用和现实情形"[②]，这能有效推进高等教育评价系统的发展。在英国、美国等发达国家，教学质量第三方评估在多年的发展下，已建立起较完善的体系。根据《2017—2018年全球竞争力报告》，如图15-5所示，我国在"工程科技人才可用性"（A-vailability of Scientists and Engineers）一项中仅名列第29位，与芬兰（第1位）、美国（第2位）、以色列（第6位）、日本（第8位）等国家存在一定差距，因此，我国亟需建立适合国情的第三方评估机构以提升工程人才的综合能力，进而提升工程教育人才的国际竞争力。

1. 第三方评价机制的特点

西方国家的第三方教育评估机构历史较为悠久，经验丰富，有许多方面值得学习和借鉴。以美国为例，该国的第三方评价机制有以下四个特点。

1）评估人员的多元化

第三方评估机构分为地方性机构与全国性机构两种。机构评估人员大多来自各类专家、企业单位代表人、高校代表、公众和学生代表，并在各所评价机构依据各自独立的流程和评

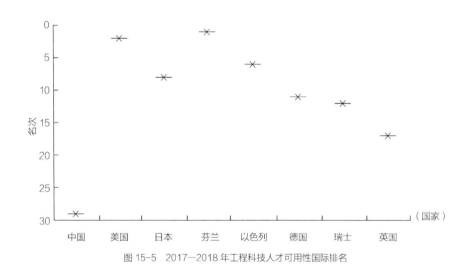

图15-5 2017—2018年工程科技人才可用性国际排名

---

① Elaine El-Khawas. External Scrutiny, US Style: Governments and Professional Education[M]. Society for Research into Higher Education and Open University Press, 1994: 35.

② Edgar Frackmann. The Role of Buffer Institutions in Higher Education[J]. Higher Education Policy, 1992, 5 (3): 14-17.

价方法开展评估。评估人员的多元化是保证第三方评价机构评估报告科学性的重要因素。

2）严格的动态评估要求

高校必须满足的内容有[①]：①高校具有切实可行的培养目标且具备所需要的资源；②高校的任务实施情况与培养目标的实现路径相一致；③高校有完备的计划以完善后续目标的培养。当高校满足三个评估要求才表明高校通过了认证，同时以动态的评估指标持续更新审核标准。

3）严格的国家监管

第三方评估结构需进行各层面的认可，即通过美国教育部（USDE）的认可，或者经高等教育认证委员会（CHEA）、媒体等社会力量进行监督，以获得与提高自身机构的社会认可度[②]。

4）透明的评估机制

美国通过政府和民间两条渠道对所有的评估机构、认证机构进行规范。在美国，第三方评估机构必须将其认证及决策程序和认证标准向公众公布，并邀请公众代表参与认证活动、设立热线、决策听证、网站听取及举报与监督意见等过程，主动接受公众和媒体监督。另外，最后的认证报告在撰写完成之后，官方必须予以公布。

2. 第三方评价机构的使命

（1）认证高等教育机构所提供的既有课程；

（2）对高等教育机构尚未注册或登记的新课程进行初步认证；

（3）应高等教育机构的请求，致力于透过评估特定的质量特征来强调高等教育课程或机构的特点；

（4）在ABET基本的任务范围内致力于高等教育发展议题的公开讨论。

3. 第三方评估机构的评估流程

1）美国第三方评估结构

美国第三方评估机构的评估流程如图15-6所示，其中美国高校第三方评估的核心环节是同行认证，评估团队通常由评估机构牵头，主要成员由在同一评估机构下辖的高校中任职的教师或管理人员组成，评估方式包括入校参访和审查相关材料。同行认证的指标通常包括五大项，即高校既定目标的合理性与完成情况、高校组织结构的合理性与对高校工作的掌控力度、高校财政状况、高校学术团队与教学质量、学生的学习成果（如就业情况、学生贷款的偿还率等）。对于通过评估的高校，评估团队将根据高校表现确定本次评估结果的有效周期，通常为1~10年。对于未顺利通过评估的高校，评估团队将给出"警告""推迟认证""额外认证""撤销认证"之一的评估结果，高校可根据评估结果在规定时间内提交补充材料或进行整改。

---

① 黄明东，陶夏. 高等教育第三方评估机构的法律身份及其适用逻辑［J］. 大学教育科学，2018（3）：51-56.
② 崔曼秋. 高等教育第三方评估的中外比较研究［D］. 哈尔滨：哈尔滨师范大学，2020.

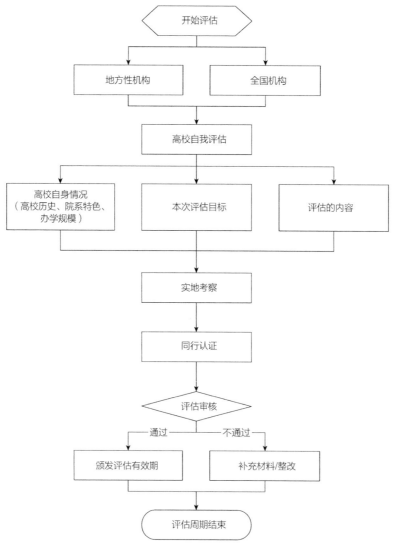

图 15-6 美国第三方评估机构的评估流程

2）中国第三方评估机构

在美国第三方评估机构的流程基础上，根据我国国情现状，通过分析，探索构建出中国第三方评估机构的评估流程，如图15-7所示。科学地构建第三方评估结构，提高我国高等工程教育质量，减少"官本位"的主导思想，以多极的力量来改善当下高校的评估方式，切实让评估贴近公众，调动社会公民的教育参与度，推动我国高等工程教育持续健康发展。

在构建第三方评估机构后，还应注意对于第三方结构公信力的维持，如图15-8所示，切实地维护第三方评估机构的公信力，保证公民对机构公信力的信任，推动我国高等工程教育稳步发展，健全我国高等工程教育体系，使工程教育健康前行。

4. "内控"与第三方严肃性

必须指出，学校颁发的"学历证书"和"学位证书"，不管何类学校、何等级学校，

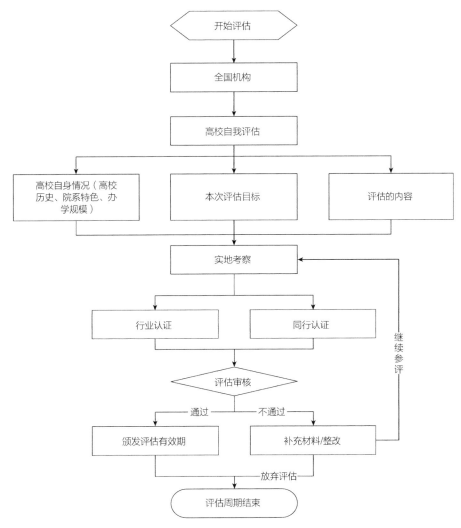

图 15-7　中国第三方评估机构的评估流程

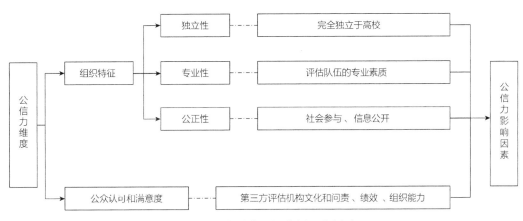

图 15-8　高等教育第三方评估组织公信力框架

只不过是现行教育体制、机制下的"出厂合格证",其特征就是"自行制定标准、自行培养、自行评价",从管理环节上说就是"三自"行为结果,类比工业、农业产品,发出的是执行"企业标准"下的内部合格证书。因而,第三方论证,就是确保人才产品培养质量的"试金石",不仅对第三方的独立性、专业性和论证流程、论证方式,其客观性、公正性要提出近乎"苛责"的要求,以防止"自检"标准、态度和方法上的疏漏。同时,第三方论证的严肃性、交互性,也是促进学校教育质量提高的重要融合渠道。在利益、管理共识和权威组织方式的长期影响下,防止走人情、走过场、走形式等方面的工作仍然任重道远。

15.2.2 跟踪反馈机制

1. 构建新型跟踪反馈机制的迫切

毕业生就业是高校工作的重中之重,传统的就业跟踪反馈机制往往只是简单的就业数字上报,迫切地希望学生们签第三方协议,以充实好看的数字进行上报,流于表面,跟踪反馈机制不健全,存在诸多问题。

1)毕业生调查样本覆盖率较低,缺少专业类别的区分

调查问卷与培养目标的直接相关性较弱,评价内容停留于表面,没能建立科学的指标体系。设计的问卷调查仅仅是统计肤浅的问题,很少将问卷分各专业各类别设计。

2)重调查、轻反馈的现象

调查往往只是流于形式,重视得到数字结果,评价结果不能及时准确反馈给相关责任人和改进工作的实施主体,未能将反馈结果用于专业培养的持续改进,对改进情况缺乏跟踪。

3)对毕业生跟踪缺乏周期性和连续性[①]

当下为统计应届毕业生就业而设立的9月1日和12月30日这两个时间点的数字报告情况统计,似乎仅是为完成任务而进行的。人才流动、学生就业情况都是动态的发展过程,可能在9月1日已经就业的学生在很短的时间内就离职了,但是12月30日的统计却对此无法客观反映,导致该数据缺乏科学性,不能反映实际情况。

4)校友对教学的评价普遍较低

学生实习的单位难联系、实习效果不佳,就业率低,薪资待遇等问题导致高校校友对教学的评价普遍较低,且不少高校对此并未重视,导致问题持续存在,贻害学生。

学校构建新型毕业生就业跟踪反馈机制,使毕业生就业不能再停留于就业数字的简单上报,而是要切实做好跟踪信息的数字收集分析,全面掌握毕业生就业后的社会适应情况[②]。例如:某高校毕业生就业率90%,这只是一个数字,如果学校把90%背后的因素,如专业对口情况、就业满意度、学以致用的情况、性别差异、供需比率等考虑进去,将其和95%联系

---

① 高扬,马吉权,任彬彬. 专业认证背景下毕业生跟踪反馈的研究与平台构建[J]. 黑龙江教育(高教研究与评估),2022(7):33-34.
② 臧其林. 大数据时代毕业生就业跟踪反馈机制构建[J]. 教育与职业,2015(24):36-38.

在一起，数字就衍生成数据。数字是相对静止的和单方面的，而数据是过程性和综合性的考虑，能够更科学地反映毕业生的就业情况。

2. 新型跟踪反馈机制的要点

1）动态的调查机制

动态性是新型跟踪反馈机制最鲜明的特点。通过网络平台实时关注毕业生就业情况，同时，密切关注短期时间内就业后离职的同学，积极与他们交流，了解背后的原因。通过大数据分析，找出影响就业的关键因素。

2）重视往届毕业生调查

往届毕业生是优秀的高校资源，学校要高度重视对往届毕业生的就业信息调查。学院可通过校友群向毕业五年左右的毕业生发布问卷调查，重点收集他们所在企业的紧缺型人才需求、职业发展的新要求、知识的更新换代、实践与创新能力等方面的意见与建议，及时发现问题，改善课程设置与内容，进一步完善本专业的教学工作。

3）用人单位的走访调查

用人单位对毕业生的专业素养评价是最直接、最客观的。高校应积极与大量企业沟通、联系，了解行业发展的新情况、新动向以及企业在生产中出现的新问题，运用PDSA循环，如图15-9所示，灵活调整教学内容，不断提升"卓越计划"培养质量。

4）第三方调查

聘请科学专业的第三方机构，通过分析机构或媒体对学生培养质量的调查报告、评价排名等获取社会反馈信息，关注社会舆论对本专业毕业生专业知识、综合能力和人文素养的认可度，动态地调整课程的设计与毕业目标。

跟踪反馈机制具有长期性、动态性与回溯性，高校要切实关注数据的变化情况，既是高校教育、教学改革的重要依据，同时也是可靠的数据支撑，工程师的培养不能一蹴而就，健全跟踪反馈机制是敏捷高等工程教育的重要一环。

15.2.3 社会评价机制

社会评价是指以教育系统以外的社会力量为主体，以教育系统的自我评价、政府行政部门评价和行业专家等评价为客体，对社会发展和教育现象的价值判断[①]。实践告诉我们：人才培养质量与大学生就业率成正比，而人才培养质量状况的社会评价又是促进人才培养质量的有效手段[②]。教育的最终导向是面向社会输送人才，这是毋庸置疑的。社会评价体系应是多元的。健全社会评价机制是敏捷高等工程教育人才培养体系的最后一环，也是印证培养体系的科学性的依托。教育是需要被检验的，而社会无疑是最贴切的风向标。

---

① 杨玉，李璐，张莉. 研究生社会评价机制标准及其设计［J］. 沈阳师范大学学报（社会科学版），2015，39（6）：140-142.

② 黄景容. 人才培养质量社会评价机制的建构［J］. 教育发展研究，2007（9）：73-76.

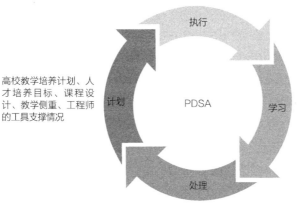

图 15-9　PDSA 循环

1. 现存的社会评价机制的不足

1）政府干预过多，缺乏自主性

现行比较有影响力的评估机构多为官方或半官方，这就导致其基于政府的委托评估，在人事、财政方面过于依赖政府，不具有独立性，即便具有一定独立性的组织，其在评估立项、评估要求等问题上也要依从主管部门指令行事，在评估过程、结果公布时也要受到行政部门干预，独立自主性受到弱化。因此，这导致社会评估机构陷入两难境地，即若以政府角色进行评估，会引发公众关于其中立立场的质疑；若以中介角色进行评估，又会对获取评估资金等资源形成障碍。加之很多评估机构的成立是基于行政部门对评估职权的让渡，在人事、财政上始终要受到政府部门干预，否则就难以维系[①]。

2）先天不足，专业性弱化

政府干预过多一方面会导致社会评估机构独立性缺失，另一方面也会致使其专业性不强。在本源意义上，此类评估机构应是伴随高教质量评估之需求自然产生的，但现实上却是政府部门的职权让渡，简单地说，就是将一批人员与财产结合起来组成看起来独立的组织形式。这样的先天不足必然导致从业人员缺乏专业性，不具有与教育评估相关的知识与技能[①]。

3）法律及行业规范的缺位

当前对社会评估机构的管理，主要按照事业单位或社团管理条例与党政机关的行政性文件，并没有专门的法律法规。而仅有的专门性行政法规——《普通高等学校教育评估暂行规定》，其规定大多已经不适应现实需要。法律法规的缺失更加重了第三方评估组织与政府角

---

① 蔡正涛. 高等教育质量社会评价体系重构［J］. 中国成人教育，2015（8）：42-44.

色定位的混乱，行业规范的缺位更是直接阻碍社会中介评估机构的稳定发展[①]。

2. 重塑社会评价机制

社会评价机制构成应分为：评价主体、被评客体、评价指标与评定结果，逻辑关系如图15-10所示，即评价主体通过评价指标对被评客体进行评价，再根据评价指标输出评定结果。

图 15-10 社会评价机制关系图

其中，评价主体包括高校、企业、第三方评定机构，被评客体则是高校毕业生。评定指标通常是基于评价主体的需求而出发的，即不同的评价主体的评价指标可能存在侧重上的不同，但其评价目标是大体上一致的。

3. 构建社会评价机制

从图15-11中可以明显地看出，构建社会评价机制需要多方参与，而政府主要起监管作

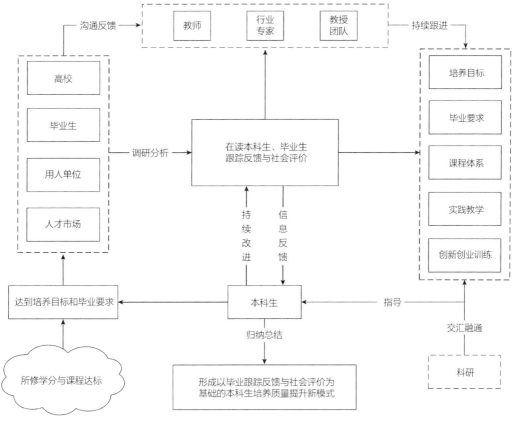

图 15-11 社会评价机制图

---

① 蔡正涛. 高等教育质量社会评价体系重构［J］. 中国成人教育，2015（8）：42-44.

用。其中,评价指标包括培养目标、毕业要求、课程体系、实践教学以及毕业论文等方面。当下被评的本科毕业生也能根据实际情况向高校在读生反馈信息,实现一次查证问题,后续快速跟进解决的效果,既提高了后续高校毕业生的能力,又让高校的培养体制进行了循环改进,达到PDCA的效果。

大学社会评价机制是保证高等教育社会评价活动有效进行,使其功能得以实现的构造及其运行原理。当前,我国大学社会评价机制存在的主要问题是运行不畅、动力不足、约束乏力。完善我国大学的社会评价机制,应大力培育教育评价中介机构,加强多元社会评价主体的建设;提升现有大学社会评价机构的专业水平;完善高等教育信息公开和发布制度。给予大学社会评价机构必要的支持,特别是经费支持;加强对评价结果的有效利用。同时,加强法律规制与行业自律;建立健全专门的高等教育评价管理机构[①]。

---

① 余小波,张晓报. 大学的社会评价机制:构成与完善路径[J]. 大学教育科学, 2012 (1): 53-59.

术语（词汇含义解释）

作者说明：文中引述的"术语（词汇含义解释）"不是纯学术的术语，是尽量反映前沿研究成果的，甚至尚未完全成熟、成型，仅供大家讨论、参考、批评。

（1）工程学：是一门应用学科，是运用数学、物理及其他自然科学的原理来设计有用物体的过程，是研究自然科学在各行业中的应用方式、方法的一门学科，同时也研究工程进行的一般规律，并进行改良研究。

（2）工程哲学：作为一种"认识世界、改变世界"的哲学，工程哲学的研究对象是各类物质性的活动，是对人类依靠自然、适应自然、认识自然和合理改造自然的工程活动的总体性思考，是关乎工程活动的根本观点和普遍规律的学问；是哲学家与工程师以及工程共同体其他成员对话并旨在寻求"和谐工程"以安身立命的哲学。

（3）工程管理学：工程管理学是一个综合性很强的复合型学科，培养具备管理学、经济学、法学和土木工程技术等基本知识的专业人才，研究对象是工程建设领域专门技术的管理规律。

（4）工程本体论：工程本体论中工程有其不可否认的作为"本体"的地位，工程是直接生产力。工程作为现实生产力而具有本体地位，突出工程活动是以人为本的活动理论。

（5）工程演化论：工程演化论是工程哲学中一个新的研究课题和新的研究领域，包括工程演化的过程、路径、方向、动力、机制、约束条件等问题的研究理论。

（6）工程方法论：工程方法论以工程方法为研究对象，是在工程认识和实践活动中所采取的方式、规则、路线与程序等研究总结性的理论。

（7）工程知识论：工程知识论是研究与造物活动（操作、建造和使用）相关联的知识，包括规则系统、理论分析与技术装置涉及的技术性和非技术性要素的知识理论。

（8）工程流程论：工程流程论是以工程流程为研究对象，通过流程的作用连接结构与功能的节点，来研究结构与功能的耦合机制的理论。从而实现对预测、决策、计划、组织、控制、创新的精准牵引。

（9）工程价值论：工程价值论就是工程对社会需要的满足关系和满足程度，指工程对社会所具有的意义关系，包括工程的经济价值、消费价值、潜在价值、政治价值、文化价值、社会价值的理论。

（10）工程知识：为了达成人类生产、生活的各类需求，而进行的工艺设计、构建以及操作。工程通过要素整合与集成建构新的存在物这一造物活动，有属于自己的一类知识体系，包含了理性、逻辑和事实三重属性，从本质上讲，工程知识是一类建构性知识，泛义地讲，工程知识包罗丰富的内容。

（11）工程知识体系：指全世界工程领域中知识的总体，是在实践的基础上对工业工程学科及应用中所涉及的不同层次的知识进行分类、组合、分析、探索，从而归纳总结的一套用以指导工业工程学科发展和工业工程实践的知识的有机整体。

（12）工程认知：认知是对事物规律性的了解、掌握。工程认知则是对工程功能、结构、过程本体，对工程特性、职能、主体，对目的、预期、价值、管控和评价，对与环境关系、人类和社会及既有工程的伦理关系，对工程发展等规律性的了解和掌握。工程认知是指关于工程一切知能体系的了解和掌握，即关于工程的一切规律性认识。

（13）工程研究机构：是以工程为对象，研究工程相关的正式组织。通常由国家或社会组织提供基金，产业界出资赞助并参与，以大学科研力量为依托的政府、企业、大学联合体，是国家为实现"科技为生产服务"这一重要科技发展政策的实体机构。

（14）分类主题法：由一些专业术语和词表构成，作用是规范图书馆的编目工作。

（15）元数据法：将所有的元数据元素描述为一个资源，而元素的取值是自由的。

（16）知识本体法：将资源定义为一个类，不需要确定核心资源，再根据类对资源按属性分类。常见的类型有数据属性、资源属性。

（17）智库链接法：是对大数据的知识进行挖掘与分析的技术路线，是跨学科合作、跨平台协作的智库。

（18）互联网络系统：将世界各大学、科研机构、企业和商业机构及家庭用户等连成一体的网络系统。

（19）知识传播：指一部分社会成员在特定的社会环境中，借助特定知识传播媒体手段，向另一部分社会成员传播特定的知识信息，并期待收到预期的传播效果的社会活动过程。

（20）个体知识传播：是知识的外显化、创新与增值的基础步骤，既可传播编码知识也可传播非编码知识。

（21）团体知识传播：是团队组织的群体行为，传播对象为团队全体成员。

（22）组织知识传播：指在知识安全框架和知识传播战略的约束引导下，在整个社会范围内进行知识传播。

（23）知识更新：指由于内外环境的变化，已有知识发生更新升级的现象。

（24）知识整合：是一个具有条理性秩序化的动态过程，将通过知识获取得到的知识与原有的知识进行有机融合。

（25）知识转化：是一个系统的过程，其包括知识形态的变异与知识客体的更新。

（26）知识输出：是指知识使用者将得到的知识，通过利用已有产品或者创造合适的产品来传递知识的过程，并以此来达到更新知识库的目的。

（27）知识创新：指在知识获取、整合、转化、共享的基础上，不断寻求新的发展、找寻新的规律、创立新的学说等。

（28）元宇宙：整合多种新技术而产生的新型虚实相融的互联网应用和社会形态，将虚拟世界与现实世界在经济系统、社交系统、身份系统上密切融合，并且允许每个用户进行内容生产和编辑。

(29) 旧知识：是指在特定的时间领域，在知识的发展过程中逐渐丧失其存在的必然性，日趋灭亡的知识。

(30) 新知识：是指在特定的时间领域，其前进方向符合知识发展的方向。

(31) 知识工程：知识发展的产物，具有知识的获取、知识的表示和知识的运用三大重要部分。

(32) 知识体量：知识面的内容广度和知识量的规模。

(33) 知识爆炸时代：各类学科及其分支都能获得极大发展的可能和便利，科学发展肉眼可见地大步迈进、加速演进，知识总量会呈现出几何式、指数式、爆炸式的增长。

(34) 知识产权：指人们就其智力劳动成果依法享有的专有权利，通常是国家赋予创造者对其智力成果在一定时期内享有的专有权或独占权。

(35) 知识产权管理：指国家有关部门为保证知识产权法律制度的贯彻实施，维护知识产权人的合法权益而进行的行政及司法活动，以及知识产权人为使其智力成果发挥最大的经济效益和社会效益而制定各项规章制度、采取相应措施和策略的经营活动。

(36) 知识存在的媒介：即为存储知识的媒介，媒介作为承载、传递知识的载体，在传播学意义上是指利用媒质存储和传播信息的物质工具。

(37) 知识易获得性：是指获取知识程度难易的综合表征。在计算机、移动通信设备、互联网络等快速发展的今天，知识的产生方式、数量、载体、存储方式、传播方式等都发生了巨大的变化，人们获取知识的方式和途径变得越来越多，受时间和空间的限制越来越小，获取知识的速度、数量及准确性大大提高。

(38) 显性知识：能用文字和数字表达出来的，容易以硬数据的形式交流和共享，并且是经编辑整理后的程序或者普遍原则。

(39) 物化知识：以工程为载体，蕴含于工程物品上具有当时当代性的知识特征。一经挖掘、提炼，能够实现知识的追溯和重构，甚至赋能现今。

(40) 隐性知识：无法用文字形式表达出来的知识，高度个性化而难于结构化的知识，包括主观的理解、直觉和预感、经验等形式。

(41) 工程技术知识：是一种面向实践的知识，具有工程的思想和整体的概念。

(42) 工程管理知识：全程管控和总体协调必不可少的组成部分，是调整工程各要素、人与工程、人与人关系的必要知识。

(43) 工程环境知识：工程相关的国内外经济、社会、政治与生态环境等知识。

(44) 陈述性知识：关于事实或实际情况的知识，根据真实性或正确性做出判断，用来回答事物"是什么""怎么样"的问题，可用来区别和辨别事物。

(45) 程序性知识：一套关于工程的操作步骤和过程的工程知识，主要用来解决"做什么"和"如何做"的问题，用来操作和实践。

(46) 工程知识组织：按一定的标准，运用一定的方法把知识对象中的知识因子和知识联系揭示出来，是关于数据结构的设计、知识内容的记录以及知识集合整序的过程，使之便于揭示知识单元，方便知识发现，能为用户提供有效的知识服务，促进知识运用和知识创新。这里的组织是动词，不是组织结构的含义。

（47）知识自组织：知识系统无需外界指令而自行把知识客体中的知识因子与知识关联揭示出来，并把被揭示的知识成分按一定方式编排成序，以便人们更好地利用的行为。

（48）知识组织理论：对知识客体所进行的诸如整理、加工、引导、提示、控制等一系列组织化的过程及其方法，其目的是对存储的知识进行整序和提供。

（49）信息与通信技术：Information and Communications Technology（ICT），是一个涵盖性术语，覆盖了所有通信设备或应用软件以及与之相关的各种服务和应用软件。现在指云计算、大数据、物联网、移动网络、人工智能、区块链、元宇宙等新兴技术。

（50）云计算：网络计算、分布式计算、并行计算、效用计算、网络存储、虚拟化等计算机技术与网络技术发展融合的产物。

（51）大数据：一种规模大到在获取、存储、管理、分析方面大大超出了传统数据库软件工具能力范围的数据集合。

（52）物联网：通过信息传感设备，按照约定的协议，把任何物品与互联网连接起来，进行信息交换和通信，以实现智能化识别、定位、跟踪、监控和管理的一种网络。

（53）人工智能：是研究、开发用于模拟、延伸和扩展人的智能的理论、方法、技术及应用系统的一门新的技术科学。

（54）工程技术：亦称生产技术，是指工业生产中实际应用的技术，即人们应用科学知识或利用技术发展的研究成果于工业生产过程，以达到改造自然的预定目的的手段和方法。

（55）PEST分析：是指对宏观环境的分析，P是政治（Politics），E是经济（Economy），S是社会（Society），T是技术（Technology）。在分析一个组织（如企业集团）所处的背景的时候，通常是通过这四个因素来分析企业集团所面临的状况。

（56）PESTecl：指的是对工程建设过程产生有利或不利影响的各类外界要素，工程环境主要由七大要素：政策（Policy）、经济（Economy）、社会（Society）、技术（Technology）、环境（environment）、竞争（competition）、时空（location）组成，缩写为"PESTecl"，其作为环境基础，促进工程师对建设工程的结构化认识。

（57）耦合：来源于物理学，指物理系统中两个或多个子系统通过各种相互作用相互影响的现象。

（58）机制：社会或自然现象的内在组织和运行的变化规律，引入组织中指组织生存和发展的内在机能和运行方式。

（59）耦合机制：导致事物或系统发生方向性变化的，存在于关联事物或关联系统之间的非线性、复杂作用关系。

（60）决策机制：决策组织机体本身固有的内在功能，即决策组织本身渗透在各个组成部分中并协调各个部分，使之按一定的方式进行自动调节、应变。

（61）整合机制：通过整顿、协调、合并重组等工作，消除不同因素和部分存在的分离状态，使之成为统一整体的过程。

（62）融合机制：为了使不同事物能够顺利、恰到好处地合而为一而构建的体制和制度。

（63）协同机制：按照实际情况建立相应的协调机制，主要涉及领导、组织、执行、督察、考评、奖惩等方面的规则建立与运行。

（64）转换机制：将各要素从一种形式变成另一种形式的结构关系和运行方式。
（65）世界观：是人们处在不同时间、不同位置时对世界的认识，是人们对整个世界以及人与世界关系的总的看法和根本观点。
（66）工程观：是知识体系和实践体系的整合，是系统认识事物的思维方式，是责任意识指导下的价值综合、操作综合和审美综合的统一，能够为学习者提供全面的知识背景和实践的可能性，并且强调工程观的培养需要将知识运用到真实情境中。
（67）3H3T：是自创的缩写，用以描述敏捷工程教育培养目标，H表示增长、成长指标，T表示效率指标。3H：学生知识增长、心智成熟、身体成长，3T：缩短其在校培养时间、缩短适应时间和延长知识适岗时间。
（68）思考七维度：指理论、目标、问题、流程、工具、实证、绩效七个维度。
（69）官本位：即以官为本、以官为贵、以官为尊为主要内容的价值观。
（70）马太效应：指存在的两极分化现象，即强者越强、弱者越弱。
（71）范式：是指在某一特定时间内，某学科中对解释某一现象时普遍接受的模式。
（72）科学范式：可以理解为普遍公认的科学成就，在一段时间内为实践者提供了典型的问题和解决方案，即什么是要观察和审查的；这类问题应该被问到，并探究与这个主题相关的答案；这些问题是如何组织的；该学科内的主要理论做出了什么预测；如何解释科学调查的结果；如何进行实验，以及可以使用哪些设备进行实验。
（73）工程范式：按照工程的特有属性，即实践性、创新性、综合性和社会性确定人才培养定位，制定人才培养标准；然后按照人才培养标准如知识、能力和素质标准逐一反推课程体系、重构教学内容，进行教学方法和考核评价改革，从而重构人才培养模式，真正突出学生创新与实践能力的培养。
（74）范式转换：是一种科学的革命，其是对传统的继承与超越。当原有范式的本质属性和价值导向不能适应当前的状况和环境要求时，必然导致新范式取代旧范式，并推动新范式继续运行。
（75）"六实"体系：是锻造工程管理人才的方法，即"实验、实展、实工、实仿、实习、实训"，在工程教育过程中建设实践环节，是软硬结合的实践体系。
（76）工程语言：用以表述、记载、传递工程内容和工程知识的术语、规范、图样图形、符号、图表、软件、数字化等技术。
（77）CDIO工程教育模式：CDIO代表构思（Conceive）、设计（Design）、实现（Implement）和运作（Operate），其以产品研发到产品运行的生命周期为载体，让学生以主动的、实践的、课程之间有机联系的方式学习工程的理论方法。
（78）TRIZ理论：是1946年苏联阿奇舒勒和其小组总结的能够为人们发明创造以及解决工程难题做出指导的系统化创新方法。
（79）竞争理论：常指波特竞争理论，是企业在拟定竞争战略时，必须要深入了解决定产业吸引力的竞争法则。
（80）分工协作理论：组织内部既要分工明确，又要互相沟通、协作，以达成共同的目标。
（81）知识生命周期理论：从一个知识被组织模糊了解，到其被组织明确掌握，并在组织内部传播，直到知识被用于工作中为组织创造价值，然后随着其创造价值能力的逐渐降低而最终被组织遗忘的整个时间间隔。

（82）目标管理理论：以实现目标为中心的一种管理方式，即组织内部的各个部门以及每个成员都要根据组织的总目标制定各自的分目标，确立行动方案，安排工作进度，有效地组织实施，并对成果进行严格的考核的管理方式。

（83）供求理论：由供求关系衍生的理论，是供给量与需求的关系理论。供给量指的是一定时期一定地域某一市场要售出的商品量；需求指的是一定时期一定地域不同价格情况下的需求量。

（84）组织行为理论：人是组织中的灵魂，组织结构的建立只是为了创造一个良好的环境，使这个组织中的人比较顺利地实现他们的共同目标。

（85）系统工程理论：在系统论思想的指导下，用现代科学方法组织管理各种系统的学问。

（86）仿真理论：在已经建立的系统模型雏形的基础上，对系统模型进行测试和计算，并根据测试和计算结果，反过来对系统模型进行改进。

（87）绩效考核理论：企业为了实现生产经营目的，运用特定的标准和指标，采取科学的方法，对承担生产经营过程及结果的各级管理人员完成指定任务的工作实绩和由此带来的诸多效果做出价值判断的过程。

（88）敏捷：指一种有效应对不断变化的竞争格局的战略，是方针型的战略布局。

（89）敏捷性：是一种快速战略响应能力，也是一种在不确定的、持续快速变化的竞争环境中生存、发展并扩大其竞争优势的能力。

（90）敏捷高等教育：①以市场需求为导向，以柔性人才培养模式为特征，以高素质、协同良好的工作人员为核心，动态地组织学校内外资源，建构内外合作的人才培养机制，积极地培养出满足多样化人才市场需求的，具有较强适应能力的合格人才，并对市场需求的动态变化有一定响应能力的教育体系。②从本科高校学术资源配置模式改革入手，从机制体制上解决高校如何适应社会需求的变化，快速、低成本地对社会需求的变化做出响应的问题，促进向大众高等教育的转型。

（91）敏捷高等工程教育：指从事工程教育的高校，充分利用先进ICT手段，遵循知识供应链产生、传播规律，通过调配教育技术、教务管理等资源和调动师资、学生各方积极性，以有效和协调的方式快速响应复杂需求，建设工程教育的敏捷性，以实现目标并获得预计价值。

（92）敏捷高等工程教育体系：是对教育体系一次系统性的诊断与重构，涉及思想理论方法工具，实施方法论与效果检验。从细化"理论准备、方法探讨、工具建设、平台支撑、资源保障、绩效验证、评价体系"方面入手，打破不断出现的新概念，不停尝试新方法的教育教学改革试验，建立一套比较完整长效的机制，提升应对需求变化的能力、响应环境激烈变动的外部和内部主体需要的新情况，从而将精力放在持续改进上，满足核心竞争力建设的终极目标。

（93）工程敏捷教育需求：在"十大需求"和国家需求的基础上进行深化，包括教育环境中的各类教学指标按照相关规范实施，对学生的专业划分标准进行细化、难度进行调整，教师以学生为中心进行教学并对教学内容的更新频率和传播速度以及知识覆盖的范围提出更高、更快、更广的要求，同时积极有效使用新兴技术，让学生拥有自主学习的能力，培养一个被社会需要的优秀工程师。

（94）工程敏捷教育目标：即在工程教育"3H3T"目标的基础上进行深化后归纳的五个层次或者方面。①宏观中观微观层面；②高效学习、快速适应和长效在职；③知能体系、能力集成、交叉创新；④科学发现、技术发明与工程创新；⑤学科评估、专业论证和国际对标。

（95）工程教育实效：即对工程敏捷教育实际成果需要进行检验，主要包含学生是否学会提问，对于工程知识的转换吸收和从知识内线的优化组织进行考察工程敏捷教育实效，包括搜索能力、构造、测量、识图及工程语言，教师管理事务效率是否提高，是否推动社会发展、国家科技进步。

（96）HWM：工程学习方法论之一，即How（实现）、What（内容）、Method（方法）的首字母。其是以如何实现为切入点，引用方法完成工作内容的工程方法。

（97）TIE：工程学习方法论之一，即Thinking ability（思考力）、Integration Power（整合力）、Executive Power（执行力）三大能力的缩写。

（98）IPC：工程学习方法论之一，Insigt（认识）、Practice（练习）、Confirm（验证）的首字母。

（99）三化教育法：即在工程教育中推行产品化、项目化与任务化的三化教育。

（100）BAVS：即建筑全业务方虚拟运营平台（Building All Virtual System），是面向建筑工程教育行业的、区别于传统单专业实训、融合多专业多课程、学习者体验建筑全业务方各岗位业务流程及工作内容的虚拟运营平台。

（101）XBS：一种结构化的思维方法，常见的要素分解结构有WBS（工作分解结构）、OBS（组织分解结构）、RBS（资源分解结构）、w/pBS（流程分解结构）、MBS（物料分解结构）、FBS（资金分解结构）PBS（项目分解结构）和IBS（信息分解结构）等。

（102）《华盛顿协议》（Washington Accord，WA）：是针对国际上本科工程学历（一般为四年）资格互认而构建的协议，于1989由来自美国、英国、加拿大、爱尔兰、澳大利亚、新西兰六个国家的民间工程专业团体发起和签署。

（103）知识失真：在知识共享的过程中，被共享的知识从知识提供者中通过传递的环节到达知识的接受者时，知识的接受者所共享到的知识与被共享知识比较出现知识的异化或知识不完整。

（104）"填鸭式"教育：也称灌输式教育，是指只把老师和书本的思想与知识一味地灌输给学生，文章纯靠死记硬背，完全不考虑学生是否能够明白其中的意思，使受教的学生毫无创造性。

（105）启发式教育：根据教学目的、内容、学生的知识水平和知识规律，运用各种教学手段，采用启发诱导办法传授知识、培养能力，使学生积极主动地学习，以促进身心发展。

（106）实景实况："实景"是工程项目实际现场的环境与场景，"实况"是工程项目实际现场施工与项目状况。

（107）工程直播平台：直播进工地，老师在工地现场进行直播的教学形式，同时邀请现场施工员、相关技术人员、工程师参与指导交流，相互配合，实时解答重难点问题，使学生直面实景实况。

（108）产学研合作教育：是企业、高校和科研机构以技术、人才、效益为结合点，按照一定的分工原则和运行机制达成局部或整体结合，在充分发挥各自优势的基础上，达到资源共投、风险共担、效益共享，从而形成各方优势互补、互利共赢、共同发展的合作关系。

（109）工程分类：以人类为对象，以服务于人类不同生产生活方式为目的的分类。

（110）工程模型：工程模式分为物理模型与虚拟模型两种，是指通过材料或软件来构建的用于辅助学习、工程活动的模型。

（111）工程材料：用于机械、车辆、船舶、建筑、化工、能源、仪器仪表、航空航天等工程领域的材料。用来制造工程构件和机械零件，也包括一些用于制造工具的材料和具有特殊性能的材料。

（112）工程结构：在房屋、桥梁、铁路、公路、水工、海工、港口、地下等工程的建筑物、构筑物和设施中，以各种材料制成的各种承重构件相互连接成一定形式的组合体。

（113）工程具象功能：工程具有的客观物质性的功能。

（114）工程抽象功能：从哲学视角工程所体现出的主观精神性的功能。

（115）工程流程：在工程构建过程中，为了达到规划和构想的目标而将工作任务进行有序的组合。

（116）工程价值：工程活动创造出来的一种特殊价值，其反映了工程活动及其成果满足了人类何种程度上的需求。

（117）工程装备：在工程实体建造全生命周期中需要用到的一些机械、设施等。

（118）企业资源计划：简称ERP（Enterprise Resource Planning），建立在信息技术基础上，以系统化的管理思想，为企业决策层及员工提供决策运行手段的管理平台。

（119）BIM技术：BIM技术是基于计算机信息技术的多维项目管理技术手段，其是工程可视化和量化分析的辅助方法，该方法能显著提高工程项目的施工效率。

（120）关键绩效指标法：KPI是管理学理论中的关键结果领域理论和目标管理理论相结合的产物，是国际通行的企业经营绩效成果测量和战略目标管理的工具。

（121）平衡计分法：BSC是常见的绩效考核方式之一，是从财务、客户、内部运营、学习与成长四个角度，将组织的战略落实为可操作的衡量指标和目标值的一种新型绩效管理体系。

（122）SMART原则：具体的（Specific）、可衡量的（Measurable）、可达到的（Attainable）；可相关联的（Relevant）、有时间限制（Time-bound）。

（123）6W3H2R分析法：自创的结构化思考方法论之一。Why——为何做；What——做什么；Where——哪里做；When——什么时候做；Who——谁做；Which——在什么位置做；How——怎么做；How much——消耗多少资源；How long——做好的时限；Result——成果，结果；Resposibility——责任人，职责。

（124）PDCA循环：PDCA循环又称戴明环，PDCA循环的含义是将质量管理分为四个阶段，即计划（Plan）、执行（Do）、检查（Check）、处理（Act）。
（125）PDSA循环：即计划（Plan）、执行（Do）、学习（Study）和处理（Act）的缩写。
（126）认知：是一种意识活动，是个体认识客观世界的信息加工过程和结果，是对事物规律性的了解、掌握，是对事物概念的判断和对（某个范围内）事物规律的总结。
（127）智到：是一种能力，即知道如何达成目标、实现目标的能力。
（128）学缘结构：指某教育单位（多指高等院校中的系、教研室、研究所）中，从不同学校或科研单位取得相同（或相近）学历（或学位）的人的比例。
（129）唯帽子：在人才评价中将"头衔"作为首要标准、唯一标准。
（130）非升即走：即第一个聘期没有完成合同的目标，下一个聘期就不再续聘。
（131）一专多能：即复合型人才，可理解为"1+X"的人才，是指在职人员既要具有专业知识，又要具有适应社会的多方面工作的能力。
（132）ROI：是指通过投资而应返回的价值，即企业从一项投资活动中得到的经济回报。
（133）经权管理："经"为经典、规律性、常规性的，"权"指权变、权衡、变化。经权是指一切管理措施均以安人为衡量标准。
（134）规范化流程：这里主要指教务规范化流程，在高校教务管理流程化，该方法可以把复杂的过程简单化，大大提高了工作效率。在高校教务过程中，有效应用这一方法，不仅可以降低管理成本，还能使整个管理工作更加规范、有序。应用这一思想，可以对高校教务管理进行一系列的优化措施。
（135）实景化教学：是指营造具有工作氛围的场景，把课堂搬到真实的工作场景中，以达到优异的教学效果。
（136）沉浸式角色扮演："沉浸式"是指当人们对于某项活动或者事物抱有高度热情时，可以投身其中并获得高峰体验。在沉浸传播环境下，人本身成为一种媒介，时间和空间的界限被消弭，身体与技术、感官与媒介的交互将恒久地持续下去。而角色扮演是一种人与人之间社交活动，可以有很多形式进行。
（137）ABET：全拼为Accreditation Board for Engineering and Technology，意思是工程技术评审委员会，是一种社会组织的名称，是美国著名的学科认证组织，也是著名的国际认证。
（138）流程：是衍射和反映过程的管理学术语；描述组织行为之方式方法的规范化工具；是设计转化机制，规划资源（人财物信息渠道思想等）输入和输出（产品服务和管理价值等）结果以实现价值增加满足客户需求的总和；成为计划和考核的基础，标准化以量化复制，对进程实施精准管控，通过构想、设计、可视化、实现优化防止风险和提升效率的思想、方法和工具。（为作者自定义）
（139）流程图：通过事物的内在逻辑顺序，用直线、箭头连接每个任务，将流程的思想运用于图式中进行表达与推行，使制度、活动规律、规范要求进行可视化表现。
（140）流程工业：本书的流程工业是指以流程体系来指导构建工业化模型的运行体系。
（141）工艺流程/操作流程：在生产过程中，劳动者利用生产工具将各种原材料、半成品通过一定的设备、按照一定的顺序连续进行加工，最终使之成为成品的流程。

（142）战略流程/目标流程：制定战略本身和实现战略目标的流程。通过确定方向和范围以及目标实现的路线，起到指引企业发展的航标作用。

（143）管理流程/职能流程：通过计划、组织、领导、协调、控制等手段完成对工艺流程以及其他事务监督指导的流程。

（144）自善流程/纠偏流程：为了保证目标任务完整、无偏差地被执行，包括检验、评估、审核、审批、复核判断、评审、检查、监督等任务的流程。

（145）体系：指一定范围内或同类的事物按照一定的秩序和内部联系组合而成的整体，是不同系统组成的系统。

（146）系统工程：是为了最好地实现系统的目的，对系统的组成要素、组织结构、信息流、控制机构等进行分析研究的科学方法。运用各种组织管理技术，使系统的整体与局部之间的关系协调和相互配合，实现总体的最优运行。

（147）碎片化：在本书中是指在信息传播进入网络时代以后，各门类知识传播切分成碎片化的模块进行传播，知识呈现孤立的、无序的状态。

（148）数字化：是指将许多复杂多变的信息转变为可以度量的数字、数据，再以这些数字、数据建立起适当的数字化模型，将其转变为一系列二进制代码，引入计算机内部，进行统一处理。

（149）数智化：属于数字技术的应用，有三层含义——"数字智慧化"，相当于云计算的"算法"，即在大数据中加入人的智慧，使数据增值，提高大数据的效用；"智慧数字化"，即运用数字技术，把人的智慧管理起来，相当于从"人工"到"智能"的提升，把人从繁杂的劳动中解脱出来；则是将这两个过程结合起来，构成人机的深度对话，使机器继承人的某些逻辑，实现深度学习，甚至能启智于人，即以智慧为纽带，人在机器中，机器在人中，形成人机一体的新生态。

（150）信息化：是指充分利用信息技术，开发利用信息资源，促进信息交流和知识共享，使其提高经济增长质量，推动企业（产业）发展转型的进程。

（151）精准管控：以科学管理为基础，在精准定位的基础上，通过定量和定性相结合的方法对目标进行精细分析，根据目标的不同将任务和资源等要素精细分解到具体的点上，排斥大而化之、笼而统之地抓工作，采用有针对性的现代技术、方法和理论等，使目标和结果之间浪费不断降低，以最少的消耗达成必要的功能要求，满足顾客需求，实现对不同目标具有强有效性的管理，实现价值工程最大化，从而提高管理效率和结果质量。

（152）精准教育：通过信息技术的支持，在全面、迅速、精准记录学习者学习过程的基础上，通过分析行为数据洞悉其学习状态与风格，生成有针对性的个性化教育目标（目标精准），运用合适的教学资源，组织适宜的教学活动进行教学，持续记录学习者的学习行为表现，精准判定学习者在瞬息出现的当前问题与潜在问题（问题精准），进而应用数据决策技术对教学进行精准干预与优化（干预精准）。

（153）内涵式发展：指以事物的内部因素作为动力和资源的发展模式，在发展形态上主要表现为事物内在属性的运动和变化所引起的发展。如规模适度、结构协调、资源配置效率更高，追求数量、质量、规模、结构、效益的统一等。

结束语

既要遵循工程产品逻辑、岗位职能内容，还要兼顾中国特色以及适应未来变化，确实是未来工程教育非常大的挑战，因此，我们断言，更加灵活而有韧性的工程教育，将成为追求的目标。本书的几个重要创新，开创和弥补了工程、工程教育、工程教育研究中的一些空白，供各方面参考，具体总结如下。

（1）发现了工程教育问题的本质根源和解决的根本方法。

（2）宏、中、微观的纵向贯穿和横向关联。从科教战略、教育管理到教学过程的一以贯之，是"一张蓝图""一个规划"和"一盘棋"的具体体现。本研究，充分融合了这样的思想。

（3）思考内容链的七步逻辑，也即"理论引领、目标导向、问题启程、流程牵引、工程支撑、实践验证、绩效评价"的链式思维，极大地纠正了个别的、局部的、细节的、忽视全局逻辑的方法的不足。强调问题导向、强调案例、强调考核的做法，都不够科学、不够全面。

（4）主体需求的全面考虑。所有完美的战略和设想，最终都是由教与学的主体实施的，针对主体需求的全面系统研究，本书花费了大量篇幅，体现时间、精力付出所指向的观点。

我们所指认的"十大需求"，无疑是目前严重中最具有体系化特征的。特别是：隐形而力量巨大的"家长"的需求、"管理惯性"需求、"知能内生需求"、用人单位的需求、新时代对工程教育的需求等，为一般研究所忽视。国家战略需求与个体特殊需求之间的平衡，不仅是门艺术，而且往往不容易处理得很好；那些对管理一知半解的教育管理人，甚至不够理解"管理惯性"这样常识性的需求，这样是很难在教育管理中取得实效的，也常只剩下空洞的细节的内涵。关于需求，也有很多主体"中心"论的讨论，机械地认为SC（学生中心）的论点不足取，既不符合消极交互、容错包容度低等特点的中国学生和中国课堂，也不符合知能掌握霸权和过程控场主动权的教师中心特点。但是，也不应当完全否认新时代学生个性张扬、权益意识上升的客观事实。因此，一切忽视师资需求的教育改革，注定会失败，这是我们鲜明的观点。教师们作为"教育人""经济人""理性人""社会人""复杂人"，其需要同样是复杂的，难以精准把握的。

（5）归集、补充了工程知识内容。工程哲学前沿研究：自李伯聪教授1988年《人工论提纲》发端，到2002年《工程哲学引论》高潮兴起，哲学界联袂工程界，创设刊物、召开会议、建立机制，发布了众多工程研究的成果，无疑为工程教育思考提供了思想资源。工程管理前沿研究：20世纪80年代，工业化进程异军突起，知识爆炸（1984年）、知识时代（20世纪90年代）、互联网时代（1995年）、自动化时代（21世纪）、人工智能时代（2019年），知识增量、更新、迭代、变幅加剧，一切的背后，工程管理的发展对于设计、建造、风险管理功不可没，前沿的JIT、精益建造、流程再造、目标管理、PLM、组织理论、协同技术等诸多理论及与ICT融合的工具，值得工程教育领域消化吸收。工程实施过程的前沿研究：工程材料、工程工艺、工程装备等进展，极大地改变了工程研发、生产、商业流程，也极大地提升了工程价值链、供应链的运营效率，工程教育需要跟进吸收工程实施过程中的先进技术与方法；工程使役的价值，不仅是物质的功能价值，还有长远的、绿色低碳的理念与心灵自由、世界和谐追求的哲学价值，造好物而后用好物，是卓越工程师同样需要建立的系统观之一。

（6）扩展了关注重点如图1所示。

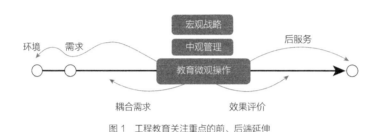

图1 工程教育关注重点的前、后端延伸

研究和教育实践以往过于关注微观操作的课程内容改革、教学过程改善、学习方法（如项目法、问题导向、交互式）增多、评价定量化等方面上，站在更高的时空尺度上，前端应当花力气扩延到对环境的研究、对需求的挖掘论证和均衡，后端应当延伸到后服务，配附的工作即耦合需求和对效果评价基础上的后期服务。这已经刻不容缓，在我们看来，微观的细节不能够解决战略的困顿，工程教育不能"用细节的忙碌掩盖战略的怠惰"。道理十分了然。需要强调：完整的工程教育研究，应当包含静态内容和动态内容，并且和谐地将其融合在一起，这个逻辑在前言中就加以指出。

（7）提出理论、方法和工具体系，包括完整的概念体系，为进一步完善和发展"敏捷高等工程教育"理论，探索卓越工程师培养路径和方法，提供了靶向思考的聚焦点，也为直接的探索实验，提供了可参照的思想资源和操作工具，这是本研究的重大价值所在。该理论可圈可点的观点包括：敏捷性是工程教育追求的终极目标；敏捷教育的目标体系；工程认知的提升是提高工程教育效率的肇始；系统性逻辑、系统工程思维、系统性流程运作体系、需求耦合机制、扩展的前端和后服务端链、全面的知能内容体系（建设工程管理为例的）、价值链、"三化"方法、可视化技术等，应用了我们原创的"流程牵引理论"，提供了"L模式"模型等等。在一系列的概念模型中，可视化了操作流程，建立了闭环可持续改进的基准方法，也为研究提供了一些带"管理"新思想的借鉴。

（8）敏捷教育总逻辑和一系列敏捷教育方法的提出，无疑促使本研究的探索，具有十足的理论联系实际的功效。所有的教育应当是围绕一个"毛坯"的学生，从进入受教育流程体系那一刻起，到其逐步能够服务于各用人组织所求的"全过程受教育周期"内，创造良好的受教育环境、氛围、条件，传授完整的知识体系、能力结构，经历"身体、心智、知识"成长目标的达成，甚至，这个时间的边界，是无限制的，发放毕业证书那一刻不是终点、就业也不是、甚至于成长为优秀的卓越工程师也不是，可能对于一个学生，与母校，与老师，与所受教育，所受熏陶，就是一辈子的，无终止的。工程敏捷教育方法的探索，是有迹可循的，有价值可衡量的，经过思辨和局部的试验，敏捷化工程教育的原理可行，实践上也是可行的。

（9）我们指出了工程教育相关的五个概念，"工程、工程师、工程知识、工程教育、工程教育研究"之间的静态和动态，内涵、特征、研究主体、主题内容及其相互关系，不能否认多年来取得的"辉煌成就"，但是，深究起来，缺陷显而易见。多学科融合不足以满足工程与生俱来的复杂性；工程语言（特有的术语、符号、图形、行话）罕见被使用，作为工程教育研究贻笑大方；工程认知的主题、链能、未来性预见残缺不全；师资没有足够的实践经验，掩耳盗铃，自以为是，作为知识的搬运工也是不合格的；系统性思维严重缺失，需要弥补；对人才知能的均衡需求考虑不周到，耦合机制尚未建立；培养效率十分低下；无法满足上岗即胜任的基本要求；评价方法，缺乏原创性，不够科学；工具化等系列工具固化好的成熟经验，等等。此外，我们以工程元研究之名简述了"工程学、工程哲学、工程管理学"。

（10）我们直接批评了盲目采用WA、新工科等一刀切的活动或评价方法。那些不顾真实的生情、师情、校情和企情的"挟洋自重"，是不能够成功引领中国的工程教育改革的，尤其是刻板而盲目地量化指标体系，用到一个具有艺术特性浓郁、科学规律严谨的领域，需要更加严格的论证。新工科也是个"三边"工程，也即边研究、边规划、边实施的工程。"新"所呈现的空洞内涵、共识到行动到项目分配的过程，一目了然。时间会检验其投入和所产出的不成比例。对于教育质量评价，还必须指出：学校所颁发的学历证书和学位证书，相当程度上，只不过是人才"产品"的出厂合格证，真正的检验，要在送达需求现场的社会用人场景中进行"抽检"和结合实际使用的实践使用中检验。

从多年观察、思考，到下定决心写这本书，中间的起起伏伏很多，创编过程中，曲曲折折也很多。今天终于完稿，可以长长地松一口气了。教育是人人关心，人人议论的事情，近年来每年毕业生接近1000万人的大国（2022年，报名参加高考人数：1193万；毕业生人数：1076万），教育之重要，自不必多说。而依靠教育行业吃饭的人，或者利益集团，也是数不胜数。问题之复杂，也就是很自然的事情。

我们志在探索和创建一套新的工程教育模型，为解决和克服工程教育中所存在的问题与困难，提供一些思考、方法、工具与参考案例。这些包括：工程教育效率考虑欠少、成本观念淡薄、竞争意识较差、结合实践不够、管理闭环不紧等等理论认知与方法的问题，流程化及"产品化、项目化、任务化"的三化，工具支撑的工具化的方法与工具问题。一个新模式的诞生：我们需要基于第一性原理的工程教育。工程活动是区别于其他活动有其独特性质的活动，工程教育必须是围绕整体完整的工程教育逻辑、扎根工程实践的工程教育、结合新技术环境的工程教育、综合复杂需求的工程教育。同时，应当考虑现实条件的工程教育：主体类别的心智条件、现实的资源条件。这一切都必须基于教育本身的复杂性。

限于管理层级、认知层面和学识视野，尽量少涉及科教政策等战略层面的问题。而我们所长的，一是经历了以建设工程为代表的工程，科研、设计、施工、运维、拆除、复用，功能、结构、价值、流程，材料、设备、工艺、管理，协同、招标投标、合同、造价、变更索赔、纠纷处理等"事务和事件"，现在又在新的追求下，树立了绿色智能建造、碳排放管理的新目标，这些都是构成工程知识和工程教育的内容。二是多角色转换塑造了多视角思考的优势，16年作为基层技术员的项目工程师、11年作为高层管理员的高级工程师、8年作为高校教练员的咨询培训工程师，体验了不同立场、不同利益主体、不同站位的对工程教育的思考：对"工程、工程师、工程知识、工程教育、工程教育研究"等重要概念，进行深入体验的探究。三是敏捷性的思考，持续时间和不同行业的观察，积累了一些较为完整的素材，进行了小规模的不同方面的试验，到了阶段性总结的时刻。四是进行了"流程牵引"（2020年）、"精准管控"（2022年），尤其是工程认知和思维方面的研究，已经出版了前两本专著，"工程认知"也即将付印，为敏捷工程教育提供了理论和方法工具的基础。

致谢：致敬生活，感谢教诲！

从思考行为方式的"流程牵引"开始，继之以消除浪费、提高效率的"精准管控"，我自命不凡地要提出原创性的基础性管理理论，后来认识到一切的根子在于"认知"，于是乎又研究了跨视野多角度的工程观察，聚焦于"工程认知与思维"，实际上从"行"跨升到"思"确实大大提升了我们研究的见解。然而，未来在于人才，必然落脚于教育，也是与职业铰接在一块的论题。对于教育的现代性，批判是很难的，一边是审视性思维产生创新，一边是顺从型管理承认合理性，但是，又是怎样的现实，需要"直面惨淡"？我不管不顾，从未来计、危亡计、本质计，探究问题根源、寻找解决路径。生命既短暂又漫长，著述也快乐更痛苦。

我规划的四本大书："流程牵引""精准管控""工程认知"和"敏捷教育"，分属不同学科方向（科学发展之分而又细分，也成现代之窠臼），在成书过程中，都写有感谢，需要感谢的人和事实在太多了！这次的感谢，有点不同，特别想到成长的经历，家乡、父母亲人和老师、同事们。

我有逃学的经历，小学第一天下着雨不想上学，初中被母亲拖着到了正在早操的大操场一大场子同学和老师前，高中惊动了外公、舅舅、阿姨、叔叔轮番动员，大学犹疑在北戴河的海滩凝望日出想要退学……从淘气到懂得艰难，逃学其实是我体恤父母的方式。贫穷是限制人想象力也是教育人感恩生活的生活方式。最感恩的是我倔强的母亲，我认定她实际上是过劳而早早离世的，当我紧握她的手48个小时不曾松开之后，她发出了长长粗粗的叹气，体温渐渐变凉的时刻，我意识到这世界上最期待我有"出息"的人，无私无怨支持我并为我骄傲的人，耗尽了她最后的心血。

我有体悟的经历，在既往的人生中，一些不可思议的直觉、道家的辟谷、气功的体验等等，促使我并不相信人的充分理性，也质疑科学的充足可靠性。对于人的可知和不可知，神秘的觉知和揭示了的规律，只是永远中的片刻，我不知道如何来，如何去。因此，谦卑地感恩，渐渐地体验，踏实地触摸，这短暂漫长的流逝的光阴。学问和为人，怀有谦卑。

我有受教的经历，村小混合班的语文老师罚我站在毛主席像前，像就挂在他办公室兼宿舍的墙上，简陋的教室就在隔壁，高中因为成绩倒数怕影响升学率的老师鄙夷神色的谈话场景也历历在目，不过他至今也不知道为何成绩会倒数垫底。小学的吴老师、陈老师，初中的卢老师、周老师，高中的虞老师、杜老师、金老师，大学的张老师，硕研的王老师，工程哲学的先驱李教授，扶持后学的吴教授和丁教授，都给了我正面的鼓励或者是惩戒的教育。中交工作时工农兵大学生的排挤、民企时超级挑战和挣扎的繁琐、教员时埋没中寻找支撑机会的彷徨，甚至呐喊，当渐趋平静时，深感个人力量的微弱不能湮灭建设性自励的灯光。感恩受教的经历，在碰撞中激励了成长，在迷茫中蕴含了种芽，破土是因为这些助长。

我家乡是江南的"名门望族"（在工业时代，这只是逗趣的玩笑），"卢宅"自诩为江南民居中的"故宫"，齐名北京皇家故宫、曲阜名士孔府，那棵500余年的"香樟母亲树"，古朴苍劲，多次爬上树杈，因为个头不够手脚伸展不能扶树，惊恐到上得去下不来。500多年的小村庄，古训和家风之承虽然已经没有那么浓烈，但在长辈眉飞色舞的"熏染"中，激发了藏在深处的自豪感、责任感，培植了担当力、创新力。即使没有在祖宗的挂像和坟头血誓和盟约，也是多多少少要有承继而不至于"败门风"（方言：给家族丢脸）。在这个大家族中，舅舅、阿姨们一路支持我求学、就职、成家立业，除了血缘，更多的是他们的慈爱和善良。记得小阿姨从微弱的做竹编手艺收入中凑5元路费作为我上大学路费、叔叔上高中时救急的20元学费、舅舅送我用来装行李的皮箱，我都深藏于心。贫穷是国家命运与我个人经历相交错的，无可埋怨。先辈们之所以努力，大约就是让后辈不再受屈辱、受欺压、受贫穷。民族和家族都如此。

是一切丰富的、曲折的生活阅历和教育，让我成为这样：在实践中16年，参与大大小小近50个工程项目建设；在管理上，历经几家公司的职业经理人；在教学时，融合技术员、管理员的经验，一心向着孩子们。我要成为一个"好老师"，首先是因为我曾经不算是一个"好"学生，是一大批默默无闻的好老师，教化了我、促成了我。影响我最大的是张人权老师，胜似父亲般的忘年之交，获得了说不出、说不尽的教益。他渊博的知识、学啥像啥的能力、淡泊名利的睿智、曲折人生的历练，如果说到恩师的书房茶叙，有压力的是接不上他跳跃的发散思维、人文科技交错、时间空间混搭而蹦出来的诸多话题，没有压力的是让你自由自在地所思所想所言，他给了自由空间。师母责怪我去她家往往不提前通知，来不及准备我爱吃的色香味形在武汉至少排前三的"红烧肉"，我"回怼"说回家不用通知的，也是不想让二老增加任何的事务。

有几位中交二航局朋友式的同事，尽管有时候嫌他们含糊不直接、观点不鲜明，但从他们的认真、机智和专业中学习到了很多"野地里"长大孩子的不拘泥、不守规无法像城市人圆滑处人处事的道理，自然这是不易为人察觉的。

最后，仍然要感谢我的家人，夫人、儿子和儿媳。我们常年远隔重洋，各自忙碌，但是互相牵挂，相互支持。只要做喜欢的事情，得益成长，感悟人生，就是幸福所在，所谓聚散得失其实没有那么重要了。